국제운송론

INTERNATIONAL TRANSPORTATION

이제현

도서출판 청람

■ 머리말 ■

한국경제는 무역을 통하여 성장하여왔으며 드디어 무역액 1조 달러를 달성하여 세계 8대 무역국가로 성장하였다. 국제운송은 한국에서 세계 곳곳을 연결하는 무역의 길을 닦았고 한국 상품은 이를 통해 세계로 뻗어나가 한국이 무역 강국으로 성장하는 데 지대한 역할을 하였다. 국제운송은 죽은 산업에 생명을 불어넣어 성장시켜왔다. 국제운송이 한국경제에서 차지하는 비중이 매우 큼에도 불구하고 정부는 끝내 한진해운을 부도처리했다. 그 결과 그동안 닦았던 무역의 길이 한순간에 사라지게 되었다. 인간은 눈에 보이는 것만을 가지고 판단하는 습성이 있다. 눈에 보이지 않는 것을 보지 못하면 그 사회는 파국을 맞게 된다. 과거나 지금이나 해상을 지배하는 국가가 세계를 지배했다.

본서는 국제운송분야에 근무하는 직장인과 취업을 준비하는 취업준비생, 무역업계에 근무하는 직장인과 취업을 준비하는 취업준비생, 관세사, 무역영어, 국제무역사 자격증 준비생을 대상으로 하였다. 본서는 총 14장으로 구성되었다. 제1장 국제운송의 기초, 제2장 해상운송의 기초, 제3장 해상운임이론, 제4장 정기선운송, 제5장 정기선항로, 제6장 컨테이너운송, 제7장 부정기선운송, 제8장 선하증권, 제9장 국제항공운송, 제10장 항공화물운송장, 제11장 복합운송, 제12장 국제복합운송증권, 제13장 국제물류주선인, 제14장 국제물류보안으로 구성되었다.

본서가 세상 밖으로 나왔다. 끊임없이 독자가 원하는 내용을 보완하고 온갖 정성을 기울일 때, 본서는 독자들의 사랑 속에 생명력을 유지할 것이다. 본서가 죽고 사는 것은 저자의 노력에 있다는 점을 명심하여 본서가 장수할 수 있도록 죽을힘을 다하겠다.

2018년 6월

한남대학교 오정골에서 저자

■ 차 례 ■

CHAPTER 01 국제운송의 기초

CHAPTER 02 해상운송의 기초

CHAPTER 05 정기선항로

CHAPTER 06 컨테이너운송

CHAPTER 07 부정기선운송

CHAPTER 08 선하증권

CHAPTER 09 국제항공운송

CHAPTER 01

국제운송의 기초

제1절 국제운송의 정의

제2절 국제운송용역의 특성

학습목표

국제운송의 정의와 기능 및 국제운송용역의 수요와 공급의 특성에 관하여 학습한다.

제1절 국제운송의 정의

1. 운송의 정의

운송(transportation)은 운송인이 운송수단을 이용하여 화주로부터 받은 재화 및 사람을 운송기간 동안 재화의 형태나 성질을 물리적 또는 화학적으로 변화시키지 않은 상태로 한 장소에서 다른 장소로 이동시키는 것을 말한다. 상품은 생산된 장소에서 소비되는 경우가 거의 없고 생산된 장소와 소비될 장소가 다르기 때문에 운송수단을 이용하여 소비지까지 이동하게 된다.

운송은 상품생산에 필요한 원자재, 부품, 반제품을 상품을 생산하는 장소까지 이동시키고 생산된 상품을 소비지까지 이동시킴으로써 원자재, 부품, 반제품, 완성품에 새로운 시간적(time utility), 장소적(place utility), 형태적(form utility) 부가가치를 창출하게 된다.

요즘은 한겨울에도 복숭아를 먹을 수 있다. 우리나라는 한겨울이지만 동남아, 남미에서는 복숭아를 재배할 수 있고 그 지역에서 생산된 복숭아를 한국에 있는 상점에서 살 수 있다. 이것은 운송이 뒷받침되었기에 가능한 것이다. 운송이 없었더라면 겨울에 복숭아를 먹는 것은 불가능하다. 운송이 시간적, 장소적, 형태적 부가가치를 생산했기 때문에 가능하게 되었다.

운송은 원부자재의 조달, 생산, 유통, 판매, 소비로 이루어지는 재화의 이동으로 정의할 수 있으며 운송, 하역, 보관, 포장, 정보로 구성된 물적 유통의 일부를 담당하고 있다. 이와 같은 재화의 이동을 경제 · 경영학적으로 연구하는 것이 운송론이다. 운송은 이용되는 운송수단에 따라 철도운송, 육로운송, 해상운송, 항공운송, 복합운송으로 구분된다.

2. 국제운송의 정의

국제운송(international transportation)은 운송수단을 이용하여 사람이나 화물을 한 나라에서 다른 나라로 이동시키는 것으로 글로벌 조달, 생산, 판매를 가능하게 했다. 국가 간 상품의 이동에 새로운 부가가치를 창출하여 국제분업과 교환을 가능하게 했다.

오늘날 무수히 많은 상품들이 서로 다른 국가에서 생산되고 소비되고 있다. 오후에 프랑스에서 생산된 빵을 한국에서 다음날 아침에 먹을 수 있는 시대에 살고 있다. 이것은 국제운송이 없었다면 불가능하다.

국제운송은 이용하는 운송수단에 따라 국제해상운송, 국제항공운송, 국제철도운송, 국제육로운송, 국제복합운송으로 구분된다.

3. 국제운송의 기능

1) 물물교환의 촉진

대형마트에 가면 외국에서 생산된 상품이 상품진열대를 차지하고 있다. 우리나라 소비자가 소비하는 상품을 한국에서만 생산하는 것은 불가능하다. 이는 자연환경, 기후, 노동력, 기술수준, 자원 등이 상이하기 때문에 모든 상품을 생산할 수 없다. 우리나라에서 생산된 상품을 외국에 수출하고 우리나라에서 생산되지 못한 상품을 외국에서 수입하여 소비하는 것은 운송비용이 저렴하기 때문에 가능한 것이다.

저렴한 국제운송비용은 상품의 생산국과 상품의 소비국 간에 물물교환을 촉진시켜 소비자에게 잉여를 늘려주고 생산자에게는 새로운 시장을 제공한다.

2) 상품가격의 안정화

배추생산량이 늘어나면 배추가격이 폭락하게 되는데 일정량을 해외로 수출하면 가격폭락을 방지하여 배추가격을 안정화시킬 수 있고 배추생산량이 급감하여 배추가격이 폭등하면 배추생산량이 급증한 국가로부터 배추를 수입하면 배추가격의 폭등을 억제시켜 배추가격을 안정화시킬 수 있다. 이는 국제운송비용이 저렴하기 때문에 가능하다.

3) 지역적 분업화

글로벌 조달과 생산, 판매가 기업경영의 중요한 부분을 차지하고 있다. 미국의 대형 아웃렛 매장에 가면 유명브랜드 의류가 매우 저렴한 가격에 판매되고 있는데 원산지는 중국, 인도네시아, 방글라데시, 캄보디아, 인디아, 파라과이로 대부분 외국에서 생산되어 미국에서 판매되고 있다. 낮은 국제운송비용은 국가 간 비교우위에 따라 생산, 판매를 특화시켜 생산과 소비를 경제적으로 하도록 한다.

국제운송비용이 많이 든다면 국가 간 분업은 불가능하다. 국제운송비용이 적으면 상품의 판매가격이 낮고 반대면 상품의 판매가격이 높아 상품의 시장규모가 줄어들게 된다. 따라서 국제운송비용은 상품의 시장규모를 결정하게 된다.

4) 대량생산 및 대량소비

국제운송비용은 기업의 대량생산에 영향을 준다. 기업이 낮은 국제운송비로 대량의 원자재를 조달하여 대량생산을 하면 규모의 경제로 인해 상품가격이 인하된다.

기업의 상품생산에 필요한 원부자재는 멀리 있는 외국에서 대량으로 수입하여야 하고 대량으로 생산된 상품은 멀리 있는 외국에 수출하여야 하기 때문에 국제운송비용은 매우 중요한 역할을 한다. 국제운송비용이 높을 경우에는 대량조달과 대량생산, 대량판매가 불가능하다.

5) 경쟁조장과 가격인하

국제운송비용은 시장에서 경쟁을 조장하고 가격을 인하시키는 역할을 한다. 국제운송비용이 높으면 시장에서 상품의 공급량은 줄어들고 그에 따라 상품가격은 상승하게 되며 반대로 국제운송비용이 낮으면 시장에서 상품의 공급량은 증가하고 그에 따라 경쟁이 치열하여 상품의 가격은 하락하게 된다.

6) 도시화 및 산업화

저렴한 국제운송비용은 산업화와 도시화를 촉진시켰다. 나일강, 인더스강, 갠지스강, 황하는 중요한 해상운송로로 그 지역의 해상도시의 생성과 발전에 중요한 역할을 했다. 각국은 사회간접시설을 확충하여 국제운송비용을 절감시키고 이를 통해 특정지역의 산업화와 도시화를 시도하였다. 따라서 산업단지, 가공업, 창고업, 포장업, 운송업, 금융업, 보험업이 새로운 도시에 집중되었다.

제2절 국제운송용역의 특성

1. 국제운송용역의 수요

수요(demand)란 소비자가 재화(goods)나 용역(services)을 구매하고자 하는 욕구(willingness to purchase)를 말하며 이러한 욕구는 수요량(quantity demand)으로 나타난다. 수요량은 소비자가 재화나 용역을 구매하고자 하는 양을 의미하는 것이지 소비자가 실제로 구매하는 양을 의미하지 않는다.

국제운송용역은 국제운송인이 국제운송수단과 노동력을 이용하여 일정량의 화물을 한 국가에서 다른 국가로 운송하는 것을 말한다. 국제운송수요는 소비자가 국제운송인이 제공한 국제운송용역을 구매하고자 하는 욕구를 의미한다.

1) 국제운송수요의 특성

(1) 상이한 개별 수요(Disaggregate Demand)

국제운송수요는 화물량, 선적장소, 하역장소, 선적시기, 국제운송로 등으로 구성된다. 국제운송용역을 구매하려는 개별 화주는 화물량, 선적장소, 하역장소, 선적시기, 국제운송로 등에 있어서 화주마다 다르게 나타난다. 195개국에 있는 무수히 많은 기업들이 상품을 생산하여 195개국을 대상으로 무역을 하고 있으며 이들 개별 기업들이 구매하는 국제운송용역은 무수히 다양한 형태를 보이고 있다. 화물이 부산항에서 세계 각지로 운송되기 위해 선적을 기다리고 있다. 이와 같이 국제운송수요는 상이한 개별 수요로 무계획적, 비체계적인 반면에 국제운송용역의 공급은 계획적이며 체계적이다.

(2) 합산수요(Aggregate Demand)

상이한 개별 수요를 하나로 통합해보면 대수의 법칙을 적용하여 총수요를 예측할 수 있다. 부산항에 있는 컨테이너야드에서 개별 화물을 선적시기, 국제운송로, 도착지 등으로 분류하면 특정지역별로 화물의 총량을 계산할 수 있다. 계산된 총량에 따라 투입선박의 양을 결정할 수 있어서 정기선운송이 가능하다. 국제운송인은 상이한 개별 수요를 통합하여 운송화물의 양을 산출함으로써 안정적인 운송화물의 확보와 예측을 할 수 있다.

(3) 2차수요(Derived Demand)

국제운송수요는 무역과 바늘과 실의 관계에 있다. 무역이 발생해야 국제운송수요가 발생한다. 무역이 없으면 국제운송수요는 발생하지 않는다. 무역은 1차수요이고 국제운송수요는 2차수요이다.

무역량이 증가하면 국제운송수요도 증가하고 무역량이 하락하면 국제운송수요는 감소한다. 세계경제성장률과 국제운송수요는 밀접한 관계를 가지고 있다. 세계경제가 성장하면 무역량이 증가하고 그에 따라 국제운송수요도 증가하게 되며 반대의 경우에는 국제운송수요는 하락하게 된다.

(4) 국제물류기능과 결합된 수요(Combinated Demand)

대전에서 서울 강남을 갈 때 대전에서 서울역까지 KTX를 타고 가면 55분이 걸리고 서울역에서 강남까지 지하철을 타면 50분 걸린다. 대전에서 강남에 가려면 총 105분이 걸린다. 대전에서 서울역까지 KTX를 타고 빨리 가도 서울역에서 강남까지 가는 시간이 줄어들지 못하면 별 의미가 없다. 국제운송은 수출입지역의 내륙운송, 선적, 하역, 보관, 포장, 정보 등 다른 물류기능과 밀접한 관계를 가지고 있다. 국제운송비용이 절감되기 위해서는 화물이 출발하는 출발지에서 화물이 도착하는 도착지까지의 전체 물류기능에서 비용절감이 발생하고 효율화가 되어야 국제운송비용이 절감된다. 따라서 국제운송수요는 물류기능과 밀접한 관계를 가지고 있다.

2) 국제운송수요의 탄력성

일반적으로 재화의 수요는 시장가격에 의해서 결정된다. 재화의 시장가격이 높으면 재화의 수요는 감소하고 반대이면 재화의 수요는 증가한다. 국제운송수요는 2차수요이기 때문에 가격탄력성[1]이 비교적 작은 편이다.

국제운송비용은 무역가격에 포함되어 있기 때문에 국제운송비용의 상승과 하락은 국제운송수요에 큰 영향을 미치지 못하지만 다음과 같은 요인에 의해서 영향을 받는다.

---

1 시장에서 재화의 가격이 오르면 재화의 수요가 감소하고 재화의 가격이 내리면 재화의 수요가 증가하는 현상을 말한다.

(1) 화물의 국제운임부담력

화물의 국제운임부담력은 상품의 도착지가격에서 국제운임이 차지하는 비중을 말한다. 화물의 도착지가격에서 국제운임이 차지하는 비중이 크면 이 화물의 국제운임부담력은 작아서 국제운송비용이 증가하면 국제운송수요는 감소하여 탄력적이다.

석탄, 철광석, 시멘트와 같은 살화물은 국제운임부담력이 작아서 국제운송비용이 증가하면 국제운송수요는 감소하고 반대로 국제운송비용이 감소하면 국제운송수요는 증가하여 탄력적인 현상을 나타낸다.

화물의 도착지가격에서 국제운임이 차지하는 비중이 작으면 이 화물의 국제운임부담력은 커서 국제운송비용이 증가하더라도 국제운송수요는 감소하지 않아 비탄력적이다. 반도체, 전기, 전자제품, 정밀기기 등과 같은 제품은 국제운임부담력이 커서 국제운송비용이 증가하더라도 국제운송수요는 감소하지 않아 비탄력적이다.

(2) 화물의 대체성

화물이 다른 화물로 대체될 수 있는가에 따라 국제운송수요의 탄력성은 영향을 받는다. 석탄의 국제운송비용이 증가하면 도착지가격이 올라가 현지 소비자는 석탄보다 가격이 저렴한 가스나 전기를 구매하게 되어 석탄의 수요는 줄어들고 그에 따라 석탄의 국제운송수요는 감소하게 된다.

조강생산에 필요한 역청탄은 대체화물이 없어서 국제운송비용이 상승하더라도 조강생산에 변화가 없다면 역청탄에 대한 수요는 감소하지 않는다. 따라서 역청탄에 대한 국제운송수요는 줄지 않아 비탄력적이다.

(3) 국제운송수단의 대체성

국제운송수요는 운송수단의 대체성에 영향을 받는다. 국제운송은 항공운송, 해상운송, 철도운송, 육로운송으로 구성되어 있다. 해상운임이 증가하면 해상운송화물은 항공운송, 철도운송, 육로운송 등으로 대체되어 해상운송수요는 감소하고 기타 운송수요는 증가하게 된다. 대체로 고가화물은 항공운송으로, 저가화물은 해상운송으로 이루어지고 있으며 고가화물을 두고 선박과 항공기가 치열한 경쟁을 벌이고 있다.

(4) 국제운송비용의 절감

국제운송은 내륙운송업자, 해상운송업자, 항공운송업자, 선적과 하역업자, 운송물혼재업자, 터미널운영업자, 보세창고업자의 화물의 인수, 선적, 취급, 적부, 운송, 보관, 관리, 양하, 인도 등을 거쳐 완성된다. 국제운송비용이 증가한 만큼 이 비용을 다른 운송구간에서 절감하면 국제운송비용은 변하지 않아 국제운송수요도 변하지 않는다. 국제운송비용의 증감분을 화물의 전체 운송구간에서 흡수할 수 있으면 국제운송수요는 비탄력적이다.

2. 국제운송용역의 공급

국제운송용역의 공급은 국제운송운임으로 국제운송시장에 팔기 위해 나온 국제운송량을 말한다. 개별 국제운송인이 국제운송용역을 팔기 위해 국제운송시장에 공급한 국제운송량을 합산하면 전체 국제운송용역의 공급량을 알 수 있다.

1) 국제운송공급의 특성

(1) 소멸재, 무형재, 동시재

국제운송용역은 운송수단이 움직임과 동시에 생산이 되고 소멸이 된다. 국제운송용역은 저장이 불가능하여 생산과 동시에 소멸이 되는 소멸재이다. 국제운송용역은 무형재로서 저장이 불가능하고 생산과 동시에 소비되지 않으면 안 되어 동시재이기도 하다.

(2) 부적운송, 공운송

비행기가 만석이라는 말은 비행기 좌석 전부를 다 채워서 운항한다는 의미이다. 그러나 실제로 비행기 좌석 전부를 다 채워서 운항하는 예는 거의 없다. 컨테이너 전용선이 대형화되고 있다. 현재 200만 TEU[2]의 컨테이너 전용선이 건조되고 있는데 20피트 컨테이너 200만 개를 운송할 수 있는 초대형 선박이다. 이 초대형 선박이 매번 출항할 때마다 20피트 컨테이너 200만 개를 싣고 운항하는 것은 불가능하고 다 싣지 못한 공간을 부적운송이라고 한다. 부적운송이 크면 클수록 국제운송비용은 증가하게 될 것이다.

국제운송공급은 화물적재 공간과 화물을 적재하지 못한 공간을 동시에 공급하게 된다. 국제운송공급은 소멸재와 동시재의 특성을 가지고 있기 때문에 수요량에 대응하여 신축적으로 조절될 수 없다. 국제운송은 출발지를 떠나 목적지에 도착한 후에 반드시 다시 출발지로 돌아와야 되는데 출발할 때는 만선이었지만 돌아올 때는 공운송으로 올 수 있다.

부적운송과 공운송이 많으면 많을수록 국제운송비용은 증가하게 된다. 국제운송인은 부적운송과 공운송을 줄여 국제운송비용을 절감시키기 위해서 부단히 노력하고 있다.

(3) 복합생산

국제운송은 왕복운송, 혼재, 다른 국제물류기능과 결합된 복합생산의 형태를 가지고 있다. 부산항에서 상하이항까지 해상운임과 상하이항에서 부산항까지의 해상운임은 다르게 적용이 된다. 국제운송은 왕복운송이지만 운송구간의 수요는 상호독립적으로 평가하여 해상운임을 결정한다.

---

2 TEU : 20피트 길이의 컨테이너박스 1개를 나타내는 단위이다.

한 운송수단에는 다양한 종류의 화물들을 함께 선적하여 운송함으로써 개별 화주의 운송수요를 충족시키는 복합생산의 형태를 취한다. 하나의 운송수단으로 개별 화주가 원하는 다양한 형태의 운송용역을 생산한다.

국제운송은 도로, 철도, 항만, 터미널, 공항, 창고, 포장, 하역, 정보 등과 결합되지 않으면 국제운송비용을 절감시킬 수 없다. 전체의 국제운송구간에서 국제운송의 효율성을 추구하지 않으면 국제운송비용의 감소와 효율적인 국제물류시스템의 구축이 불가능하다.

2) 국제운송용역의 공급탄력성

공급탄력성이란 재화의 가격변동에 따라 재화를 생산하는 생산자가 공급량을 조절하는 정도를 말한다. 재화의 가격이 하락하면 공급량을 줄이고 재화의 가격이 상승하면 공급량을 늘리는 것을 말한다.

국제운송용역은 국제운송용역의 시장가격의 변동에 따라 공급량을 조절하기가 힘들다. 국제운송용역의 시장가격이 상승하면 국제운송용역의 공급량을 즉시 늘릴 수 없다. 그 이유는 선박을 건조하는 데 긴 시간이 걸린다. 반대로 국제운송용역의 시장가격이 하락하면 국제운송용역의 공급량을 즉시 줄일 수 없다. 따라서 국제운송용역의 시장가격은 변동폭이 매우 크다. 국제운송용역의 시장가격이 폭등하거나 폭락하는 현상이 종종 발생한다.

3. 국제운송용역의 생산단위

운송수단이 국가 간에 이동함에 따라 국제운송용역이 생산된다. 따라서 국가 간에 이동하는 운송수단이 국제운송용역의 최소 생산단위가 된다. 선박 한 척, 트럭 한 대, 철도 한 량, 등이 하나의 생산단위가 된다. 국제운송용역의 생산량 또는 공급량은 운송수단의 적재화물량과 운송거리를 곱하여 산출한 값, 즉 톤-마일로 산출된다.

운송수단이 국제운송용역을 생산하기 때문에 운영단위가 된다. 정기선은 여러 선박을 운영하여 국제운송용역을 생산하기 때문에 정기선항로에 투입된 선박 전체가 하나의 운영단위가 된다. 부정기선은 선박 하나로 국제운송용역을 생산하기 때문에 선박 하나가 운영단위가 된다. 정기선운송은 정기선항로에 정해진 시간에 반복해서 여러 선박이 운항하기 때문에 공운항은 없고 부적운송은 발생할 수 있다. 부정기선은 화물을 선박에 적재하고 도착지에서 화물을 양륙한 다음에 출발항으로 되돌아오는데 화물이 없으면 빈 선박으로 와야 된다. 따라서 부적운송은 발생할 수 없으나 공운항이 발생할 수 있다.

CHAPTER 02

해상운송의 기초

학습목표

- 해상운송의 정의와 경제적 파급효과에 대해서 살펴본다.
- 선박의 개념, 종류, 톤수에 대해서 살펴본다.
- 국제운송에서 항만의 역할과 경제적 효과를 살펴본다.

제1절 해상운송의 개요

1. 해상운송의 의의

1) 해상운송의 정의

해상운송(shipping; carriage by sea; ocean transportation)은 해상에서 선박을 운송수단으로 하여 사람이나 타인의 화물을 한 국가에서 다른 국가로 운송하고 그 대가로 운임을 받은 상업활동을 말한다. 바다와 운송수단인 선박이 해상운송을 정의하는 중요한 요소가 된다. 바다는 선박이 운항할 수 있는 항로를 뜻하고 선박은 상선을 의미한다. 상선 이외의 군함, 어선, 시추선, 준설선, 유람선, 전시선 등이 바다를 이용하여 운송되더라도 상행위를 목적으로 하지 않았기 때문에 해상운송으로 보지 않는다.

해상운송은 선주가 자기의 선박으로 자신의 화물을 운송하는 자가운송(private carrier or industrial carrier)과 타인의 화물을 운송하고 그 대가로 운임을 받는 타인운송(public carrier) 또는 공중운송(common carrier)으로 구분되지만 해상운송은 후자를 의미한다.

해상운송의 형태는 선박소유자가 선박을 직접 소유와 관리 및 운항을 통하여 해상운임을 가득하는 경우, 선박소유자가 선박을 타인에게 용선하여주어 용선자로부터 용선료를 받고 용선자는 자기가 소유하지 않는 선박을 점유와 관리 및 운항을 하여 해상운임을 벌어들이는 경우, 용선자가 선박에 대한 점유와 관리권을 가지고 있지 않으면서 선박에 대한 사용권만 가지고 있는 경우로 나누어볼 수 있다.

2) 해상운송의 특성

(1) 대량운송

해상운송이 다른 운송수단에 비해 경쟁력을 가질 수 있는 것은 대량운송을 할 수 있기 때문이다. 한 선박에 20피트 컨테이너 200만 개를 적재하여 대량운송을 할 수 있고 이러한 대량운송은 다른 운송수단으로는 할 수 없다.

(2) 원거리운송

해상운송은 선박에 화물을 적재하고 하역하는 데 시간이 많이 걸리기 때문에 단거리운송보다는 원거리운송에 적합하다. 단위당 운송비용이 저렴하기 때문에 원거리운송에 적합하다. 화물을 서울시청에서 인천항으로 운송할 때 한강을 이용하여 아라뱃길로 인천항까지 운송하려면 한강에서 선적시간과 인천항에서의 하역시간이 많이 걸리기 때문에 육로운송에 비교하면 경쟁력이 없다.

(3) 저렴한 운송비

대전에서 미국 LA로 60kg 한 박스 화물을 해상으로 보내면 100달러의 비용이 들지만 항공으로 보내면 1,000달러의 비용이 발생한다. 따라서 해상운송은 다른 운송수단에 비해 해상운임이 저렴한 편이다.

(4) 자유로운 운송로

지구의 3/2가 바다로 되어 있어서 대부분의 국가는 바다로 연결되어 있다. 해상운송은 바다를 이용하기 때문에 자유로운 운송이 가능하다. 철도와 육로운송은 반드시 철도와 도로가 건설되어야만 운송이 가능하여 제약을 많이 받지만 해상운송은 운송에 제약을 거의 받지 않고 자유롭게 운송할 수 있다.

(5) 국제성

해상운송은 화물을 한 국가에서 다른 국가로 운송하기 때문에 국제성을 가지고 있다. 해상운송인은 국제해운시장에서 화물을 놓고 타 해상운송인과 치열한 경쟁을 벌이고 있다. 치열한 경쟁은 해상운송이 국제성을 가지고 있기 때문에 발생한다.

(6) 저속성

선박의 운항속도는 다른 운송수단과 비교하면 가장 늦다. 따라서 운송비용은 저렴하지만 운송시간은 가장 길다.

3) 해운업의 범위

「해운법」 제2조 1호에서 해운업을 해상여객운송사업, 해상화물운송사업, 해운중개업, 해운대리점업, 선박대여업 및 선박관리업으로 구분하여 법제화시켰다.

(1) 해상여객운송사업

해상여객운송사업은 해상이나 해상과 접하여 있는 내륙수로에서 여객선을 이용하여 사람 또는 사람과 물건을 운송하거나 이에 따르는 업무를 처리하는 사업으로서 「항만운송사업법」 제2조 제4항에 따른 항만운송관련사업 외의 것을 말한다.

(2) 해상화물운송사업

해상화물운송사업은 해상이나 해상과 접하여 있는 내륙수로에서 선박으로 물건을 운송하거나 이에 수반되는 업무(용대선을 포함한다)를 처리하는 사업으로서 「항만운송사업법」 제2조 제2항에 따른 항만운송사업 외의 것을 말한다.

(3) 용대선

용대선(chartering or hiring of vessel)은 해상여객운송사업이나 해상화물운송사업을 경영하는 자 사이 또는 해상여객운송사업이나 해상화물운송사업을 경영하는 자와 외국인 사이에 사람 또는 물건을 운송하기 위하여 선박의 전부 또는 일부를 용선하거나 대선하는 것을 말한다.

(4) 해운중개업

해운중개업은 해상화물운송의 중개, 선박의 대여 · 용대선 또는 매매를 중개하는 사업을 말한다.

(5) 해운대리점업

해운대리점업은 해상여객운송사업이나 해상화물운송사업을 경영하는 자(외국인 운송사업자를 포함한다)를 위하여 통상 그 사업에 속하는 거래를 대리하는 사업을 말한다.

(6) 선박대여업

선박대여업은 해상여객운송사업이나 해상화물운송사업을 경영하는 자 외의 자가 본인이 소유하고 있는 선박(소유권을 이전받기로 하고 임차한 선박을 포함한다)을 다른 사람(외국인을 포함한다)에게 대여하는 사업을 말한다.

(7) 선박관리업

선박관리업은 「선박관리산업발전법」 제2조 제1호에 규정된 국내외의 해상운송인, 선박대여업을 경영하는 자, 관공선 운항자, 조선소, 해상구조물 운영자, 그 밖의 선원법상의 선박소유자로부터 기술적 · 상업적 선박관리, 해상구조물관리 또는 선박시운전 등의 업무의 전부 또는 일부를 수탁(국외의 선박관리사업자로부터 그 업무의 전부 또는 일부를 수탁하여 행하는 사업을 포함한다)하여 관리활동을 영위하는 업을 말한다.

4) 해운업의 파급효과

해운업은 무역업, 화학공업, 철강산업, 석유산업, 목재산업, 시멘트산업, 섬유산업, 조선업, 해상보험업 등 모든 산업을 발전시키는 디딤돌 역할을 하고 있다. 따라서 모든 산업을 발전시키는 데 있어서 해운업이 차지하는 비중은 매우 크다고 본다.

제2절 선박

1. 선박의 개념

「선박법」 제1조의2 제1항에서 선박은 수상 또는 수중에서 항행용으로 사용하거나 사용할 수 있는 배 종류를 말한다고 정의하였고 「상법」 제740조에서 선박은 상행위나 그 밖의 영리를 목적으로 항해에 사용하는 선박을 말한다고 보았으며 「해사안전법」 제2조에서는 선박을 물에서 항행수단으로 사용하거나 사용할 수 있는 모든 종류의 배(물 위에서 이동할 수 있는 수상항공기와 수면비행선박을 포함한다)를 말한다고 보았다.

선박의 법률적 정의는 법의 적용목적에 따라 달리하고 이지만 이를 종합해보면 선박은 수상에서 사람 또는 화물을 싣고 운반하는 데 사용되는 구조물을 말한다. 선박은 수상에서 떠야 하는 부양성과 여객과 화물을 실을 수 있는 적재성, 여객과 화물을 출발지에서 도착지까지 운송할 수 있는 이동성을 가지고 있는 구조물이다.

선박은 통상적으로 대형선을 말하며 영어로는 Ship, Vessel, Boat로 쓰이고 있는데 Ship은 대형선박을, Boat는 소형선박을, Vessel은 대형·소형 선박을 다 포함하는 의미로 쓰이고 있고 Lighter는 부선을 의미한다.

부선은 자력항해능력이 없이 다른 선박이 끌어서 움직이는 선박을 말하며 소형선박은 총톤수가 20톤 미만인 기선 및 범선, 총톤수가 100톤 미만인 부선을 말한다.

2. 선박의 구조

1) 선체의 개요

선박은 선체와 기관으로 구성되어 있다. 선체는 사람의 인체에 해당되어 선박의 외형과 선박을 지탱해주는 것으로 용골, 늑골, 격벽, 갑판으로 구성되어 있다. 용골은 사람의 척추에 해당되어 선박의 선수에서 선미까지 중심선을 종방향으로 이어주는 것을 말한다. 늑골은 사람의 갈비뼈에 비유되며 용골에서 직각으로 구조물을 선체의 종방향으로 세우고 선폭을 연결하는 것을 말한다. 격벽은 선창내부를 수직으로 분리해주는 것을 말하고 갑판은 선창내부를 수평으로 분리해주는 것을 말한다.

선수(bow or stem)는 선체의 전단부분을 의미하고, 선미(stern)는 선체의 후단부분을 의미한다. 선체중앙(amidship)은 선박 중앙의 선체부분을 말하고 우현(starboard)은 선박의 오른쪽을, 좌현(port-side)은 선박의 왼쪽을 말한다. 선교(bridge)는 선박이 운항하는 데 필요한 각종 항해계기와 설비가 설치된 곳으로 선장이 선박을 운항하는 장소로서 상갑판에 위치해 있다.

2) 선체의 주요 치수

(1) 전길이 또는 전장(Length Overall or Extreme Length)

선박 맨 앞에서 선박 맨 뒤에까지로, 즉 선수 맨 앞에서 선미 맨 뒤에까지의 전체 길이를 말한다.

(2) 수선상 길이(Waterline Length)

선박의 계획만재흘수선상의 선수 전단에서부터 선미 맨 뒤에 못 미치는 부분까지의 거리를 말한다. 수선상 길이는 선박이 바람과 파도에 저항하는 것과 바다에서 이동하는 성능과 밀접한 관계를 가진다.

(3) 수선 간 길이(Length Between Perpendiculars)

선체의 선수수선에서부터 선미수선까지의 거리를 말한다.

(4) 건현(Free Board)

선박이 바다에 떠 있는 상태에서 바다에 잠기지 않는 선체의 연직 높이를 말하며 배가 안전하게 항해하는 것과 밀접한 관계를 가지고 있어서 건현의 길이는 국제협약에서 명시하였고 이에 따라 모든 선박은 국제협약을 준수해야 한다.

(5) 흘수(Draft)

선박이 바다에 안전하게 잠기는 것으로 바다 수면에서 선박 맨 밑에까지의 수직거리를 말하는 전흘수를 말한다. 형흘수는 배 길이 중앙에서 만재흘수선까지 수직거리를 말한다. 선박이 안전하게 운항하기 위해서는 바다에 잠겨 있어야 되며 너무 많이 잠기면 안전하게 운항할 수 없다. 따라서 선박이 안전하게 운항할 수 있는

흘수표를 선박에 표시하였고 이러한 표시는 선박의 화물적재량과 밀접하게 관련이 있다. 선만의 흘수선 표기 이상으로 화물을 선적하면 안 된다. 흘수선 상단 표기가 수면에 잠기기 전까지 화물을 적재한다.

(6) 선폭(Extreme Breadth)

선박의 중앙에서 좌우의 수평거리를 말한다.

3) 만재흘수선

모든 선박에는 선수, 선미에 20cm마다 10cm 폭의 아라비아숫자로 흘수 눈금이 표기되어 있다. 만재흘수선표에 따라 화물을 선박에 적재하여야 한다.

그림 2-1 선박의 구조

3. 선박의 종류

선박은 사용하는 목적에 따라 여러 가지로 구분되지만 여객이나 화물을 운송하고 그 대가로 운임을 받는 상선을 중심으로 선박의 종류를 살펴본다.

1) 일반화물선(General Cargo Ship)

컨테이너선이 해상운송에 등장하기 전까지는 대부분 일반화물선이 화물을 운송하였다. 일반화물선은 선박에 여러 화물을 싣고 운송할 수 있도록 다층갑판으로 구성되어 있으며 화물을 배에 선적하고 하역하는 데 많은 시간이 걸려서 대형화되지 못하고 통상 1만~1.5만총톤(Gross Ton : G/T)의 소형선박이 주종을 이루었다.

해상운송에 컨테이너선이 등장함에 따라 컨테이너선에게 해상운송의 자리를 넘겨주고 현재는 재래선(traditional vessel)으로 컨테이너에 화물을 넣을 수 없는 화물대상으로 컨테이너선이 운항하지 못하는 운송구간에서 운송하고 있으며 그 비중은 점점 줄어들고 있다.

2) 컨테이너선(Container Carrier)

컨테이너는 일정화물을 안전하게 보관하여 운송할 수 있는 규격화된 운송용기를 말하며, 컨테이너선은 컨테이너화물을 대량으로 선적하여 운송할 수 있도록 제작된 선박을 말한다.

컨테이너선은 비나 눈이 와도 선적과 하역이 가능하여 선적과 하역시간을 대폭 단축시켜 선박의 정박기간을 크게 줄였고 이를 통해 선박의 가동률이 높아져 선박의 대형화가 가능하게 되었다.

3) 탱커선(Tankers)

탱커선은 원유, 정제유, 팜유, 화공품, 액화가스 등과 같은 액상화물을 운송하는 선박을 말하며 원유운반선(crude oil tanker), 정제유운반선(product tanker), 화공품운반선(chemical tanker), 가스운반선(gas tanker), 아스팔트운반선(bitumen tanker) 등이 있다.

4) 전용선(Specialized Vessel)

전용선은 특정화물을 운송할 수 있도록 제작된 선박으로 특정화물을 선적하고 하역할 수 있는 하역장비와 보관시설들을 가지고 있다. 광석전용선, 자동차전용선, 석탄전용선, 원목전용선, 목재전용선, 곡물전용선 등이 있다.

5) 겸용선(Combination Carrier)

겸용선은 빈 배로 운항하는 것을 줄이려고 비컨테이너화물과 컨테이너화물을 동시에 선적할 수 있도록 제작된 선박을 말한다. 비컨테이너화물을 적재할 때는 컨테이너화물을 적재하도록 된 적재공간을 비컨테이너화물을 적재하도록 변경하고 반대의 경우에는 비컨테이너화물의 적재공간을 변경하여 컨테이너화물을 적재할 수 있도록 변경이 가능한 선박을 겸용선이라 한다.

6) 로로선(Roll On/Roll Off)

로로선은 컨테이너를 적재한 섀시를 컨테이너와 함께 선박에 적재하도록 제작된 선박으로서 섀시를 끌어 선박에 하역하여 하역시간을 단축시켜 선박의 정박시간을 줄여준다.

7) 냉동 · 냉장선(Refrigerated Carrier)

냉동 · 냉장선은 선박에 냉동과 냉장시설이 갖춰진 선박으로 육류, 어류, 과일, 야채, 냉동 · 냉장화물을 운송하도록 된 선박을 의미한다.

그림 2-2 ◯ 선박의 종류

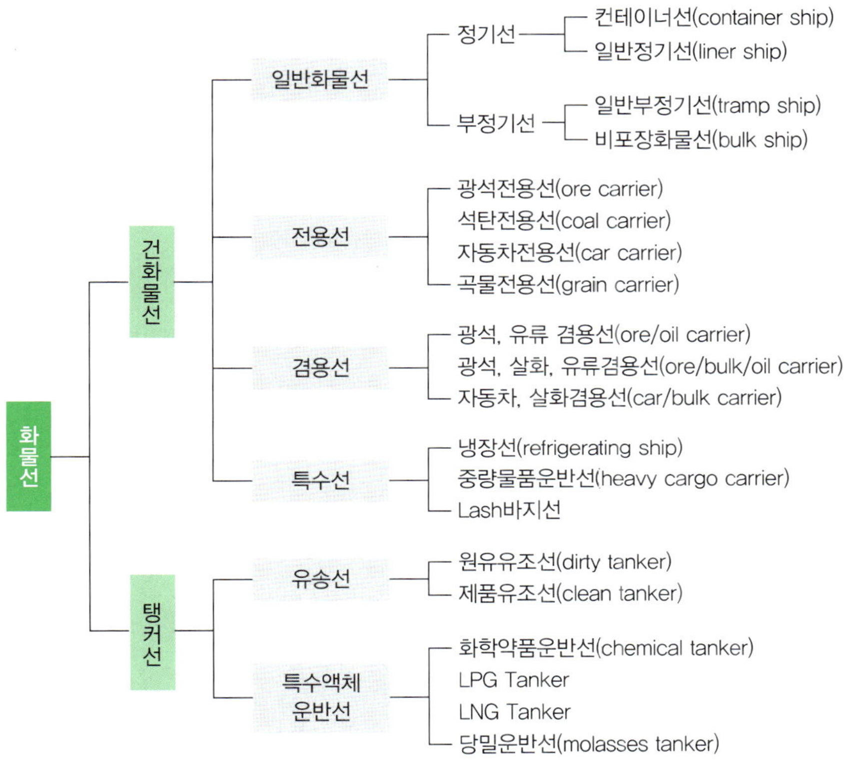

4. 선박의 톤수

선박에 사용되는 톤은 무게단위로서의 중량톤(weight tonnage)과 부피단위로서의 용적톤(space tonnage)을 함께 사용하고 있다. 선박의 크기는 중량뿐만 아니라 용적으로도 나타내며 화물선의 크기는 선박이 적재할 수 있는 중량과 공간, 즉 용적으로도 선박의 크기를 나타낸다. 선박의 운임도 중량과 용적으로 그 크기를 측정하여 부과되고 있다.

1) 용적톤

선박의 용적을 톤으로 측정하는데 $1m^3$(cbm : 1×1×1m=35.314ft^3)를 1톤으로 한다. 총톤수, 순톤수, 갑판하톤수는 용적톤으로 표시된다.

(1) 총톤수(Gross Tonnage : G/T)

총톤수는 선박의 상갑판 이하의 밀폐된 공간 중에서 선박의 안전과 위생에 필요한 공간을 제외한 공간을 용적톤수로 환산한 것이다. 총톤수는 선박의 수익능력을 나타내며 관세, 등록세, 소득세, 도선료, 계선료, 각종 검사료, 세금의 기준이 된다.

(2) 순톤수(Net Tonnage : N/T)

순톤수는 선박의 상갑판 이하의 밀폐된 공간 중에서 선박의 운항에 필요한 공간을 제외하고 여객이나 화물을 적재하여 운임을 가득할 수 있는 공간을 용적톤수로 환산한 것으로 톤세, 항세, 등대사용료, 항만시설사용료, 운하통과료 등을 부과하는 기준이 된다.

2) 중량톤(Weight Tonnage)

배수톤수와 만재중량톤수는 중량톤으로 나타내는데 $1m^3$의 해수무게로 측정한다.

(1) 배수톤수(Displacement Tonnage)

물체를 물이 든 용기에 넣으면 물체의 무게만큼 물이 상승하게 되는데 선박도 바다에 뜨면 배의 선체가 물에 잠긴다. 잠긴 부분의 용적을 $1m^3$ 바닷물로 측정하는데 물의 중량을 배수량 또는 배수톤수라 한다. 배수량은 선박의 화물 적재량에 따라 다르게 나타나기 때문에 선박의 크기를 배수톤수로 표기할 수 없다. 배수톤수는 군함의 크기를 나타내는 데 사용된다.

(2) 만재중량톤수(Dead Weight Tonnage : DWT)

만재중량톤수는 선박이 운항하는 데 필요한 연료, 청수, 선용품과 화물을 포함하여 최대로 적재할 수 있는 최대허용중량을 말한다. 최대허용중량보다 더 적재하면 과적이 되어 선박이 안전하게 항해할 수 없다.

순만재중량톤(net dead weight)은 선박의 항해에 필요한 연료, 청수, 선용품, 선원의 침실, 식당 등의 중량을 제외하고 화물을 적재하여 운임을 벌어들일 수 있는 최대중량을 말한다.

(3) 화물톤(Cargo Tonnage)

화물톤은 해상운송인이 화주에게 운임을 부과하는 운임톤을 말한다. 해상운송인은 운임을 중량톤이나 용적톤 중에서 자기에게 유리한 것으로 부과한다. 해상운송인이 선하증권을 발행하는데 선하증권에 운임을 부과한 톤을 기재하게 된다. 중량톤으로 부과하면 중량톤을 반대이면 용적톤을 기재한다. 부피가 1m^3 이하이면 중량톤을 적용하고 1m^3 이상이면 용적톤을 부과한다. 화물의 무게가 1,000kg이지만 용적이 15m^{3}이면 운임은 용적톤이 적용되어 15톤의 운임이 부과된다.

5. 선급제도

선박이 건조되어 항해를 시작함에 따라 감가상각이 발생한다. 선박은 감항성과 내항성을 갖추어야 한다. 선박의 운항에 적합하여야 한다는 점이다. 적합한지 아닌지는 감항성과 내항성으로 측정하며 이러한 측정제도를 선급제도(ship's classification)라고 한다.

감항성과 내항성을 객관적 기준으로 측정하는 기관을 선급협회(classification of societies)라고 하며 선급협회가 선박을 검사하고 등록증을 발행하고 있다. 선박의 감항성과 내항성은 화주, 용선자, 보험회사 등이 중요하게 관심을 가지고 있는 사항이며 선급협회에 등록된 선박의 경우는 선박이 안전하게 항해할 수 있다는 것으로 해상사고가 발생할 가능성이 적은 것으로 본다.

선박을 정기적으로 검사하여 안전성여부를 판단하기 위해서는 기술력과 시설, 전문인력이 필요하다. 따라서 이러한 선급제도를 발전시키기 위해서 1968년에 국제선급협회(International Association of Classification Societies : IACS)가 창설되었으며 우리나라는 1988년에 정회원으로 가입하였고 현재 영국, 미국, 프랑스, 독일, 노르웨이, 이탈리아, 일본, 러시아, 중국, 폴란드가 정회원으로 가입하였다.

우리나라도 선급제도를 발전시키기 위해 1960년에 사단법인 한국선급협회를 창설하여 현재에 이르고 있다.

제3절 항만

1. 항만의 개념

「항만법」 제2조에서 항만이란 선박의 출입, 사람의 승선·하선, 화물의 하역·보관 및 처리, 해양친수활동 등을 위한 시설과 화물의 조립·가공·포장·제조 등 부가가치 창출을 위한 시설이 갖추어진 곳을 말한다고 정의하였다.

항만(harbour)은 선박이 태풍, 파도 등과 같인 자연적인 풍파에 영향을 받지 않고 안전하게 정박할 수 있는 곳으로 Harbour는 광의의 개념으로 천연항을 의미하고 Port는 협의의 개념으로 부두 또는 인공항을 의미한다.

항만은 풍파에 선박을 안전하게 보호하고 선박이 자유자재로 입출항이 가능하도록 수심이 깊어야 한다. 상해항은 내륙에서 유입된 토사로 수심이 얕아서 대형선박의 입출항이 불가한 반면에 부산항은 수심이 깊고 풍파로부터 선박을 보호할 수 있는 천연조건을 갖추고 있다. 이에 따라 중국은 부산항과 경쟁에서 이기려고 거대한 양산항을 건설하였다.

2. 항만물류의 부가가치 창출

항만은 내륙화물과 해상화물을 연결해주는 역할을 하고 있기 때문에 하역시간을 단축시켜 항만물류의 부가가치를 창출하여야만 항만의 경쟁에서 살아남을 수 있다. 항만은 하역장비를 최신시설로 교체하고 무인이동장비를 도입하여 항만 간의 경쟁력에서 살아남으려고 노력하고 있다.

항만물류는 항만에서 화물이 공급자로부터 수요자에게 전달될 때까지 이루어지는 운송 · 보관 · 하역 및 포장 등 일련의 처리과정을 말하고 있는데 이 기능에 유통가공과 물류센터 등을 도입하여 항만의 부가가치 창출기능을 강화하고 있다.

항만물류의 부가가치는 하드웨어와 소프트웨어가 통합되어 운영될 때 가능하다. 우리나라는 항만물류통합정보체계[1]와 항만건설통합정보체계[2]를 개발하여 항만 개발과 운영에 사용하고 있으며 선적과 하역장비를 최신시설로 교체하고 무인이동장비를 도입하여 항만 간의 경쟁력에서 살아남으려고 노력하고 있다.

항만에는 선박운항업, 예선업, 육운업, 포장업, 창고업, 통관업, 선박수리업, 선용품업, 하역업, 검수업, 검량업, 감정업, 수출입업, 세관, 부두운영공사 등이 입주해 있다.

우리나라 무역화물의 99.7%가 해상운송을 통해서 이루어지고 있기 때문에 항만의 효율적 운영과 관리가 매우 중요한다. 항만은 해운과 무역을 발전시키는 직접적인 역할과 해운과 무역의 연관산업을 발전시키는 간접적인 역할을 수행하고 있기

1 항만물류통합정보체계 구축 · 운영 및 이동절차에 관한 규정

2 항만건설통합정보체계 구축 · 운영

때문에 항만의 개발과 효율적인 운영이 중요하게 되었다.

항만의 비효율적인 운영관리에서 발생되는 비용은 모두 무역화물에 전가되어 무역화물의 국제경쟁력을 떨어트리고 반대의 경우에는 국제경쟁력을 향상시킨다.

3. 항만시설

항만시설은 기본시설, 기능시설, 지원시설, 항만친수시설로 구분되고 기본시설은 수역시설, 외곽시설, 임항교통시설, 계류시설로 구분된다.

1) 수역시설

수역시설은 선박이 부두에 접안하기 전에 항만청으로부터 입항허가를 받아야 한다. 입항허가를 기다리는 해역에서부터 입항허가가 끝나면 예인선에 의해 예인되어 부두로 접안되는 해역, 즉 정박지(anchorage), 항로(access channel), 선회장을 말한다.

정박지는 입항허가가 나면 부두에 접안하기 위해 기다리는 해역으로 파도가 적고 잔잔한 지역으로 선박이 정박하기에 좋은 지반을 구축하고 있어야 한다.

항로는 선박이 입항허가가 나면 정박지에서 부두로 예인선에 의해 예인되어 부두로 운항하는 항로를 말하며 바람과 파랑의 방향에 대해 30°~60°의 각도를 이루어 조류의 방향과 작은 각도를 이루어야 하며 충분한 수심을 확보하고 있어야 한다.

선회장은 정박지에서 부두까지 예인선이 선박을 예인하기에 충분한 해역을 확보하고 있어야 되는데 선박의 길이에 3배 이상의 수면이 확보되어야 한다.

2) 외곽시설

외곽시설은 부두에 정박되어 있는 선박을 거친 풍파에 보호하기 위한 시설로 방파제 · 방사제(groyne) · 파제제(wavebreaker) · 방조제 · 도류제(training dike) · 갑문 · 호안 등을 말한다.

3) 계류시설

(1) 부두

계류시설은 선박을 부두에 안전하게 정박시키고 여객과 화물이 선박에 안전하고 신속하게 선적과 하역을 하기 위한 시설로 부두(quay, wharf, dock), 안벽(berth, dock), 잔교(pier, jetty)로 구분된다.

부두는 여객과 화물의 선적과 하역을 위한 전체 시설을 말한다. 석재나 콘크리트로 바다 밑에서 수직으로 쌓아 올려 배가 부두에 수평으로 정박할 수 있도록 만든 것으로 선박에 적재하기 위한 화물들을 쌓아 보관하고 선박이 부두에 접안하면 하역시설로 하역을 한다.

(2) 안벽

안벽은 해안과 평행하게 석조 또는 콘크리트로 축조된 것으로 선박이 안전하게 접안하여 정박시키기 위해 해저에서 수직으로 만들어진 옹벽을 말한다. 벽에 계선줄을 매어 선박을 고정시키고 선박이 접안할 때 석조 또는 콘크리트벽에 부딪혀 손상을 입지 않도록 고무를 석조나 콘크리트에 부착시킨 것을 펜더(fender)라고 하며 풍파에 선박을 고정시키는 기둥을 계선주(bitt, mooring post, bollard)라고 한다.

(3) 잔교

잔교는 부두에서 선박을 연결시켜 화물이나 여객의 선적과 하역을 시키는 시설을 말한다. 목재, 철재, 석재를 해정에 박고 그 위에 콘크리트를 발라 평면의 계류시설로 파도에 영향을 받지 않도록 되어 있다.

그림 2-3 ○ 항만

4. 항만운송사업

항만운송사업은 항만에서 화물의 하역, 보관, 이동, 선박의 선적, 하역, 부선을 이용한 선적, 하역 등을 말한다. 컨테이너화물이 내륙에서 컨테이너야적장으로 운송되어 반입되면 선박의 일정에 맞춰 부두로 운송되어 부두에 적재하게 된다. 선박이 부두에 접안하는 시간에 맞춰 부두에서 선박에 선적하는 구역으로 장비를 통해 이동한 후에 선박에 적재되고 하역도 하역장비를 통해 하역한 후에 다른 적재장소로 이동한다. 항만운송은 항만에서 화물을 이동시키는 장비와 화물의 이동을 전산시스템으로 관리하는 항만관리정보시스템, 자동 또는 무인화된 선적과 하역시스템과 결합되어 해상운송을 보조하는 기능을 한다.

(1) 하역업[3]

선적과 양륙업(stevedoring)은 화물을 부두에서 선박으로 선적과 양륙을 하는 작업을 말하는 것으로 선내선적과 양륙업, 연안선적과 양륙업으로 구분되며 선내선적과 양륙업은 다시 난바다선적과 양륙업, 접안선적과 양륙업으로 나누어진다. 난바다선적과 양륙업은 수심이 깊지 않아 선박이 부두에 접안을 할 수 없어서 해상에서 바지선을 이용하여 선박에 화물을 선적과 양륙을 하는 것으로 부선을 이용하여 화물을 바지선이 있는 곳으로 운송하고 양륙의 경우는 반대로 부선을 이용하여 바지선에서 부두로 운송하여 선적과 양륙을 하는 것을 말한다.

접안선적과 양륙업은 부두에서 크레인과 같은 대형 선적과 양륙장비를 이용하여 선박에 화물을 선적과 양륙을 하는 것을 말한다.

연안선적과 양륙은 화물을 부두에서 이동시키는 운송을 의미하는 것으로 부두에서 해상운송 중에 화물의 손상을 방지시키기 위한 고정, 쐐기를 박는 작업 등의 다른 작업이 추가된다.

(2) 검수업

검수(tallying)는 선적될 화물의 수량을 파악하는 것으로 선적화물을 싣거나 내릴 때 그 화물의 개수를 계산하거나 그 화물의 인도 · 인수를 증명하는 일을 말한다. 검수업자는 선하증권에 선적화물의 수량을 기재하여야 하고 수량이 기재되면 해상운송인은 화물의 도착지에서 선하증권에 기재된 수량을 화주에게 인도하여야 할 책임을 부담한다. 하역할 때도 화물이 본선에서 양륙할 때 양륙된 화물의 수량을 검사하게 된다.

(3) 검량업

검량(weight and measuring)은 화물의 무게와 부피를 측정하는 업무로서 선적

---

3 하역은 선적과 양륙을 의미한다. 화물을 선박에 싣고 내리는 두 가지 의미를 가지고 있다.

화물을 싣거나 내릴 때 그 화물의 용적 또는 중량을 계산하거나 증명하는 일을 말한다. 본 업자가 측정한 무게나 부피가 선하증권에 기재되며 해상운송인은 도착지에서 화주에게 선하증권에 기재된 무게나 부피를 인도하여야 한다.

(4) 감정업

감정(surveyor)은 선적화물 및 선박(부선을 포함한다)에 관련된 증명 · 조사 · 감정을 하는 일로 화물이 관련법규정에 맞게 선박에 적재되었는지, 선박은 관련법규에 맞게 항해요건을 충족시켰는지를 제3자가 공정하게 판정하는 업무를 말한다. 그 업무로는 일반화물 적부검사, 위험화물 적부검사, 선박의 과적검사, 원유의 감정 및 견본채취, 선박운항에 필요한 유류, 보일러 물과 같은 잔량검사, 공동해손조사, 손상화물의 사정 · 처분에 대한 증명, 선가의 감정, 선체 · 기관 · 출항장비의 상태 및 손상여부 조사 등이 있다.

(5) 부대사업

항만운송사업의 부대사업으로는 항만용역업, 선박급유업, 컨테이너수리업 등이 있다. 항만용역업은 통선으로 본선과 육지 간의 연락을 중계하는 행위, 본선을 경비하는 행위나 본선의 이안 및 접안을 보조하기 위하여 줄잡이 역무를 제공하는 행위, 선박의 청소, 오물 제거, 소독, 폐기물의 수집 · 운반, 화물 고정, 칠 등을 하는 행위, 선박에서 사용하는 맑은 물을 공급하는 행위 등이 있다. 물품공급업은 선박운항에 필요한 물품 및 주식 · 부식을 공급하고 선박의 침구류 등을 세탁하는 사업을 말하고, 선박급유업은 선박용 연료유를 공급하는 사업, 컨테이너수리업은 컨테이너를 수리하는 사업을 말한다.

CHAPTER 03

해상운임이론

학습목표

해상운임의 결정이론을 바탕으로 정기선운임의 결정과정과 종류에 대해서 살펴본다.

제1절 해상운임의 결정이론

1. 운임의 개념

운임은 고객인 화주가 국제운송인이 생산한 국제운송용역을 돈을 주고 산 것을 말한다. 따라서 운임은 국제운송용역의 단위당 가격을 의미한다. 국제운송인이 화주로부터 화물을 인수하고 인수한 상태로 양륙지까지 안전하게 운송하여 양륙지에서 수하인에게 인도하는 대가로 화주로부터 운임을 받는다.

국제운송인은 화주에게 운송수단을 판매한 것이 아니라 운송수단으로 국제운송용역을 생산하여 국제운송용역을 판매한 것이다. 국제운송인은 화주로부터 인수한 화물을 그대로 양륙지까지 안전하게 운송하여 수하인에게 인도해야만이 운임을 받을 권리가 있고 그러지 못한 경우에는 운임을 받을 권리가 없다.

운임은 국제운송인이 생산한 국제운송용역의 형태에 따라 자유운임과 공시운임으로 구분할 수 있는데 부정기선의 경우에는 자유운임이 적용되고 정기선운송의 경우에는 공시운임이 적용된다.

2. 해상운임의 특성

운임은 국제운송용역의 단위당 가격이기 때문에 운임이 오르면 국제운송용역에 대한 수요는 감소하고 내리면 수요는 증가할 것이다. 운임이 오르면 국제운송용역의 공급량이 증가하여 운임은 내리고 운임이 내리면 공급량이 감소하여 운임은 오르게 된다. 그러나 해상운임이 오르면 선복량이 증가하고 하락하면 선복량이 감소하여 해상운임이 결정되어야 하나 선복을 건조하여 항로에 투입하는 데 1~2년의 시차가 발생하여 선복량을 즉시 증가 또는 감소시킬 수 없기 때문에 해상운임의 변동폭이 매우 크게 발생하는 특성이 있다.

3. 해상운임의 결정이론

1) 용역가치설

용역가치설은 운임은 수요자가 주관적으로 운송용역이 생산하는 부가가치를 평가하는 것에 의해서 결정된다는 이론이다. 국가 간 상품가격의 차이를 부가가치로 본다. 용역가치설은 운임은 운송용역의 부가가치에 의해서 결정되며 개별 화주가 주관적으로 부가가치에 값을 매기고 운임을 지불하기 때문에 차별운임제를 채택해야 한다고 본다. 국가 간에 상품의 가격차이가 발생하는 것은 운임이 존재하기 때문이라고 보고 가격의 차이는 운임의 차이로 본다.

한국에서 체리가 1kg당 40,000원이고 미국에서 10,000원이면 부가가치는 30,000원이며 개별 수입상이 주관적으로 판단하여 운임을 지불하는데 최대 30,000원까지 운임이 결정된다. 개별 수입상은 주관적인 판단에 따라 자기가 부담할 수 있는 능력에 따라 운임을 지불하게 된다.

2) 생산비설

생산비설은 운임은 운송용역을 생산하는 데 발생하는 생산비용을 근거로 결정된다는 것이다. 생산비는 운송용역을 생산하는 데 발생하는 모든 비용에 생산자의 정상이윤과 기회비용 등을 합산하여 결정된다.

운임 = 생산비 + 정상이윤 + 기회비용

개품운송의 경우 무수히 많은 화물들을 화물별로 생산비를 정확하게 산출한다는 것은 불가능하기 때문에 정기선운송에는 적합하지 않고 한 배에 한 화물을 적재하는 부정기선운송에 적합하다.

3) 운임부담능력설

운임부담능력설은 운임은 수요자가 운임을 부담할 수 있는 능력에 따라 결정된다는 이론이다. 도착지 상품가격에서 운임이 차지하는 비중에 따라 운임이 결정된다. 도착지 상품가격에서 운임이 차지하는 비중이 크면 운임을 부담할 능력이 적어서 저가상품에 해당되고 이에 따라 저가운임이 결정되며 비중이 적으면 운임을 부담할 능력이 커서 고가상품에 해당되고 그에 따라 고가운임이 결정된다.

운임부담능력설에 따라 종가요율, 등급요율, 차별운임과 같은 운임체계가 만들어졌다. 그러나 동 이론은 운임결정기준이 정확하지 않고 대량화물에 대한 운임할인이 없으며 운송공급이 독점인 경우 공급자가 운임을 결정한다는 문제점이 있다.

4) 절충설

절충설은 운임의 최대상한선은 운임부담능력이 되고 운임의 최저하한선은 생산비가 된다는 이론이다. 운임은 생산비설에 의한 최저하한선에서부터 운임부담능력의 최대상한선까지의 사이에서 결정된다고 보는 것으로 생산비설과 운임부담능력설의 중간입장을 취한다.

일반적으로 운임은 생산비설과 운임부담능력설의 조건하에서 최대이윤을 목표로 결정된다고 볼 수 있으나 운임은 공공재의 성격을 가지고 있어서 정부가 경제, 사회, 정치, 국제관계 등을 고려하여 정책적으로 결정하는 경우가 많기 때문에 절충설에 따른 운임은 정책운임(administered price or rate)이라고도 한다.

4. 해상운임단위

운임은 중량(weight), 용적(measurement), 상품가격(price)을 기준으로 산출된다. 중량은 화물의 무게로 측정하며 이를 중량화물이라고 하고 그 단위는 MT(Metric Ton; 1,000kg)으로 한다. 용적은 화물이 차지하는 공간을 기준으로 측정하며 이를 용적화물이라고 하고 그 단위는 CBM(Cubic Meter; $m^3 = 35.3147ft^3$)으로 한다. 상품가격은 매도인과 매수인이 합의한 송장가격으로 산출된다. 운송과정에서 특별히 취급해야 하는 화물 또는 위험화물은 추가운임과 할증운임이 가산된다.

운송인이 운임을 결정할 때 운송인은 자기에게 유리한 운임부과기준을 선택한다. 운송인이 선택한 운임부과기준을 운임톤(Freight Ton : F/T or Revenue Ton : R/T)이라고 하며 운송인이 중량을 선택하면 W로 표기하고, 용적을 선택하면 M으로 표기한다. M/W는 용적 또는 중량 중에서 운송인이 자기에게 유리한 쪽을 선택하여 부과한다는 것을 의미한다.

운송인은 1CBM당 1MT으로 용적톤을 산출하고 중량톤과 비교하여 자기에게 유리한 쪽을 선택하게 된다. 예를 들어 화물의 중량이 1,200kg이고 이를 용적톤으로 산출하면 1,000kg이 되는 경우에 운송인은 중량을 단위로 운임을 부과하게 되며 반대로 용적톤이 1,500kg이 되면 용적단위로 운임을 부과한다.

5. 해상운임 산정기준

1) 중량기준

공간을 차지하는 부피에 비해 무게가 많이 나가는 시멘트, 철강, 철광석 등과 같은 중량화물에 적용되는 것으로 중량톤(weight ton)이라고 한다. 화물의 중량은 포장을 포함한 총중량으로 산출한다.

2) 용적기준

화물의 중량에 비해 많은 공간을 차지하는 양모, 면화, 의류, 목재 등과 같은 용적화물에 적용되는 것으로 용적톤(measurement ton)이라고 한다. 용적톤은 포장을 포함한 총용적으로 산출된다. 화물과 화물 사이에 손실공간이 발생하기 때문에 손실공간에 따른 운임손실을 방지하기 위하여 이러한 손실공간이 포함된 적하계수(stowage factor)를 적용하여 운임을 부과한다.

3) 종가기준

상품의 송장가격을 기준으로 운임이 책정된다. 중량과 부피가 작지만 상품가격이 고가인 보석, 미술품, 화폐, 유가증권 등과 같은 고가상품의 경우 운송 중에 손상이나 멸실이 발생하면 운송인은 상품가격을 기준으로 보상하기 때문에 운송인은 상품가격을 기준으로 운임을 부과하게 된다.

고가상품의 경우 화주는 선적요청서에 상품가격을 기재하여 선적요청을 하여야 하며 선적요청서에 상품가격이 기재되지 않으면 일반상품으로 처리하고 사고가 발생했을 경우 운송인은 일반조건에 따라 손해배상을 하게 된다.

4) 개수기준

화물의 개수로 운임이 책정된다. 예를 들어 동물의 경우 한 마리당, 자동차의 경우 한 차당 얼마로 운임이 책정되는지의 경우에 해당된다.

5) 특수화물

유황, 독극물, 화약, 인화물질이 함유된 화물 등은 운송과정에서 특별히 취급하여야 되기 때문에 운송인은 이러한 위험화물에 대해서 추가운임을 부과한다.

제2절 정기선운임

1. 정기선운임의 특징

정기선운임은 해상운송의 수요와 공급의 법칙에 따라 결정되기보다는 동맹이 인위적으로 결정한다. 해운동맹선사의 경우 해운동맹선사가 해상운임을 결정하는 것이 아니라 동맹이 결정한다. 맹외선사의 경우에는 정기선사가 해상운임을 결정한다. 이와 같이 정기선운임은 선박운항업자가 해운동맹에 가입한 경우와 가입하지 않은 경우에 따라 다르게 결정된다. 전자의 경우 정기선운임은 해운동맹에 의해서 독과점가격의 원리에 따라 인위적으로 결정된다. 후자의 경우 정기선운임은 맹외선사에 의해 해상운임의 원가와 운임부담능력에 따라 결정된다. 맹외선사는 해상운임의 원가와 화물의 운임부담능력, 동맹선사와의 경쟁정도 등을 고려하여 정기선운임을 결정한다.

모든 정기선사 또는 해운동맹은 운송하려는 화물의 운임표를 작성하여 공시하여야 한다. 공시된 운임은 수시로 바뀌는 것이 아니라 일정기간 바뀌지 않는다. 경제적 충격에 의해서 해상운송화물이 급격히 감소하거나 증가하는 경우에만 변경이 되며 그렇지 않은 경우에는 공시된 운임은 변경되지 않는다. 따라서 화주는 해상운임을 예상할 수 있어 무역거래를 안정적으로 수행할 수 있다.

정기선사나 해운동맹은 해상운임의 안정성, 대·중·소 화주에 대한 무차별, 품목별 운임률에 근거하여 정기선운임을 결정하고 있다.

2. 정기선운임의 산정

1) 정기선운항의 채산성

정기선의 수입은 해상화물운임이다. 해상화물운임에서 운항비를 빼면 운항순익이 산출되고 운항순익에서 선비와 용선료 및 일반관리비를 빼면 순이익률이 산출된다. 순이익률이 높냐 낮으냐에 따라 정기선운항의 채산성이 좋다 나쁘다라고 말할 수 있다.

(1) 운항비

운항비는 연료비, 항비,[1] 선적 및 하역비, 대리점 수수료 및 중개료, 일반화물비, P&I보험료로 구성되어 있으며 운항비는 선박이 항해를 해야만 발생하는 변동비(variable cost)이다.

(2) 선비와 용선비

선비는 선원비, 수선비, 윤활유, 선용품비, 선박보험료 등으로 구성되어 있으며 선박이 항해를 하지 않아도 발생하는 고정비(fixed cost)이다. 용선비는 다른 선주로부터 선박을 빌리는 대가로 지불하는 고정비이다.

(3) 일반관리비

일반관리비는 본사, 해외지사, 육지사무소의 인건비, 업무비, 시설유지비 등이 포함된 운영비용을 말한다.

2) 정기선운임 결정 시 고려사항

정기선은 일단 특정항로에 선박을 배선하면 일정기간 그 항로에서 운영하여야 되기 때문에 정기선사는 다음과 같은 점을 고려하여 정기선운임을 결정한다.

첫째, 운항원가에 근거하여 기본요율을 산출하고 물동량을 고려한다.

둘째, 운항원가 항목 중에서 급격한 변동으로 운임에 직접적인 영향을 미치는 부분에 대해서 할증료를 부과한다.

셋째, 동일한 톤수의 화물이라도 동일한 운임을 적용하지 않고 중량과 장척 등에

---

1 항비는 선박이 항구를 입출항함에 따라 발생하는 비용으로 입항료(port due), 표지사용료(light due), 운하사용료(canal due), 정박료(anchorage), 도선료(pilotage), 예선료(towage), 강취방료(line handling charge, 선박을 부두 또는 부이에 결박하고 해체작업을 하는 인부들의 사용료), 접안료(dokage, 부두시설 점유사용료), 대리점 수수료(agency fee) 등이 있다.

따라 할증료를 부과한다.

넷째, 운임부담이 큰 화물의 경우 그 상품의 국제경쟁력과 장기적인 운송거래를 고려하여 운임률을 신축적으로 적용한다.

다섯째, 귀금속 등 고가품의 경우에는 운송원가는 작지만 운임부담능력이 크기 때문에 정기선운임은 상품가격에 따라 결정된다.

정기선운임은 운항비, 선비, 일반관리비, 할증료, 화물의 운임부담능력에 따라 결정된다.

3) 정기선운임의 산정기준

정기선운임은 중량, 용적, 화물의 가액에 따라 부과된다. 운임의 부과기준은 중량, 용적, 화물의 가액이 되며 정기선사는 자기에게 유리한 운임부과기준을 선택한다. 정기선사가 운임부과기준으로 선택한 것을 운임기준톤(freight ton, revenue ton)이라고 한다.

선박의 화물적재량은 중량과 용적에 의해서 영향을 받는다. 중량품은 중량을 기준으로 운임을 부과하며 경량품은 용적을 기준으로 부과한다. 일반적으로 화물 1CBM의 무게가 1,000kg 이상이 되면 중량을 기준으로 운임을 부과하고 그 이하가 되면 용적을 기준으로 운임을 부과한다.

종가운임은 화물의 송장가격에 따라 부과되는 운임으로 일반화물의 운임에 비해서 비싸다. 그 밖에 화물의 개수를 기준으로 운임을 부과하는 개수기준과 위험화물과 변질화물, 장척화물, 양륙지변경화물에는 할증운임이 부과된다.

3. 해상운임의 계산

1) 화물의 컨테이너 적입비용

화물은 부두에 있는 선사의 CY(Container Yard), ICD(Inland Container

Depot), 화주의 창고에서 적입된다. 선사가 부두 또는 부두 밖 ODCY(Off Dock Container Yard)에서 화물을 적입하는 경우 화주는 화물을 CY까지 운송하여 CY에서 운송인에게 인도한다. 도로정체와 항만체화를 방지할 목적으로 내륙에 내륙컨테이너기지(Inland Container Depot : ICD)를 의왕, 양산, 호남 장성, 영남, 중부 부강에 설치하여 운영하고 있다. 선사가 내륙컨테이너기지에 CY를 운영하는 경우 화주는 화물을 내륙컨테이너기지에 있는 CY로 운송하여 운송인에게 인도하기도 하고 CY에 있는 빈 컨테이너를 화주의 창고까지 운송하여 화주가 빈 컨테이너에 화물을 적입하게 한다. 이런 경우 컨테이너를 운송하는 트랙터사용료가 발생한다. 화주의 창고에 도착한 후 40피트는 3시간 무료이고 20피트는 무료이며 이를 초과할 경우 매 시간당 40,000원의 비용이 40피트와 20피트에 관계없이 발생한다.

컨테이너가 섀시에 적재된 상태로 화주에게 임대한 경우 섀시임대비용(bobtail)이 발생하는데 비용은 40피트의 경우 해당 지역운임의 43%, 20피트는 45%가 적용된다.

2) 컨테이너 적입수량 계산

FCL로 수출할 경우 한 컨테이너에 몇 박스가 들어가는지 계산하여야 한다. 박스 사이즈를 가로, 세로 높이로 구하여 얼마인지 기재하고 박스를 컨테이너에 쌓을 때는 가로, 세로의 경우 5%, 높이는 10%의 박스 여유분을 두어야 한다. 박스를 컨테이너에 쌓는 방법은 1에서 6까지가 있으며 1에서 5까지는 박스를 세워서 쌓을 경우 박스가 파손될 가능성이 있어서 사용하면 안 된다.

Length는 박스의 길이, Width는 박스의 폭, Height는 박스의 높이를 의미한다. 박스는 화물을 박스에 넣은 후의 가로, 세로, 높이의 수치를 계산에 사용해야 한다.

[예시]

① 수출 포장 후 박스 사이즈 : 길이 600mm, 폭 500mm, 높이 400mm

② 박스 여유분을 30mm로 결정함(높이는 여유분을 더 주어 50mm)

③ 박스를 컨테이너에 쌓을 경우 [표 3-1]에서처럼 총 6가지 방법이 있음

④ 자동 계산식으로 회색 음영부분은 바로 위 수치에서 소수점을 절사하여 입력함

⑤ 제품의 파손이 우려되어 박스를 세워서 쌓을 수 없기 때문에 1번과 3번 중에 많은 박스수량을 선택함

⑥ 박스에 제품이 총 30개씩 포장되어 있음

[표 3-1] 컨테이너 적입산출방식

(단위 : mm)

20피트 CONTAINER		Length	Width	Hight	Pallet Hight
Box Size(mm)		600	500	400	0
Box 여유 추가(mm)		30	30	50	스티로폼
실제 Box Size(mm)		630	530	450	0
20′ 내부(mm)		5,899	2,348	2,390	
Pallet 높이 공제(mm)		0	0	0	선적가능
스티로폼 공제(mm)		0	0	0	Box 수량
적재가능 내부(mm)		5,899	2,348	2,390	
1	C/L:B/L, C/W:B/W, C/H:B/H	9.36	4.43	5.31	180
	적재가능 칸/열/단	9	4	5	
	여유공간(mm)	229	228	140	
2	C/L:B/L, C/W:B/H, C/H:B/W	9.36	5.22	4.51	180
	적재가능 칸/열/단	9	5	4	
	여유공간(mm)	229	98	270	
3	C/L:B/W, C/W:B/L, C/H:B/H	11.13	3.73	5.31	165
	적재가능 칸/열/단	11	3	5	
	여유공간(mm)	69	458	140	
4	C/L:B/W, C/W:B/H, C/H:B/L	11.13	5.22	3.79	165
	적재가능 칸/열/단	11	5	3	
	여유공간(mm)	69	98	500	

5	C/L:B/H, C/W:B/L, C/H:B/W	13.11	3.73	4.51	156
	적재가능 칸/열/단	13	3	4	
	여유공간(mm)	49	458	270	
6	C/L:B/H, C/W:B/W, C/H:B/L	13.11	4.43	3.79	156
	적재가능 칸/열/단	13	4	3	
	여유공간(mm)	49	228	500	
최대 선적방법		1 또는 2	최대 선적 Box 수량		180
Box당 수량		30	총선적 수량(낱개)		5,400
단가		US$30.00	선적금액		US$162,000.00

3) LCL 화물운임 계산

박스사이즈를 통해 CBM을 계산한다. 박스의 가로, 세로, 높이를 1CBM(1세제곱미터)으로 산출한다.

$$1미터 \times 1미터 \times 1미터 = 1CBM$$

예를 들어 박스사이즈가 가로 60cm, 세로 40cm, 높이 40cm인 경우(0.06×0.05×0.04) 박스당 0.00012CBM이 산출된다. 이 수치에 박스수량을 곱하면 전체 CBM을 산출할 수 있다. 소량화물의 경우 운임은 CBM으로 부과하고 있다.

4) 항만까지 내륙운송비용

20피트 컨테이너의 내륙운송비용은 40피트 컨테이너운임의 90%를 적용하고 45피트 컨테이너운임은 40피트 컨테이너운임의 112.5%를 적용한다.

4. 정기선운임의 분류

1) 지급시기에 따른 분류

(1) 선불운임(Freight Prepaid, Advance Freight)

선불운임은 화주가 운송인에게 화물이 목적지에 도착하기 전에 미리 지불하는 것으로 화주는 선적항에서 화물을 본선에 적재하고 또는 운송인에게 인도하고 운송인으로부터 선하증권을 인수하여 해상운임을 지불하는 방식을 말한다.

인코텀즈 2010 CIF와 CFR 무역가격조건에서 수출상이 선적지에서 운임을 미리 지급하는 것으로 화주와 해상운송인 간의 해상운송계약에 따라 결정되는 것이 아니라 인코텀즈조건에 따라 결정된다.

(2) 후불운임(Freight Collect, Freight Forward, Destination Freight)

후불운임은 화물이 목적지에 도착하여 해상운송인이 화물인도지시서를 제시하는 자에게 화물을 인도하고 그로부터 해상운임을 받는 것으로 인코텀즈 2010 FOB 무역가격조건이 이에 해당된다. 이것도 화주와 해상운송인 간의 해상운송계약에 따라 결정되는 것이 아니라 인코텀즈조건에 따라 결정된다.

2) 계산방법에 따른 분류

(1) 등급운임(Class Rate)

등급운임은 해상운송인이 화물의 가액에 따라 등급을 매겨 등급별로 운임을 계산하는 것으로 종가운임이다. 고가화물은 운임부담력이 커서 운임을 비싸게 받고 저가화물은 운임부담력이 적어서 운임을 싸게 받는다. 등급운임은 화물의 운임부담력에 따라 운임을 부과하는 체계를 따르고 있다.

(2) 체감운임(Tappering Rate)

체감운임은 운송구간이 늘어남에 따라 단위당 운임은 줄어든다. 따라서 장거리 운송구간을 이용하는 화주에게 화물처리비용을 운임에서 공제해주는 것을 말한다.

(3) 지역운임(Zone Rate)

지역운임은 화물의 출발지와 도착지를 하나의 단위로 묶어서 동일한 운임을 부과하는 운임체계를 말한다. 우리나라의 해상운송은 중동, 유럽, 북미서안 · 동안, 걸프, 동남아시아, 서아시아, 아프리카, 중남미로 분류하여 지역운임체계를 적용하고 있다.

3) 공시여부에 따른 분류

(1) 공시운임(Tariff Rate)

모든 정기선사나 해운동맹은 화물의 운임표를 사전에 작성하여 공시하여야 하며 정부는 공시된 운임률을 신고받아 조정할 수 있다. 「해운법」 제28조에서 외항정기화물운송업자와 국내항에서 정기화물운송사업을 영위하는 외국인은 화주 등 이해관계인이 알 수 있도록 운임을 공표해야 한다고 명시하였다. 운임을 변경하려는 때에도 같다고 규정하였다.

공시된 운임률표의 총칙에서 운송인명세, 태리프 이용, 중량 및 용적시스템, 운송구간, 정의, 약어, 부호 등을 기재하고 해상운송규정에는 운임산정기준, 운임지불, 운송서류, 화물의 혼재, 위험화물, 운송주선 수수료를, 항만 및 관련서비스 요율에는 터미널화물 취급료(terminal handling charge), 소량화물(LCL), 체선료(demurrage), 지연료(detention charge)를, 내륙운송규정에는 선사운송과 화주운송을 기재하도록 하였다.

(2) 경쟁운임(Open Rate)

동맹선사는 표준운임표를 운영하고 있는데 이 동맹선사는 표준운임표를 준수해야만 한다. 철강, 자동차, 비료, 시멘트, 석탄, 철광석 등의 대량화물의 경우 동맹선사가 표준운임표를 준수하기가 어렵기 때문에 이러한 화물에 대해서 동맹선사는 표준운임표를 적용하지 않고 동맹선사의 자유재량에 따라 운임을 정하도록 하였다. 표준운임표에 rate open으로 표시된 부분이 여기에 해당된다. rate open에 표시된 화물에 대해서는 동맹선사가 독자적으로 운임을 결정할 수 있다. 이 운임을 적용받는 화물을 open rate cargo라고 한다.

동맹선사는 맹외선사가 저운임을 적용할 경우에는 표준운임으로는 경쟁할 수 없기 때문에 맹외선사의 저운임보다 더 싼 운임을 적용하도록 동맹선사에게 재량권을 부여하여 맹외선사와의 경쟁에서 살아남도록 하였다.

4) 부과방법에 따른 분류

(1) 종가운임(Ad Valorem Freight)

화물의 가격을 기준으로 송장가격에 일정률의 운임이 부과된다. 금, 귀금속, 다이아몬드 등과 같은 고가화물은 송장가격에 일정률의 운임이 부과되어 운임이 비싸다.

(2) 품목별 운임(Commodity Rate)

화물의 가치에 따라 차등을 두어 정기선운임을 결정하는 방식이다. 화물의 가격이 비싸면 정기선운임도 비싸고 화물의 가격이 싸면 정기선운임도 싸게 산정한다. 부산에서 상해까지의 정기선운임을 의류가 적입된 40피트 컨테이너는 개당 400달러로 하고 LCD 모니터가 적입된 40피트 컨테이너는 개당 800달러로 책정한다. 어떤 화물이 컨테이너에 적입되었는지에 따라 컨테이너당 정기선운임이 달라지는 것으로 화물의 운임부담능력에 따라 결정된다.

품목별 운임산정방식은 고가화물의 화주에게 불리하고 저가화물의 화주에게 유리하다고 볼 수 있지만 저가화물의 운송을 많이 유치하면 고정비를 낮추기 때문에 고가화물의 화주에게도 이익이 된다. 이 방식은 개별 화물별로 모두 결정하여야 하기 때문에 매우 복잡하다.

(3) 무차별운임(Freight All Kinds Rate : FAK)

정기선운임이 화물의 가치에 따라 결정되는 것이 아니라 화물의 중량이나 용적에 따라 결정된다. 컨테이너에 어떤 화물이 적입되었는지는 불문하고 컨테이너당으로 정기선운임을 결정하여 무차별운임이라고 한다. 컨테이너에 의류가 적입되었는지 아니면 LCD 모니터가 적입되었는지를 불문하고 컨테이너당 500달러로 책정한다.

(4) 차별운임(Discrimination Rate)

차별운임은 화물, 화주, 장소에 따라 운임을 차별적으로 부과하는 운임을 말한다.

(5) 품목별 박스운임(Commodity Box Rate)

품목별 운임과 무차별운임방식을 절충하여 정기선운임을 결정하는 방식을 말한다. 화물을 세분하여 정기선운임을 책정하면 매우 복잡하다. 이 세상에는 무수히 많은 화물들이 존재한다. 이 많은 화물들을 각각 따로 정기선운임을 정하면 복잡한 운임체계가 발생하여 화주가 사용하기가 매우 불편하고 선주는 정기선운임을 산정하고 관리하는 데 비용이 발생하여 선주와 화주에게 실익이 없을 수 있다.

화물을 한 단위로 묶어서 그 단위에 속하는 화물들은 동일한 정기선운임을 부과하는 방식이다. 컨테이너에 고가화물과 저가화물이 혼합되어 적입되는 경우 혼합

비율에 따라 표준적입률을 설정하고 표준적입률에 따라 정기선운임을 결정한다.

(6) 할증운임(Additional Freight or Surcharge)

정기선사나 해운동맹이 공시한 운임표에 별도로 추가운임을 부과하는 방식을 말한다. 정기선운송을 둘러싼 환경이 시시각각으로 변하고 있으며 이러한 환경변화에 대응하기 위해 정기선사와 해운동맹은 공시된 운임표와 별도로 추가할증료를 부과하고 있다.

가) 중량 · 장척 할증료(Heavy, Lengthy, Bulk Cargo Surcharge)

정기선운임이 정해진 중량기준치와 용적기준치를 초과하는 화물에 대해서 추가로 할증료를 부과한다. 중량기준치와 용적기준치를 초과하는 화물을 선적과 양륙하려면 별도의 장비가 필요하다. 별도의 장비를 설치하고 사용하는 데 발생하는 비용을 할증료로 화주에게 부과하는 것으로 정기재래선에서 발생한다.

나) 하역항 미확정 및 변경에 따른 할증료(Optional/Diversion Surcharge)

정기선운임은 선적항과 하역항의 시설을 고려하여 결정된다. 정기선운송이 시작되었는데 하역항이 결정되지 않거나 변경되면 공시된 운임표와는 별도로 추가비용을 할증료로 화주에게 부과한다. 이러한 추가비용은 하역항이 결정되거나 변경됨에 따라 하역에서 발생하는 비용을 할증료로 화주에게 부담시킨다.

다) 체선할증료(Congestion Surcharge)

선박은 선적항이나 양륙항에 입항하여 화물을 선적과 양륙하기 위해서 정박하는 기간이 정해져 있다. 선적항이나 양륙항에서 정해진 정박기간을 넘겨 정박을 하게 되면 지연된 기간만큼 비용을 화주에게 부과한다. 체선사유는 일시적으로 화물이 항구에 몰리어 발생하는 경우, 부두노동자들의 파업 등 여러 가지가 있다.

정기선운임은 선적항과 양륙항의 시설을 고려하여 결정된다. 정기선운송이 시작되었는데 양륙항이 결정되지 않거나 변경되면 공시된 운임표와는 별도로 추가비용을 할증료로 화주에게 부과한다. 이러한 추가비용은 양륙항이 결정되거나 변경됨에 따라 양륙에서 발생하는 비용을 할증료로 화주에게 부담시킨다.

라) 통화할증료(Currency Adjustment Factor : CAF)

선박회사가 정기선운임을 외국통화로 받을 경우 환율변동으로 환차손이 발생할 것에 대비하여 정기선운임의 일정비율을 화주로부터 추가로 받게 된다.

마) 유류할증료(Bunker Adjustment Factor : BAF)

국제유가가 변동하여 손실이 발생할 것에 대비하여 선박회사가 정기선운임에 일정비율을 화주로부터 추가로 받는다.

바) 인플레할증료(Inflation Adjustment Factor)

인플레가 심하게 발생하였는데도 불구하고 정기선운임을 인상할 수 없는 경우에 화주에게 할증료를 부과한다.

사) 추가위험할증료(Extra Risk Surcharge)

전쟁지역의 항구에서 화물이 하역될 경우에 화주에게 할증료를 부과한다.

아) 환적할증료(Transshipment Surcharge)

화물이 다른 항구에서 다른 선박에 옮겨 적재하도록 운송계약이 체결된 경우에 다른 선박으로 화물을 옮겨 적재하는 데 발생하는 비용을 화주에게 추가로 부과한다.

자) 양륙항 변경할증료

정기선운임은 선적항과 양륙항의 시설을 고려하여 결정된다. 정기선운송이 시작되었는데 양륙항이 결정되지 않거나 변경되면 공시된 운임표와는 별도로 추가비용을 할증료로 화주에게 부과한다. 이러한 추가비용은 양륙항이 결정되거나 변경됨에 따라 양륙에서 발생하는 비용을 할증료로 화주에게 부담시킨다.

(7) 특별운임(Special Rates)

특별운임은 운임표(tariff)에 명시된 운임을 화주의 요청이나 맹외선에 대한 대항 수단으로 특정품목의 운임을 일정기간, 일정조건을 충족시킬 경우에 싸게 해주는 것을 말한다. 예를 들어 철강운임이 한국에서 미국동안까지 톤당 22.5달러로 운임표에 명시되었지만 동맹선박 1척에 1인의 화주가 100톤을 한 선적항에서 선적할 경우[2] 톤당 20.5달러의 요율을 적용하는 것을 말한다. 정기선사는 운송화물을 확보하기 위하여 특정조건을 충족시킨 화주에게 운임표에 명시된 운임을 적용하지 않고 운임표에 명시된 운임보다 더 싼 운임을 적용한다.

(8) 최저운임(Minimum) 및 소포운임(Parcel Rate)

운임은 일정 톤단위로 계산하고 있다. 일정 톤단위 이하의 화물에 대해서는 최저운임이 적용된다. 최저운임에도 미치지 못하는 경우에는 소포에 적용되는 소화물운임이 적용된다. 최저운임단위가 80kg에 60달러인 경우에 화물이 70kg이면 60달러를 부과하고 화물이 10kg이면 소포운임을 부과한다.

5) 동종 또는 이종운송수단의 사용에 따른 분류

(1) 통운임(Through or Connection Rate)

통운임은 화물이 출발지에서 도착지까지 두 가지 이상의 동종 운송수단이 결합되어 운송될 때 적용되는 운임이다. 각각의 운송구간은 부분운송으로 각각 운송구

---

2 Special rate subject to minimum quantities of 100 revenue tons, per one shipper, one loading port, one vessel, one member.

간에 대한 책임은 운송인 각자가 책임지며 통선하증권(through B/L)을 발행한다. 화주와 운송계약을 체결한 제1운송인이 통선하증권을 발행하고 다른 운송구간을 제2운송인에게 시키는 것으로 운송계약이 화주와 제1운송인 간에만 존재하면 단독통운송이라고 하고 통선하증권에 제1운송인과 제2운송인이 같이 서명하면 전 운송구간을 같이 인수하는 것으로 공동통운송이 되고 제1운송인과 제2운송인이 책임지는 운송구간이 통선하증권에 기재되어 있으면 연속운송이 된다.

(2) 복합운임(Multimodal · Intermodal Rate)

복합운임은 화물이 출발지에서 도착지까지 두 가지 이상의 다른 운송수단이 결합되어 운송될 때 적용되는 운임이다. 제1운송인이 전 운송구간에 대해 책임을 지면 제2운송인은 화주에 대한 책임이 없고 제1운송인의 하청운송인이 되어 제2운송구간의 운송을 이행한다.

제1운송인은 화주에게 복합운송선하증권(multimodal · intermodal B/L)을 발행한다.

(3) 부분운임 또는 현지운임(Local Rate)

부분운임은 복합운송의 경우에 적용되는 것으로 제2운송인이 제1운송인에게 청구하는 운임으로 이 운임은 운송인 간의 내부운임이 된다. 현지운임은 극동발 북미화물에 적용되는 것으로 운송인이 북미서안의 항구(L.A., 오클랜드, 시애틀)에서 철도운송을 이용하지 않고 화주에게 직접 인도할 때 받은 운임이다. 이 운임은 철도 또는 기타 운송수단을 이용하여 내륙으로 운송되는 운임(OCP rate, IPI rate, MLB rate)과 비교된다.

(4) 지선운임(Feeder Charge)

대형컨테이너 선박은 화물을 충분히 선적할 수 있고 하역시설이 현대화된 항구만을 기항하고 그렇지 않은 항구는 기항하지 않음에 따라 기항하지 않은 항구에 있는 화물을 피더선이 대형선박이 기항하는 항구로 운송하는데 이때 피더선이 받은 운임을 지선운임이라 한다. 대형선박은 부산항, 양산항, 홍콩항, 싱가포르항 등을 기항하면 피더선이 다른 인근의 항만에서 화물을 대형선박이 기항하는 항구로 운송하여 대형선박에 화물을 몰아주며 지선운송에 때한 대가로 화주로부터 지선운임을 받는다.

(5) 북미내륙 복합운임

선박이 태평양을 건너 북서안의 항만에 화물을 양륙하고 양륙된 화물을 미국의 철도를 이용하여 동부의 대도시까지 운송되는 화물에 대해서 파나마 운하를 경유하여 동부의 대도시로 운송되는 화물의 운임에 비해 낮은 해상운임을 부과하는 것을 말한다.

6) 선적과 하역비 부담에 따른 분류

(1) Berth Term

해상운송인인 선주가 자기 책임하에 화물을 선박에 선적하고 양륙하는 비용을 부담하고 화주가 부담하지 않은 조건이다. 화주가 선주로부터 선박을 용선할 때 선적항과 양륙항에 대한 정보가 부족하고 선적과 양륙시설을 보유하고 있지 않을 때 화주는 선적과 양륙업무를 선주에게 부담시키고 선주는 이 업무를 수행하고 해상운임에 본 비용을 추가해서 화주로부터 비용을 받는다.

(2) Free In(FI)

Free In은 화물을 선박에 적재하는 비용을 의미하고 Free Out은 화물을 선박에서 양륙하는 비용을 의미하는데 화주가 선적비용을 부담하고 선주가 양륙비용을 부담하는 조건이다. 화주가 선적항에서 자체 선적시설을 가지고 있거나 운송인이 제시한 선적비용보다 저렴하게 선적을 할 수 있는 경우에 선적비용을 화주가 부담하는 조건이다.

(3) Free Out(FO)

화주가 양륙비용을 부담하고 선주는 선적비용을 부담하는 조건이다. 화주가 양륙항에서 자체 양륙시설을 가지고 있거나 운송인이 제시한 양륙비용보다 저렴하게 양륙을 할 수 있는 경우에 양륙비용을 화주가 부담하는 조건이다.

(4) Free In & Free Out(FIO)

화주가 화물을 선박에 적재하는 비용과 양륙하는 비용을 부담하고 선적과 양륙항에서 발생하는 항비는 선주가 부담하는 조건이다. 화주가 선적항과 양륙항에서 자체 선적과 양륙시설을 가지고 있거나 운송인이 제시한 선적과 양륙비용보다 저렴하게 선적과 양륙을 할 수 있는 경우에 선적과 양륙비용을 화주가 부담하는 조건이다.

(5) Free In, Free Out, Stowed, Trimmed(FIOST)

화물은 선박에 선적되기 전에 선박의 공간에 맞게 선적하기 위해서 적부계획을 수립하고 이 적부계획에 따라 선박에 선적된 화물을 선박의 공간에 배치하게 된다. Stowed는 선적된 화물을 선박의 공간에 배치하는 비용을 말하고 이 비용은 화주가 부담한다. Trimmed는 곡물, 석탄, 철광석 등을 선박에 적재할 때 선박의 한곳으로 쏟아져서 이것을 인력으로 선박의 다른 공간으로 퍼날아서 평평하게 하여야 되는데 이 비용을 화주가 부담하는 조건이다.

(6) Free In & Out & Free Taxes

브라질의 커피, 태국의 쌀, 필리핀의 원목, 쿠바의 설탕, 인도의 후추, 파키스탄의 황마 같은 화물은 수출할 때 수출세를 내야 한다. 화주가 화물의 선적과 하역비용뿐만 아니라 수출세를 부담하는 조건이다.

7) 항비 부담에 따른 분류

(1) Gross Term Charter

Gross Term Charter조건은 선주가 화물을 선박에 선적하고 하역하는 비용뿐만 아니라 선적과 양륙항에서 발생하는 항비, 검수비 등을 추가로 부담하는 조건이다. 화주는 화물을 양화기가 도달하는 지점에서 인도하고 그 이후의 비용은 선주가 부담한다.

(2) Net Term Charter

Net Term Charter조건은 화주가 화물을 선박에 선적하고 양륙하는 비용뿐만 아니라 선적항과 양륙항에서 발생하는 항비 등을 추가로 부담하는 조건이다. 본 조건은 화주가 선주가 잘 모르는 항로에서 배선을 하거나 화주가 선적과 양륙시설을 보유하고 있는 경우에 이용된다.

CHAPTER 04

정기선운송

제1절 정기선의 정의와 특징

제2절 해운동맹

학습목표

정기선의 정의와 특징을 살펴보고 해운동맹의 특성이 정기선시장에 미치는 영향에 대해서 학습한다.

제1절 정기선의 정의와 특징

1. 정기선과 정기선경영의 정의

정기선(liner)은 특정항로를 주기적으로 반복해서 운항하는 운송형태를 말한다. 화물의 유무에 관계없이 특정항로를 정해진 시간에 반복하여 운항함으로써 공산품과 포장화물을 운송한다.

초기 해상운송에서는 화물의 해상운송이 필요할 때마다 해상운송이 이루어지는 부정기선(tramper)의 운송이 해상운송에서 중요한 비중을 차지했다. 그러나 무역량의 증가와 선박건조기술과 항해기술이 발전함에 따라 특정지역을 주기적으로 운항하는 정기선운항이 등장하였다. 최근에는 컨테이너선에 의한 정기선운항이 해상운송에서 중요한 비중을 차지하게 되었다.

정기선은 살화물(bulk cargo)을 운송하는 부정기선과 다르게 공산품과 같은 포장화물(packaged cargo)과 일반화물(general cargo)을 운송하며 운송형태에 따라 운송형태별로 독립된 별도의 개품운송계약이 체결되며, 포장규격에 따라 포장된 단위화물(unitized cargo)을 운송하는 컨테이너선(container vessel)과 비규격화된 일반잡화(break bulk cargo)를 운송하는 재래정기선으로 나누어진다.

정기선의 선박운항업자는 자기소유의 선박 또는 다른 선주로부터 나용선한 선박, 다른 선주로부터 정기용선한 선박을 정기선항로에서 운항한다. 선박운항업자는 운항할 선박을 자기자금으로 구입하기도 하고 다른 선주로부터 나용선 또는 정기용선의 형태로 빌리기도 한다.

2. 정기선의 특징

1) 반복운항

지정된 항로(정기선항로)를 따라 선적량에 관계없이 공시된 운항일정표(sailing schedule)에 의해 규칙적이고 반복적으로 운항한다. 지정된 항로에는 여러 척의 선박이 운항일정표에 따라 운항하기 때문에 화주는 화물을 적기에 인수와 인도할 수 있다. 선박은 반드시 운항일정표를 지켜서 운항하여야 하며 이것이 정기선운항의 핵심이다.

2) 대중운송인

정기선 운송인은 특정화주의 화물을 운송하는 것이 아니라 불특정 다수의 화주의 화물을 운송하는 대중운송인(common carrier)이다. 무역금지품목인 경우를 제외하고 적법한 화물의 경우에는 화주 또는 화물에 차별을 두지 않고 화주의 운송의뢰가 있으면 이에 응해야 한다.

3) 개품운송계약

화주의 운송의뢰가 있으면 화물의 종류와 관계없이 동일한 선하증권(bill of lading)을 발행하여 각 화주와 개별적으로 개품운송계약을 체결한다. 부정기선은 화물의 종류와 수량, 항로 등에 따라 운송계약이 다양하게 체결되나 정기선은 화물의 종류나 수량, 항로에 관계없이 정형화된 선하증권이 운송계약서의 역할을 한다.

정기선사는 화물의 종류에 관계없이 모든 화주에게 선하증권을 발급하여 운송계약을 체결한다. 운송계약서에 명시된 내용은 운송인과 화주가 협의하여 결정하는 것이 아니라 운송인이 일방적으로 결정하여 화주에게 통지하고 화주는 운송인이 통지한 내용을 승낙하기 때문에 운송계약내용은 화물의 종류에 관계없이 모든 화주에게 동일하게 적용된다.

4) 고품질서비스와 비싼 운임

정기선항로에서 운항되는 선박은 부정기선의 선박에 비해 고가이며 정기선에서 취급하는 상품은 일반적인 포장화물이며 주로 완제품 내지 반제품인 2차 상품인 반면에 부정기선은 1차상품인 원자재 및 농수산물, 광산물인 저가이기 때문에 정기선의 운임은 부정기선의 운임에 비해 고가이다. 정기선은 각양각색의 화물을 여러 항구에서 선적과 양륙을 하여야 하기 때문에 부정기선에 비해 비용이 많이 든다. 정기선의 경우 운송인은 하역비용(berth term)을 포함하여 여러 부대비용을 해상운임에 포함시켜 화주로부터 받는다.

5) 운임표

정기선운임은 운송인과 화주가 협의하여 결정하는 것이 아니라 운송인이 속한 해운동맹에서 결정하며 정부의 통제를 받기도 한다. 운임이 결정되면 합리적인 운임변동요인이 발생하지 않는 한 운송인이 일방적으로 운임을 인상할 수 없다. 운임은 동일한 항로에서 동일한 화물의 경우 동일한 운임이 적용되며, 운임률표(tariff)에 의해 미리 공표되고 화주는 언제 어디서나 열람할 수 있다. 정기선운임이 변동될 경우 운임이 변동되기 전에 미리 공시된다.

6) 국제물류센터의 운영과 조직의 확대

지정된 항구에서 화물을 인수 · 인도하는 국제물류센터를 운영한다. 항만에 화물터미널과 선적과 양륙시설이 필요하고 이러한 시설을 운영하는 조직과 전문인력이 필요하다.

7) 막대한 자본과 위험이 큰 사업

정기선은 화물의 유무에 관계없이 운항일정표에 맞게 선박을 운항하여야 하기 때문에 많은 고가의 선박과 선박운항에 필요한 고가의 선적과 양륙 장비 및 화물터미널이 있어야 되고 이러한 시설은 막대한 자금을 필요로 하며 화물의 유무에 관계없이 고정비용을 발생시킨다.

제2절 해운동맹

1. 해운동맹의 정의

해운동맹(shipping conference, freight conference)은 특정항로에 취항하고 있는 둘 이상의 정기선사가 상호 독립성을 유지하면서 동맹선사 간 과당경쟁을 방지하고 대외적으로 독점력을 강화하여 동맹선사들이 경제적 이익을 취할 목적으로 운임, 배선, 적취량, 기타 운송조건에 관하여 협정 또는 계약을 체결한 국제카르텔(cartel)을 말한다. 동맹의 목적에 따라 운임동맹, 항로동맹, 공동계선협정[1]으로 나누어지는데 이들 모두 해운동맹의 성격을 가지고 있어서 해운동맹으로 본다.

2. 해운동맹의 생성과 발달

해상운송은 막대한 자본의 투자와 사업의 위험이 매우 큰 산업이기 때문에 각국은 정기선운송의 특수성을 인정하여 정기선사 간의 과당경쟁을 방지하고 항로의

---

1 계선(繫船)은 배를 항구에 정박시켜 놓고 운항하지 않는 것을 말한다.

질서유지와 안정화를 위해 해운동맹의 결성을 용인하고 각국의 독점금지법의 적용 대상에서 제외시켜주었다.

해운동맹은 1875년에 설립된 영국-캘커타 해운동맹(United Kingdom-Calcutta Conference)에서부터 발전하였다. 1875년 영국에서는 선복과잉과 선사 간 치열한 경쟁으로 운임이 하락하여 다수의 선사가 몰락하였다. 이에 선사 간 과당경쟁을 방지하여 안정적인 이익을 확보할 수 있는 해운동맹이 등장하였다. 1875년 영국과 캘커타항로에 취항 중이던 Ben, P&O, Glen, CGM 등의 4개 선사는 적정운임의 확보, 화물의 유무에 관계없이 일정기일의 출항, 선복과잉, 물동량에 따른 선복의 신축성 부족, 경쟁자의 출현가능성과 같은 문제에 직면하였다. 따라서 이들 선사들은 이러한 문제들을 해결하기 위하여 해운동맹을 결성하게 되었고 이들의 해운동맹은 타 항로에 전파되어 1895년 브라질항로, 1897년 중국항로, 1904년 남미동안항로에서 해운동맹이 결성되는 계기가 되었다. 미국에서는 1902년 JP Morgan이 미국과 영국의 8개 선사를 흡수하여 해운트러스트를 결성하였고 이것이 미국해운동맹의 시발점이 되었다.

3. 해운동맹의 종류

해운동맹은 독점금지법에 위배되기 때문에 해운동맹을 부정적으로 바라보는 견해와 독점금지법에 위배되지만 해운산업의 특수성을 인정하여 해운동맹을 독점금지법의 예외로 두는 두 가지 견해가 존재하였다. 미국은 자유경쟁에 위배된다고 보아 해운동맹에 대해 부정적이고 일본과 유럽은 긍정적인 견해를 보였다.

해운동맹은 가입과 탈퇴가 자유로운 개방동맹(open conference)과 그렇지 못한 폐쇄동맹(closed conference)으로 구분된다. 개방동맹은 폐쇄동맹에 대항하기 위해 미국선사를 중심으로 만들어졌다. 정기선운송의 특성을 인정하여 해운동맹의 경쟁제한행위를 일정수준까지 인정하여 독점금지법의 적용을 제외시켜주는 대신에 이의 폐해를 방지하기 위해서 가격카르텔기능만을 인정하는 것을 말한다. 미국화주는 영국선사를 중심으로 형성된 폐쇄동맹의 비합리적인 조치에 불만을 많이 가졌다.

그림 4-1 해운동맹의 정기선시장의 점유율

글로벌 제3 해운동맹 더 얼라이언스 결성

(단위 : %)

개편 전(2015년)		
2M	덴마크 머스크, 스위스 MSC	27.6
CKYHE	중국 COSCO, 일본 K라인 대만 양밍, 한진해운 대만 에버그린	16.5
O3	프랑스 CMA-CGM 중국 CSCL, 쿠웨이트 UASC	14.2
G6	독일 하팍노이드, 홍콩 OOCL 일본 MOL, 싱가포르 APL 일본 NYK, 현대상선	16.8

개편 후(2017년 4월)		
2M	머스크, MSC	36.6
오션	COSCO + CSCL CMA - CGM + APL 에버그린, OOCL	34.8
더 얼라이언스	하팍노이드, MOL · K라인 · NYK 양밍, 한진해운 * 쿠웨이트 UASC는 하팍노이드와 조만간 합병예상	28.6

자료 : 뉴시스

더 얼라이언스 동서항로 공급 선복량 비교

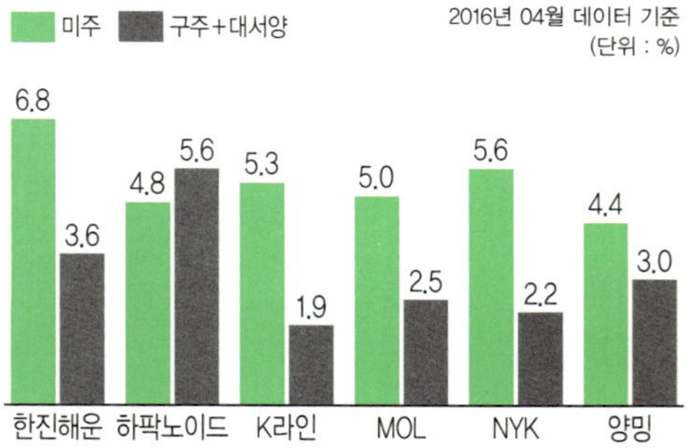

글로벌 빅3 해운동맹 주요노선 점유율 비교

아시아-북미		
2M	머스크, MSC	18.1%
오션 얼라이언스	CMA-CGM, COSCO, 에버그린, OOCL	38.0%
THE 얼라이언스	한진해운, 하팍노이드, K-라인, NYK, MOL 양밍 + UASC	33.5%

아시아-북유럽 · 대서양		
2M	머스크, MSC	37.2%
오션 얼라이언스	CMA-CGM, COSCO, 에버그린, OOCL	29.1%
THE 얼라이언스	한진해운, 하팍노이드, K-라인, NYK, MOL 양밍 + UASC	23.5%

자료 : 뉴시스, 2016년 5월 16일

따라서 미국선사들은 미국항구에 입출항하는 모든 선사가 해운동맹의 규칙을 잘 지키고 동맹운임을 신고하면 이들 선사에게 동맹의 가입과 탈퇴의 자유를 보장하여주었다. 폐쇄동맹은 해운동맹이 스스로 내부규칙을 정하고 이를 엄격히 집행하여 해운동맹선사들의 자유로운 경영활동을 제한하는 것을 말한다. 신규선사의 동맹가입이 동맹선사의 이익에 기여하여야만 동맹가입을 인정하고 그렇지 못하면 가입이 거부되고 비동맹선사로 있다가 동맹선사의 전체에 위협이 되면 가입을 수락하는 것으로 동맹계약의 신뢰성, 선주의 과거실적, 항로의 선복과잉여부 등을 엄격히 조사하여 가입을 까다롭게 하였다. 대표적인 폐쇄동맹으로 극동-유럽항로의 FETC(Far East Freight Conference)가 있다.[2] 오늘날 거의 모든 정기선항로에는 해운동맹이 결성되어 활동하고 있다.

2017년에 해운동맹은 2M, 오션, 더 얼라이언스로 개편되었고 2016년 아시아-북미 정기선항로에서 해운동맹의 노선 점유율이 89.6%를, 아시아-북유럽-대서양 항로에서는 89.3%를 차지하였다.

4. 해운동맹의 운영방법

1) 대내적 운영방법

(1) 운임협정(Rate Agreement)

동맹의 운임위원회에서 운임을 정해 운임률표를 공표하는데 이것을 협정운임(tariff)이라고 한다. 각 동맹선사는 협정운임을 준수해야 한다. 협정운임률표는 화물별 최저운임률로 정해지거나 품목별로 결정된다. 각 동맹선사는 협정운임률표에 따라 화물을 인수하여야 하며 각 동맹선사가 협정운임률표를 적용하지 않으려

2 Ben, P&O, Glen, CGM 등이 1879년 극동구주운임동맹(Far East Freight Conference)을 결성하여 120년의 역사를 가진 대표적인 폐쇄동맹으로 역할을 해왔다.

는 경우 다른 동맹선사의 동의를 얻어야 한다. 다른 동맹선사의 동의를 얻지 못하면 협정운임률표를 반드시 지켜야 되고 지키지 못하면 위약금을 물어야 한다.

(2) 공동계산(Pooling Agreement)

각 동맹선사가 일정기간 특정항로에서 벌어들인 운임수입에서 항해경비, 선적과 양륙비용과 같은 운항경비를 제외한 순운임수입을 공동기금으로 각출하여 미리 정해진 배분율에 따라 각 동맹선사에게 배분하는 것을 말한다. 손실을 입은 동맹선사는 이 공동기금에서 보전을 받게 되어 동맹선사 간의 과당경쟁이 방지되어 동맹선사 간의 이해를 쉽게 조정할 수 있고 구속력을 높일 수 있다. 동맹선사 간의 집하경쟁을 방지할 수 있지만 동맹선사의 집하의욕을 감소시키는 약점이 있다.

(3) 항해협정(Sailing Agreement)

동맹선사 간의 적정한 배선수를 조절하여 선복과잉으로 인한 과당경쟁을 방지하기 위해서 각 동맹선사별로 선적물량을 할당하고 이를 위반하면 범칙금을 부과하는 것을 말한다. 배선 선복량, 발착일시, 항해빈도, 발항지와 기항지, 적재화물의 종류, 수량, 취항 국가수 등을 운항스케줄에 미리 정하고 각 동맹선사들이 이미 정해진 사항들을 준수하게 하여 경쟁을 제한시키는 것을 말한다.

(4) 공동운항(Joint Service)

동맹선사 간의 경쟁배제, 경비절감, 합리적 배선을 목적으로 동맹선사에 가입된 몇몇 선사가 특정항로의 경영을 일시적으로 통합하는 것을 말한다. 선사는 각자의 독립성을 유지하면서 특정항로의 선박과 항만시설 등을 특정동맹선사에게 위탁하는 방법과 공동경영의 일부를 각 선사가 분담하는 방법이 있다. 공동경영으로 벌어들인 운항수익은 동맹에서 미리 정해진 비율에 따라 결산기에 배분한다.

(5) 중립감시기구(Neutral Body)

동맹선사는 동맹에서 결정한 사항을 잘 준수하고 있는지 감시기구를 두어 이를 감독 · 감시하게 하고 위반사항이 적발되면 적발된 동맹선사에게 범칙금을 부과시켜 동맹선사 간의 질서를 유지시키는 것을 말한다. 감시기구는 외부용역회사가 대행하기도 한다.

(6) 대항선 투입

동맹선사가 운항 중인 항로에 맹외선사가 낮은 운임으로 해상운송을 하는 경우 동맹선이 투입되어 맹외선사의 운임보다 더 낮은 운임으로 해상운송을 하여 맹외선사가 해상운송을 포기하게 만드는 것을 말한다. 동맹선이 낮은 운임으로 손실을 입으면 동맹선사가 공동으로 이 손실을 부담한다.

2) 대외적 운영방법

(1) 성실할려제(Fidelity Rebate System)

화주가 동맹선사와 미리 운송계약을 체결하지 않고 일정기간 동안 동맹선사를 이용하여 운송을 한 경우 선적증명서를 동맹에 제시하고 할려금을[3] 요청하면 동맹은 운임의 일정률을 돌려주는 제도이다.

(2) 거치할려제(Deferred Rebate System)

화주가 일정기간(보통 6개월) 동맹선사만 이용하고 맹외선사를 이용하지 않았을 경우 그 기간 동안에 화주가 동맹선사에 지급한 운임 중 일정부분(약 10%)을 되돌려 받을 자격을 얻고 앞으로 더 일정기간 동맹선사만 이용하면 그 전에 지급한 운

3 할려금(割戾金)은 일단 받았던 금액 중에서 얼마간 도로 주는 돈을 의미한다.

임의 일정비율을 화주에게 되돌려주는 것을 말한다. 화주가 6개월 동안 동맹선사에게 지급한 운임 중에서 일정비율을 되돌려 받으려면 반드시 6개월을 더 동맹선사를 이용해야만 하고 한 번이라도 맹외선사를 이용하면 운임환불 자격이 박탈된다.

(3) 단일운임제(Single Rate System)

동맹의 기본운임(base freight)은 품목별 단일운임을 원칙으로 하며 경우에 따라서는 기본운임을 탄력적으로 운영한다. 대화주나 동맹선을 이용하는 화주에게는 기본운임을 탄력적으로 운영하여 더 낮은 운임을 제공할 수 있다.

(4) 이중운임제(Dual Rate System)

화주가 동맹선사에게만 운송을 하겠다고 운송계약을 체결한 경우에 동맹선사는 화주에게 협정운임률표보다 낮은 운임을 제공한다. 그래서 이중운임제를 계약운임제라고 한다. 계약운임률과 비계약운임률의 차이는 보통 10%선이다.

(5) 삼중운임제(Three Tier Rate System)

계약률, 비계약률, 특별계약률을 동시에 적용하는 제도를 말한다. FOB가격조건에서 수입상이 운송인을 선정하기 때문에 수출상이 이중운임계약서에 FOB가격조건을 이용하지 않겠다고 명시하면 그 수출상에게 계약운임률에서 2~3%의 추가 운임할인을 해준다.

(6) Special Rate

맹외선사가 동맹의 협정운임보다 낮은 운임을 제공하는 경우에 동맹선사의 화주는 맹외선사의 낮은 운임보다 높은 협정운임을 부담하기 때문에 맹외선사의 화주보다 불리한 위치에 있게 된다. 따라서 동맹선사를 이용하는 화주의 가격경쟁력을 향상시켜주기 위해 일정기간 맹외선사의 운임보다 더 낮은 운임을 제공하는 운임률표를 공시하는데 이것을 special rate라고 한다.

(7) Minimum Rate

special rate가 맹외선사에 별다른 영향을 미치지 못하면 동맹선사가 운임을 인하할 수 있는 최저운임률표를 single rate로 공시한다. 동맹선사는 운임의 인하폭을 자유롭게 정하여 운임을 인하할 수 있다.

(8) Probation Rate

품목의 운임률을 잠정적으로 결정할 경우 잠정운임률(probational rate)을 공시한다. 운임률이 확정된 것이 아니라 잠정적으로 유효한 것으로 운임률 인하가 수출증가에 미치는 영향이 큰 품목의 경우 운임을 인하하여 그 품목의 수출량을 증가시켜 궁극적으로 운송량을 증가시킨다.

(9) Rate on Application

특정대량화물에 대해서 운임률을 공시하지 않고 화주의 요청에 따라 운임률을 정하는 것을 말한다. 호황기에 동맹선사의 선복부족으로 맹외선사가 동맹선사의 화물을 유치할 경우 맹외선사에게 화물을 빼앗기지 않으려고 동맹선사는 운임률을 공시하지 않고 화주의 요청에 따라 운임률을 결정한다.

(10) Cargo Nos

Cargo Nos는 cargo nor otherwise specified의 약자로 별도로 명시되지 않은 화물을 의미하는 것으로 품목별로 하나하나 운임이 협정운임률표에 명시되어 있는데 협정운임률표에 운임이 명시되어 있지 않고 기타 품목은 톤당 얼마라는 식으로(cargo nos rate) 명시된 것을 말한다.

(11) 우대운임제(Special Rate Arrangement)

협정운임률표에 반송화물, 전시회용품, 자선품, 특정품목할인, 프로젝트화물할인, 백화점할인 등과 같은 별도 조항을 두어 동맹선사가 공동으로 운임을 할인해주는 제도를 말한다.

5. 해운동맹의 장단점

해운동맹이 모든 정기선운송에 등장함에 따라 해운동맹의 경제적 효과에 관한 의견이 분분하였다. 영국은 이러한 논란을 잠재우기 위해서 1906년 British Royal Commission on Shipping Rings를 구성하고 조사하여 1909년에 조사보고서를 발표하였다. 미국도 1912년에 Alexander Committee를 구성하여 조사한 보고서를 1914년에 발표하였다. 영국과 미국은 본 보고서에서 해운동맹은 장단점을 같이 가지고 있지만 단점보다는 장점이 더 많이 있다고 평가하였다. 영국과 미국의 보고서 내용을 중심으로 해운동맹의 장단점을 살펴보면 다음과 같다.

1) 장점

① 정기적인 출항으로 무역거래의 활성화에 기여한다.

② 안정적인 자본투자로 운송서비스의 향상에 기여한다.

③ 합리적인 배선으로 경쟁에 따른 불필요한 비용을 제거하여 선박운영 원가의 절감에 기여한다.

④ 대 · 소화주에게 차별 없이 공평한 운임을 제공한다.

⑤ 중 · 소선사도 해운동맹에 가입함에 따라 경제적 이익을 취할 수 있다.

2) 단점

① 독점으로 해운동맹선사의 경영혁신활동을 저해시킨다.

② 운임률이 원가에 근거하여 책정되기보다는 해운동맹의 정책에 따라 불합리하게 책정된다.

③ 수지가 맞지 않는 항로에서 선박의 기항수를 줄이려는 경향이 강해 무역거래를 위축시킨다.

④ 대 · 소화주에게 차별 없이 공평한 운임을 제공한다.

⑤ 해운동맹선사가 운임할려제, 계약운임제 등을 일방적으로 결정한다.

6. 해운동맹의 환경변화

1) UNCTAD 정기선동맹헌장

1960년대 말 세계무역량의 40~50%가 개도국에서 나왔다. 개도국의 무역량이 큰 폭으로 증가하였지만 세계선복량 중에서 개도국의 선복량이 차지하는 비율이 8%밖에 되지 않아 개도국은 해운동맹에 크게 의존할 수밖에 없었다. 개도국은 해운동맹의 운영방법으로 높은 운임을 부담하게 되어 해운동맹에 대해서 불만을 가지게 되었고 선진국도 해운동맹의 운영방법을 개선시킬 필요가 있다고 인식하였다.

UNCTAD는 1972년 정기선동맹헌장 전권회의에 초안작성을 의뢰하여 초안이 1973년에 작성되었다. 이 초안은 1974년에 개최된 UNCTAD 제5차 회의에 상정되어 정기선동맹헌장조약(Convention On a Code of Conduct for Liner Conference : liner code)이 탄생하였다. 정기선동맹헌장조약은 세계무역의 증대에 기여하고, 국제무역에 적합한 효율적인 정기선운송시스템을 발전시키고, 해운서비스의 공급자와 수요자의 이해관계를 공정하게 나눌 목적으로 만들어졌다.

정기선동맹헌장조약의 주요내용은 다음과 같다. 첫째, 무역 당사국 선사의 동맹

가입을 자유화시켰다. 둘째, 무역 당사국 선사 간 50:50의 적취율 조항을 도입하였고 제3국의 국적선이 있는 경우 적취율을 40:40:20으로 정하도록 하였다. 셋째, 개도국 상품의 수출을 증가시키기 위하여 개도국에 대한 장려운임제도를 도입하였다. 넷째, 화주와 선주의 협력기구에 정부를 참여시키도록 하였다. 다섯째, 운임을 인상한 후에 유예기간을 두도록 하였다. 여섯째, 화주와 선사 간에 운송분쟁이 발생하면 국제중재에 의하여 해결되도록 하는 강재중재제도를 도입하였다.[4] 일곱째, 맹외선에 대한 동맹선사의 투쟁선 투입을 금지시켰다.

정기선동맹헌장조약은 1983년에 정식으로 발효되었으나 미국과 일본, 영국 등은 적취율 조항 때문에 본 조약을 비준하지 않고 있어서 본 조약이 제구실을 하기까지는 상당한 시일이 걸릴 것으로 보이지만 본 조약의 효력으로 해운동맹은 직접적인 영향을 받을 것이다.

2) 미국해운법

(1) 미국의 해운법의 제정과 개정

미국은 해운동맹이 독점금지법에 위배되기 때문에 인정하지 않았으나 미국선사와 대화주들을 보호하기 위하여 1916년에 해운법을 제정하여 해운동맹을 인정하고 독점금지법이 적용되지 않는 예외로 두었다. 미국은 해운동맹을 엄격하게 관리하여 해운동맹에서 인정된 운임거치할인제, 투쟁선, 화주에 대한 보복조치 및 차별대우를 금지시켰다.

1916년에 제정된 해운법은 미국항로의 선복과잉, 신조선의 급등, 개도국과 공산권의 해운업 진출과 같은 해운환경의 변화에 능동적으로 대처하지 못하고 지나친 해운업의 규제로 인하여 미국선사의 국제경쟁력을 하락시키는 원인이 되었다. 이에 미국은 1984년에 미국선사들의 자유로운 기업활동을 보장하고, 선박대형화와 자유로운 운임의 경쟁을 통하여 미국선사의 국제경쟁력을 향상시키기 위해서 신

4 국내법이 있는 경우 국내법이 우선하여 적용되도록 예외규정을 두었다.

해운법을 제정하였다. 미국선사들은 당초의 기대와는 다르게 신해운법이 제정된 이후에도 이익을 보지 못하고 늘 적자에 허덕였다. 한국, 대만, 중국, 홍콩 등 아시아계 선사들의 선복량 확충과 공격적인 마케팅으로 이들 선사의 해상물동량 점유율이 크게 증가한 반면 미국선사들의 점유율은 하락하는 현상이 벌어져서 극심한 경영난에 봉착하였다. 이에 Sea Land사는 자사의 시장점유율을 만회시키기 위해서 미국 최대화주단체인 전국산업운수연맹(National Industrial Transportation League : NITL)과 공동으로 1984년에 제정된 신해운법을 개정하기 위해 의회에 로비를 벌이게 되었다.

Sea Land사와 NITL은 1995년에 해운개혁법(The Ocean Shipping Reform Act of 1995)을 하원에 제안하였고 하원은 1996년 5월 1일 본회의에서 해운개혁법안을 통과시켰지만 상원에서는 항만노조단체, 중 · 소형화주, 연방해사위원회, 미국정기항로에 취항 중인 외국선사들의 강력한 반대에 부딪쳐 통과되지 못하였다. Sea Land사와 NITL은 항만노조단체, 연방해사위원회, 미국정기항로에 취항 중인 외국선사들과 타협을 통하여 해운개혁법안을 1998년 4월 21일에 상원본회에서 통과시켰다. 해운개혁법안은 클린턴 대통령의 서명으로 1999년 3월 1일에 정식으로 발효되었다.

(2) 1998년 미국해운개혁법의 주요내용

가) 태리프 신고제 폐지

연방해사위원회에 자동으로 신고하도록 한 신고제를 폐지하는 대신에 연방해사위원회가 승인한 양식에 따라 선사는 공식채널 또는 인터넷사이트, 홈페이지에 공시하도록 하였다. 즉 선사가 개별적으로 태리프를 공개하도록 하여 누구나 태리프를 열람할 수 있도록 했고, 공시된 태리프를 엄격히 지키도록 하였다.

나) 해운동맹의 독점금지법 적용면제

1984년에 제정된 신해운법은 연방해사위원회의 승인을 받은 동맹협정에 대해서 독점금지법을 적용하지 않도록 하였다. 이 규정은 1998년 해운법개혁법에서도 그대로 존속되었다.

다) 운송서비스계약의 일부조항을 대외비로 인정

선사와 해운동맹선사들은 화주와 체결한 운송서비스계약에[5] 해상운송뿐만 아니라 내륙운송, 보관, 하역, 포장, 정보 등과 같은 내용도 포함시켜왔다. 운송서비스계약에 기재된 내용 중에서 화물명, 화물량, 선적항 및 양륙항, 계약기간 등을 연방해사위원회에 신고하고 운임률, 서비스내용, 복합운송의 출발지와 도착지, 손해배상액 등은 대외비로 인정하여 연방해사위원회에 신고하지 않도록 하였다.

라) 선사의 독자적인 운송서비스계약 체결권의 확대

선사는 개별적으로 또는 다른 선사와 제휴하여 화주와 운송서비스계약을 체결할 수 있는 재량권을 부여받아 해상운송 이외의 서비스내용을 운송서비스계약에 포함시킬 수 있도록 하였다. 1984년의 신해운법은 동맹선사가 태리프에 공시된 내용과 반하는 독자행동권(Independent Action : I/A)을[6] 인정하지 않았으나 1998년의 해운개혁법은 독자행동권을 인정하였고 독자행동에 대한 통보기간도 10일에서 5일로 단축시켰다.

마) 내륙운송업자와의 공동협상 허용

1984년 신해운법에서 선사들이 공동으로 내륙운송업자와 운송과 서비스에 관하여 협상을 할 수 없도록 협상을 금지시켰다. 그러나 1998년 해운개혁법에서는 독

---

5 해운동맹선사와 맹외선사가 일정기간 특정화물에 대해서 특정화주나 화주단체와 운임률, 운송에 수반되는 포장, 하역, 보관, 정보 등과 같은 서비스내용을 포함시켜 운송서비스계약을 체결하는 것을 말한다.

6 해운동맹선사가 해운동맹의 태리프에 공시된 내용을 무시하고 독자적으로 화주에게 태리프에 공시된 내용보다 유리한 운임률과 태리프에 명시되지 않은 운송서비스를 제공할 수 있는 권리를 말한다. 화주가 운송인 선택요인으로 해상운송뿐만 아니라 보관, 하역, 포장, 정보, 가공 등과 같은 부가가치 물류기능을 중요하게 고려하고 있기 때문에 선사들은 태리프에 공시된 내용을 무시하고 해상운송 이외의 종합물류서비스를 제공하는 방향으로 운송서비스계약을 체결하여왔으며 이러한 운송서비스계약 체결과정에서 선사의 독자적인 운송서비스내용의 결정권을 인정하게 되었다.

점금지법이 적용되는 조건으로 선사들이 공동으로 내륙운송업자와 운송과 기타 서비스조건을 협상할 수 있도록 하였다.

바) 운송서비스 계약내용에 대한 동맹의 공개요구 불인정

해운동맹은 해운동맹선사에게 운송서비스계약 체결에 관한 지침을 권고할 수 있으며 이런 경우 해운동맹은 연방해사위원회에 반드시 지침을 신고하도록 하였다. 해운동맹은 해운동맹선사에게 지침을 권고할 수 있지만 해운동맹선사가 체결한 운송서비스 계약내용의 공개를 요구할 수 없도록 하였다. 따라서 해운동맹은 해운동맹선사가 체결한 운송서비스 계약내용을 알지 못하여 해운동맹선사에 대한 해운동맹의 통제력이 상당히 약화되었다.

사) 화주의 협상력 강화

화주는 독자적으로 화주협회를 구성하여 선주와 운송서비스계약을 협상할 수 있도록 하여 화주의 협상력이 강화되었다. 중 · 소화주도 서로 연대하여 대량화물로 선주와 협상할 수 있도록 하여 중 · 소 개별화주들의 이익을 보호하였다. 또한 중 · 소화주들이 선주와 비밀운송서비스계약을 체결할 수 있도록 하여 중 · 소화주들의 협상력이 강화되었다. 이러한 규정에 의거 중 · 소화주들의 화주협회 또는 연대가 활발하게 이루어졌고 중 · 소화주들의 그룹화가 증가하였다.

아) 무선박운송인의 자격요건 강화

무선박운송인(Non-Vessel Operating Common Carrier : NVOCC)도 선사 및 화주와 운송서비스계약을 체결할 수 있도록 하였다. 1984년 신해운법에서 운송주선인은 연방해사위원회로부터 면허를 받도록 했지만 무선박운송인은 면허를 받지 않도록 했다.

1998년 해운개혁법에서는 무선박운송인도 연방해사위원회로부터 면허를 받도록 하여 무선박운송인의 자격요건을 강화시켰으며 운송주선인과 무선박운송인을 원양운송중개인(ocean carrier intermediary)이라는 명칭으로 통일시켜 양자 간의 법적인 차이를 없앴다.

(3) 미국신해운법상의 운임

가) 기간물량운임(Time Volume Rate : TVR)

기간물량운임은 동맹선사나 비동맹선사가 일정기간에 운송하는 화물에 대해서 다양한 운임률을 부과할 수 있도록 승인된 운임률을 말한다. 이에 따라 대형화주는 선사로부터 운임을 할인받을 수 있다.

나) 우대운송계약(Service Contract : SC)

우대운송계약은 화주나 화주협회가 계약기간 중에 명시된 화물량을 선사에게 제공하면 선사는 선복, 운송기간 등에 있어서 최상의 서비스를 제공하고 운임도 공시운임보다 싼 운임을 적용하겠다는 계약을 말한다.

다) 독자운임결정권(Independent Action : IA)

독자운임결정권은 미국항로에 취항하는 동맹선사는 미연방해사위원회에 효력발생 10일 전까지 독자운임을 결정하겠다고 신고하면 태리프에 신고한 운임과 기타 조건에 관계없이 독자적으로 운임을 결정할 수 있는 권한을 부여한 것을 말한다.

3) EU의 해운법

EU는 Council Regulation 4056/86에 근거하여 EU의 경쟁법(Article 81 of the EC Treaty)을 해운산업에 적용시킬 수 없다는 점을 분명히 하여 해운산업에 대한 EU 경쟁법의 적용여부에 대한 논란을 잠재웠다. EU가 EU의 경쟁법을 해운산업에 적용시키지 않는 이유는 정기선운송은 막대한 자본이 소요되고 다른 산업의 발전에 미치는 영향이 매우 크기 때문에 일정수준에서 보호받아야 된다고 보았기 때문이다. 따라서 정기선동맹을 통해 정기선운송의 경쟁정도를 일정수준으로 제한하도록 했다. 정기선운송이 이러한 보호를 받지 못하고 자유경쟁체제로 두면 정기선 선사들이 취항하는 항로에서 사업을 영위함에 있어 최소한의 이익을 보장하지 못하는 수준으로 운임이 하락하여 정기선사가 도산하게 된다는 것이다. 이러한 정기선운송의 특수성에 대한 인식에 근거하여 동 규칙의 다양한 형태의 공동행위를 허용하게 된 것이다.

Council Regulation 4056/86이 채택된 이후에 동 규칙의 적용을 둘러싸고 다양한 형태의 갈등이 표출되었다. 동 규칙은 해상운송에만 적용되는지 아니면 해상운송과 연계된 내륙운송 및 그 밖의 서비스계약에도 적용되는지에 대한 논란이 발생하였다.[7]

2003년에 접어들면서 유럽집행위원회는 해운동맹에 대한 경쟁법의 적용면제규정(council regulation 4056/86)에 대한 재점검의 필요성을 인식하여[8] 해운동맹의 공동운임, 선복량 제한 등과 같은 방법 이외의 다른 방법으로 해상운송서비스를 제공할 수 있는지에 대한 논의를 시작하였다. 이러한 논의는 미국, 캐나다, 일본, 호주의 정기선운송에 대한 독점금지법 면제규정의 철폐와 해운동맹이 안정적인 운임과 서비스를 제공한다는 것에 대한 OECD의 의구심, 유럽의 반독점 철폐 등에 의해서 영향을 받아 시작되었다.

유럽집행위원회는 2004년에 발간된 EC의 백서에서 다음과 같은 사항을 제안하였다. 첫째, Council Regulation 4056/86에 의거 해운동맹에 대한 독점금지법의 적용면제규정을 철폐하는 것을 검토한다. 둘째, Council Regulation 4056/86의 대안으로 적용가능한 방안을 강구한다. 셋째, 현행 독점금지 면제규정의 변경에 따른 산업계 및 이해관계자의 의견을 충분히 수렴한다. 넷째, Council Regulation

---

7 유럽집행위원회(EU Commission)는 동맹선사가 복합운송과정과 연계된 내륙운송의 운임을 공동으로 부과한 것은 경쟁법에 위배된다고 보았다. Court of First Instance가 2002년에 독점금지법의 적용면제가 적용되는 범위는 항만과 항만 간의 해상운송구간에서만 적용된다고 판시하여 논란을 종식시켰다.

8 EU Commission, Consultation Paper on the Review of Council Regulation(EEC) No 4056/86 Laying Down detailed Rules for the Application of Article 81 and 82 of the Treaty to Maritime Transport, 2003.3.27.

4056/86을 폐지함으로써 국제법규와 상충되는 부분이 있는지 검토한다.

유럽집행위원회는 2005년에 해운산업이 기타 다른 산업에 비해 비용구조의 특성으로 인하여 경쟁으로부터 보호받아야 된다는 뚜렷한 근거를 찾지 못했다고 결론짓고 Council Regulation 4056/86의 폐지를 제안하였다. EU의 경쟁법의 적용을 면제받기 위해서는 첫째, 해운동맹의 공정운임과 선복량 규제로부터 구체적인 경제적 편익이 발생하여야 한다. 둘째, 해운동맹의 고정운임과 선복량 규제로부터 발생한 경제적 편익이 공평하게 소비자들에게 분배되어야 한다. 셋째, 해운동맹의 고정운임과 선복량 규제보다 구속력이 적은 방법으로 서비스를 제공하여야 한다. 넷째, 정기선운송시장에서 경쟁이 과도하게 제한되어서는 안 된다는 네 가지 조건을 충족시켜야만 되는데 해운동맹은 네 번째 조건을 충족시켰지만[9] 세 가지 조건을 충족시키지 못하여 해운동맹제도의 폐지를 제안하였다.

EU는 2008년 10월 18일에 정기선해운동맹에 대한 로마조약 경쟁규칙(EU의 독점금지법)의 일괄적용 면제규정을 폐지하기로 결정하였다. EU는 해상운송의 운임을 인하하고 서비스의 질을 높이기 위해서 해운동맹을 폐지했다고 주장하고 있으나 실상은 유럽선사들의 시장점유율을 높이고 시장지배력을 강화시키기 위해서 해운동맹제도를 폐지했다는 시각도 있다.[10]

EU의 해운동맹제도의 폐지에 따라 유럽항로에 취항 중인 선사들은 선적화물의 수주를 위해서 치열한 경쟁을 벌이게 되었다.

---

9 해운동맹이 맹외선사, 맹외선사들의 제휴, 컨소시엄 등과 경쟁하고 있기 때문에 네 번째 조건을 충족시켰다고 판단하였다.

10 길광수 · 고병욱, "정기선사의 공동행위에 대한 국제적 규제 동향과 대응방안 연구", 한국해양수산개발원, 2009.12., p.24. 2010년 말 현재 정기선사의 컨테이너 수송실적을 살펴보면 덴마크의 머스크시랜드(Maersk-Sealand)사가 1위이고, 2위는 스위스의 MSC, 3위는 프랑스의 CMA CGM사가 차지하여 유럽정기선사의 컨테이너 수송실적이 큰 폭으로 증가하였다. 따라서 EU의 해운동맹 폐지는 중 · 소 정기선사들의 공동행위를 제한하여 EU의 정기선사들의 시장지배력을 강화시키는 효과를 나타낼 것으로 전망된다.

CHAPTER 05

정기선항로

학습목표

정기선항로의 운영 현황을 분석하여 국제운송을 기획할 수 있는 안목을 키운다.

제1절 정기선항로

1. 동아시아–북미 정기선항로

동남아시아에서 북미서안 연항 및 북미동안 연항까지 정기선항로는 동아시아–북미서안 연항까지의 정기선항로와 동아시아에서 파나마운하와 수에즈운하를 경유하여 북미동안 연항까지의 정기선항로가 있다.

동 정기선항로는 전 구간이 선박을 이용하여 해상운송을 하는 항로로 동아시아에서 미국서안 연항까지 선박으로 해상운송을 하고 미국대륙횡단철도를 이용하여 미국동부 연항까지 철도운송을 하는 국제복합운송경로와 경쟁관계에 있다. SM 상선의 기항지는 닝보–상하이–부산 신항–롱비치–부산 북항–부산 신항–닝보 순이다.

그림 5-1 ○ 세계 정기선항로

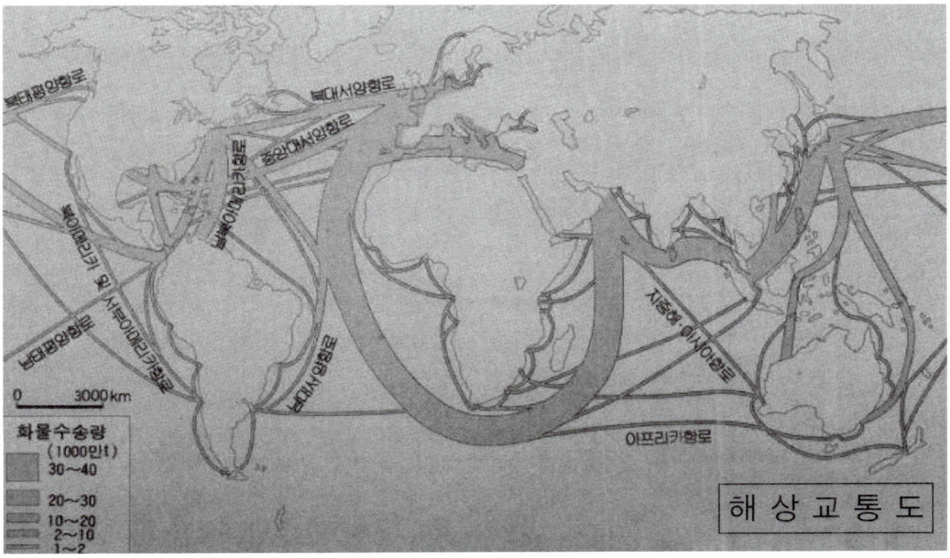

자료 : 네이버 백과사전

그림 5-2 동아시아-북미 정기선항로

12월 현재 약 24개 정기선사가 동아시아-북미 정기선항로에 취항하고 있으며 에버그린사가 10.4%의 시장을 점유하고 있고 그 뒤를 이어 머스크라인사가 8.8%, CMA CGM이 7.7%, MSC가 6.8%를 차지하였다. 동 정기선항로는 정기선사 간 경쟁이 매우 치열하여 10% 이상의 시장을 점유하는 선사가 거의 없는 실정이다. 아시아에서 북미서안 또는 동안으로 가는 물동량이 북미서안 또는 동안에서 동아시아로 가는 물동량에 비해 2배가량 많아 물동량의 불균형이 심한 것으로 나타났다.

[표 5-1] 정기선사별 시장점유율

(단위 : TEU)

순위	선사	2015년		2016년(1~2월)	
		점유율	물동량	점유율	물동량
1	에버그린	10.4%	1,577,589	10%	257,780
2	머스크라인	8.8%	1,333,601	9.2%	237,158
3	CMA CGM	7.7%	1,169,932	8.1%	208,802
4	MSC	6.8%	1,027,479	7.2%	185,602
5	한진해운	7.4%	1,119,922	7.0%	180,446
6	코스코	6.7%	1,007,778	6.4%	164,979
7	케이라인	5.8%	878,964	5.8%	149,513
8	AP	5.8%	877,449	5.4%	139,046
9	양밍	5.2%	789,552	5.2%	134,046
10	OOCL	4.7%	715,295	4.9%	126,312
11	NYK	4.6%	700,140	4.5%	116,001
12	현대상선	4.5%	681,955	4.5%	116,001
13	차이나쉬핑	4.6%	694,079	4.4%	113,423
14	하파그로이드	4.1%	627,079	4.3%	110,846
15	MCL	4.5%	680,440	4.2%	108,269
16	기타	8.4%	1,272,983	8.9%	229,424
합계		100%	15,154,555	100%	2,577,803

자료 : Logistic News, 2016년 4월 8일 보도내용

2. 동아시아-유럽 정기선항로

동아시아-유럽 정기선항로는 동아시아에서 출항하여 말라카해협과 수에즈운하를 경유하여 유럽으로 가는 해상운송경로와 수에즈운하를 통과하지 못하는 대형선박이 남아프리카공화국 케이프타운과 아프리카서해안을 돌아서 유럽으로 가는 해상운송경로가 있다.

전자의 해상운송경로가 거리상으로 가장 짧고 후자의 해상운송경로가 가장 길

다. 이러한 해상운송경로 외에도 시베리아횡단철도와 중국횡단철도를 이용한 국제복합운송경로가 있다. 수에즈운하는 이집트 시나이반도 서쪽에 있어서 지중해의 포트사이드항과 홍해의 수에즈항을 연결해주고 있으며 현재 아시아와 유럽을 연결하는 해상운송경로로 자리 잡아가고 있다.

그림 5-3 동아시아-유럽 정기선항로

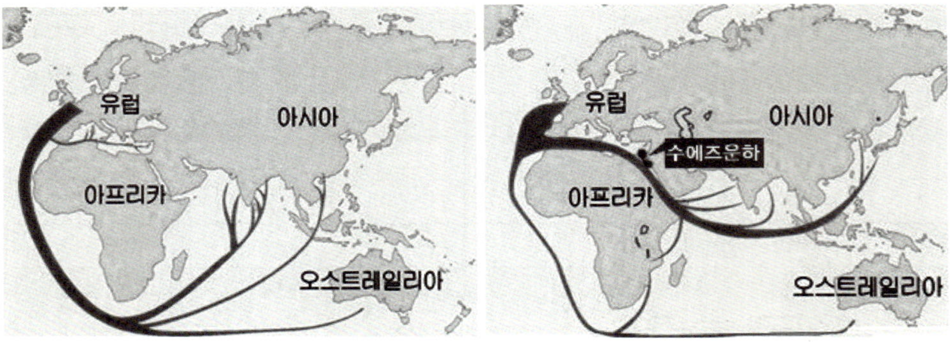

자료 : 네이버 백과사전

3. 구주 정기선항로

구주 정기선항로는 AE2, AE5, AE7, AE8로 나누어지는데 AE2의 서비스기항지는 부산-다롄-톈진-칭다오-광양-상하이-브레머하펜-로테르담으로 구성되었다. AE7의 기항지는 닝보-상하이-탄중펠레파스-로테르담-함부르크-브레머하펜-빌헬름스하펜-펠릭스토우로 구성되어 있다. AE7의 기항지를 이용하면 상하이에서 로테르담과 함부르크까지 운송기간이 각각 3일씩 단축되고 로테르담까지 전체 운송기간은 25일이 소요된다. 동중국에서 네덜란드 로테르담과 독일 함부르크를 잇는 AE7서비스는 상하이에서 로테르담과 함부르크까지 운송기간이 각각 3일씩 단축된다. AE7을 이용하면 상하이에서 로테르담까지 운송기간은 25일가량 소요된다. AE8의 기항지는 상하이-닝보-가오슝-옌티안-탄중펠레파스-발렌시아-

덩케르크(Dunkerque, 프랑스)-사우스햄턴-예테보리(Göteborg, 스웨덴)-오르후스(Arhus, 덴마크)-브레머하펜-로테르담으로 구성되었다.

그림 5-4 ○ 구주 정기선항로

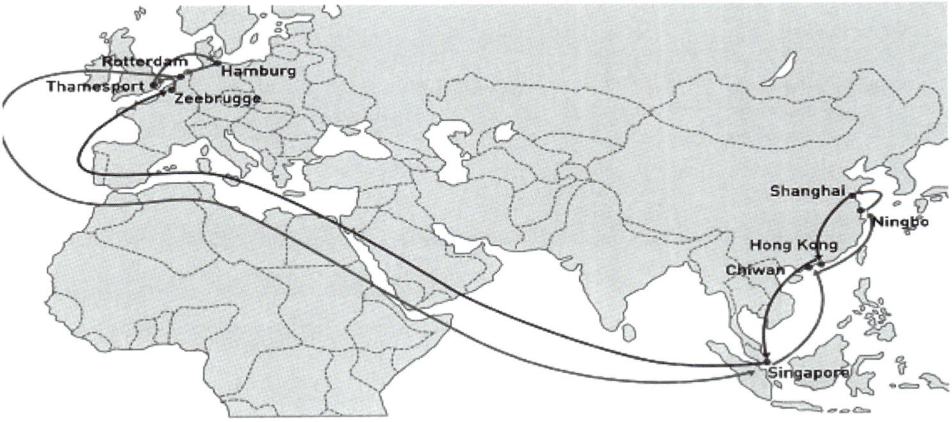

자료 : 구글

4. 중동 정기선항로

하피즈다리야라인(HDS라인)은 이란 · 이라크와 프랑스 르아브르를 잇는 컨테이너항로를 개설했고 이 서비스의 로테이션은 반다르아바스-아살루예-반다르 이만-호메이니-부셰르-호람샤르-움카사르 순이며 향후 몰타, 코어파칸, 제벨알리, 부산, 신강, 칭다오, 닝보, 포트클랑 등에 기항할 예정이다.

현대상선은 광양항-부산항-닝보-옌티안-홍콩-셔코우(Shekou)-싱가포르-켈룽(Kelong)-제벨알리(Jebel Ali)-반다르아바스(Bandar Abbas)-담맘(Dammam)-아부다비(Abu Dhabi)의 정기선항로와 West-Asia, Asia Gulf, China Gulf, Gulf feeder 1, 2, 3, 4, 5, Middle East 정기선항로를 운영하고 있다.

그림 5-5 중동 정기선항로

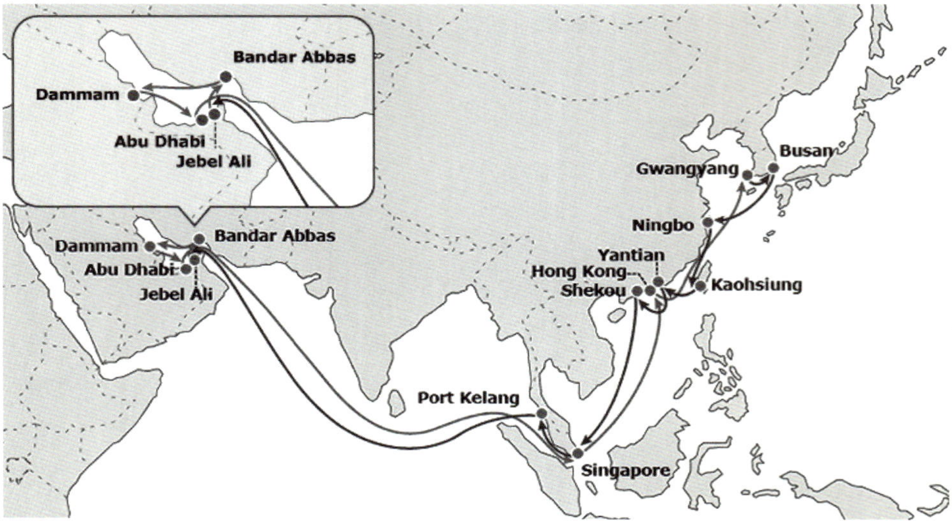

자료 : 현대상선 홈페이지

5. 중남미 정기선항로

중남미항로는 부산–칭다오–상하이–닝보–홍콩–셔코우–싱가포르–켈룽–세페티바(Sepetiba)–산투스(Santos)–파라나구아(Paranagua)–이타푸아(Itapua)–이타자이(Itajai)–임비튜바(Imbituba)–몬테비데오(Montevideo)–부에노스아이레스(Buenos Aires) 정기선항로로 현대상선은 4개의 정기선항로를 운영하고 있고 Maersk Line은 아프리카에서 남아프리카로 운항하는 1개의 정기선항로를 운영하고 있다. 재편된 해운동맹의 영향으로 선사들이 미주·구주를 중심으로 선대를 조정하면서 중남미항로에 대형선박이 추가 투입되어 운영 중에 있다.

6. 호주 정기선항로

호주 정기선항로는 멜버른–시드니–브리즈번–가오슝–샤먼–난사–홍콩–예티안을 운항하는 항로와 멜버른–시드니–브리즈번–요코하마–오사카–부산–칭다오–상하이–닝보를 운항하는 정기선항로가 운영 중에 있다.

7. 동남아 정기선항로

현대상선은 베트남, 태국을 시작으로 필리핀까지 물류 네트워크 범위를 넓혀 동남아시장을 공략하고 있으며 인천–울산–부산–상하이–홍콩–셔코우–호치민–램차방(Laemchabang)–자카르타 정기선항로와 인천–칭다오–상하이–샤먼–홍콩–램차방–방콕 정기선항로, 부산–광양–상하이–닝보–홍콩–호치민–자카르타 정기선항로 이외에 20개 정기선항로와 6개 피더선 항로를 운영하고 있다.

'HMM+K2' 소속 선사는 태국과 베트남을 중심으로 슬롯을 진행하고 있고 현대상선은 단독으로 배를 투입하고 있기 때문에 선사들 간 화물집하 경쟁이 치열하다.

흥아해운은 장금상선과 슬롯 방식으로 우리나라와 베트남 하이퐁을 잇는 정기선 서비스를 추가 개설하여 한국발 하이퐁향 주 8항차, 호치민향 노선에서 주 4항차 정기선을 운영하고 있다.

CMA CGM의 자회사인 청리내비게이션(CNC)은 한국–마닐라 컨테이너항로를 주 2항차로 늘렸고 정기선 개설을 통해 CNC는 한국–마닐라 항로를 주 2항차로 확대했을 뿐만 아니라 인천–지룽 직항로를 개설하였다.

현대상선은 한국–인도 첸나이 정기선항로에 크리슈나파트남을 추가하여 콜카타, 할디아 등으로 피더 연결을 하였다.

8. 한 · 일 정기선항로

현대상선은 인천–부산–요코하마–나고야–고베–부산을 오가는 피더선을 운영하고 있고 인천–부산–고베–오사카–미즈시마–와카야마 정기항로와 인천–부산–도쿄–자바–요코하마–나고야–시즈마 정기항로가 운영 중에 있다.

그림 5-6 ◐ 한 · 일 정기선항로

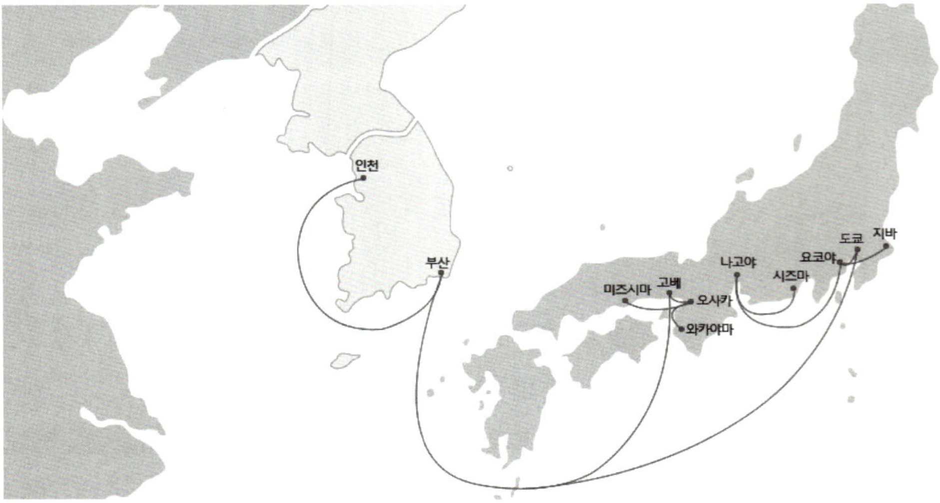

자료 : JBG로지스틱스

9. 한 · 중 정기선항로

한 · 중 정기선항로는 부산 또는 인천–중국–동남아로 이어지는 항로로 현대상선은 페낭–파시르구당(Pasir Gudang)–홍콩–칭다오–부산–광양–상하이–셔코우–포트클랑(Port Klang)을 오가는 한 · 중 · 말레이시아 정기선항로와 부산–광양–상하이–셔코우–자카르타–수라바야(Surabaya)–호치민–상하이–부산을 잇는 한 · 중 · 인도네시아 정기선항로를 운영하고 있다.

그림 5-7 한 · 중 정기선항로

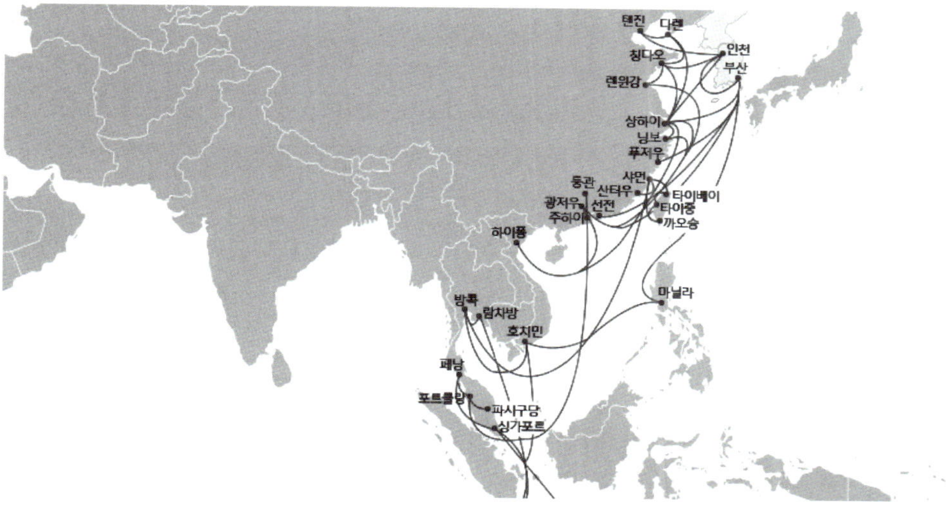

자료 : JBG로지스틱스

10. 한 · 러 정기선항로

한 · 러 정기선항로는 한국–극동러시아(블라디보스토크, 보스토치니)항로, 칭다오–상하이–닝보–부산–블라디보스토크–보스토치니를 오가는 항로와 홍콩–차이완(Chiwan)–샤먼–닝보–상하이–블라디보스토크–보스토치니를 운항하는 항로가 개설되어 있다.

한 · 러 정기선항로는 시베리아횡단철도(TSR)를 이용하는 화물과 밀접한 관련이 있다. 시베리아횡단철도를 이용하는 화물의 물동량이 증가하여야만 한 · 러 정기선항로의 물동량도 증가한다.

11. 아프리카 정기선항로

아프리카 정기선항로는 두알라–라고스–코토누–테마–홍콩–램차방–파시르구당항로와 루안다–노와르–심천–칭다오–산토우–샤먼–푸칭–상하이–톈진–인천 항로가 운영 중에 있다.

Maersk Line은 카메룬의 두알라(Douala)–아이보리코스트의 아비장(Abidjan)–콩고의 푸앵트누아르(Pointe Noire)–스리랑카의 콜롬보(Colombo)–싱가포르–상하이–닝보–차이완–난사–뉴포트 정기선항로 외에 10개의 정기선항로를 운영하고 있다.

CMA CGM은 서아프리카 컨테이너항로를 주 5항차에서 4항차로 줄이고 5개 서비스에서 WAX2를 빼서 WAX, WAX3, AFEX, ASAF로 변경했다. WAX 정기선항로에서는 나이지리아 기항 대신에 아비장에 기항하는 것으로 새롭게 정기선항로를 구축했다. WAX3는 남아프리카공화국을 기항지에 추가했으며, AFEX에서는 기존 아비장에서 코토누(베냉)로 변경했고 ASAF의 운항항로는 그대로 유지했다.

그림 5-8 ● 아프리카 정기선항로

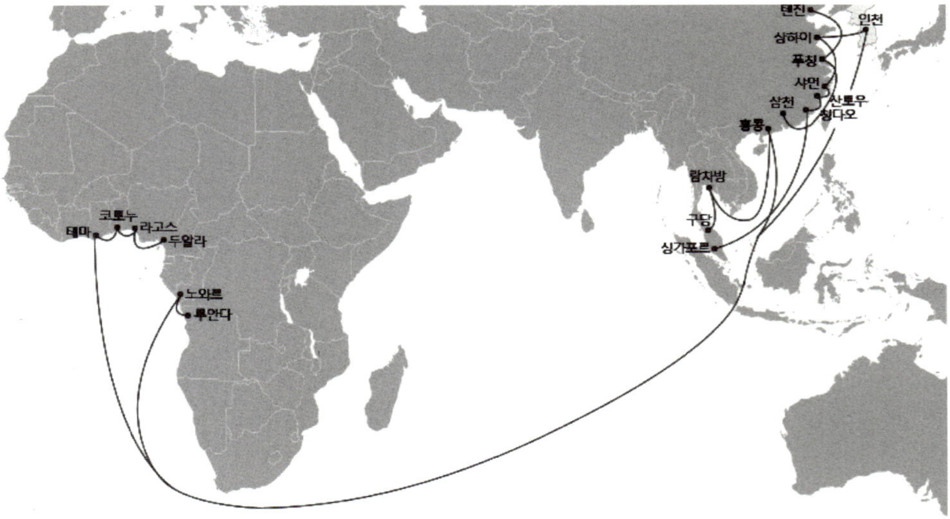

자료 : JBG로지스틱스

제2절 정기선항로의 형태

1. 구간항로

구간항로(end to end)은 대륙에서 대륙을 왕복운항하는 항로를 말한다. 아시아에서 유럽, 아시아에서 북미서안을 왕복운항하는 항로로 가장 간단한 정기선항로에 해당되어 기항지 숫자도 가장 적고, 투입 선박도 단출한 규모로 되어 있다. 현재 주요 구간항로로는 극동 · 북미, 극동 · 구주, 북미 · 구주, 중동 · 구주, 중동 · 북미, 중동 · 극동, 호주 · 구주항로가 있다. 한 대륙에서 화물을 선적하여 다른 대륙까지 운송한 후에 그 곳에서 양륙한 후 그 곳에서 다시 화물을 선적하여 최초 출항한 목적지의 대륙까지 운송하여 그 곳에서 양륙하는 형태의 정기선항로를 구간항로라 한다.

구간항로는 적은 선박과 영업조직으로 참여할 수 있는 시장으로 대형화주의 요청과 해운시장의 변화를 감지하여 기항지, 운송시간, 선적량 할당을 신축적으로 운영할 수 있기 때문에 진입장벽이 가장 낮아 경쟁이 치열하다. 구간항로는 출발지에서 도착지로 향하는 컨테이너화물과 도착지에서 다시 출발지로 향하는 컨테이너화물 간의 불균형이 심각하여 공컨테이너 처리에 어려움이 많다.

2. 역내항로

역내항로는 구간항로 중에서 역내항로와 지선항로를 결합한 항로를 말한다. 역내항로는 구간항로의 한 대륙 내의 한 항구에서 다른 항구로 운송하는 것을 의미한다. 북미서안의 구간항로에서 싱가포르에서 선적하여 부산항에 하역하는 것을 말한다. 지선항로는 구간항로의 기항지에서 떨어진 항구에서 출항하여 기항지항구에 양륙하는 항로를 말한다.

3. 시계추항로

시계추항로는 두 구간항로를 연결하는 항로를 말한다. 북미연안에서 아시아국가를 경유하여 유럽까지 운항하고 다시 아시아로 와서 북미까지 가는 항로로서 두 개 항로의 선박이 일정항로를 반대방향으로 반복운항하고 최종기항지에서 두 항로의 선대가 같은 항구에 기항하도록 기획된 정기선항로를 말한다. 두 구간항로를 연결하여 운항하므로 기항지 숫자도 구간항로에 비해 많고 선박도 많이 운영하여야 하기 때문에 기항지에 영업망을 구축하여야 한다.

시계추항로는 구간항로에 비해 영업기반이 튼튼하게 구축된 구간항로를 연결하기 때문에 화물확보가 용이하여 선박의 적취율을 높이고 선박운영을 효율적으로 관리할 수 있게 하여 선박운영비용을 절감시킬 수 있다.

4. 세계일주항로

세계일주항로는 에버그린 선사가 1984년에 최초로 대서양항로, 태평양항로, 극동 · 유럽항로 3개를 통합한 항로를 운영함에 따라 실현되었다. 아시아에서 출항하여 태평양을 건너 북미서안을 기항하고 파나마운하를 통과하여 미동안을 기항하고 대서양을 건너 유럽을 들러 수에즈운하를 거쳐 아시아제국까지 세계를 일주하는 항로를 말한다. 두 개 선대가 동시에 동항과 서항을 함께 운항하면 화주가 임의로 운항기간이 가장 짧은 방향을 선택할 수 있도록 하여 화주에게 편의를 제공하는 운항형태를 말한다. 우리나라 화주가 뉴욕으로 화물을 보낼 경우에는 미국서부 롱비치항에서 파나마운하를 통과하여 뉴욕에 도착하는 동향선대 편을 이용할 수 있고 홍콩과 싱가포르를 거쳐 유럽에 기항하고 대서양을 건너 뉴욕으로 운항하는 서향선대 편을 이용할 수 있다.

본 항로는 세 개 대륙을 하나로 연결하여 운항하기 때문에 기항지가 많아 항해기간이 길어 배선계획을 지키기가 어렵기 때문에 서비스의 질이 구간항로에 비해 낮을 수 있다. 그러나 기항지에서 화물을 선적하기 때문에 선박의 적취량을 높일 수 있고 규모의 경제를 활용하여 선박운항비를 줄일 수 있으며 공컨테이너를 효율적으로 활용하여 공컨테이너 문제를 최소화시킬 수 있다.

제3절 정기선항로의 환경변화와 국제운송기획

1. 파나마운하의 확장

총길이가 80km나 되는 파나마운하는 1914년에 개통되어 100여 년간 대서양과 태평양을 이어주는 국제운송의 관문 역할을 하였다. 18,000TEU 이상의 초대형 컨테이너선박이 건조되어 정기선항로에 투입됨에 따라 파나마운하를 통과할 수 없게 되었고 파나마운하를 이용하는 선박의 증가로 운하를 통과하는 시간이 8~10시간에서 12시간 이상으로 증가하여 통과선박의 64%가 5~11일을 기다리는 심각한 정체현상이 발생하여왔다. 이에 파나마 정부는 국민투표를 거쳐 2007년에 확장 공사를 착수하여 9년간의 공사 끝에 2016년 6월 26일에 확장된 운하가 개통되었다. 길이 40%, 폭이 64%로 갑문이 확장되어 5,000TEU에서 13,000TEU 선박과 8만 톤에서 17만 톤의 벌크선박이 통과할 수 있게 되었다.

미동부에서 아시아를 잇는 정기선항로가 파나마운하를 가장 많이 이용하고 있기 때문에 확장된 운하를 이용한 새로운 국제물류의 길이 열리게 될 것이다. 기존의 파나마운하를 통과하던 4,000TEU 선박이 다른 정기선항로에 투입됨에 따라 선복과잉 문제가 발생하고 있다.

2. 니카라과운하의 건설

홍콩니카라과운하개발공사(HKND)는 2020년에 완공할 목표로 태평양연안 브리토(Brito)와 대서양 카리브해연안 푼타고르다(Punta Gorda)를 잇는 총길이 278km, 전체폭 230~520m, 수심 27.6m의 니카라과운하 건설을 총 500억 달러를 투자하여 건설하기로 결정하고 2014년에 착공식을 가졌다.

니카라과운하는 파나마운하보다 미국동부에서 아시아를 잇는 거리가 더 짧아서 경쟁력이 있는 것으로 보고 있고 니카라과운하가 건설되면 새로운 국제물류의 길이 열리게 될 것이다. 2017년 현재 요란했던 착공식에 비해 공사가 진척되지 못하여 천문학적인 자금이 들어가는 니카라과운하가 세상에 모습을 보일지 의구심이 든다.

그림 5-9 ○ 니카라과운하와 파나마운하의 비교

니카라과운하와 파나마운하 비교

니카라과운하		파나마운하
278km	길이	77km
2020년	완공시기	1914년(1단계 완공) 2016년(2단계 완공)
약 500억 달러(추산)	건설비용	2단계 약 53억 달러
2만5,000개	통과가능 최대 선적량 (20피트 컨테이너 기준)	1만2,000개
8,700km	뉴욕–샌프란시스코 거리	9,500km

자료 : 주간동아, 2015년 1월 12일 기사자료

3. 북극항로

꽁꽁 얼어 있는 북극이 기지개를 펴며 새로운 바닷길을 내어주고 있다. 빙하로 덮여 있던 북극이 지구의 온난화로 녹기 시작하였고 이에 따라 새로운 뱃길이 열려 선박이 다니기 시작하여 새로운 국제물류의 길이 열리고 있다.

국제해사기구(International Maritime Organization : IMO)는 북극항로를 그린란드 북쪽 북위 67° 03′ 9″ 이상, 베링해 북쪽 북위 60° 이상인 북극권에 위치한 바다로 보았다. 현재 북극지역의 국제항로는 캐나다북부해역에서 대서양과 태평양을 잇는 북서항로와 시베리아북부해안에서 대서양과 태평양을 잇는 북동항로가 있다.

북극항로는 극동아시아와 유럽, 대서양을 잇는 최단거리항로로서 항해기간을 단축시켜 정기선항로에 큰 변화를 가져올 것이다. 부산에서 로테르담까지 인도양을 이용하면 2만372km이지만 북극항로를 이용하면 1만2,964km로 운항거리가 37%로 단축되어 새로운 국제물류의 길을 개척하는 데 큰 역할을 할 것이다.

그림 5-10 북극항로

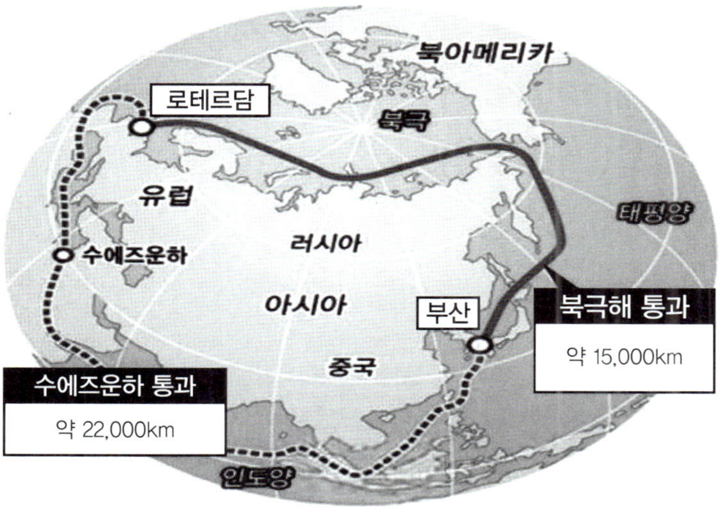

자료 : 월간해양한국, 2013년 8월 29일 기사자료

4. 국제운송기획

국제운송기획은 화주의 니즈를 발굴하여 그에 적합한 국제운송경로의 목표를 설정하는 것이다. 즉 국제운송경로를 설계하는 것이다. 수출기업의 공장이나 창고에

서부터 수입기업의 창고까지 화물을 운송하는 경로를 설계하는 것이다. 국제운송기획은 목표설정, 시장조사, 전략 수립, 국제운송상품의 판매로 진행되며, 국제운송품질, 국제운송비용, 예측성, 운송기간 등을 고려하여야 한다.

1) 시장조사

화물의 출발지에서부터 도착지까지의 국제운송을 하고 있는 경쟁사를 분석하여야 한다. 출발지와 도착지의 내륙운송은 철도운송, 육로운송, 내수로운송 등이 있으며 이 내륙운송업체들이 수행하는 내륙운송의 품질과 비용, 운송기간 등을 분석하여 최적의 내륙운송경로를 수립한다. 국제운송은 해상운송, 항공운송, 복합운송 등이 있고 국제운송을 수행하는 국제운송업체별로 국제운송의 품질과 비용을 분석한다.

현재 시장에 있는 국제운송업체들에 대한 현황과 비교분석을 통하여 새로운 국제운송경로의 차별화요인을 추출한다. 국제운송업체별로 운항시간표, 항로, 서비스의 형태, 판매형태, 기타 등을 분석한다.

2) 국제운송상품 판매전략 수립

신규고객과 기존고객, 기존국제운송경로와 신규국제운송경로로 판매전략을 수립한다.

그림 5-11 Chance Map

	기존국제운송경로	신규국제운송경로
신규고객	횡전개 신국제운송경로의 전환으로 신규고객 발굴	신규사업 신국제운송경로로 신규고객 발굴
기존고객	확대 기존고객을 유지하면서 판매방법의 변화를 통한 판매확대	기존 · 신규 판매 기존고객에게 신국제운송경로 제시

3) 원가분석

국제운송경로에서 발생하는 제반 원가를 분석한다.

[표 5-2] 국제물류비용의 구분

구분	비용
해상운송	해상운임, 할증료, 부대비용, 서류 수속비 등
항공운송	항공운임, 할증료, 부대비용, 서류 수속비 등
육상운송	컨테이너운송비, 일반자동차 화물운송비, 보세창고 보관료 등
창고, 보관	창고 보관료
항만, 공항	항만 하역료, 공항 조업료, 컨테이너세 등
통관수속	통관수수료, 임시개청수수료, 파출 검사료 등
정보이용	EDI 전송료 등

[표 5-3] 해상 물류비용

구분	비용	내역	청구 주체
해상운임	해상운임	정기선, 부정기선운임	선사(포워더)
	BAF	유가변동에 대한 손실 보전비용	
	CAF	환율변동에 대한 손실 보전비용	
하역비	양륙료	본선에서 육지로 양륙비용	하역회사
	CFS 조작비	CFS 반입 시 하차비	
보관비용	창고 보관료	보세창고 보관료	보세창고업자
	출고 상차료	창고 출고 시 적재비용	
	화물화재 보험료	화재 보험료	손해보험회사
보세운송료	보세운송운임	보세운송 시	보세운송업자
입항비용	Wharfage	부두사용료(수출)	해양수산청
		화물입항료(수입)	
	THC	터미널화물 처리비	선사
취급수수료	CFS Charge	CFS 작업료	보세창고업자
	Document Fee	서류 발급비	선사
	체화할증료	항만체화에 대한 손실 보전비용	
	컨테이너 청소료	Container Cleaning Fee	

[표 5-4] 항공 물류비용

구분	비용	내역	청구주체
항공운임	항공운임	항공운임	항공사(포워더)
	BAF	유가인상분 보전	
	보안할증료(SSC)	항공화물 안전검사비용 보전	
하역비용	조업료	수출화물(반입 대행 시)	반입대행사, 항공조업사
		수입화물(항공기 하기에서 장치 하역)	
보관비용	창고보관료	보세창고 보관료	항공사, 보세창고업자
	THC	보세창고 내 화물조작 수수료	
보세운송료	보세운송운임	하기운송, 보세운송 시	보세운송업자

취급수수료	AWB Charge	항공화물운송장 취급수수료	포워더
	CC Fee	운임 환차손 보전비	
	Handling Charge	업무 취급수수료	
	L/G 수수료	화물선취보증장 발급수수료	은행(포워더)
정보이용료	EDI 사용료	D/O 전송료	포워더
	AMS 전송료	미국행 화물정보 전송비용	포워더

CHAPTER 06

컨테이너운송

학습목표

컨테이너운송의 정의와 특성을 바탕으로 컨테이너화물의 운송경로를 분석하고 국제규칙을 학습한다.

제1절 컨테이너운송의 정의와 특징

1. 컨테이너

1) 컨테이너의 생성과 발전

컨테이너가 해상운송에 본격적으로 사용되기 전까지 선적과 양륙기술이 발전하지 못함에 따라 해상운송비에서 선적과 양륙비용이 큰 부분을 차지하게 되었다. 선체, 기관, 항해기기, 항해술, 선박의 운용기술은 경이적인 발전을 이룩하여 해상운송을 발전시키는 데 중요한 역할을 했지만 선적과 양륙기술은 큰 진전을 보지 못하여 해상운송의 발전에 큰 걸림돌이 되었다.

재래정기선은 전 항해기간 중에서 40~50%를 항만에서 보내고 50~60%만이 실제운항에 투입되어 선적과 양륙기간을 단축시켜 선박의 운항기간을 늘리는 것이 당면과제였지만 선적과 양륙기술이 답보상태에 있었기 때문에 이에 대한 문제는 해결되지 못하였다. 1960년대에 미국 항구를 기항지로 운항하는 정기재래선의 화물운송비 중에서 양륙비가 차지하는 비중은 60%에 달했고 전체 해상운송비 중에서 80%가 항만에서 발생하는 비용이었다.

1780년대부터 운송회사들은 선적과 양륙비용을 절감시키려는 방안을 강구하여 철도운송에서 다른 운송수단으로 화물을 쉽게 옮겨 싣기 위해 작은 박스(loose boxes)에 화물을 넣어 운송하기 시작하였다. 1840년대에는 철재박스가 운송에 사용되었으며 1900년대에는 육로와 철도운송을 용이하게 하기 위하여 밀폐된 컨테이너박스가 사용되어 컨테이너운송이 발전하게 되었다.

1920년대에 들어서 컨테이너가 철도, 육로, 해상운송에서 사용됨에 따라 선적과 양륙비용이 획기적으로 줄어들게 되었다. 1926년에서 1947년까지 철도운송회사는 밀워키, 위스콘신, 시카고, 일리노이 철도운송구간에 컨테이너 운반섀시에 컨테이너를 싣고 이것을 철도대차 위에 실어 운송하는 컨테이너운송방식을 사용하였고 제2차 세계대전에서 미군은 컨테이너를 이용하여 군수물자를 해상운송하였다. 말콤 맥린이 1955년에 해상운송과 육로운송을 연계한 현대화된 복합운송용 컨테이너를 개발하고 사용화시켜 톤당 하역비를 5.83달러에서 0.15달러로 낮추는 대성과를 이루게 되었다. 이와 같이 컨테이너의 상용화는 20세기 물류에서 해결하지 못한 선적과 양륙비용을 획기적으로 절감시키는 혁명을 가져왔다.

2) 컨테이너의 정의

최근 수출입화물의 대부분은 컨테이너로 운송되고 있는데 이 컨테이너는 일정 화물을 안전하게 보관하여 운송할 수 있는 규격화된 운송용기를 말한다. 모든 컨테이너는 동일한 규격으로 설계되어 있기 때문에 대량화물을 일시에 적재하거나 양륙할 수 있어 운송기간이 단축될 뿐만 아니라 운송수단 간의 접속 및 환적이 매우 용이하다. 이에 따라 컨테이너를 이용하면 최종목적지까지 운송을 완결시킬 수 있는 소위 '문전에서 문전까지(door to door)'의 운송을 실현할 수 있다.

컨테이너를 이용한 운송은 원래 컨테이너를 철도화차에 적재하여 일정역에서 특정역까지 운송하고는 역에서 그대로 트레일러를 이용하여 최종목적지까지 운송하는 방법으로 시작되었다. 그러나 오늘날에는 육상운송에만 국한되지 않고 육상·해상·항공운송을 동시에 이용하여 화물운송에 있어서의 3대 원칙인 경제성, 신속성, 안전성을 최대한 충족시키면서 목적지까지 일괄수송(through transport)하는 컨테이너 복합운송으로까지 발전하였다.

이러한 컨테이너에 대해서 우리나라 관세청은 다음과 같이 고시하여 정의하고 있다(관세청 고시 제50호, 1974. 12. 6.).

> 컨테이너란 리프트 밴(lift van), 가반탱크 및 이와 유사한 구조의 운송용기로서 컨테이너의 성격과 구조에 관해 ISO(International Standardization Organization)에서 정한 다음과 같은 컨테이너의 구비요건을 충족해야 하고, 함께 수입되는 컨테이너의 통상 부속품 및 비품은 이에 포함되지만 차량 및 일반 포장용기는 포함되지 않는다.

ISO에서 정한 컨테이너의 구비요건은 다음과 같다.

① 일정기간에 재사용이 가능한 충분한 내구력을 가질 것
② 운송도중 운송경로(수단)가 변경되는 경우에 화물의 이적 없이 일괄운송을 할 수 있도록 설계될 것
③ 운송경로를 변경할 때 조작이 용이할 것
④ 화물의 적재와 양륙이 편리하게 설계될 것
⑤ 내부용적이 $1m^3$($35.35\ ft^3$) 이상일 것

「선박안전법」 제2조(정의)에서 '컨테이너'라 함은 선박에 의한 화물의 운송에 반복적으로 사용되고, 기계를 사용한 하역 및 겹침방식의 적재가 가능하며, 선박 또는 다른 컨테이너에 고정시키는 장구가 부착된 것으로서 밑부분이 직사각형인 기구를 말한다고 정의하였고, 「위험물 선박운송 및 저장규칙」 제2조(정의)에서 '컨테이너'라 함은 선박에 의하여 위험물의 운송에 사용되는 용적 1세제곱미터 이상의 운송용 용기로서 반복사용을 감당하는 구조 및 강도를 갖고 기계하역을 위한 장치 및 선박에 고정시키는 장치를 가진 것을 말한다고 정의하였다.

따라서 컨테이너는 최악의 운송조건에서도 컨테이너에 내장된 화물을 보호할 수 있도록 견고하게 만들어지고 운송도중에 화물을 운송수단에 다시 적재하지 않고 화물을 운송할 수 있어야 하며 컨테이너에 화물을 용이하게 싣고 내릴 수 있어야 하고 운송도중에 컨테이너가 이탈하지 않도록 컨테이너를 고정시킬 수 있는 모서리 끼움쇠를 가지고 있고 1세제곱미터 이상의 내부용적을 확보하고 있어야 한다.

3) 컨테이너의 국제규격

초기 컨테이너의 치수와 구조는 개별 운송회사의 형편에 맞게 만들어져 운송회사와 운송수단 간에 호환성이 떨어지는 문제점이 발생하였다. 컨테이너선이 세계 각 항구에 취항하고, 컨테이너가 해상운송뿐만 아니라 여러 운송수단과 연계된 복합운송으로 발전함에 따라 컨테이너 크기, 모양, 재질 및 기타에 관한 표준화 및

규격화가 필요하게 되었다. 컨테이너의 국제적인 표준화가 이루어지지 않아 선적과 하역장비의 규격과 컨테이너의 규격이 일치하지 않음으로 인하여 선적과 양륙비용이 줄어들지 않는 문제가 발생하였다. 운송회사들은 선적과 양륙비용을 최대한 줄이고 포장, 수송 및 운반, 하역, 보관의 효율성을 극대화시키기 위해서 각국이 사용하고 있는 컨테이너의 규격을 동일하게 만드는 것이 무엇보다도 중요하다는 데 인식을 같이 하게 되었다.

1961년에 국제표준화기구(International Organization for Standardization : ISO)에 제104기술위원회라고 불리는 컨테이너에 관한 전문위원회가 설치되면서 컨테이너의 국제표준화는 본격적으로 추진되었다. 국제표준화기구는 1926년에 설립된 ISA(International Federation of the National Standardizing Associations)에 의해 탄생되었다. ISA는 기계공학분야에서부터 표준화를 시작하였으나 제2차 세계대전으로 잠시 활동을 중단하였다. 전쟁이 끝나자 1946년에 25개국이 런던에서 모여 ISA의 활동을 재개하면서 명칭을 국제표준화기구로 변경하였다. 세계표준화기구는 1947년부터 공업분야의 국제표준화를 위한 공식적인 업무를 시작하였으며 물류관련 국제표준화를 위해 기술위원회(technical committee)를 두었고 이 위원회 밑에 포장분야, 파렛트분야, 컨테이너분야, 지게차분야, 물류정보분야, 수송정보분야의 분과를 두어 각 물류분야의 국제표준화규격을 제정하여왔다. 화물컨테이너 분과위원회(ISO/TC104)는 화물컨테이너의 정의, 각부의 명칭, 주요치수, 최대총무게, 모양, 시험방법, 모서리 쇠붙이 표시방법 등에 관해서 규격을 제정하여 국제표준화규격을 만들었다. 국제표준화기구는 민간조직이어서 여기서 제정한 국제표준화기구 규격은 강제력을 가지고 있지 않지만 세계 각국은 국제표준화기구의 규격에 따라 컨테이너를 만들고 있다. 현재 20피트, 35피트, 40피트 컨테이너가 사용되고 있으며 이 규격은 국제표준회기구의 권고에 따라 운송수단, 도로, 철도, 하역장치, 보관 등 제반 사항을 고려하여 컨테이너의 길이를 표준으로 한 것으로 높이와 폭은 특수한 경우를 제외하고 8피트×8피트로 하였다.

컨테이너의 최대적재량은 중량과 용적으로 계산되는데 중량은 ton이나 kg으로, 부피는 CBM(Cubic Meter)으로 표시하고 있다. CBM은 Cubic Meter의 약자로 보통 수출용 화물의 포장상태에서 부피를 의미하는 것으로 가로(M)×세로(M)×높이로 계산하면 된다. Box 규격이 가로 49CM, 세로 73CM, 높이 59CM일 경우 CBM으로 환산하면 0.49×0.73×0.59=0.211CBM이 된다. 20피트 컨테이너에 최대적재가 가능한 것은 30CBM이기 때문에 142BOX에 29.54CBM을 적재할 수 있고, 40피트 컨테이너에 최대적재가 가능한 것은 63CBM이기 때문에 299Box에 63.08CBM이 될 수 있다. 이와 같이 컨테이너에 실제 적재된 것과 최대적재량과의 차이는 컨테이너에 화물을 적재할 때 빈 공간이 생기기 때문이다. 화물의 외장규격에 따라 적재 시 빈공간이 발생한다. 40피트 컨테이너의 운임은 20피트 컨테이너의 운임과 큰 차이가 없고 적재량은 두 배가 되기 때문에 20피트 컨테이너의 이용률이 줄어들고 40피트 컨테이너의 이용률이 증가하고 있다.

[표 6-1] ISO의 컨테이너 분류

Part No.	grouping of container	code No.
part 1	general cargo	00~09, 50~53, 56~59
part 2	thermal	20~49
part 3	tank	70~79
part 4	bulk	80~84
part 5	platform	60
part 6	platform based	54, 55, 61~69
part 7	air mode	90~99

[표 6-2] ISO의 컨테이너 종류별 규격

컨테이너 종류	길이(length)	폭(width)	높이(height)	최대중량
1A	40피트	8피트	8피트	30톤
1AA	40피트	8피트	8피트 6인치	30톤
1AX	40피트	8피트	8피트	30톤
1B	30피트	8피트	8피트	25톤
1BB	30피트	8피트	8피트 6인치	25톤
1BX	30피트	8피트	8피트	25톤

1C	20피트	8피트	8피트	24톤
1CC	20피트	8피트	8피트 6인치	24톤
1CX	20피트	8피트	8피트	24톤
1D	10피트	8피트	8피트	10톤
1DX	10피트	8피트	8피트	10톤

[표 6-3] ISO의 컨테이너 무게별 규격

종류	규격	'공'컨테이너	'적'컨테이너
철재컨테이너(standard)	20피트	2.08~2.25톤	20.32톤
	40피트	3.88~4.025톤	30.48톤
철재컨테이너(hard top)	20피트	2.50~2.70톤	20.32톤
	40피트	3.90~4.10톤	30.48톤
알루미늄컨테이너	20피트	2.08톤	20.32톤
	40피트	2.91~3.09톤	30.48톤

4) 컨테이너의 장 · 단점

컨테이너는 경제성, 안전성, 신속성이라는 특성을 가지고 있기 때문에 철도, 육로, 해상운송회사와 선적과 양륙업자, 보관업자, 무역업자들로부터 큰 환영을 받았다. 무역업자의 입장에서 컨테이너의 장 · 단점을 살펴보면 다음과 같다.

(1) 컨테이너의 장점

① 정박기간이 단축된다. 컨테이너는 동일하게 규격화되어 있어 하역작업시간이 단축되며 또한 컨테이너는 밀폐된 운송용기이기 때문에 악천후에도 작업이 가능하다. 컨테이너를 이용하면 재래식 운송에서 소요되는 정박기간을 절반 이상으로 줄일 수 있다.

② 운송수단 간의 환적이 용이하다. 컨테이너는 모든 운송수단에 적재[1]될 수 있

1 컨테이너를 철도화차에 적재하는 것을 피기백(piggy back), 선박에 적재하는 것을 피시백(fishy

도록 설계되어 있어 운송수단 간의 환적이 쉽다. 따라서 수하인이 지정하는 최종목적지까지 운송을 완결시킬 수 있다.

③ 창고료가 절감된다. 컨테이너는 하나 하나가 별개의 독립된 창고 역할을 하므로 부두의 유료창고에 보관할 필요가 없다.

④ 화물이 안전하다. 모든 화물이 견고하고 밀폐된 기구에 의해 운반되므로 파손이나 도난의 위험이 적다.

⑤ 항해기간이 단축된다. 컨테이너 선박은 대개가 최근에 건조된 것들이고 고속엔진으로 운항하기 때문에 항해기간이 단축된다.

⑥ 운임이 절감된다. 두 가지 이상의 운송수단을 이용할 경우에는 전운송구간에 동일한 Through Rate가 적용되어 운송수단이 바뀌는 구간마다 각각 개별적인 운임을 지급하는 경우보다 운임률이 낮다.

⑦ 갑판적 화물의 적용을 받지 않는다. 컨테이너 선박에서는 상당부분이 갑판에 적재된다. 그러나 밀폐된 컨테이너화물에 대해서는 갑판에 적재되더라도 불리한 보험요율이 적용되지 않는다.

(2) 컨테이너의 단점

① 고정자본이 필요하다. 컨테이너수송에 필요한 항만시설, 컨테이너 전용선, 다량의 컨테이너 등 여러 가지 관계기구를 구비하기 위해서는 막대한 자본이 필요하다.

② 컨테이너에 의해서 운송하지 못하는 화물이 많다.

③ 공컨테이너를 회수하는 데 비용이 발생한다.

④ 컨테이너의 등의 고가장비를 효율적으로 활용하기 쉽지 않다.

---

back), 항공기에 적재한 것을 버디백(birdy back)수송이라고 한다.

5) 컨테이너의 종류

(1) 재질에 따른 분류

컨테이너는 재질에 따라 세 가지로 분류할 수 있다. 알루미늄 경합금재 컨테이너는 가볍고, 내구성, 복원성, 유연성 및 내부식성 등의 특성을 가진 가장 좋은 재질로 되어 있지만, 제조가격이 비싸다는 단점이 있다. 강재 컨테이너는 값이 싸다는 장점이 있지만 내구연수가 짧고 부식성에 취약하고 무겁다는 단점이 있다. 강화 플라스틱(Fiberglass Reinforced Plastic : FRP) 컨테이너는 강도가 강하여 단열효과가 뛰어나지만 내구성이 떨어지고 무게가 무겁다는 단점이 있다.

(2) 크기에 따른 분류

해상 컨테이너에는 규격에 따라 20피트 컨테이너, 40피트 컨테이너, 45피트 컨테이너가 있다. 컨테이너 외형은 길이에 따라 분류되지만 컨테이너의 너비와 높이는 규격화되어 있어 너비 8피트, 높이 8피트로 정해져 있다. 따라서 해상컨테이너는 8′ × 8′ × 20′ 및 8′ × 8′ × 40′으로 만들어진다. 최근에는 섬유나 잡화와 같은 부피가 큰 화물을 운송하는 데 적합하도록 컨테이너의 높이를 8피트 6인치 혹은 9피트 6인치로 만들어 사용하고 있는데 이런 컨테이너를 하이큐브 컨테이너라고 한다.

(3) 용도에 따른 분류

가) 드라이 컨테이너(Dry Container)

온도조절이 필요하지 않은 일반잡화를 수송하기 위한 표준 컨테이너로서 가장 널리 이용되고 있다.

Dry-Container

나) 냉동 컨테이너(Reefer Container)

Reefer-Container

육류, 생선, 과일, 채소 등 냉동화물을 수송하기 위한 냉동기가 달린 컨테이너로서 영하 28도에서 섭씨 26도까지 온도를 조절할 수 있다. 높은 단열성을 지닌 컨테이너 밴과 냉동장치로 구성되어 있어 섭씨 20도에서 영하 20도까지 온도를 조절할 수 있어 냉동 및 냉장식품(과일, 고기, 생선 및 조개류) 등의 운송에 사용된다. 최근에는 신선도 유지 컨테이너라고 불리는 한온 및 빙온 컨테이너도 등장하여 섭씨 5도에서 16도의 온도의 유지가 필요한 화물이나 영하 1도에서 5도까지의 온도의 유지가 필요한 화물의 냉온화물용으로 사용되고 있다.

다) 탱크 컨테이너(Tank Container)

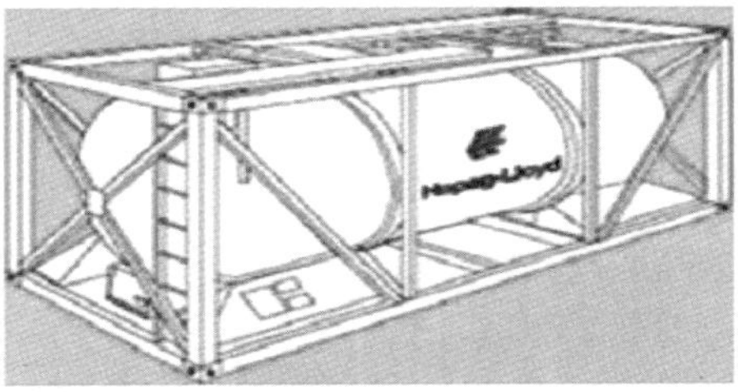

Tank Container

유류, 약품, 식료품 등의 액체화물을 운송하기 위한 컨테이너이다. 원유를 수송하는 유조선이 여기에 해당된다.

라) 오픈 톱 컨테이너(Open Top Container)

Open Top Container

파이프, 철근 등의 장척화물이나 중량품, 기계류 등을 운송하기 위한 지붕이 없는 개방식의 컨테이너이다. 크레인으로 컨테이너의 위쪽을 통하여 화물을 적재한다. 덮개와 더불어 양쪽 벽의 위쪽이 개방되어 있어서 위에서 하역할 수 있고, 열려 있는 부분을 캔버스 등으로 덮어서 수밀성을 확보하도록 되어 있는 컨테이너를 말한다. 컨테이너의 위로 화물을 넣을 수 있는 이점이 있어 중량화물, 긴 화물 및 높은 화물운송에 적합하다.

마) 플랫 랙 컨테이너(Flat Rack Container)

Flat Rack Container

승용차, 기계류, 합판 등의 화물을 운송하기 위한 컨테이너로서 천정과 벽이 없는 대신 밑부분은 견고하고 화물을 고정시키는 장치가 설치되어 있다. 드라이 컨테이너에서 덮개와 모든 벽을 떼어낼 수 있는 바닥만의 구조로서, 4귀퉁이의 기둥만으로 강도를 확보하도록 되어 있다. 지게차에 의한 측면으로부터의 하역 또는 크레인에 의한 위쪽으로부터의 하역이 가능하여 파이프, 기계류, 목재, 잉곳(ingot) 등 긴 화물, 높은 화물 및 무거운 화물을 운송하는 데 용이하다.

바) 펜 컨테이너(Pen Container, Livestock Container)

Pen Container

소, 말 등의 동물을 운송하는 데 이용되는 컨테이너로서 통풍을 위한 환기장치와 동물에게 먹이를 줄 수 있도록 되어 있다. 사방의 벽에 창을 설치하여 통풍이 잘되도록 되어 있고, 옆면, 아래쪽에는 청소구나 배수구가 설치되어 있으며 사료상자를 부속품으로 갖추고 있고 선박에서는 상갑판에 탑재되는 것이 일반적이다.

사) 플랫폼 컨테이너(Platform Container)

중량화물이나 부피가 큰 화물을 운송하기 위한 컨테이너인데 길이 6.75m, 넓이 4.50m, 중량 40톤까지의 화물을 적재할 수 있다.

아) 의류용 컨테이너(Garment Container)

양복 등의 고급 의복류를 옷걸이에 걸린 상태로 적재하여 운송할 수 있는 컨테이너이다. 최종목적지에 도착한 후 다림질하지 않고 그대로 사용하거나 판매할 수 있다.

Garment Container

자) 산화물 컨테이너

컨테이너 천장에 둥그런 문이 달린 단열성 및 기밀성이 우수한 컨테이너로 사료, 몰트, 화성품 등 산화물의 운송에 사용된다.

Bulk Container

6) 컨테이너의 리스

운송회사는 컨테이너 없이 컨테이너운송을 할 수 없다. 컨테이너는 화물의 종류에 따라 여러 가지가 있으며 화물의 특성에 적합한 컨테이너를 사용해야 한다. 그러나 화물특성에 맞는 컨테이너의 수요가 언제 어디서 발생할 것인지 예측하기가 힘들고 예측할 수 있다 하더라도 화물특성에 맞는 컨테이너를 세계 각국에 보관하여 필요할 때마다 사용하는 데 드는 비용이 과다하게 발생하기 때문에 운송회사들은 꼭 필요한 컨테이너만 구매하고 나머지는 필요할 때마다 컨테이너 운영업자로부터 리스비를 지불하고 컨테이너를 리스해서 사용하여왔다. 운송회사가 컨테이너를 리스함으로써 운송회사는 자금을 컨테이너에 투자할 필요가 없고, 컨테이너가 진부화됨에 따른 손해를 보지 않으며, 지역별 · 계절별 컨테이너 수요의 변화에 적절히 대응할 수 있고, 컨테이너의 유지관리비용과 재고 및 회송비용을 부담하지 않는다.

(1) 컨테이너 리스의 형태

가) Financial Lease

운송회사와 리스회사가 운송회사가 필요한 컨테이너가 얼마인지 사전에 정확히 산정하고 리스회사가 컨테이너 제작사에게 산정된 컨테이너를 발주한다. 운송회사와 리스회사 간에 체결된 리스계약은 원칙적으로 생산된 컨테이너의 감가상각이 끝날 때까지 유효하며 운송회사는 리스회사에게 사용료를 납부하여야 한다. 따라서 리스회사는 정확히 산정된 수량만큼 컨테이너 제작사에게 발주하기 때문에 컨테이너의 재고비용을 부담하지 않는다.

나) Operating Lease

운송회사는 컨테이너가 필요할 때마다 일정기간 동안 리스해서 사용한다. 리스회사는 운송회사가 필요로 할 때마다 컨테이너를 리스할 수 있도록 컨테이너를 가지고 있어야 한다. 리스회사는 필요한 컨테이너를 자기 비용과 책임하에 컨테이너 제조사에게 발주를 하기 때문에 컨테이너가 생산된 후 컨테이너가 적기에 리스 되지 못함으로써 발생하는 재고 및 관리비용을 부담하여야 한다.

다) Packaged Lease

리스회사는 운송회사의 의뢰를 받아 컨테이너의 운영, 사업의 기획, 입안, 금융, 운영, 인력, 컨설팅 등 컨테이너 리스에 대한 종합서비스를 제공한다.

(2) 컨테이너 리스료의 계산방식

가) Rental Charge

1일 또는 1개월을 기준으로 해서 컨테이너 리스료를 산정하는 방식이다.

나) DPP(Damage Protection Plan)

Premium rental charge에 손상비를 포함시켜 컨테이너 리스료를 산정하는 방식이다.

다) Geography Table

컨테이너를 반납할 예정표로 한 장소에서 한 달간 반납해야 할 최대수량을 표시한 것을 말한다. 컨테이너화물의 물량은 지역에 따라 큰 편차가 발생한다. 중동지역에서 발생하는 화물은 상당수 원유이고 공산품은 매우 적기 때문에 컨테이너를 중동항구에서 반납할 경우 리스사는 빈 컨테이너를 보관하여 다른 지역으로 보내야 하는 비용이 발생할 수 있다. 따라서 리스사는 이러한 비용(drop off charge)을 컨테이너를 리스한 자로부터 받는다. 반납예정표에 'RASHID 30 units DOC$70'로 표기된 경우 두바이 RASHID항구에서 한 달 동안 30개까지 개당 70달러의 비용을 추가로 지불하여 반납해야 한다는 것을 의미한다.

(3) 리스계약의 종류

가) Trip리스

운송회사가 필요할 때마다 리스사로부터 컨테이너를 리스하는 것으로 리스계약조건은 리스회사와 운송회사가 합의하여 결정한다. 편도리스(one-way lease)와 왕복리스(round-trip lease)가 있다. 편도리스는 운송회사가 한 지역에서 컨테이너를 인수하고 도착지에서 컨테이너를 반납하는 것으로 리스료가 높다. 왕복리스는 운송회사가 한 지역에서 컨테이너를 인수하고 도착지에서 화물을 인도한 후에 인수한 지역에서 컨테이너를 반납하는 것으로 인수지와 도착지에서 화물의 이동이 균등하게 발생하는 경우에 적합한 방법이며 리스료가 저렴하다.

나) 요율협정방식(Rate Agreement System)

리스료는 화물의 물동량에 따라 편차가 심하기 때문에 기본요율을 정하고 월별로 반납개수와 DOC를 결정하는 방식을 말한다.

다) Master Lease

운송회사가 컨테이너 리스사에게 특정기간 동안 컨테이너를 리스할 최저수량을 약정하고 운송회사가 약정한 최저수량을 리스하지 못하면 리스회사는 운송회사에게 위약금을 부과하는 방식을 말한다.

라) 단기임대차(Short-Term Lease)

운송회사가 보유한 컨테이너의 물량을 초과한 물량이 발생하면 운송회사는 초과한 물량을 운송하기 위해 리스회사로부터 컨테이너를 단기로 리스하는 것을 말한다. 운송회사는 리스회사로부터 수시로 빌리고 반납하는데 리스료는 장기임차보다 2배가량 높다.

마) 장기임대차(Long-Term Lease)

운송회사가 리스회사로부터 Master Lease로 컨테이너를 5년 이상 빌리는 것을 말한다. 운송회사가 리스회사와 약정한 기간 동안 컨테이너를 사용하지 않고 미리 반납하면 위약금을 물어야 한다.

바) 교차임대차(Cross Lease), 전대임대차(Sub Lease)

운송회사 간에 이루어지는 방식으로 특정항구에서 한 운송회사의 컨테이너가 필요 이상으로 많지만 다른 운송회사는 부족한 경우 부족한 운송회사에게 남는 컨테이너를 빌려주고 컨테이너가 부족한 지역에서 회수하는 방식을 말한다. 전대임대차는 한 운송회사가 리스한 컨테이너를 다른 운송회사에게 재리스하는 경우를 말한다.

제2절 컨테이너화물의 운송경로

1. 컨테이너화물의 흐름

1) 컨테이너 터미널(Container Terminal : CT)

컨테이너 터미널은 컨테이너 전용부두에 설치되어 있는 컨테이너 전용대합실을 말한다. CT에는 컨테이너 선박이 자유로이 입출항할 수 있도록 충분한 수심과 안벽시설이 갖추어져 있고 컨테이너 하역에 관련된 여러 가지 기기 및 시설이 설치되어 있다.

CT는 철도나 도로운송이 쉽게 연결되는 편리한 위치에 있어 모든 컨테이너화물은 내륙지역으로부터 항계 내에 위치한 CT로 집결한 후 컨테이너 전용선의 출항시간에 맞춰 반출되어 선적된다. 목적항에 도착한 컨테이너화물은 일단 컨테이너 터미널에 장치된 후 다른 운송수단에 의해 최종목적지까지 운송된다.

2) 내륙컨테이너기지(Inland Container Depot : ICD)

내륙컨테이너기지는 컨테이너화물을 효율적으로 운송하기 위해 내륙지점에 설치된 컨테이너화물의 집결지를 말한다. 만약 내륙지점에 이 기지가 설치되어 있으면 송하인은 컨테이너화물을 CT로 직접 반입하지 않고 내륙컨테이너기지로 보낸다. 이 기지에 집결된 컨테이너화물은 선박회사나 운송인이 전세계약한 컨테이너 전용열차(container unit train)를 이용하여 CT로 입고된다.

3) Container Yard(CY)

컨테이너 1개 이상을 완전히 채울 수 있는 화물(FCL cargo)인 경우에는 송하인이 자신의 공장이나 창고 등에서 선박회사가 보낸준 컨테이너에 화물을 직접 적입한 후 이 컨테이너를 CT 내에 설치되어 있는 선박회사가 지정한 화물인수장소로 인도하는데 이러한 컨테이너 야적장을 Container Yard라 한다.

4) Container Freight Station(CFS)

1개의 컨테이너를 채울 수 없는 소량의 화물(LCL cargo)을 여러 화주로부터 인수하여 목적지별로 선별하여 컨테이너에 적입(vanning)하거나 또는 각 화주에게 인도하기 위해 한 컨테이너로부터 해체(devanning)하는 컨테이너화물 조작장소를 CFS라 한다. CFS는 컨테이너 터미널에 설치되어 있으며, 내륙컨테이너기지에도 CFS가 설치된 경우가 있다.

2. 컨테이너화물의 국제운송

1) 컨테이너수출화물의 국제운송

(1) 국제운송비용분석을 통한 선사선정

무역거래조건에 따라 국제운송의무가 수출상과 수입상 중에서 누구에게 있는지 결정된다. FOB조건에서는 수입상이, CIF조건에서는 수출상이 부담한다. 수출입상은 선박회사를 선정해야 한다. 대화주의 경우에는 화주가 직접 선사를 선정하지만 대부분 국제물류주선업자를 통해서 선사를 지정하게 된다. 선사를 지정하기 전에 수출입상이 합의한 국제운송조건에 따라 화물의 출발지에서 최종목적지까지 국제운송경로를 확인하여야 한다. 선적항까지 내륙운송경로를 확인하고 선적항에서 양륙항까지 정기선항로를 확인하여야 한다. 출항일 전후에 선적항에 기항하는 선박스케줄을 확인하여야 한다. 선사의 홈페이지나 선박스케줄을 제공하는 사이트[2]를 통해서 알 수 있다. 선박스케줄을 통해 선적항에서 양륙항까지 취항하는 정기선 선사의 선박명과 출항예정일자, 기항하는 항만명, 도착예정일자 등의 정보를 확인할 수 있으며 선박입출항일 및 시간, 운송기일, 직항 또는 환적항, 기항여부, 선박출항예정시간(Estimated Time of Departure : ETD), 입항예정시간(Estimated Time of Arrival : ETA), CY Cargo의 화물수취마감시간(closing time) 등을 정기선사별로 확인하고 관련비용을 분석하여 선사를 결정한다.

그림 6-1 ◯ 세계 정기선항로

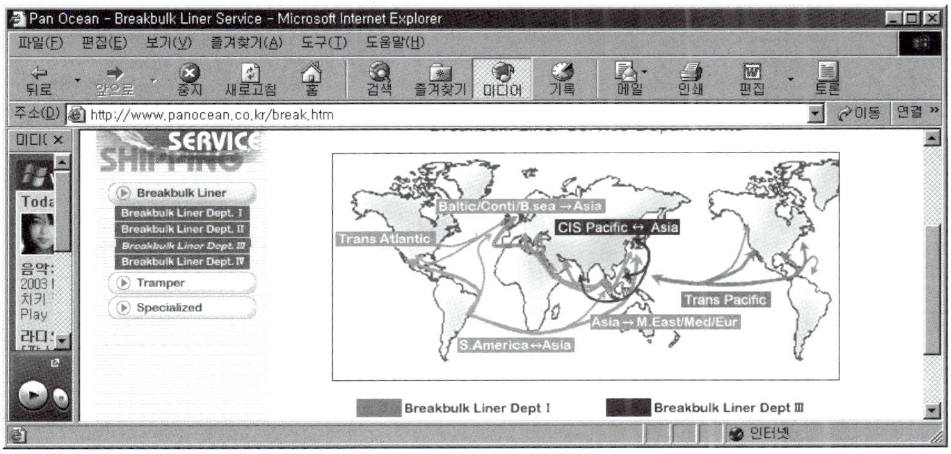

2 한국무역협회의 코리아쉬핑가제트(www.ksg.co.kr), 스케줄뱅크(www.schedulebank.com) 등이 있다.

화주는 화물이 수출지에서 수입지의 최종목적지까지 이동함으로써 발생하는 모든 국제물류비용을 정확하게 분석하여 국제물류관리전략을 수립하여야 한다. 국제물류관리전략은 국제물류비용에 관한 정확한 정보를 근거로 하여 수립되기 때문에 국제물류에 관한 정보수집이 매우 중요하다. 국제물류비용, 선사의 서비스, 국제물류체계의 효율성, 수출입통관 등을 고려하여 최상의 선박회사를 선정한다.

(2) 선적예약

화주는 수출계약내용과 상품의 완성예정일을 검토하여 선적예정을 결정하고 상품의 수량, 포장형태 등을 조사한 후에 국제물류관리전략에 따라 운송계획을 수립한다. 화주는 운송계획에 따라 선박회사나 선박대리점에 선적을 예약한다. 선적예약은 선박회사의 홈페이지에 접속하여 선적예약을 하면 된다.

그림 6-2 ○ 현대상선 홈페이지

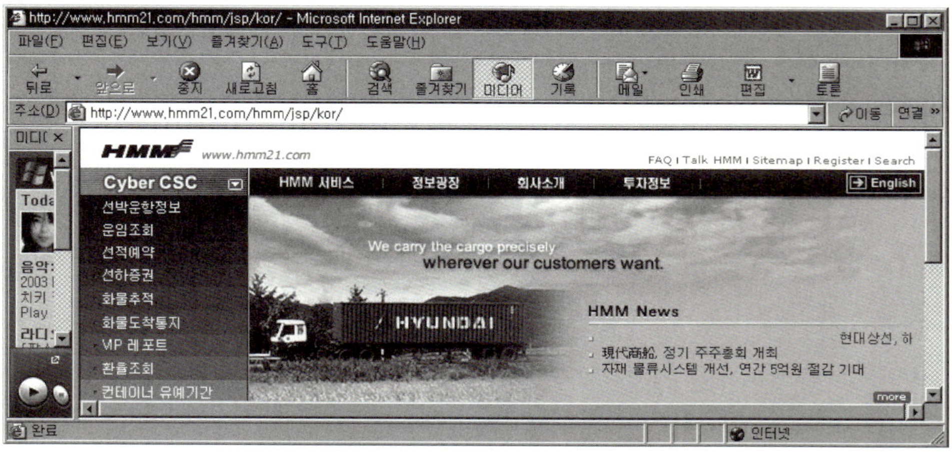

그림 6-3 ○ 선적요청 전자문서

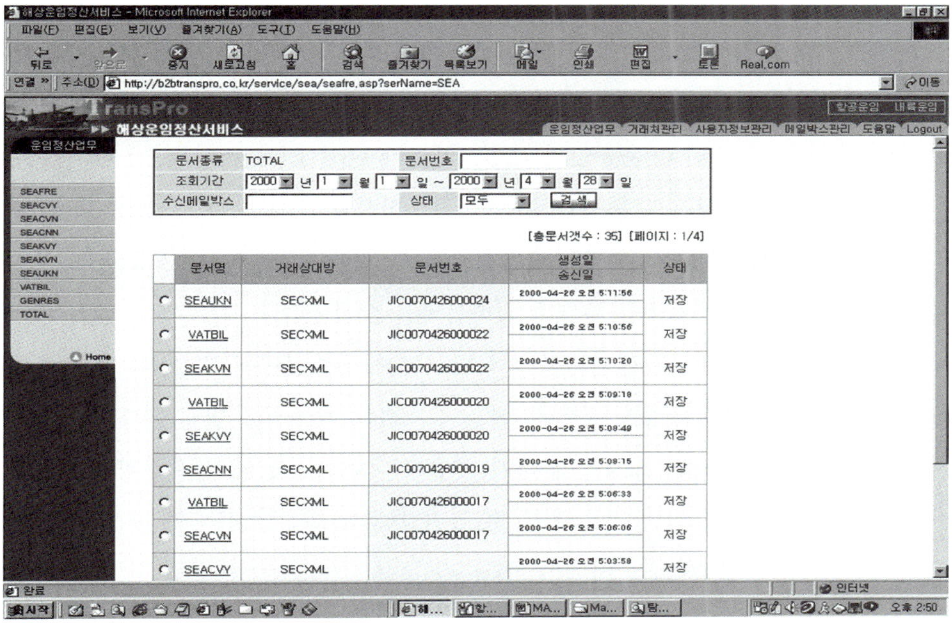

선적을 예약할 때 해상운임의 결정과 부대비용의 부담여부, 선복의 확보, 예정선박명, 화물수취시간(closing time),[3] 항해일정표, CY 또는 CFS일 경우 담당자의 성명, 관할세관, 선적항 및 도착항, 화물명, 수량(carton, pallet 등 포장단위수), 톤수, 선박의 입항예정일(estimated time of departure), 도착예정일(estimated time of arrival), 운송기일(transit time) 등을 정확히 확인해야 하고 특별관리가 필요한 경우 선사의 작업담당자와 미리 협의해 두어야 하며 화물의 크기 또는 성질에 따라 필요한 특수 컨테이너를 확보하기 위해서는 충분한 시간을 두고 사전에 예약하는 것이 좋다.

---

3 화물수취시간(closing time)은 일정시간 이내에 컨테이너를 반입시키지 않으면 선적이 불가한 반입허용시간을 말하며 이는 CY와 선적을 하는 부두의 조건에 따라 상이하므로 유의하여야 한다.

(3) 선적요청서(Shipping Request : S/R) 작성

화주는 선적요청서를 정확하게 작성해야 하며 특별관리가 필요한 경우 이를 선적요청서에 반드시 기재해야 한다. 선박회사는 화주가 제시한 선적요청서를 토대로 모든 서류를 작성하고 운송인의 과실, 화물의 손상에 대한 배상운임과 관련된 중요한 판단자료가 되기 때문에 화주는 선적요청서를 오기나 누락 없이 정확하게 작성하여야 한다. 선적요청서에 수출품목, 중량, 수출면장번호 등 필요한 모든 사항을 작성하고 선사는 이것을 토대로 적하목록을 작성한다.

화주는 상업송장과 포장명세서를 선사나 국제물류주선인에게 송부하고 선적요청서를 작성하지 않는 경우도 있는데 이는 선사가 선하증권을 발급할 때 선하증권에 기재할 사항에 대해서 화주에게 다시 확인하는 번거로운 절차가 수반되고 법적으로는 선적예약이 안 되는 것으로 볼 수 있기 때문에 화주는 선사의 선적요청서를 정확히 작성하여 선적예약을 하여야 한다.

선적예약사항이 변경된 경우 화주는 선박이 선적항에 입항하기 전에 변경사항을 전자방식으로 또는 기타 방법으로 선사에 통지해야 한다. 양륙항이 변경된 경우 FCL화물의 경우 하역업체에게 화물이 이동되기 전에 선사에게 선적의 변경사항을 통보해주어야 한다.

그림 6-4 ○ 선적요청서 발급절차

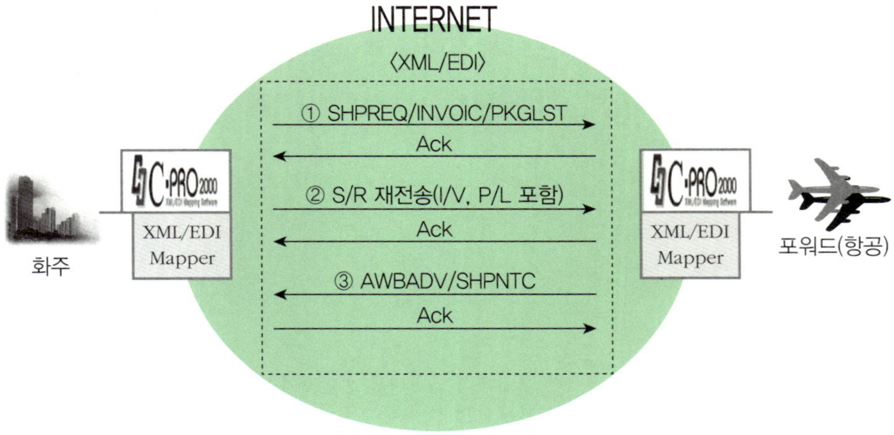

(4) 국내운송계획 수립

선적예약이 완료되면 선사는 내륙운송회사에 화물적입에 필요한 컨테이너 개수, 종류 등을 통보하여 빈 컨테이너를 화주에게 인도한다. 내륙운송회사는 자사차량, 철도화차 확보여부, 용차상황 등을 파악하여 수출상창고에서 선적항까지 운송계획을 수립한다.

(5) 컨테이너 적입작업

가) 컨테이너 적입화물

고무, 피혁제품, 가정용 전기기구, 플라스틱제품, 통조림류, 식료품, 의약품, 화학약품, 완구류, 사무기기, 원피, 펄프, 금속제품, 목공제품 등은 컨테이너에 적합한 화물이지만 화물에 따라서는 화물의 성질, 용적, 중량, 모양 등에 따라 컨테이너에 적합하지 않은 화물이 있다. 따라서 화물의 크기, 중량, 용적, 성질 등을 충분히 고려하여 컨테이너에 넣기 어려운 화물은 컨테이너에 넣을 수 있도록 특수포장을 하고 대형화물은 분해하여 작은 단위로 포장할 필요가 있다.

나) 컨테이너 적재 최대중량 및 부피

컨테이너에 넣을 수 있는 최대중량은 컨테이너의 총중량(maximum gross weight)에서 컨테이너 자체의 무게를 뺀 중량이 되며 최대적재량은 컨테이너의 종류에 따라 다르다. 모든 컨테이너에는 최대총중량 표시가 컨테이너에 표기되어 있으며 이 최대총중량을 초과하여 컨테이너에 화물을 넣을 수 없다.

다) 컨테이너 선정방법

수출상은 화물의 안전수송과 경제성을 고려하여 적합한 컨테이너를 선정하는 것이 매우 중요하다. 따라서 수출상은 화물의 종류, 성질, 수량 및 치수나 작업환경에 따라 적당한 컨테이너를 선정하여야 한다.

라) 컨테이너화물의 적입

컨테이너에 화물을 넣을 때 중량을 배분하는 것이 중요하다. 그 방법은 화물의 용적, 중량, 외장의 강도, 화물의 성질에 따라 화물을 분류하여 튼튼한 외장화물이나 중량물은 밑에 싣고 허약한 외장화물이나 경량화물은 그 위에 실어 화물의 중량 분포가 바닥 전면에 골고루 퍼지게 실어야 한다. 위험물을 컨테이너에 넣을 때는 매우 주의하여야 한다. 국내 규정에 따라야 하나 CFR(Code of Federal Regulation, 미국), Blue Book(영국), IMO규칙 등 관계 각국의 규칙을 참고하여 목적지에서의 규정을 따른다.

마) 컨테이너 고정방법

컨테이너에 넣은 화물이 운송도중에 움직이지 않도록 고정하는 작업도 필수적이다. 컨테이너 안에 있는 화물이 운송 중에 움직이지 않도록 고정시키는 것을 Securing이라 하는데 이 방법에는 Shoring, Chocking, Lashing이 있다. Shoring은 각촌(角村) 등의 지주를 써서 고정시키는 것을 말하고 Chocking은 화물 사이, 화물과 컨테이너 벽면 사이를 각재 등의 지주로 수평방향으로 고정시키는 것을 말하며, Lashing은 컨테이너 래싱용 고리를 이용하여 로프, 밴드 또는 그물 등을 사용하여 화물을 고정시키는 것을 말한다.

바) Door 의뢰 시

선사로부터 화주에게 빈 컨테이너를 인도할 것을 지시받은 내륙운송회사는 해당 CY나 컨테이너기지(depot)에서 화주가 요구한 컨테이너를 화주가 지정한 장소까지 운송하여 화주에게 인도한다. 화주는 컨테이너에 화물을 적입한 뒤 해당 CY로 반입한다. 작업 전 빈 컨테이너의 이상 유무를 반드시 확인하도록 한다. 작업 후 컨테이너의 이상에 의한 화물의 파손은 선사로부터 배상받기가 매우 어렵다. 또한 수입상에게 인도될 때까지의 운송구간 중 화물의 파손은 모두 화주 책임으로 귀착됨을 유의하여야 한다. 이와 관련하여 Door 작업 시 B/L에는 'Shipper's Load & Count'와 CY/CY 또는 CY/CFS라는 문구가 삽입된다.

사) FCL(Full Container Load)

공장에서 화물을 Bulk상태로 이송하여 컨테이너화물조작장(container freight station)으로 반입한 뒤 이곳에서 빈 컨테이너에 화물을 적입하여 이것을 CY로 운반하여 선적을 기다린다. 이때 컨테이너에는 타 화주의 화물은 적입되지 않는다. Door의 경우와는 달리 CFS 작업 후 Buyer에게 인도될 때까지의 운송구간 중 화물의 파손은 모두 선사 책임이다.

이와 관련하여 CFS 작업 시 B/L상에는 'SAID TO BE'와 CFS/CY 또는 CFS/CFS라는 문구가 삽입된다. 선사로부터 화물에 대한 Shoring 작업요청이 있을 시 항해 중 Rolling에 의해 파손될 우려가 있다고 판단되면 반드시 이에 응하는 것이 좋다. 그렇지 않으면 운송구간 중 파손은 모두 화주 책임이다. 화주는 선사가 CY반입 마감시간을 선박 출항 하루 전이나 선박 입항 후 10시간 이내로 규정하고 있기 때문에 선박스케줄을 사전에 확인하고 시간 내에 화물반입이 이루어지도록 화물수취시간과 운송에 관심을 가져야 한다.

아) LCL(Less Container Load)

수출면장과 함께 화물을 컨테이너화물조작장으로 반입하여 다른 화주의 소량화물 중 목적지가 동일한 화물을 선별하여 같이 Stuffing하는 Consol 작업을 한 뒤 CY로 반입된다. LCL은 타 화주와 Consol 작업을 하므로 많은 시간을 요한다. 따라서 통상 출항 2~3일 전까지 CFS에 입고시켜야 한다. 컨테이너부두터미널(BETOC & PECT CY)의 화물수취 마감시간은 선박의 입항 10~12시간 이전에 Gate를 통과한 것으로 되어 있기 때문에 FCL화물은 출항 2~3일 전에 부두밖 컨테이너장치장(off-dock CY)에 반입이 완료되어야 하며 LCL화물은 출항 3~4일 전에 반입을 완료하여야 한다. 일반부두는 Gate 통과 개념이 없으며 선적 작업일정에 따라 수시로 작업이 가능하다. 통상 FCL은 출항 하루 전에, LCL은 출항 2~3일 전까지 CY에 반입하여야 한다.

(6) 화물운송

빈 컨테이너에 화물이 적입되면 운송회사는 화주가 전달을 의뢰한 수출면장과 운송계획에 따라 컨테이너를 육상운송, 철도운송, 연안운송 등을 이용하여 운송한다. 컨테이너화물은 대부분 육상운송에 의해 이루어지고 있으며 육로로 운송된 컨테이너화물은 터미널에 직반입되기도 하고 부산항 근처의 부두밖 컨테이너장치장에 일시적으로 반입, 장치되었다가 선적계획에 의거 반입되기도 한다. 철도운송은 자사 운행차량의 부족, 긴급화물의 경우에 주로 이용되며 부산진역에 도착한 컨테이너는 터미널에 직반입된 것과 철도역 CY에 일시적으로 반입, 장치되었다가 선적계획에 의거 터미널에 반입된다. 연안운송은 인천항에서 집하된 컨테이너화물을 부산항으로 운송한 후 컨테이너 전용부두나 재래부두인 제3부두에 도착하여 양하된 후 선적 또는 일시장치 후 선적된다.

(7) 터미널반입

반입계는 컨테이너가 반입되면 터미널반입시간, 반입여부, 컨테이너상태정보 등을 전산입력하며 터미널 야드계에 따라 장치한다. 반입은 직접반입과 부두밖 컨테이너장치장에 일시장치한 후 모선의 출항계획에 의거 반입되는 경우로 구분되지만 일단 터미널 게이트를 통과한 이후 터미널반입 컨테이너에 취급된다. 선사들은 화물반입이 야간이나 주말에 터미널에서 이루어지면 부두 내 화물선적과정에서 높은 할증요금이 부과되기 때문에 반입시간에 관심을 가져야 한다.

관세청 적하목록 적재 전 신고제도에 따라 선사나 국제물류주선업자는 미국행 화물의 경우 적재 24시간 전 기타 해상화물과 근거리 해상화물 및 항공화물의 경우 출항 익일 24시간까지 적하목록을 세관에 제출하여야 한다. 따라서 선사는 CY반입 마감시간을 그보다 하루 또는 12시간 전에 앞당겨 운영하고 있다. 앞당겨진 마감시간 전에 화물을 CY에 반입시키지 못하면 예정된 선박에 선적되지 못하기 때문에 앞당겨진 마감시간을 꼭 지켜야 한다.

(8) 선적계획 수립 및 선적

선사는 컨테이너가 반입되기 전에 컨테이너운송에 필요한 자료를 터미널의 계획실에 통보하고 계획실은 본 자료와 선박의 안전항해를 고려하여 컨테이너의 선적계획을 수립한다. 터미널은 컨테이너선적목록(container loading list)과 반입컨테이너목록을 비교하여 최종모선별 컨테이너반입여부를 확인하고 컨테이너선적목록과 작업계획서에 따라 선적작업을 한다. 터미널은 최종선적정보가 기재된 자료를 선사에게 전달하고 선사는 이를 그 모선이 기항하게 될 다음 항구로 송부한다. 선사는 터미널이 필요한 선사명, 항차번호, 선적항, 컨테이너번호, 중량, 컨테이너반출입, 컨테이너화물조작장의 작업내용 등을 전자방식으로 터미널에 송부한다.

(9) 본선적재

부두밖 컨테이너장치장으로부터 이송(shuttling)된 컨테이너를 적부계획(stowage plan)에 의거 육상 크레인 또는 선박에 설치된 크레인을 사용하여 선적한다. 이들 크레인은 대당 작업능력이 시간당 약 30개를 작업한다. 컨테이너의 경우는 컨테이너 야적장에서 본선에 컨테이너를 인도한 것을 증명하는 특별히 통일된 서식은 없고 통상 본선의 적부계획(stowage plan, loading list) 등에 선장이 서명하여 선적증서로서 사용하고 있다.

화물의 멸실, 손상의 원인을 규명함에 있어서 재래선의 경우 본선수취증(mate's receipt)을 기초로 해서 양륙지의 화물상태를 비교하면 본선상의 과실이 입증될 수 있으나 컨테이너는 선적 및 양륙상태를 컨테이너별로 확실히 나타내는 서류가 없고 또한 본선의 책임을 나타내는 서류가 없기 때문에 본선의 책임을 규명하는 데 한계가 있다.

화물의 선적은 선사와 하역업자, 터미널 간의 업무이므로 화주는 자신이 원하는 일정에 화물이 선적되었는지 선사나 부두밖 컨테이너장치장에 문의한다. 선사는 선박의 출항을 전후하여 해운항만청, 세관, 법무부, 출입국관리소 등 관련기관에 보고를 하게 되며 해외대리점 및 본사에 적하목록, 컨테이너번호목록(container no. list), 선박출항보고서 등 필요한 모든 선적정보를 송부하고 화주는 선사로부터 선하증권을 받은 후 수출대금을 청구하면 수출에 대한 물류업무가 종결된다. 화주는 최종전자선하증권을 발급받기 전에 전자선하증권의 기재사항을 사전에 확인해야 한다. 수출신고가 수리된 후에 선적지가 일부 또는 전부 변경된 경우 화주는 수출신고 수리 후 선적지변경 통관지침에 따라 선적지가 일부 변경된 경우에는 당초 신고필증에 관련된 내용을 모두 정정하는 한편 변경된 선적지의 선적분에 대해서는 별도로 세관에 수출신고를 해야 한다.

예를 들어 한남상사가 200C/T을 부산항에서 선적하기 위해서 대전세관에서 수출신고를 하였는데 100C/T을 인천공항을 통해 긴급히 수출해야 할 사정이 발생하면 대전세관에 수출신고 수리된 수출신고필증은 부산항 선적분만 의미하기 때문에 인천공항 선적분을 제외한 100C/T으로 수출신고필증상의 포장개수, 수량, 중량, 가격 등의 모든 사항을 정정하고 인천공항 선적분에 대해서는 별도로 세관에 수출신고를 해야 한다.

(10) 선박회사의 선적서류발송

선적이 완료되면 CY operator는 Stowage Plan, Special Cargo List 등을 작성하고 이와 함께 CY에서 작성된 서류들을 선박회사 및 관련처에 송부한다. 선사는 이러한 서류를 다시 양하항에 송부하여 양하, 통관 및 컨테이너 작업에 참고하도록 한다. 선사가 송부하는 선적서류는 선하증권사본, Dock Receipt Copy, 컨테이너 적하목록(container load plan), Stowage Plan, Exception List, Special Cargo List(reefer container, dangerous cargo) 등이 있다.

(11) 선하증권의 발급

선하증권(bill of lading)은 인도수취증(delivery receipt)과 교환하여 발급하는 것이 원칙이나 CY에서 직접 선사에 의해 부두로 이송하기 때문에 화주에게 인도수취증의 제시를 요구하지 않는다. 그러나 통상 선하증권의 발급은 인도수취증이 발급되기 이전인 CFS 또는 CY의 입고와 동시에 발급이 가능하므로 이는 수취선하증권(received B/L)이 될 수밖에 없다. 원칙적으로는 이는 신용장상의 'Clean On Board'에 위배되므로 해당 화물이 선적된 후 미발행된 수취선하증권에 선적일을 기재하여 선적선하증권화시켜 발행하여야 한다. 그러나 매우 특별한 경우를 제외하고는 대개 CFS 또는 CY 입고와 동시에 선박회사가 선적선하증권(on board B/L)을 발행하여준다.

(12) 해상운임정산

수출상은 전자선하증권을 인터넷이나 국제물류 정보통신시스템을 이용하여 발급받고 동 시스템을 이용하여 해상운임을 자동으로 정산하고 관련 세금계산서를 발급받는다.

2) 컨테이너수입화물의 국제운송

(1) 선적서류 접수

수입국 선사는 수출국 선사로부터 컨테이너 적하목록, Bay Plan, 선하증권목록, 선박출항보고서 등 필요한 모든 선적정보를 받아 서류를 검토하고 받은 서류가 상호 불일치할 경우 출항지 터미널에 문의하여 확인하여 화물의 하역, 창고배정, 내륙운송과 관련된 일련의 계획을 수립하며 수입상에게 화물의 도착을 통보하고 Bay Plan은 터미널에, 적하목록은 세관에 송부한다. 수입상은 개설은행에게 수입대금을 지급하고 개설은행으로부터 선하증권을 인수한다.

(2) 화물도착 통보

선사는 화주가 적기에 도착한 화물을 인수할 수 있도록 해당 선박이 양륙항에 도착하기 전에 화주에게 화물의 도착을 알리는 도착통지서(arrival notice)를 발송한다. 이는 화주가 적기에 화물을 인수하지 못함으로써 발생되는 체선료(demurrage)를 방지하고 하역된 컨테이너를 최종목적지까지 가장 효율적으로 운송하기 위한 것이다. 선주의 도착통지의무는 강제사항이 아니기 때문에 수입상이 화물의 도착 여부를 수시로 확인하는 것이 안전하다.

(3) 운송계획 수립

적하목록을 송부한 후 선사는 창고배정에 관한 사항이 기재된 배정 적하목록을 세관에 제출하고 이 서류를 운송회사, 부두내 컨테이너장치장, 터미널 등에 보내 수입화물운송에 따른 운송, 화물반입, 하역작업을 준비하도록 한다. 보세운송의 경우 화주의 위임을 받아 운송회사가 보세운송신고를 하거나 화주가 한다.

(4) 선박입항 및 하선

선사는 선박이 입항하기 24시간 전에(중국, 일본 등 근거리에서 입항하는 경우는 입항 시까지) 입항보고서, 적하목록 등을 세관에 제출해야 한다. 적하목록은 선박회사가 발행한 Master B/L, 운송주선업자가 발행한 House B/L로 구분되는데 선사는 하선 전에 Master B/L 단위의 적하목록을 기준으로 하선장소를 기재한 하선신고서를 세관에 함께 제출하며 중국, 일본 등 근거리에서 입항하는 경우에는 하선신고서를 입항할 때까지 세관에 제출하면 된다. 부두 내 또는 부두 밖의 컨테이너 장치장이 컨테이너화물의 하선장소가 되는데 입항 전 수입신고와 하선 전 보세운송신고로 부두에서 직반출하는 경우, 부두장치 후 직반출하는 경우에는 선박이 입항하기 전에 선사 및 대리점에 당해 화물을 적재하거나 본선에서 차상반출하도록 부두하선요청을 하여야 한다.

(5) 하역작업

터미널은 선사로부터 받은 자료를 근거로 계획실의 작업계획에 따라 컨테이너를 하역하여 부두직통관, 직보세운송, 터미널 CFS 배정화물을 제외하고는 부두내 컨테이너장치장에 일단 반입한다.

(6) 화물의 장치 및 보세운송

하역업자는 적하목록 하선신고서에 따라 하선신고일로부터 7일 이내에 하선장소에 화물을 반입하게 되며 하선장소 보세구역 설영인은 반입 즉시 보세구역 반출입요령에 따라 반입신고를 한다. 하선장소에 반입된 컨테이너 수입화물은 10일간의 적재가 허용되고 10일이 경과된 수입화물은 컨테이너에서 적출하여 수출입화물집하소 또는 다른 보세구역으로 옮겨야 한다. 입항 전 도착신고화물은 화물이 하선장소에 도착하면 하선장소에 입고하지 않고 도착과 동시에 반출할 수 있어서 하선장소의 입고와 반출비용, 보관비용을 절감시킬 수 있다. 반면에 입항 후 수입신고화물은 하선장소에 화물이 입고된 후에 반출하게 되며 타 지역 운송화물의 경우는 보세운송절차에 따라 적하목록을 첨부하여 세관에 보세운송신고를 한 후에 반출하게 된다. 수입화물의 보세운송도 적하목록을 화물이 입항 전에 받으면 당해 화물에 대한 입항 전 보세운송신고가 가능하다.

(7) 수입통관

적하목록이 제출된 이후에 세관이 수입신고필증을 수입상에게 발행함으로써 수입물품은 내국물품이 되어 수입통관이 이루어진다. 세관은 수입신고자가 제출한 수입신고서와 제반서류를 검토한 후 수입화물을 즉시 수리, 심사대상, 물품검사대상으로 구분하며 수입신고필증을 수입신고자에게 발행한다.

(8) 화물인도지시서 발행

수입상은 개설은행으로부터 인수한 선하증권 원본을 수입지역에 있는 선사의 대리인에게 인도하고 화물인도지시서를 발급받는다. CY나 보세장치장 등은 선사 또는 화물주선업자가 발행한 선하증권 원본 또는 화물인도지시서(delivery order)를 소지한 화주에게 화물을 인도하며 운임과 창고료 등의 기타 비용을 영수하고 화물인도지시서에 화물인도지시서 수취 및 화물인출사항을 기재한다.

(9) 화물운송

운송회사는 화주의 화물인도요구시기, 보세운송여부 및 자회사의 운송수단 활용여부, 철도화차확보유무 등을 고려하여 운송계획을 수립한다. 수입컨테이너화물은 대부분 육로로 운송되고 철도와 연안운송은 일부분에 해당된다. 수입화물의 육로운송은 항만터미널에서 직반출되는 경우와 부두내 컨테이너장치장(on-dock container yard)에서 반출되는 경우로 나누어진다. 부두내 컨테이너장치장에서 반출되는 화물이 많으면 부두내 컨테이너장치장에서 수입통관에 필요한 검역, 통관 등의 절차가 진행되고 보세운송되는 컨테이너화물은 보세운송 도착보고 후에 통관이 이루어진다.

(10) 빈 컨테이너 반송

화주가 빌려간 컨테이너의 반송은 원칙적으로 컨테이너를 빌려준 장소에 반환을 해야 한다. 그러나 선주가 다른 장소를 지정하면 그 장소에 컨테이너를 반환하면

그림 6-5 컨테이너화물의 국제운송

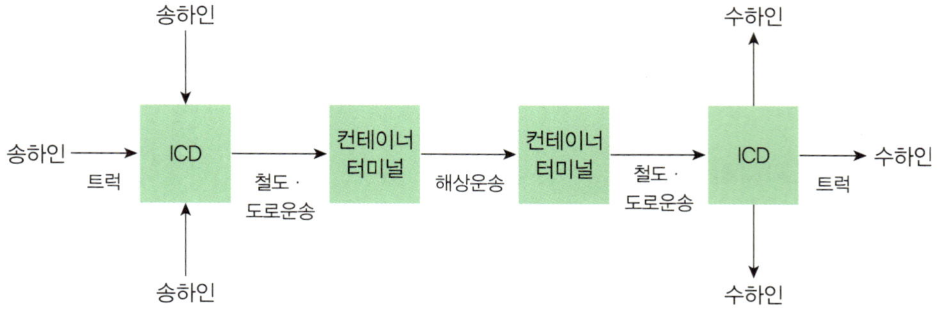

되고 선주가 지정한 컨테이너의 반환기일(free time)을 위반하면 화주는 컨테이너 지체료(detention charge)를 부담해야 한다.

3. 컨테이너 관련 국제조약

1) 컨테이너 통관조약(CCC)

컨테이너로 화물을 운송하더라도 컨테이너 자체까지 수하인에게 인도되는 것이 아니며 또한 컨테이너 자체도 고가품이어서 여기에 수입관세가 부과되면 원활한 컨테이너운송을 도모할 수 없다. 이에 따라 1956년 유럽경제위원회는 컨테이너 통관조약(Customs Convection on Container : CCC)을 채택하였다.

이 조약은 일시적으로 수입된 컨테이너에 대해서는 재수출하는 조건으로 면세하고, 국내보세운송을 할 경우 조약체결국 정부의 세관이 봉한 봉인(seal)을 존중할 것 등을 규정하고 있어 체약 당사국 간의 컨테이너운송이 원활하게 되었다. 이 통관조약은 그 후 개정되어 1975년부터는 신컨테이너 통관조약이 발효되고 있다. 우리나라는 1981년 10월 국회의 비준동의를 얻어 이 조약에 정식으로 가입하였다.

2) 국제도로운송 통관조약(TIR)

TIR조약은 특정국가를 경유하여 최종목적지까지 소위 통과운송할 경우 경유지 국가가 컨테이너 내용물에 대해서 관세법상의 특혜를 제공할 것을 규정하고 있다. 이 조약에 의하면 컨테이너 봉인에 이상이 없고 국제운송수첩(TIR Carnets)에 의한 보증이 있을 경우에는 경유지 세관이 수입세나 수출세의 납부 또는 공탁을 면제하고 세관검사도 면제된다. 이 조약은 1959년 유럽경제위원회에 의해서 채택되었고 그 후 개정되어 1978년부터는 신TIR조약이 발효되고 있다. 우리나라는 CCC조약과 함께 1981년 10월 정식으로 가입하였다.

3) 신컨테이너 통관조약

유럽경제위원회는 컨테이너 통관조약의 부족한 부분을 보완하여 개정된 의정서를 1972년 유엔과 정부 간 해사자문기구에 제출하였고 동 기구의 합동회의에서 의결함으로써 Customs Convention on Containers 1972가 조약으로 1975년에 발효되었다. 본 조약은 국내운송 및 관리자의 정의조항을 신설하였고, 사적 소송으로 컨테이너가 차압된 경우 차압된 기간은 재수출의무 이행의 유예사유로 인정하였다. 수입된 빈 컨테이너는 1회에 한해서 국내에서 사용하도록 하였고, 수리를 위해 수입되는 모든 컨테이너와 부품은 면세수입 컨테이너에 포함시켰다.

4) 신국제도로운송 통관조약

유럽경제위원회는 국제도로운송 통관조약의 부족한 내용을 보완하여 의정서를 1975년에 유엔과 정부 간 해사자문기구에 제출하였고 유엔과 정부 간 해사자문기구의 합동회의에서 의결함으로써 1978년에 조약으로 발효되었다. 우리나라는 1981년에 가입하였으며 주요내용은 운송과정에 도로운송이 포함되어 있으면 타 운송수단에도 불구하고 국제도로운송 통관조약을 적용하도록 하였다. 최고보증한도를 TIR Carnets 1건당 5만 달러 이상으로 인상하였고 국제도로운송수첩의 유효기간을 설정할 수 있게 하였다.

5) 국제운송 통관조약(ITI)

관세협력이사회가 1971년에 국제도로운송 통관조약을 참고로 하여 따로 조약을 작성한 것으로 광범위한 내용을 담고 있다. 국제도로운송 통관조약은 도로주행차량과 컨테이너를 적재한 도로운송에 국한하지만 본 조약은 각종 운송기기에 의한 육 · 해 · 공을 포함한 모든 운송수단에 적용되도록 하였다.

6) 컨테이너 안전조약(CSC)

컨테이너 안전조약(International Convention for safe Container : CSC)은 컨테이너화물을 안전하게 운송하기 위해서 1972년 제네바에서 개최된 UN 및 국제해사기구의 합동 컨테이너 운송회의에서 채택되었다. 이 조약에는 컨테이너 조작장치와 운송에 필요한 안전요구사항이 규정되어 있다. 우리나라도 1979년 12월부터 이 조약에 가입되어 있다. 본 조약에서 컨테이너는 영구적이며 반복적으로 사용가능하게 견고하여야 하고, 운송도중에 열거나 닫지 않고 하나 또는 둘 이상의 운송수단에 신속히 환적할 수 있어야 하며, 안전하고 간편하게 조작할 수 있도록 코너에 고정장치를 두도록 하였다. 또한 4면은 벽으로 막고 각 면은 20피트 이상 되도록 했다.

제3절 컨테이너의 내륙운송

1. 육로운송

1) 컨테이너 육로운송방식

육로운송(trucking)은 고속도로, 간선도로 등 육지에 자동차가 운송할 수 있는 도로를 이용하여 화물을 목적지까지 운송하는 데 있어서 매우 중요한 역할을 하고 있다. 해상운송과 항공운송과 결합하여 문전에서 문전까지 신속하게 운송할 수 있어서 단거리운송에서 철도운송에 비해 경쟁력이 있지만 연료소모가 많고 노동집약적이며 적재량이 소량이어서 경제적인 단점이 있다.

육로운송은 컨테이너화물을 수출상창고에서 선적항까지, 양륙항에서 수입상창고까지 육로를 통하여 효율적으로 운송하기 위해서 트랙터, 트레일러, 트럭 등 개발된 운송기기를 사용하고 있다. 트랙터는 트레일러를 운반하는 것으로 트레일러와 분리되어 있는 경우와 트레일러와 붙어 있는 것으로 구분된다. 트레일러는 자체적으로 이동할 수 없고 컨테이너를 적재하여 운반하는 운송기기를 말한다.

세미트레일러방식(tractor/semi-trailer system)은 한 대의 트랙터에 세미트레일러를 연결하고 세미트레일러 위에 컨테이너를 놓고 운송하는 방식으로 대부분 이 방식으로 컨테이너화물이 운송되고 있다. 이 방식은 트레일러에서 컨테이너를 하역하는 동안에 다른 컨테이너의 운송에 사용할 수 있어서 효율성이 높다.

그림 6-6 ◎ 세미트레일러방식

풀트레일러방식(tractor/full-trailer system)은 트랙터가 트레일러에 부착되어 분리할 수 없도록 되어 있고 그 뒤에 트레일러를 연결하여 운송하는 방식을 말한다. 이 방식은 트레일러가 트랙터에 고정되어 있어서 사용상 효율성이 떨어지며 탄력성이 부족하다.

그림 6-7 ○ 풀트레일러방식

자동차결합방식(double bottom trailer system)은 한 대의 트랙터에 한 대 이상의 트레일러를 연결하여 운송하는 방식으로 도시 간 컨테이너운송에 주로 사용된다.

컨테이너화물을 고속도로나 육로로 자동차를 이용하여 운송하기 위해서는 도로교통법, 화물자동차운수사업법, 도로법, 소방법, 관세법 등의 제반 법규를 준수하여야 한다. 「도로법 시행령」 제79조의2 제1항과 제2항에 따라 축하중(軸荷重)이 10톤을 초과하거나 총중량이 40톤을 초과하는 차량, 차량의 폭이 2.5m, 높이 4.0m, 길이 16.7m가 초과되는 차량은 운행할 수 없다.

그림 6-8 ○ 자동차결합방식

2) 육로운송에 관한 국제조약

국제도로운송에 관한 국제조약(Convention Relative au Contract de Transport International de Marchandise Par Route : CMR)이 1956년에 제정되었다. 본 조약은 1961년 7월 2일에 발효되어 유럽국가들이 가입하였고 1978년에 책임한도를 SDR로 변경하여 의정서를 1980년 2월에 발효시켰지만 본 개정조약은 독일, 프랑스, 이탈리아 등 13개국만이 가입하였다. 본 조약은 육지의 한 장소에서 다른 장소로 육로로 운송되는 국제육로운송에 적용되며 출발지국이나 도착지국 중에서 한 국가가 본 조약에 가입되어 있으면 본 조약이 적용된다.

운송인의 손해배상책임은 일반원칙에 따라 엄격책임주의를 따르고 있어서 본 조약에서 명시한 운송인의 면책사항 이외의 사유로 인하여 화물의 전부 또는 일부의 멸실, 훼손, 인도지연에 대해서 책임을 지며 운송인의 책임한도는 운송인의 고의 중대한 과실을 제외하고 화물 1kg당 50금 프랑이다. 중과실의 경우 정상적인 책임한도액의 2배로 책임이 제한된다. 인도지연이 발생한 경우 실손해에 대한 증명이 없으면 특정운송기간의 10분의 1의 지연에 대해 운임의 10분의 1을 반환하며 한도액은 총운임의 4분의 1을 초과하지 못한다. 손해가 지연으로 발생한 것으로 증명되면 그 손해액이 배상금액이고 해당 운임의 2배를 초과하지 못한다.

2. 철도운송

1) 컨테이너 철도운송방식

철도운송은 화물의 대량운송에 있어서 중추적인 역할을 하여왔지만 고속도로의 건설과 대형트럭이 등장함에 따라 철도운송은 급격히 감소하였다. 철도운송은 육로운송에 비해 대량운송과 안전운송이 가능하여 경제적 이점이 있지만 철도노선이 있어야만 접근이 가능하고 화물을 집하하고 분배하는 데 육로운송에 의존하여야 하기 때문에 감소하였다. 그러나 컨테이너의 등장으로 철도운송과 육로운송이 결합된 복합운송이 발전함에 따라 운송에서 다시 제자리를 찾아가고 있다. 도시 간 운송은 철도운송이 맡고 도시 내에서의 운송은 육로운송이 맡아 운송의 효율성을 극대화시킴에 따라 철도운송이 다시 재역할을 하게 되었다. 육로운송은 철도운송에 비해 단거리운송 366km 이내의 운송에서 경쟁력이 있으며 철도운송은 장거리운송 366km 이외의 운송에서 경쟁력을 가지고 있다.

컨테이너화물의 철도운송은 Trailer on flat car방식, Container on flat car방식, 혼합방식이 있다. Trailer on flat car방식은 트레일러 위에 컨테이너를 적재하고 컨테이너를 적재한 트레일러를 철도로 운송하는 방식으로 Piggy-Back-System이라고 하며 철도운송과 육로운송을 결합한 것으로 철도터미널에서 철도화차에 컨테이너 상하차를 용이하게 하여 운송시간과 비용을 절감시킬 수 있지만 트레일러를 화차로 운송하는 만큼 컨테이너를 더 실어서 운송할 수 없다는 단점이 있다. Container on flat car방식은 철도화차에 트레일러와 컨테이너화물을 분리하여 컨테이너화물만 운송하는 방식으로 2단, 3단, 4단으로 적재하여 대량운송을 할 수 있지만 철도화차에 컨테이너화물의 상하차하는 시간이 많이 발생하고 상하차 장비가 필요하다는 단점이 있다.

그림 6-9 ○ Trailer on flat car방식

그림 6-10 Container on flat car방식

2) 철도운송의 국제규칙

철도운송에 관한 국제조약(Convention Internationale Concernant le Transport des Marchandises par Chemins de fer 1970; International Convention Concerning the Carriage of Goods by Rail)은 1952년 10월에 작성되어 1970년 2월에 개정되었다.

국제철도운송조약(The Convention Concerning International Carriage by Rail)이 1980년 9월 30일 스위스 베른에서 조인되었는데 국제철도물품운송조약(Uniform Rules Concerning the Contract on the International Transport of Goods by Rail)이 부속서 B에 수록되어 있다. 본 규칙은 CIM을 조금 개정한 것으로 신CIM이라고 하며 본 조약에 가입한 국가는 구CIM을 폐기하고 신CIM에 가입한 것으로 보며 가맹국은 신·구를 합쳐 54개국이다. 본 조약은 육로로 접해 있는 유럽국가들이 많이 가입하였다. 본 조약은 철도화물운송계약, 계약이행, 운송인의 책임, 당사자 간의 법률관계, 재판관할법원 등에 관한 규정을 두고 있고 운송인은 상품교환가격 또는 시장가격에 근거하여 배상책임을 지도록 하였다. 책임한도는 총중량의 1kg당 17SDR로 정하였고 본 조약에서 인정하는 운송서류는 철도화물수취증으로 제한하여 권리증권을 인정하지 않고 있다.

제4절 컨테이너운송

1. 컨테이너운송의 정의

컨테이너운송은 컨테이너선(container ship)을 이용하여 컨테이너화물을 대량으로 운송하는 것을 말한다. 컨테이너는 화물을 단위화시켜 적재율을 높이고 운송도중에 하역과 선적 및 다른 운송수단으로 신속하게 옮겨 실을 수 있도록 만들어진 운송용기를 말한다.

현재 컨테이너선이 선박건조기술과 항해기술의 발전으로 점점 대형화되어 가는 추세를 보이고 있고[4] 컨테이너선의 대형화는 선적과 하역기계의 자동화, 컨테이너 부두의 자동화, 정기선항로의 재구축 등을 촉진시켜 국제물류비용을 절감시키는 역할을 하고 있다.

2. 컨테이너운송의 특징

컨테이너운송은 다음과 같은 특징을 가지고 있다. 첫째, 컨테이너화물은 수출상창고에서 컨테이너에 넣고 그대로 운송하여 수입상창고에서 수입상에게 인도하는 문전운송이 가능하여 재래운송에 비해 운송의 효율성을 극대화시킬 수 있다. 둘째, 화물이 단단한 컨테이너 안에 넣기 때문에 운송과정에서 발생하는 충격으로부터 화물을 보호할 수 있어서 안전운송이 가능하다. 셋째, 화물이 운송과정에서 다른 운송수단으로 환적될 경우에 컨테이너화물은 환적이 용이하여 일관운송이 가능하다. 넷째, 컨테이너에 여러 화물을 넣어서 운송할 수 있기 때문에 혼재운송이 가능하다.

---

4 현재 24,000(TEU)선박이 건조되고 있다. 20피트 컨테이너 24,000개를 실을 수 있다.

3. 컨테이너선의 운항

1) 컨테이너선의 운항형태

(1) 단독운항(Own Operation)

선사가 타 선사와 제휴하지 않고 단독으로 선박을 운항하는 방식이다. 선박운영에 필요한 시설과 인력 등을 독자적으로 확보하여야 하기 때문에 선박경영에 다른 모든 위험을 선사가 단독으로 져야 한다. 그러나 선박경영에 따른 의사결정이 신속하게 이루어져 해상운송의 환경변화에 신속하게 대응할 수 있다.

(2) 선복임차(Slot Charter)

선사가 자사가 운항하지 않는 항로에서 운항하고 있는 타 선사 선박의 선복을 임차하고 타 선사도 자사가 운항하지 않는 항로에서 운항 중에 있는 선사의 선복을 임차하는 방식이다. 선사는 각자 화물을 확보하고 임차한 선박에 화물을 적재하고 그 화물에 대해서는 각자 선비, 운항비 등을 부담하고 자기의 선하증권을 발행한다. 각 선사의 독자성은 보장되지만 경쟁은 존속된다. 이 방식은 다른 선사의 선복 일부를 이용할 수 있도록 하여 자사의 선박을 운항하지 않고도 자사가 인수한 화물을 운송할 수 있지만 비용절감의 효과가 없다는 단점이 있다. 따라서 이 방식으로 운영하는 선사들은 선복임차에 컨테이너 및 터미널의 공동사용을 추가하여 이러한 단점을 보완하고 있다.

(3) 컨소시엄운항(Consortium)

선사들이 선박의 소유권을 각자 가지고 있고 컨소시엄이 화물의 집하와 선박의 운항을 한다. 선사들이 컨소시엄을 구성하는 것은 경쟁을 제한하고 규모의 경제를 활용하기 위해서이다. 컨소시엄이 운항시간표를 작성하고 각 선사가 보유하고 있는 터미널 및 제반 장비의 공동사용계획을 수립하여 각 선사들의 독자적인 운영을 인정하지 않는다. 컨소시엄에 참여한 선사들은 컨소시엄의 대리점이 되어 각자 자국에서 화물의 집하를 책임진다. 컨소시엄은 컨소시엄 상호로 공동마케팅하는 방식과 컨소시엄 참여 선사들에게 지역을 할당하고 할당된 지역에서는 자사 상호로 마케팅하는 방식, 같은 지역 내에서 참여 선사들이 각자 마케팅하는 개별 마케팅 방식이 있다. 컨소시엄은 단순한 지주회사로서 컨소시엄기간이 종료하면 해체되고 선박의 소유권은 참여 선사들에게 있다.

(4) 컨소시엄연합(Conglomerate)

선사의 독립성을 보장하지만 선사별로 적취율을 할당하고 운임을 공동으로 계산하여 경쟁을 제한하는 방식이다. 특정선사가 특정항로를 독점하는 것을 방지하기 위해서 해운동맹이 채택한 전략이다. 과잉투자와 과당경쟁을 방지하기 위해 해운동맹은 선사별로 적취율을 할당하고 각 선사가 벌어들인 운임을 해운동맹선사들에게 공동으로 운임을 배분하는 운임공동계산을 실행하였다.

(5) 전략적 제휴(Strategic Alliance)

화주의 운송서비스 품질향상을 요구함에 따라 컨테이너 척수의 증가, 컨테이너선의 대형화, 터미널장비의 현대화, 컨테이너의 대량보유, 최첨단 정보화시스템 구축 등으로 국제운송환경이 변화되었다. 이에 따라 정기선사는 대규모투자와 더불어 비용절감이라는 상황에 직면하게 되었다. 각 선사가 단독으로 대규모투자와 비용절감이라는 두 마리 토끼를 잡기에는 역부족이어서 각 선사가 전략적 제휴를 통해서 두 마리 토끼를 잡고 있다. 전략적 제휴는 선사들이 상호협력을 바탕으로 포장, 운송, 하역, 보관, 정보 등의 국제물류기능에 두 개 또는 다수의 선사가 제휴하여 국제물류기능을 수행하는 것을 말한다.

전략적 제휴는 포장, 운송, 하역, 보관, 정보, 판매, 운항, 통제 등을 공동으로 수행하고 규모의 경제를 통한 원가절감과 서비스의 품질을 향상시킬 수 있다.

(6) 공동운항 · 배선(Joint Service)

정기선항로는 주기적으로 선박을 운항하여야 하기 때문에 선박을 충분히 확보하고 있어야 한다. 충분한 선박을 확보하고 있지 않는 두 개 이상의 선사들이 합작회사형태로 수척의 선박을 확보하여 특정의 정기선항로에 공동으로 참여하는 방식을 말한다. 각 선사들은 독자적으로 운임과 서비스를 결정하고 영업도 독자적으로 수행하며 운영만 공동으로 한다.

2) 컨테이너선의 피더서비스

초대형 컨테이너선박[5]이 정기선항로에 투입됨에 따라 기항지수가 줄어들게 되었다. 초대형 컨테이너선박은 여러 항구를 기항지로 선택하지 않고 대량의 컨테이너화물을 확보한 항구만 기항지로 선택하고 그렇지 않은 항구는 기항지로 선택하지 않아 기항지로 선택하지 않은 곳의 컨테이너화물은 초대형 컨테이너선에 선적될 수 없다. 따라서 초대형 컨테이너선이 기항하지 않은 항구에 있는 컨테이너화물은 기항하는 항구로 운송되어야만 초대형 컨테이너선에 선적될 수 있다. 컨테이너 피더서비스는 기항하지 않은 항구에 있는 컨테이너화물을 기항하는 항구로 운송하는 것을 말한다.

4. 컨테이너선의 종류

1) 선형에 의한 분류

(1) Convertible Container Ship

선박에 컨테이너를 붙였다 뗏다 할 수 있는 선박을 말하며 컨테이너화물이 있으

5 20피트 컨테이너를 24,000개 선적할 수 있는 초대형 컨테이너선이 건조되어 정기선항로에 투입되었다.

면 컨테이너를 붙여 컨테이너화물을 운송하고 산화물이 있으면 컨테이너를 떼어내어 산화물을 운송하는 선박으로 보통 400~700TEU의 소형선박이 많다.

(2) Semi Container Ship

재래선의 중앙부 선창에 컨테이너를 적재할 수 있도록 만들어진 선박으로 컨테이너화물과 철강재와 같은 컨테이너에 넣을 수 없는 화물을 함께 운송할 수 있는 선박을 말한다. 선적과 양륙장비가 선박에 설치되어 있어 컨테이너를 용이하게 선박에 선적과 양륙할 수 있다. 그러나 컨테이너화물이 아닌 화물의 경우 선적과 양륙에 시간이 많이 걸려 컨테이너선으로서의 장점이 반감되는 단점을 가지고 있다. 항만시설이 미비하거나 컨테이너에 넣을 수 없는 화물이 많은 항로에서 이 선박이 이용된다.

(3) Full Container Ship

컨테이너화물만을 선창과 갑판상에 적재할 수 있도록 만들어진 선박으로 컨테이너화물을 대량으로 운송하는 대형의 고속화물선을 말한다. 선적과 하역방식에 따라 LO/LO선(Lift on/Lift off Vessel; LO/LO Vessel)과 RO/RO선(Roll on/Roll off Vessel; RORO Vessel)으로 구분되며 LO/LO선은 갠트리 크레인을 이용하여 컨테이너를 수직으로 선박에 적재하거나 하역하는 선박을 말한다. 컨테이너를 크레인 등을 사용하여 하역하고 화물창구(hatch opening)를 통하여 상하로 올리고 내리게 하는 방식의 선박이다.

RO/RO선은 갠트리 크레인과 같은 선적과 하역장비가 설치되어 있지 않은 항만에서 이용되는 선박으로 컨테이너를 실은 컨테이너 섀시를 트랙터 또는 포크 리프트로 선박에 적재하거나 하역하는 방식을 말하며 컨테이너 섀시를 선박에 실어야 하기 때문에 컨테이너를 그만큼 싣지 못한다는 단점이 있다. 화물을 적재한 트럭이나 트레일러가 안벽에서 그 화물을 내리지 않고 선측과 안벽 사이에 설치해 놓은 램프를 건너 선측이나 선미에 설치된 현문을 통해 선내에 들어가 소정의 위치에 정지하여 짐을 싣고 있는 트럭, 트레일러를 그대로 운송하는 방식이다.

(4) Barge Carrier Ship

선박에 바지선을 싣고 내릴 수 있는 바지용 크레인이 설치되어 있는 선박으로 화물이 바지선에 실려 있는 상태로 바지선을 본선에 싣고 내릴 수 있어서 선적과 양륙의 효율성을 증대시키며 본선이 수심이 깊지 못해 항만에 대지 못할 경우 바지선에 화물을 실어 본선이 있는 곳까지 예인하여 본선에 싣고 또 본선에서 바지선을 내려 항만까지 또는 내수로를 이용하여 내륙까지 예인하여 화물을 하역할 수 있다. 항만을 이용하지 않고 본선에 바지선을 선적과 양륙할 수 있는 장점을 가지고 있다. 바지운반선으로 LASH선, Seabee Ship, Sea Barge Clipper, Europe Barge Carrier, Barge on Board, BACO 등이 있다.

2) 하역설비의 유무에 따른 분류

(1) 크레인 설치형 선박(Geared Container Ship)

본선 갑판상에 화물을 선적하고 하역할 수 있는 갠트리 크레인이 설치된 컨테이너선을 말하며 400~500TEU 컨테이너를 실을 수 있는 선박에 주로 갠트리 크레인이 설치되어 있다. 이 선박은 항만에 선적과 양륙장비가 설치되어 있지 않은 항만에서 사용되며 갠트리 크레인이 설치된 공간만큼 컨테이너화물을 싣지 못하고 갠트리 크레인의 무게만큼 운송과정에서 연료가 소모된다는 단점이 있다.

(2) 크레인 미설치형 선박(Gearless Container Ship)

본선 선창과 갑판상에 컨테이너화물을 싣고 내리는 데 필요한 갠트리 크레인이 설치되지 않은 선박을 말한다. 이 선박은 항만에 접안하여 육상에 설치되어 있는 갠트리 크레인, 무인자동화 크레인을 이용하여 컨테이너화물만을 선창과 갑판상에 적재하고 양륙하여 선적과 양륙의 효율성이 높고 본선에 컨테이너화물 이외에 별도의 장비가 설치되어 있지 않아 운송의 효율성이 높다. 그러나 육상에 갠트리 크레인이 설치된 항만과 본선이 항만에 접안이 가능한 항만에서만 사용이 가능하다는 단점이 있다.

5. 컨테이너선 선적과 하역시스템

1) 컨테이너 터미널

컨테이너 터미널(container terminal)은 육상운송과 해상운송을 연결시켜주는 중추적인 역할을 하는 것으로 컨테이너화물을 보관, 선적, 하역하는 장소로 부두에 있다.

그림 6-11 ○ 컨테이너 터미널

(1) 안벽(Quay or Quay Wall)

컨테이너선을 부두에 대어 움직이지 못하게 하고 컨테이너화물을 컨테이너선박에 싣거나 내리는 터미널 내에 있는 장소를 안벽이라고 한다. 안벽은 컨테이너선이 터미널에 들어와서 안벽에 정박할 수 있도록 해저에서 수직으로 만든 구조물이며 선적과 양륙장비가 설치되어 있다.

(2) Apron

컨테이너화물이 안벽에서 컨테이너선박에 선적하기 전 또는 양륙된 후 컨테이너화물을 쌓아놓는 곳으로 트렌스테이너가 컨테이너화물을 이동시켜야 되기 때문에 바닥은 60~80톤의 하중을 견딜 수 있어야 하고 공간은 50~75m가 되어야 한다.

(3) Marshalling Yard

본선의 입항시간에 맞춰 컨테이너화물을 컨테이너에 선적하기 전에 쌓아 두는 곳과 컨테이너선박에서 양륙되어 Apron에 쌓아 놓은 컨테이너를 트렌스테이너를 이용하여 이동시켜 다른 장소에 쌓아 두는 곳을 말하며 Marshalling Yard에 쌓아둔 컨테이너는 선적일정에 따라 컨테이너선에 선적되고 운송일정에 따라 터미널에서 목적지로 운송된다.

(4) 컨테이너장치장(Container Yard)

컨테이너를 인도하고 인수하는 보관장소로서 넓은 의미에서는 Apron, Marshalling Yard를 포함한다. 화물이 한 컨테이너에 가득 찬 컨테이너를 화주로부터 인수하여 보관하거나 본선에서 하역된 컨테이너를 화주에게 인도하기 위해 보관하는 장소를 말한다. 컨테이너야적장이 있는 장소에 따라 부두에 있는 것을 On-Dock Yard라 하고 부두 밖에 있는 것을 Off-Dock Yard라 한다. Off-Dock Yard는 운송회사의 소유로 운영되며 수출상은 화물을 Off-Dock Yard까지 운송하여 운송인에게 인도하면 운송인은 화물을 인수한 후 운송인이 화물을 컨테이너에 넣기 때문에 컨테이너 안에 있는 화물에 대해서 운송인이 책임을 진다.

(5) 컨테이너조작장(Container Freight Station)

컨테이너 한 개에 다 들어가지 못하는 소량화물을 모아서 컨테이너에 가득 채우는 시설이 설치된 장소로서 트럭에서 화물을 내려 컨테이너에 넣거나 컨테이너에 있는 화물을 꺼내어 트럭에서 싣는 장소를 말한다.

(6) 관제탑(Control Tower)

야드운영(yard operation)을 총괄하는 사령실로 컨테이너 야드 내에 화물을 적재하는 공간배정 및 컨테이너의 선적과 하역작업을 계획하고 감독한다. 선적일정에 따라 컨테이너가 본선에 선적되고 있는지 하역계획에 따라 컨테이너가 본선에서 하역되고 있는지의 전과정을 조정 · 통제 · 운영하는 업무를 수행한다.

(7) 정비소(Maintenance & Repair Shop)

컨테이너 터미널에서 운영 중인 컨테이너, 하역장비, 운송장비 등을 유지 · 보수 · 수선하는 정비소를 말한다.

(8) 사무소(Administration Office)

터미널 전체시설을 운영하고 관리하는 곳으로 터미널운영에 있어서 중추적인 역할을 한다. 사무소는 터미널 입구에 위치하며 사무소에는 터미널을 사용하는 선사의 사무실이 설치되어 있고 무선으로 터미널에 있는 모든 장치를 운전하는 기사들에게 업무를 지시한다.

(9) 출입구(Gate)

터미널에 들어오거나 나가는 모든 컨테이너는 출입구를 통해야 한다. 컨테이너가 출입구를 통과하는 순간 컨테이너에 있는 화물의 종류, 중량, 봉인 등의 제반 사항이 상세히 등록되며 이러한 정보들은 터미널과 외부와의 책임관계를 규명하는 중요한 역할을 한다.

그림 6-12 ◐ 컨테이너 터미널 시설

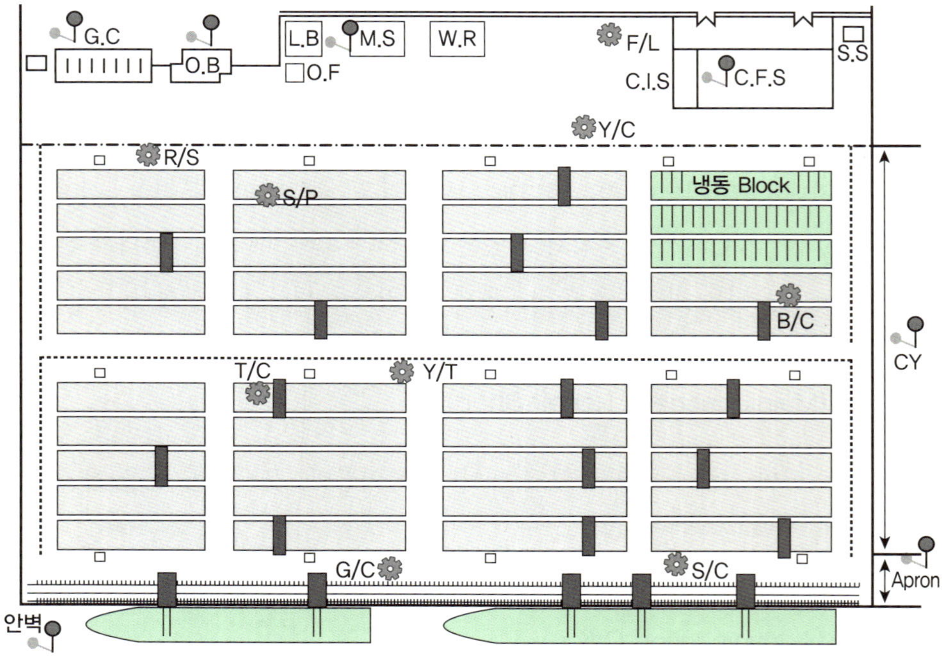

2) 컨테이너 터미널 장비

(1) 컨테이너 크레인(Container Crane)

Apron에 쌓아 놓은 컨테이너를 본선에 선적하거나 컨테이너를 본선에서 하역하는 선적과 하역 전용 크레인이다. 크레인은 수동형과 자동형이 있다. 수동형은 크레인 기사가 운전하고 자동형은 사람 없이 무인으로 움직인다. 수동형은 시간당 30개를 자동형은 40개를 할 수 있어 자동형은 수동형보다 작업능률이 높다.

그림 6-13 일반장비

그림 6-14 자동화장비

(2) 포크 리프트(Fork Lift)

컨테이너에 화물을 넣거나 내리는 데 사용하는 장비로서 하중을 상하로 이동하기 위한 마스트(mast)를 갖추고 있어서 화물을 한 장소에서 다른 장소로 이동시키는 데도 사용한다.

그림 6-15 ○ 포크 리프트

(3) 리치 스택커(Reach Stacker)

컨테이너를 단거리로 이동시키는 데 주로 사용하는 장비로서 컨테이너의 적재 및 하역을 하는 작업에 사용된다.

그림 6-16 ○ 리치 스택커

(4) 스트래들 캐리어(Straddle Carrier)

컨테이너 터미널 내에서 컨테이너를 하역하여 동시에 운반할 수 있는 장비로서 기동성이 뛰어난 장점이 있지만 보수비용이 많이 든다는 단점도 있다.

그림 6-17 스트래들 캐리어

(5) 트랜스퍼 크레인(Transfer Crane)

컨테이너 야드에서 움직이면서 컨테이너를 한 장소에서 다른 장소로 옮기고 운송수단에 컨테이너를 실어주는 장비로서 레일 위를 앞뒤로 이동한다.

그림 6-18 ◐ 트랜스퍼 크레인

(6) 야드 섀시(Yard Chassis)

컨테이너 크레인에 의해 하역된 컨테이너를 트랜스퍼 크레인을 이용하여 이송하는 중간 운송장비로 사용된다.

그림 6-19 ◐ 야드 섀시

(7) 무인이동장비

자동화터미널에서는 무인이동장비(automated guided vehicle)를 사용하여 터미널운영의 효율성을 극대화시키고 있다.

그림 6-20 무인이동장비

CHAPTER 07

부정기선운송

제1절 부정기선의 개념
제2절 부정기선의 운임구조
제3절 부정기선의 운송계약

학습목표

부정기선의 개념을 토대로 용선시장을 이해하고 운임구조를 분석하며 부정기선 운송계약조항을 이해한다.

제1절 부정기선의 개념

1. 부정기선과 용선의 관계

부정기선(tramp, tramper)은 원유, 철광석, 석탄, 곡물, 원목, 인광석 등의 화주가 필요로 하는 시기와 장소에 따라 대량으로 운송하는 것을 말한다. 특정항로를 주기적으로 반복해서 운항하는 정기선운송에 비해 부정기선은 화주가 시기와 장소에 맞춰 운송하는 불규칙운송을 말한다. 시내버스는 정해진 시간에 정해진 노선을 반복해서 운항하기 때문에 정기선운송과 같고 택시는 승객이 원하는 시간에 원하는 장소로 가기 때문에 부정기선운송과 같다. 따라서 부정기선은 특정화주의 요청에 따라 그때그때 어디에나 취항하여 저렴한 운임으로 대량화물을 운송하는 선박을 말한다.

부정기선의 화물은 철광석, 석탄, 곡물, 인광석, 시멘트, 목재, 원유, 석유제품, 액화천연가스(LNG), 액화석유가스(LPG) 등과 같은 것으로 이들 화물은 저가의 대량산화물로서 화물의 성질과 특성에 적합한 시설을 갖춘 특수 전용선에 의해서 운송되고 있다. 부정기선은 전용선과 겸용선으로 구분되며 전용선은 원유, 중유, 석유제품 등을 운송하는 유조선(oil tanker), 생선, 과일, 육류, 야채 등을 운송하는 냉동선(refrigerated ship), 목재를 운송하는 목재전용선(lumber carrier), 곡물, 사료 등을 운송하는 곡물전용선, 석탄을 운송하는 선탁전용선, 자동차만 운송하는 자동자전용선 등이 있으며 겸용선은 이들 화물들을 혼합하여 운송할 수 있도록 설계된 선박을 말한다. 전용선은 대부분 단일건화물의 장기운송계약에 의해서 운항되고 있으며 겸용선은 장기운송을 할 수 없는 다종의 건화물을 대상으로 수시로 운송을 필요로 하는 여러 건화물을 선적하여 운송을 한다.

해상운송은 부정기선운송에서부터 시작되었다. 화주가 원하는 시간에 원하는 장소로 화물을 싣고 운송하였다. 초기 무역에서 화주와 선주가 동일인인 경우가 대부분이었으나 무역이 발전하면서 화주와 선주가 분리되어 해상운송만 하는 해상운송업자가 생겨났고 해상운송업자는 화주가 원하는 시간에 원하는 장소로 화물을 운송하고 해상운임을 화주로부터 받았다. 무역이 급속히 발전함에 따라 부정기선운송업에서 정해진 시간에 특정항로를 반복해서 운송하는 정기선운송업이 파생되어 발전하였다.

용선은 화주와 선주가 선박소유자로부터 선박의 전부 또는 일부를 빌리는 것을 말한다. 화주는 물품을 수출지역의 선적항에서 수입지역의 하역항까지 운송을 하기 위하여 해상운송계약을 체결하게 되는데 건화물과 대량의 액체화물의 경우 화주는 선박소유자 또는 선주로부터 선박의 전부 또는 일부를 빌리는 용선을 통하여 선복을 확보하게 된다. 화주와 해상운송계약을 체결한 선주는 화물을 선적항에서 하역항까지 운송할 수 있는 선박을 확보해야 되는데 선주가 선박을 직접 소유하지 못하면 다른 선주로부터 화물운송에 필요한 선박을 용선을 통해 빌려야 한다. 이와 같이 용선은 선주 또는 선박소유자와 화주 사이에 체결된 부정기선과 선박소유자와 선주 사이에 체결되는 정기선을 모두 포함하고 있으나 주로 부정기선운송에서 이용되고 있다.

2. 부정기선시장의 특징과 종류

1) 부정기선시장의 특징

부정기선의 화물에 대한 수요는 고정적으로 발생하는 것이 아니라 불규칙적으로 발생하기 때문에 부정기선의 화물에 대한 운송수요도 불규칙적이다. 불규칙적인 수요에 따라 항로가 전세계 항구로 수시로 결정되기 때문에 부정기선시장은 범세계적 시장을 형성한다. 부정기선시장은 진입장벽이 없는 자유경쟁시장이다. 부정기선시장은 다음과 같은 특징을 가지고 있다. 첫째, 다수의 화주와 선주가 경쟁한다. 수요 측면에서 보면 운송화물이 적은 화주에서부터 중간규모의 화주, 운송화물이 큰 대화주가 다양하게 존재하고 공급 측면에서 보면 다수의 선주가 존재하지만 대규모선박을 보유한 선주가 많지 않기 때문에 화주나 선주 어느 쪽도 시장을 통제할 수 없다. 둘째, 시장진입이 비교적 용이하다. 운송수요가 늘어 운임이 상승하면 신조선 또는 중고선을 취득하여 선원을 배선시키고 선박운항에 필요한 운송용구를 갖추어 운송하면 되고 용선을 통하여 선박운항도 가능하기 때문에 정기선운송에 비하여 경제적 부담이 적어 시장진입이 용이하다.

셋째, 운송서비스의 질적 차이가 적다. 운송서비스의 품질은 안정성, 신속성, 경제성에 의해서 결정되는데 부정기선운송화물은 화물가격에서 운임이 차지하는 비중이 커서 부정기선화물의 화주는 운송선박을 선정하는 데 있어서 다른 요인보다도 저렴한 운임을 제일 먼저 고려하기 때문에 운송서비스의 질적 차이가 크지 않다.

넷째, 경쟁을 제한하는 제도적 장벽이 낮아 자유경쟁시장이다. 부정기선시장에서 경쟁을 제한하는 제도적 요인이 없어 선주와 화주가 협의하여 운임을 자유롭게 결정하기 때문에 부정기선시장은 완전자유경쟁시장이다. 다섯째, 글로벌경쟁이 존재한다. 부정기선시장은 전세계를 대상으로 영업활동을 하고 24시간 전문중개인을 통해 선주와 화주가 용선계약을 체결하기 때문에 국경을 초월한 경쟁이 존재한다.

선적할 화물을 찾고 있는 선주와 선박을 필요로 하는 화주를 연결시켜주는 용선시장이 19세기 이래 런던에서 자연스럽게 형성되어 발전하였다. 특히 발틱거래소(Baltic Exchange)는 250년 동안 선주와 화주를 연결시켜주는 해운거래소로 역할을 하여 전세계 해운시장을 주도하였다. 제2차 세계대전 이후에는 해운거래소가 뉴욕에서 발전하였고 현재는 런던, 뉴욕, 동경을 중심으로 용선시장이 발전하고 있다.

2) 부정기선시장의 종류

(1) 일반시장(General Market)

발틱 등의 해운거래소와 중개인이 선적할 화물을 찾고 있는 선주와 선복을 원하는 용선자를 소개하여 용선계약을 성사시키는 거래로서 현물시장(spot market)이라고 한다. 일반시장은 복덕방처럼 집을 팔려고 하는 사람과 사려고 하는 사람을 소개시켜 부동산매매거래를 성사시키는 것과 같은 기능을 하며 장기용선과 연속용선도 성사시키지만 주로 1회 용선을 성사시키고 있다.

(2) 특수시장(Special Market)

해운거래소나 중개인의 개입 없이 선주와 화주가 직접 용선계약을 체결하는 거래이다. 해운거래소나 중개인이 개입하면 중개수수료가 발생하기 때문에 선주와 화주가 직접 용선계약을 체결하고 있는 시장으로 장기용선거래의 경우에는 경쟁입찰을 통해 선주를 선정하기도 한다.

(3) 선물시장(Forward Market)

해상운임지수를 기초상품으로 하는 선물 · 선도거래를 이용하여 운임시장의 불확실성을 헤징하는 시장을 말한다. 발틱운임선물거래(Baltic Internation Freight Future Exchange)와 선도운임계약(Forward Freight Agreement)이 있다. 부정기선사의 입장에서는 운임이 하락하면 지불할 용선료가 부담이 된다. 따라서 선물시장에서 미래의 용선료를 현재의 시점에서 선도운임계약을 하여 약정용선료보다 용선료가 하락하면 용선료시장에서 이익을 보고 이익과 현물시장에서 운임하락의 손실을 서로 상쇄시켜 운임하락의 불확실성을 관리한다.

3. 부정기선의 운항주체

무역에서 운송은 매우 중요하다. 화물이 정해진 시간에 선적항을 출항해야만 정확히 목적항에 도착한다. 화물이 정해진 시간에 선적항을 출발하려면 운송할 선박이 필요하며 운송할 선박이 없으면 정해진 시간에 선적항을 출발할 수 없다. 중동에서 원유를 생산하여 세계 각국으로 수출하는 원유생산 및 수출업자들은 원유생산시기에 맞춰 원유를 운송해야만 되는데 원유를 운송할 선박을 적기에 구하지 못해 원유보관비용과 수입국에서의 원유판매에 큰 차질이 발생하는 부담을 지게 되었다. 원유생산 및 수출업자는 이와 같은 부담을 제거하기 위해 원유전용선을 직접 구매하여 자기원유 및 석유제품을 자기가 구매한 원유전용선을 이용하여 선박을 운항하였는데 이것을 자가운송(private carriage) 또는 산업운송(industrial carriage)이라고 한다.

부정기선의 운항주체는 운항주체가 일반선사와 화주 중에서 누가 되는가에 따라 일반운송인(common carrier) 또는 공중운송인(public carrier)과 자가운송인 또는 산업운송인으로 나누어진다. 일반운송인과 공중운송인은 운송인이 선박을 직접 보유하여 운항하는 것을 말하며 자가운송인 또는 산업운송인은 화주가 선박을 직접 소유하여 자기화물을 운송하는 것을 말한다.

제2절 부정기선의 운임구조

1. 부정기선운임의 특징

부정기선의 운임은 수시로 변동하여 변동폭이 매우 큰 특징을 가지고 있다. 부정기선에 대한 수요는 운임변동에 대하여 상당히 탄력적인 반면에 부정기선의 공급은 단기적으로 운임변동에 대하여 비탄력적이다. 부정기선에 대한 수요는 전쟁, 계절적 수요, 기상이변, 주요국의 경제개발정책, 관세 및 외환정책 등에 의해서 영향을 받는다. 부정기선의 운송화물은 화물의 도착가격에서 운임이 차지하는 비중이 크기 때문에 운임이 상승하면 운송화물에 대한 수요는 감소하고 그에 따라 부정기선의 공급이 감소하지 못함에 따라 운임이 하락하는 구조를 가지고 있다. 선박은 기계와 달라서 운송수요가 감소한다고 해서 바로 선박의 운항을 정지시키지 못하는 구조를 가지고 있다. 2008년 세계경기의 침제로 건화물에 대한 수요가 급감함에 따라 부정기선에 대한 수요는 줄고 단기적으로 부정기선의 공급이 감소하지 못하자 부정기선의 수요에 비해 2,050만 DWT만큼 선박이 과잉공급되어 운임과 용선료가 극심하게 하락하여 선박회사가 도산하는 등 해운산업이 극심한 몸살을 겪어야 했다.

2. 부정기선의 운임단위

운임은 선사가 제공하는 운송서비스를 화주가 구매하는 가격을 말한다. 운임은 운송에 수반하여 발생하는 모든 비용과 선사의 적정이윤이 포함되어 결정된다. 운임은 통상적으로 화물의 물동량과 선박의 적재능력에 따라 산출되며 선박의 적재능력은 중량과 용적의 양면에서 제한을 받으므로 화물의 성격에 따라 운임단위(freight basis)가 결정된다. 즉, 철강, 시멘트, 철광석, 곡물, 석탄 등의 중량화물은 중량(1톤(1,000kg))을 기준으로 운임이 결정되며 원면, 양모, 목재 및 자동차, 가구 등의 용적화물은 용적(1m^3)을 기준으로 운임이 결정된다.

중량화물의 운임단위는 1kilo(metric) ton=2,205lbs=1,000kg이고 용적화물의 운임단위는 1cubic meter=35,3147ft^{3}이다.

고가화물의 경우에는 중량이나 용적을 기준으로 하지 않고 상품가격을 기준으로 하여 종가운임을 적용한다. 운임액은 화물의 선적량에 따라 결정된다. 화물의 선적량은 화물의 특성과 적재방법에 따라 차이가 난다. 이사화물을 화물차에 적재할 경우 이사화물을 포장박스로 화물차에 적재하는 경우와 그냥 적재하는 경우에 화물차의 적재량에 큰 차이가 난다. 이와 같이 선박에도 화물을 적재하는 방법에 따라 선박의 적재량에 차이가 발생한다. 따라서 선사는 공정한 운임과 안정적인 운임수입을 위해 화물별로 적화계수(stowage factor)를 설정하여 체계적으로 운임을 부과하고 있다.

3. 부정기선운임의 종류

1) 선복운임(Lumpsum Freight)

선복운임은 선박에 적재된 화물의 양에 따라 산출되는 것이 아니라 항해(trip or voyage), 선복(ship's space)을 단위로 산출되는 것을 말한다. 선주와 용선자(charterer)가 항해 또는 선복단위로 용선계약을 체결하고 용선자는 선주에게 선복운임을 지불하며 선복운임은 선박의 적재톤수(중량 또는 용적)에 일정한 운임률을 곱하여 산출된다. 용선인이 선주로부터 선복을 총액방식으로 용선하였기 때문에 선박의 실제 적재능력이 계약된 적재능력보다 떨어지면 용선인은 선주에게 부족분에 대한 운임의 감액을 요구할 수 있고, 선박에 폭발물을 제외한 여러 화물을 적재할 수 있는 권리를 가진다.

2) 부적운임(Dead Freight)

선주와 용선자가 용선계약서에 합의한 선적량보다 적게 선적된 경우에 부족분에 대한 운임을 용선자가 선주에게 보상하는 운임을 말한다. 용선자는 용선계약서에서 합의한 선적량을 선적하고 선적량을 기준으로 산출된 운임을 선주에게 지급하여야 하는데 합의한 선적량이 전부 또는 일부만 선적되어 선주가 운임을 받지 못하거나 적게 받으면 용선자는 용선계약을 위반한 것이 되어 선주에게 선주의 운임손실을 보상해주어야만 한다.

3) 장기계약운임(Long Term Contract Freight)

운임은 통상적으로 1항차를 기준으로 결정된다. 해운경기가 호황일 경우에는 선복을 확보하기가 매우 어렵다. 고정적으로 일정한 화물을 운송하는 화주의 입장에서 보면 해운경기가 호황일 경우에 적기에 선복을 수배하지 못하면 화물의 운송에 차질이 발생하고 이것은 생산과 판매에도 영향을 미치기 때문에 화주는 선주와 장기용선계약을 체결하여 이러한 문제를 관리하고 있다. 선주는 해운경기가 불황일 경우에는 운송화물량을 확보하지 못하여 극심한 경영난에 봉착하게 된다. 해운경기의 등락에 따라 발생하는 선주와 화주의 경영상의 어려움을 해결하기 위해서 선주와 화주는 장기용선계약을 체결하고 이에 따라 용선자는 선주에게 운임을 지불하는 것을 장기운임계약이라고 한다.

선주와 용선자는 장기용선계약을 체결하는 시점에서 운임을 결정하고 결정된 운임은 해운경기의 변동에 관계없이 유효하게 하는 방법과 운임을 결정하지 않고 시황에 따라 그때그때 결정하는 방법, 운임의 상하 변동폭을 결정하고 그 이상으로 변동하는 운임에 대해서는 인정하지 않는 방법이 있다.

제3절 부정기선의 운송계약

1. 용선계약의 정의

용선계약은 선주가 용선자에게 선박의 전부 또는 일부의 선복을 제공하고 용선자는 선복을 사용하는 대가로 선주에게 용선료를 지불하기로 약정하는 계약이다. 용선계약의 내용은 선주와 용선자가 합의하여 용선계약서에 명시하기 때문에 용선계약서는 선주와 용선자 간에 용선계약이 성립되었음을 입증한다.

용선계약은 용선계약의 대상에 따라 화물운송계약과 선박운송계약으로 구분된다. 항해용선계약(voyage charter party)과 동 계약에서 변형된 유사운송계약은 전자에 속하며, 정기용선계약(time charter party)과 나용선계약(bareboat charter party)은 후자에 속한다.

2. 용선계약의 종류

1) 항해용선계약

(1) 항해용선계약의 정의

항해용선계약은 화주와 운송인 간에 체결된 화물운송계약을 말한다. 특정한 항해를 할 목적으로 선박소유자가 용선자에게 선원이 승무하고 항해장비를 갖춘 선박의 전부 또는 일부를 물건의 운송에 제공하기로 약정하고 용선자가 이에 대하여 운임을 지불하기로 약정함으로써 효력이 생기는 계약을 말한다.[1] 운송인이 화주에게 한 항구에서 다른 항구까지 운항비를 부담하여 선복의 전부 또는 일부를 사용할 권한을 부여하고 화주가 선주에게 운임을 지불하기로 약정한 계약이다.

(2) 항해용선계약의 종류

가) 용선기간에 따른 분류

① 1회 항해 용선계약(Spot Voyage Charter)

한 항구에서 다른 항구까지 1회 항해를 용선하는 계약을 말한다. 용선자는 선주와 한 선적항에서 다른 하역항까지 1회 항해에 선복을 사용하기로 약정한 용선계약을 말한다.

② 연속항해용선계약(Consecutive Voyage Charter)

한 항구에서 다른 항구까지 여러 번 항해를 할 경우 반복항해에 적용하는 용선계약을 말한다. 연속항해용선계약에 의거 선주는 용선자에게 반복항해에 선복을 사용할 권리를 부여함으로써 용선자는 선복을 안정적으로 확보하고 선주는 일정기간

---

1 상법 제872조 1항

동안 화물을 확보할 수 있는 이점이 있다. 선주 입장에서 보면 연속항해에 따른 기간이 장기여서 환율과 유가의 변동에 따른 위험에 노출되어 있는데 이러한 위험을 관리하기 위해서 통화할증료(currency adjustment factor)와 유료할증료(bunker adjustment factor)를 용선자로부터 받는다.

③ 장기용선계약(Contract of Affreightment)

장기용선계약은 용선기간이 6개월 이상으로 된 경우를 말하며 선주는 이 기간 동안 용선자에게 선복의 전부 또는 일부를 제공하여야 하며 선복은 동일할 필요는 없다. 선주와 화주는 장기용선계약서에 선박을 지정하지 않고 일정 크기의 선박으로 용선자의 화물을 운송할 것을 보장하고 용선자는 시황에 무관하게 화물운송을 확보함으로써 선주와 용선자는 안정적인 운송과 수익을 얻을 수 있다.

④ 전용선계약(Contract of Specialized Carrier)

전용선계약은 특정화물의 운송에 맞게 설계된 선박에 대해 용선자에게 선복을 제공하는 계약을 말한다. 선박의 소유권과 점유권은 선주가 가지고 있지만 배선권은 용선자가 가지고 있다. 용선자는 선주에게 선박의 내용연수까지 선박의 사용권을 보장하고 용선료를 지불한다.

나) 운임결정방식에 따른 분류

① 총괄용선계약(Lump Sum Charter)

총괄용선계약은 선박에 적재된 적재량에 따라 운임이 결정되는 것이 아니라 선복량을 총괄하여 운임을 결정한다. 따라서 선주는 선박에 실제로 적재된 수량에 관계없이 선박에 화물을 다 채우지 못해도 용선자로부터 약정된 용선료를 받기 때문에 적재화물의 부족에 대해서 걱정할 필요가 없다.

② 일일용선계약(Daily Charter)

1일을 기준으로 해서 운임을 결정하는 용선계약을 말한다. 선주는 용선자가 선복의 전부 또는 일부를 선적항에서 목적항까지 사용하도록 하고 운임은 선박이 선적항을 출항하여 목적항에 입항하는 데 걸리는 전체 일자에 일당 일정요율을 곱하여 산출한다. 선적항과 목적항이 정해져 있고 선주가 운항비를 부담하기 때문에 일일용선계약은 정기용선계약이 아니라 항해용선계약에 속한다.

(3) 항해용선계약의 체결과정

화주는 선종, 항로, 용선형태, 운송화물의 적재방법, 선적항과 하역항 등을 기재하여 용선중개인이나 직접 선주에게 조회를 하게 된다. 조회를 받은 용선중개인 또는 선주는 화주가 원하는 형태의 선박을 찾아 상세한 내용을 기재하여 화주에게 청약을 하고 화주는 청약내용에 대해서 이견이 있으면 화주의 요구내용을 기재하여 용선중개인 또는 선주에게 반대청약을 하여 서로의 의견을 조율한 후에 상대방의 청약내용에 대해서 타방이 승낙을 하면 용선계약이 성립되며 선주와 용선자는 당사자 간의 합의사항을 용선계약서에 명시한다.

(4) 항해용선계약의 국제표준약관

가) 국제표준약관

항해용선계약도 다른 용선계약과 같이 양식과 기재사항이 법률로 규정되어 있지 않기 때문에 항해용선계약 당사자 간의 합의에 따라 그 형식과 내용이 달라질 수 있다. 항해용선계약은 계약당사자가 원하는 모든 사항을 기재할 수가 없어서 검증된 표준계약서식이 사용되어왔다. 현재 여러 단체에서 제정된 표준서식이 존재하나 발틱국제해운동맹(Baltic and International Maritime Council : BIMCO)에서 공인한 표준계약서 양식이 가장 많이 사용되고 있다. 항해용선계약서 양식인 GENCON(Uniform General Charter)은 BIMCO의 전신인 발틱백해동맹(Baltic and White Sea Conference)이 1922년에 제정하고, 1976년에 개정하여, 사용해오다가 해운시장의 구조와 각종 제도가 변경됨에 따라 1994년에 다시 개정되었다.

GENCON Charter Party는 Part I, II로 구성되어 있다. Part I은 계약의 내용을 26개 항목으로 구성하여 쉽게 파악할 수 있도록 하였다. Part II는 항해용선계약상 일반적인 공통사항이 19개 조항으로 인쇄되어 있다.[2] Part I과 Part II가 상충되면 Part I이 우선한다. Part I과 Part II의 내용은 항해용선계약 당사자가 합의하여 삭제하거나 수정, 첨가가 가능하다. 추가조항에서는 Part I, II의 내용을 보완하거나 첨가가 가능하고 새로운 합의내용을 약정하거나 첨부할 수 있으며 Part I과 II는 동일한 효력을 갖는다.

나) Part II의 주요내용

① 항해용선계약의 당사자

선박소유자와 용선자는 선박명, 총톤수 · 순톤수, 재화중량톤수와 하계만재흘수선미터톤에 합의하고 선박은 현재위치에서 선적예정일에 맞추어 선적항 또는 장소에 입항하여 합의한 정박기간 동안 정박하여 용선자가 선박에 화물을 적재할 수 있도록 하고 용선자가 화물의 적재를 완료하면 본선이 안전하게 항해하여 무사히 양륙항에 도착하도록 한다고 약정한다. 따라서 항해용선계약의 당사자는 선박소유자와 용선자임을 분명히 전면에 밝히고 있다.

② 선박소유자의 책임과 감항능력

항해용선의 경우 선박소유자가 용선자에게 제공하는 선박은 내항성을 가지고 있어야 한다. 내항성은 항해에 견딜 수 있는 감항능력을 의미하는데 통상적인 해상고유의 위험에 대처할 수 있도록 모든 면에서 적합할 때 내항성이 있는 것으로 본

2 1. 계약의 합의, 2. 선주책임조항, 3. 이로조항, 4. 운임지불, 5. 적재와 하역비용, 6. 정박기간, 7. 체선료, 8. 유치조항, 9. 해약조항, 10. 선하증권, 11. 쌍방과실충돌약관, 12. 공동해손 및 뉴제이슨조항, 13. 제세공과금, 14. 대리전, 15. 중개료, 16. 총파업조항, 17. 전쟁위험, 18. 일반결빙조항, 19. 준거법 및 중재

다.[3] 내항성은 항해능력과 가동능력을 의미하기 때문에 선박은 선체와 기관뿐만 아니라 자격을 갖춘 선장, 충분한 선원과 선용품, 연료 등과 필요한 경우에는 의사와 도선사 등 특정항해에 필요한 모든 것을 구비해야만 내항성을 가지고 있다고 할 수 있다.[4]

제2조에서 감항성의 유지의무, 선원의 충원, 시설의 구비, 선용품의 공급 등에 대한 선주 또는 관리인 자신의 주의의무의 결여 또는 작위 또는 부주의로 화물이 멸실 또는 손상, 인도지연이 발생한 경우에는 선박소유자가 책임을 진다고 명시하였으나 감항성의 요건을 명확히 하지 않았다. 우리나라 상법 제794조[5]와 헤이그비스비규칙, 선하증권 관계규칙의 통일을 위한 국제협약(1924), U.S.COGASA(1936)은 선박의 감항성의 요건을 구체적으로 기술하였다.[6] 정기용선계약 Produce Form 제1조에서 선주가 선원의 식량, 임금, 영사관비용, 선박보험과 보일러 용수, 선실, 갑판, 기관, 기타 선용품비를 부담했을 때 선박의 감항능력이 달성된 것으로 보았다. Baltime[7]에서는 Produce Form이 제시한 요건 외에 윈치[8]의 수 및 힘의 표시가 건조 당시의 그대로인가?, 현재의 상태는 어떠한가? 하는 점에 대해서 선박소유자가 보고할 것을 요구하고 있고, 특히 중량화물을 많이 적재할 가능성이 있는 경우에 그 선박이 설치된 헤비데리크(heavy derrick)의 용량

---

3 영국해상보험법 제39조 4항

4 구종순(2007), p.119.

5 운송인은 자기 또는 선원이나 그 밖의 선박사용인이 발항 당시 다음의 사항에 관하여 주의를 해태하지 아니하였음을 증명하지 아니하면 운송물의 멸실 · 훼손 또는 연착으로 인한 손해를 배상할 책임이 있다.
1. 선박이 안전하게 항해할 수 있게 할 것
2. 필요한 선원의 승선, 선박의장(의장)과 필요품의 보급
3. 선창 · 냉장실, 그 밖에 운송물을 적재할 선박의 부분을 운송물의 수령 · 운송과 보존을 위하여 적합한 상태에 둘 것

6 The carrier shall be bound before and at the beginning of the voyage to exercise due diligence to (a) Make the ship seaworthy, (b) Properly man, equip, and supply the ship; (c) Make the holds, refrigerating and cool chambers, and all other parts of the ship in which goods are carried, fit and safe for their reception, carriage and preservation.

7 1909년 발틱국제해운동맹(BIMCO)이 제정한 표준기간 용선계약서식이다.

8 계선줄을 감아들이거나 풀어주는 실타래 형태의 기계로 선박이 부두에 접안할 때 계선줄을 풀고 조이는 작업을 통해 부두에 접안한다.

에 대한 선박소유자의 보증을 요구하도록 하여 선박의 감항능력을 구체적으로 기술하였다.

누가 입증책임을 부담하는지에 관하여는 아무런 언급이 없다. 헤이그비스비규칙과 선하증권 관계규칙의 통일을 위한 국제협약(1924), U.S.COGSA(1936),[9] UN해상화물조약(1978)[10]에서 선박의 불내항성으로 인하여 화물의 멸실이나 손상이 발생하는 경우에는 상당한 주의를 기울였다는 것을 증명할 책임이 이 조의 규정에 의거 면책을 주장하는 운송인 또는 그 밖의 자에게 있다고 보았다.

선주의 면책에 관련하여 선박소유자는 상기 원인 이외의 사유, 즉 비록 선장 또는 선원 또는 기타 선주가 고용한 본선 또는 육상의 사용인이, 본 조항이 없다면 책임을 져야 할 과실 또는 부주의로, 또는 선적과 항해의 개시 시, 또는 어떠한 시점에서 선박의 감항성 결여로 기인한 멸실, 손상 또는 지연에 대해 책임을 지지 않는다고 명시하였다.[11] 헤이그비스비규칙, 선하증권 관계규칙의 통일을 위한 국제협약(1914), U.S. COGSA(1936)에서 운송인이나 선박은 선박의 운항 또는 선박관리에 있어서 선장, 선원, 수로안내원, 또는 운송인의 고용인의 행위와 태만 또는 과실에 의한 손실에 대해서 책임을 지지 않는다고 명시하였다.[12]

---

9 Neither the carrier nor the ship shall be liable for loss or damage arising or resulting from unseaworthiness unless caused by want of due diligence on the part of the carrier to make the ship seaworthy, and to secure that the ship is properly manned, equipped and supplied, and to make the holds, refrigerating and cool chambers and all other parts of the ship in which goods are carried fit and safe for their reception, carriage and preservation in accordance with the provision of paragraph 1 of Article III, Whenever loss or damage has resulted from unseaworthiness the burden of proving the exercise of due diligence shall be on the carrier or other person claiming exemption under this article.

10 The carrier is liable for loss resulting from loss of or damage to the goods, as well as from delay in delivery, if the occurrence which caused the loss, damage or delay took place while the goods were in his charge as defined in article 4, unless the carrier proves that he, his servants or agents took all measures that could reasonably be required to avoid the occurrence and its consequences.

11 임석민(2006), p.156.

12 Act, neglect, or default of the master, mariner, pilot, or the servants of the carrier in the navigation or in the management of the ship.

③ 운임지불조건

운임이란 용어는 Freight로 표기하였다. 용선자가 화주임을 전제로 하여 운임을 Freight로 표기하였다고 보인다. 용선자가 선주일 경우에 선주를 화주와 같이 볼 수 있는가라는 문제점이 발생한다. 정기용선계약에서는 hire payment로 표기하여 운임을 운임이 아니라 용선료로 보았다. 운임은 용선자가 용선주에게 선불 또는 후불로 지불될 수 있도록 명시하였고 운임은 용선주와 용선자가 합의한 요율에 따라 결정되며 선적 시에 운임이 지불될 경우 본선 및 화물의 멸실에 관계없이 운임은 선적과 동시에 지불된 것으로 간주하고 지불된 운임은 반환되지 않으며 운임이 지급되지 않으면 선주는 운임선불로 표기된 선하증권을 서명 또는 배서하지 않는다. 운임이 양륙항에서 지불될 경우 운임은 화물이 수하인에게 인도될 때까지 지불되지 않는 것으로 간주하며, 용선주와 용선자가 합의한 요율에도 불구하고 중량/수량이 공인예측기, 합동흘수검정 또는 검수로 확인될 수 있으면 용선자는 그 선택권을 양륙개시 전에 행사하여 인도된 중량 · 수량에 따른 운임의 지급을 선택할 수 있도록 했다.

④ 선적과 양륙의 의무

선적과 하역의 의무는 용선주에게 있는 것이 아니라 용선자에게 있으며, 용선자는 화물을 선창으로 반입하여 적재하고, 적부, 정돈, 검수, 결박, 고정시켜야 하고, 선창에서 반출하여 양륙해야 한다. 선주는 이러한 과정에서 발생하는 위험과 책임, 비용을 부담하지 않는다. 용선주는 완충재를 제공하고 용선자는 완충재를 사용하여 화물을 적절하게 적부 및 보호해야 하고 선박이 양륙항에 도착하면 용선자는 화물을 양륙하고 완충재를 제거하여야 하며, 완충재의 제거기간은 정박기간에 포함되는 것으로 명시하였다. 화물의 선적, 선내작업, 하역에 따르는 비용과 의무 및 책임을 용선주가 부담하는지 아니면 용선자가 부담하는지는 용선계약에 합의한 내용에 따라 결정되어야 한다. 본 규정에 의거 화물의 선적, 선내작업, 양륙 등의 비용은 용선자가 부담하고 이 과정에서 발생하는 주의의무도 용선자가 부담한다.

헤이그비스비규칙 제2조 2, 선하증권 관계규칙의 통일을 위한 국제협약(1924)

제3조 2, U.S. COGSA(1936) 제3조 (2) 제4조의 경우를 제외하고 선적과 양륙의 의무는 운송인에게 있다고 명시하였다. 용선자가 화주가 아니라 운송인이면 이 규정이 적용되지만 용선자가 화주이면 용선계약서의 내용과 상충된다. 따라서 선적과 양륙의 책임이 누구에게 있는지 문제가 발생한다.

하역장치를 사용하지 않기로 용선주와 용선자가 합의하지 않는 한 용선주는 용선자가 화물을 하역하는 데 필요한 하역장치를 제공하여야 하고 하역장치가 작동하는 데 필요한 동력을 무상으로 공급하여야 하며 하역기간 동안에 하역장치의 작동불량으로 하역기간이 연장되면 이 기간은 체선료에 포함되지 않는다. 용선주는 하역장치를 운전할 조종사를 무상으로 제공하여야 하며 해당 항만에서 이를 금지하는 경우는 그러하지 아니하고 용선자가 연안국 노무자를 선임하면 하역장치를 운전하는 데 발생하는 위험과 책임을 용선자가 부담하도록 하였다. 하역인부는 용선자의 사용인으로 보아 선장의 지휘에 따라 작업을 수행하도록 하였으며 하역인부에 의한 선박의 손상은 용선자가 부담하도록 하였다. 하역인부에 의한 화물의 손상은 용선자가 부담하는지 아니면 용선주가 부담하는지 이에 대한 규정은 없다.

⑤ 체선료

선적항과 양륙항에서 발생한 체선료는 용선주와 용선자가 합의한 요율 및 방법으로 용선자가 일당 또는 1일 미만은 그 비율에 따라 용선주에게 지급한다.

선박에 화물을 적재하고 선박에서 화물을 양륙하려면 선박이 항구에 정박하고 있어야 한다. 용선주와 용선자는 항해용선계약서에 선적항과 양륙항에서 선박이 정박하는 기간을 약정하고 선박은 항구에서 약정한 정박기간 동안 정박하여 화물을 선적하고 양륙하게 한다. 선적항과 양륙항에서 선박이 약정된 정박기간을 초과하여 정박할 수도 있고 반대로 정박기간보다 일찍 화물을 선적과 양륙할 수 있다. 정박기간을 초과하는 경우에 초과된 기간 동안의 비용을 용선자가 용선주에게 지불하는 체선료가 발생하고 정박기간보다 먼저 선적과 양륙이 끝나면 일찍 끝난 기간만큼의 비용을 선주가 용선자에게 환불해주는 조출료가 발생한다.

체선료를 산정하는 두 가지 방법이 있다. 그 하나는 정박기간을 넘길 경우 허용하는 초과기간을 정하고 그 기간에는 용선주가 체선료를 용선자로부터 받고 허용된 초과기간을 넘길 경우에는 그 기간까지 발생한 지연손해금을 용선자로부터 받는 방법이 있다. 또 하나는 약정된 정박기간을 초과하여 초과기간이 발생하면 실제 발생한 손해를 계산하여 용선자가 용선주에게 지불하는 것으로 이것이 지연손해금에 해당하지만 지연손해금을 정확히 계산하기가 어려워 실무에서는 체선료를 정해 놓고 체선손해를 산정하는 방법을 이용하고 있다.

체선료는 매일 매일 지급하며 용선자는 용선주의 청구서를 받는 즉시 지급한다. 체선료가 매일 매일 지급되지 않으면 용선주는 용선자에게 미지급의 해결을 위해 서면으로 96 연속시간의 말미를 허용한다. 그 기간에 체선료가 지급되지 않으면 본선이 선적항 또는 항역 내에 있으면 용선주는 언제라도 용선계약을 종료시킬 수 있고 이로 인하여 발생한 모든 손해를 용선자에게 청구할 수 있도록 하였다. 「상법」 제807조에서 수하인이 운송물을 수령하는 때에 운송계약 또는 선하증권의 취지에 따라 운임 · 부수비용 · 체당금 · 체선료, 운송물의 가액에 따른 공동해손 또는 해난구조로 인한 부담액을 지급하여야 한다. 선장은 제1항에 따른 금액의 지급과 상환

그림 7-1 ○ 체선료의 산정

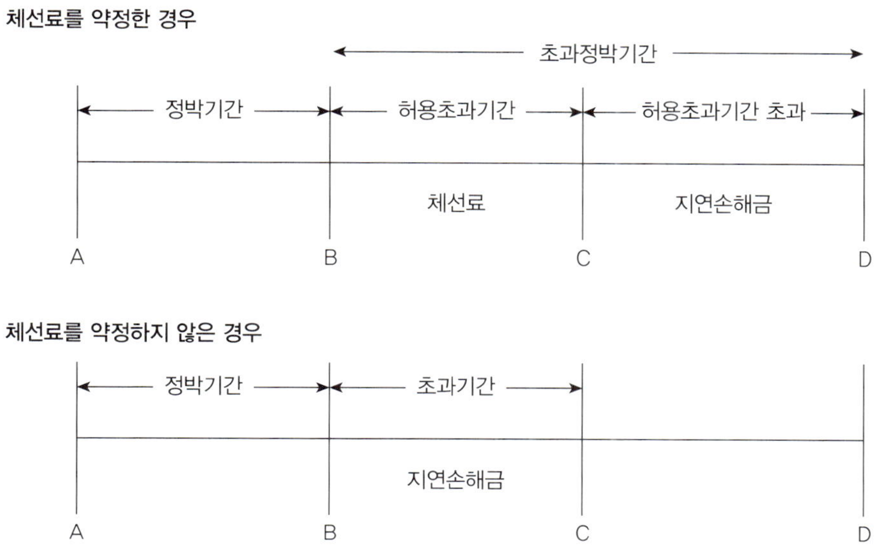

하지 아니하면 운송물을 인도할 의무가 없다고 명시하였다. 우리나라 「상법」 제807조에서 체선료는 수하인이 부담하도록 하고 있어서 용선계약과 상충된다.

조출료는 약정된 정박기간보다 선적과 하역이 단축되었을 경우 선박이 단축된 기간만큼 빨리 운송하여 운임을 추가로 가득할 수 있기 때문에 단축된 기간만큼의 이익을 용선주가 용선자에게 환불하는 것으로 환불액은 체선료의 반으로 되어 있다. 환불방법에는 "All laytime saved"와 "All time saved"가 있다. 정박기간이 "Sunday, Holiday excepted"인 경우 "All laytime saved"는 단축된 기간에서 공휴일을 제외하고 계산하는 방법이고 "All time saved"는 공휴일을 포함하여 단축기간을 계산하는 방법이다. 단축기간이 5일인데 5일 중에서 일요일이 포함되었다면 "All laytime saved"의 방법에 의하면 4일이고 "All time saved"에 의하면 5일이 된다.

⑥ 정박기간

정박기간은 용선자가 화물을 선적 및 양륙을 위해 이용할 수 있는 기간을 항해용선계약서에 약정한 것이다. 화주는 약정된 정박기간 내에 화물을 선적 및 양륙하면 된다. 정박기간은 선적항에서 정박하는 기간과 양륙항에서 정박하는 기간으로 구분하여 기재하는(Laydays not reversible) 방법과 전체 정박기간을 기재하는(Laydays reversible, All purpose) 방법이 있다. 선적항과 하역항의 정박기간은 각각 정산하는 방법과(Separate laytime for loading and discharging) 선적항과 하역항의 정박기간을 서로 상계하여(Total laytime for loading and discharging, All purposes, Laydays to average, Laydays reversible) 계산하는 방법이 있다. All purposes는 선적항과 하역항의 전체정박기간을 나타내고 To average는 선적항과 양륙항 중에서 하나가 체선이고 다른 하나는 조출이면 체선과 조출을 서로 상계한다는 의미를 가지고 있다. 선적항에서 5일 체선이 양륙항에서 3일 조출이 발생하면 서로 상계하여 2일의 체선기간이 발생한 것으로 산정한다. 체선료가 6,000달러이고 조출료가 3,000달러이면 각각 계산하면 선적항에서의 체선료는 30,000달러이고 양륙항의 조출료는 9,000달러가 되어 용선주는 용선자로부터 30,000달러를 받고 조출료로 9,000달러를 주어 용선주는 21,000달러를 받았고 상계처리하면 12,000달러를 용선자로부터 받아 각각 처리했을 때보다 9,000달러를 덜 받게 된다. 따라서 상계처리하면 용선자가 유리하고 각각 별도로 산정하면 용선주가 유리하다.

용선주와 용선자가 용선계약에서 합의하여 정박기간의 산정방법을 결정하기 때문에 다양한 방법들이 만들어졌다. 정박기간 동안 공휴일과 일요일에 작업을 했으면 모두 정박기간에 포함시키고 날씨가 나빠 작업을 못하고 공휴일과 일요일에 작업을 안 했으면 정박기간에서 제외하는 방법이다(Weather permitting, Sundays and Holidays excepted, unless used, in which event time actually used shall count). WWD(Weather Working Day)는 날씨가 좋아서 하역작업이 가능한 날만을 정박기간에 포함시키는 방법을 말한다. SHEX(Sundays and Holidays excepted)는 일요일과 공휴일은 정박기간에서 제외하는 방법을, SHEXUU(Sundays and Holidays excepted(excluded), unless used, if used the actual working time to be counted as laytime)는 일요일 및 공휴일에 하역작업을 하면 정박기간에 포함시키고 하지 않으면 제외시키는 방법을, SHEXIU(Sundays and Holidays excepted if used)는 일요일과 공휴일에 하역작업을 했어도 정박기간에서 제외시키는 방법을 말한다. Running days or consecutive days는 우천, 동맹파업, 불가항력 등의 사유로 하역작업을 하지 못하는 경우에도 정박기간에 포함시키고 일요일과 공휴일도 포함시키는 것으로 용선주에게 가장 유리한 방법이다. FHEX(Fridays and Holidays excepted)는 금요일과 공휴일은 정박기간에서 제외시키는 방법을 말하고, SHINC(Sundays and Holidays Included)는 일요일과 공휴일은 정박기간에서 제외시키는 것을 말한다. 관습적 하역(Customs Quick Despatch)은 선적항과 양륙항의 관습적인 하역능력에 따라 가능한 한 빨리 선적과 양륙을 끝내야 된다는 것으로 공휴일과 야간에 대해서 특약이 없으면 항구의 관습에 따른다. 따라서 관습이 명확하지 못하면 분쟁이 발생할 수 있다.

정박기간은 각국의 법률과 관습에 따라 차이가 있지만 용선계약에서 용선주와 용선자가 약정한다. 통상 용선주가 선박이 선적항 또는 양륙항에 입항하여 하역준비완료통지(Notice of Readiness)를 용선자에게 통지하면 정박기간은 시작된다.

Whether in berth or not in berth는 선박이 지정한 항구에 입항하였지만 선석이 없어서 선박이 선적에 접안하지 못하였더라도 접안에 관계없이 입항한 시점에서 정박기간이 시작된다는 것을 의미한다. WIPON(Whether In Port Or Not)은 본선이 내항에 있지 않더라도 정박기간은 시작된다는 것을 의미하고, WIFPON(Wether In Free Pratique Or Not)은 검역을 안 했더라도 정박기간은 시작된다는 것을 의미한다.

⑦ 유치권

용선주는 용선계약에 의거 운임, 부적운임, 체선료, 손해배상금액 및 이를 변제받기 위한 비용을 포함한 기타 금액에 대하여 화물 및 화물과 관련하여 지급될 재운임을 유치할 수 있다고 명시하였다.

⑧ 선하증권

선하증권은 1994년 'Congenbill' 서식에 의거 용선계약을 침해하지 않는 조건으로 선하증권이 선장에게 제시되고 선장의 서명을 받아야 하고, 용선주로부터 서면으로 수권받은 대리인도 선하증권에 서명할 수 있고 그렇게 하면 서면으로 수권받은 서류의 사본을 용선자에게 제출하도록 하였다. 선하증권의 조건 또는 내용이 용선계약에 의거 용선주가 부담할 책임보다 과중한 책임을 선주에게 부담하게 하거나 또는 초래하는 경우 제시된 선하증권의 서명으로 발생하는 모든 결과 또는 책임에 대하여 용선자는 용선주에게 보상해야 한다.

⑨ 일반파업조항

선박이 선적항을 향해 항해하는 도중에 또는 입항한 시점에서 화물의 선적을 방해할 수 있는 파업이나 직장폐쇄가 발생하면 선박소유자는 용선자에게 파업이나 직장폐쇄기간을 정박기간에 포함시켜 정박기간을 계산하겠다는 합의표명을 요구할 수 있고 이러한 요구를 받은 용선자가 24시간 이내에 합의표명을 하지 않으면 선박소유자는 항해용선계약을 해제할 수 있고 화물이 일부 선적되었다 하더라도 선박소유자는 선박을 출항시키고 다른 화물을 선박에 선적할 수 있다고 규정하였다.

선박이 양륙항에 도착 시 또는 도착 후 화물의 양륙에 지정을 주는 파업이나 직장폐쇄가 발생하여 48시간 이내에 해결되지 않으면 용선자는 파업이나 직장폐쇄가 끝날 때까지 체선료의 반액을 지급하고 파업이나 직장폐쇄가 끝날 때까지 선박을 양륙항에 정박시킬 수 있고 파업이나 직장폐쇄가 끝나면 양륙작업이 끝날 때까지의 체선료의 전액을 지불할 수 있고 다른 항구로 선박을 이동시킬 수 있는 지시를 선박에게 할 수 있도록 하였다. 이러한 지시는 양륙에 지장을 줄 수 있는 파업이나 직장폐쇄가 발생하여 선장이나 선박소유자에게 이를 통지한 후 48시간 이내에 이루어져야 하고 대체항구에서 화물이 양륙될 경우에는 항해용선계약과 용선계약선하증권의 모든 규정이 적용되고 선박소유자는 양륙항에서 양륙된 것과 같은 동일한 용선료를 받는다. 양륙항에서 대체항까지의 거리가 100해리를 초과하면 대체항에서 인도한 화물의 수량에 따라 용선료는 비례적으로 증가하도록 하였다. 상기 규정의 의무를 제외하고 용선자나 선박소유자는 화물의 선적이나 양륙에 지장을 초래하는 파업이나 직장폐쇄의 결과에 대하여 아무런 책임도 지지 아니한다고 규정하였다. 본 용선계약의 규정에 의하면 용선자만이 이러한 지시를 할 수 있고 용선계약선하증권의 소지인은 이러한 지시를 할 수 없도록 하였다.

⑩ 준거법과 중재

용선계약서에 의한 준거법 및 중재법은 영국법 또는 미합중국 해사법으로 하도록 명시하였다. 본 용선계약의 준거법과 중재법은 영국법으로 하고 용선계약서로 인하여 발생한 모든 분쟁은 1950년 및 1979년의 중재법 또는 당시에 발효 중인 개정법 또는 재정법에 의해 런던에서 중재에 따라 처리된다. 용선계약의 당사자가 중재인을 1인으로 하기로 합의한 경우를 제외하고 당사자는 각각 1명의 중재인을 선임하고 선임된 중재인들이 제3의 중재인을 선임한다. 그래서 중재인이 3명이 되고 중재판정은 3명 중에서 2명이 찬성하면 결정된다고 표기되어 있다. 한 당사자가 타 당사자의 중재인까지 선임하도록 문서를 받은 경우 문서를 받은 당사자는 14일 이내에 중재인 2명을 선임하여야 하고 그 기간 내에 중재인 2명을 선임하지 못하면 선임된 1명의 단독중재인의 판정이 최종판정이 된다고 명시하였다. 각 당사자가 제기한 클레임의 총액이 용선계약서 25번 란에 명시된 금액을 초과하지 않으며 런던 해사중재인협의회의 소액손해배상청구절차에 따르도록 하였다. 또한 용선계약의 준거법과 중재법은 미국합중국 제9장 및 미합중국 해사법이 되며 용선계약서로 인하여 발생한 분쟁은 뉴욕에서 3인의 중재인에게 중재를 의뢰하고 중재인은 각 당사자에 의해서 1명씩 선임되고 선임된 중재인 2명이 제3의 중재인을 선임한다. 3인의 판정 또는 그 중 2인의 판정을 최종적인 판정으로 간주하며, 모든 판정의 집행을 위하여 본 합의를 법원의 판결로 간주한다. 중재절차는 해사중재인협회의 규칙을 따르도록 하였다.

헤이그비스비규칙 제10조에서 명시된 준거법과 중재법은 항해용선계약서에 명시된 준거법과 중재법과 상충된다. 항해용선계약서에 명시된 준거법과 중재법은 선박소유자와 용선자 간의 분쟁에 적용되는 규정으로 되어 있으며 중재약정도 일반약정과 마찬가지로 그 당사자에게만 효력을 가져서 용선계약선하증권의 소지인에 대해서는 구속력이 없다고 본다. 그러나 항해용선계약서의 준거법과 중재법의 효력이 용선계약선하증권의 소지인에게도 적용되려면 '용선계약에서 발생하는 모든 분쟁은'이라는 문구가 있어야 되고 이 문구는 적용대상자를 제한하지 않는 것으로 해석되어 이러한 문구가 용선계약선하증권에 기재되어 있으면 용선계약선하증권의 소지인에게도 적용된다.[13] 따라서 항해용선계약서 제19조에서 용선계약에서 발생하는 모든 분쟁은 런던에서 중재에 따라 처리된다고 명시되어 있어서 그 적용대상자에 제한를 두지 않은 것으로 항해용선계약의 당사자뿐만 아니라 용선계약선하증권의 소지인에게도 구속력을 가지고 있는 것으로 해석될 수 있다.

13 Wilson, John F.(2004), pp.263-264.

(5) 항해용선계약과 항해용선계약선하증권

항해용선계약(voyage charter or trip charter)은 선박소유자와 항해용선자 간에 체결된 것으로 양자 간에 법률적 효력이 있으며 선하증권과 같이 배서에 의해서 양도가 불가능하기 때문에 선박소유자는 용선계약선하증권을 발행한다. 선박소유자와 용선계약선하증권의 소지인 간의 법률관계는 항해용선계약이 아니라 용선계약선하증권에 의해서 발생된다. 선박소유자는 용선계약선하증권 소지인에 대한 책임을 항해용선계약서에 기재된 책임 이상으로 지지 않기 위해서 용선계약선하증권에 항해용선계약서의 내용을 편입하여 용선계약선하증권을 발행하고 있는데 이러한 편입내용이 법률적인 효력이 있는가에 대한 논란이 끊임없이 발생하여왔다. 이러한 논란의 근원은 항해용선계약서와 용선계약선하증권의 목적이 다른 데서 비롯된다. 항해용선계약은 선복제공을 목적으로 하고 용선계약선하증권은 화물의 운송을 목적으로 하기 때문에 항해용선계약의 내용과 용선계약선하증권의 내용은 서로 다를 수 있다.

2) 정기용선계약

(1) 정기용선계약의 정의

정기용선계약(time charter)은 선주가 용선자에게 선원이 승무하고 항해장비를 갖춘 선박을 일정기간 동안 항해에 사용하게 할 것을 약정하고, 용선자가 이에 대하여 기간을 정한 용선료를 지급하기로 약정함으로써 그 효력이 생기는 계약을 말한다.[14] 정기용선자(time charterer)가 선박의 전부를 용선기간 동안 사용하고 그 대가로 용선료를 지불하기로 약정한 선박사용계약으로 용선자는 선박이 필요한 다른 선주와 빌린 선박을 이용하여 항해용선으로 운임수익을 올리거나 재용선을 주어 시세 차익을 얻으려는 운항업자가 된다.

14 상법 제842조

(2) 정기용선계약 법리적 이론과 선주와 용선자의 권리와 의무

정기용선계약은 선주는 선장과 선원을 선박과 함께 정기용선자에게 제공하고 정기용선자는 선장과 선원의 지휘감독권과 선박의 사용수익권을 가지고 있기 때문에 노무공급계약과 혼합된 혼합계약으로 보는 견해와 선박의 운송능력을 정기용선자에게 제공한다는 용역계약설로 보는 견해로 양분되어 있다.

선주는 정기용선계약에서 약정한 선장과 선원, 선박을 정기용선자에게 제공하고 정기용선자로부터 약정한 용선료를 받는다. 정기용선자가 약정된 기일에 용선료를 지불하지 못하면 선주는 용선료를 지불받을 때까지 화물의 인도를 거부할 수 있으며 용선료를 받는 것이 불가능할 경우 선주는 선박에 선적된 화물을 경매하여 용선료를 충당할 수 있는 권리를 가지고 있다.

선주가 임명한 선장과 선원이 정기용선자의 정당한 지시에 불응하여 정기용선자에게 손해를 입히면 선주는 정기용선자에게 그 손해를 배상할 책임이 있다.

정기용선자는 용선료를 선주에게 지불할 의무와 정기용선기간이 만료되면 용선계약을 체결할 당시의 상태로 있는 선박을 반환할 의무가 있으며 정기용선계약에서 약정한 범위 내에서 선박의 사용을 위해서 선장과 선원을 지휘하고 감독할 수 있는 권한을 가지고 있다.

(3) 정기용선계약에서의 운송인

정기용선계약하에서 발행되는 선하증권의 문면만으로 누구의 운송인지 불분명한 경우가 많기 때문에 운송계약을 용선자와 한 것인지 아니면 선박소유자와 한 것인지 문제가 발생한다.[15] 선박소유자와 용선자와 체결한 정기용선계약과 용선자와 송하인이 체결한 운송계약이 존재한다. 따라서 정기용선계약에 있어서 운송의 의무는 선박소유자와 정기용선자가 양분하여 분담하고 있다. 선박의 항해상 관리는

---

15 용선자는 운송계약의 당사자인 운송인은 용선자가 아니라 선주 또는 선박임차인이고 선하증권의 효력이 선하증권 소지인과 선주 간에만 미치므로 운송 중 화물의 손해에 대해 용선자는 아무런 책임도 부담하지 않는다는 디마이즈조항(demise clause)을 선하증권에 삽입하였다.

선박소유자가 부담하고 선박의 상업상 관리는 정기용선자가 부담한다. 그런데 선박의 항해상의 관리와 상업상 관리는 서로 혼합된 경우가 많기 때문에 그 구분이 용이하지 않다. 선박소유자가 정기용선계약하에서 정기용선자에게 부담해야만 하는 항해의 이행의무와 정기용선자가 송하인과 체결한 운송계약에 따른 운송의무는 상당부문 일치한다. 따라서 운송인이 누구인지 명확하지 못할 수도 있다.

정기용선계약에 있어서 선하증권은 선박소유자를 대리하여 서명될 수도 있고 정기용선자를 대리하여 서명될 수도 있다. 선하증권은 선장의 수권 없이 정기용선자 또는 그 대리인이 서명할 수도 있다. 따라서 정기용선계약에 있어서 운송인이 누구인지 선하증권 문면상으로는 알 수 없는 경우가 많다.

3) 나용선계약

(1) 나용선계약의 정의

나용선계약(bareboat charter or demise charter)은 용선주가 용선자에게 선박만 용선하여주고 용선자가 선장 및 선원 등을 배선시켜 선박운항에 관련된 일체의 경비를 부담하고 선박을 사용하는 대가로 선박건조비 또는 구입비에 해당하는 용선료를 지불하는 선박사용계약을 말한다. 따라서 나용선계약은 용선자의 관리 · 지배하에 선박을 운항할 목적으로 선박소유자가 용선자에게 선박을 제공할 것을 약정하고 용선자가 이에 따른 용선료를 지급하기로 약정함으로써 그 효력이 생긴다. 선박소유자가 선장과 그 밖의 해원(海員)을 공급할 의무를 지는 경우에도 용선자의 관리 · 지배하에서 해원이 선박을 운항하는 것을 목적으로 하면 이를 나용선계약으로 본다.

나용선계약은 용선주가 용선자에게 15년 또는 그 이상으로 선박을 사용하도록 하는 장기선박사용계약으로 용선료는 나용선계약을 체결하는 시점에서 결정하는 것이 아니라 원가에 근거하여 산정되며 선박을 임차하여 선박의 점유권과 사용권을 용선자에게 부여하는 나용선계약과 연불방식으로 선박대금을 지불하고 나용선계약이 완료되면 선박의 소유권을 용선자에게 이전시키는 나용선계약이 있다.

(2) 나용선계약의 법적 성질

나용선계약은 그 성질에 반하지 아니하는 한 「민법」상 임대차에 관한 규정을 준용한다. 용선기간이 종료된 후에 용선자가 선박을 매수 또는 인수할 권리를 가지는 경우 및 금융의 담보를 목적으로 채권자를 선박소유자로 하여 나용선계약을 체결한 경우에도 용선기간 중에는 용선주는 선박을 제공할 의무가 있고 용선자는 용선료를 지불할 의무가 있다. 용선자는 선박만 용선주로부터 빌리고 선박운항에 필요한 인적 · 물적 설비를 스스로 갖추어야 한다.

4) 슬로트 용선계약

슬로트 용선은 선복용선으로 정기선사가 각자 가지고 있는 선복을 서로 공유하는 용선계약을 말한다. 예를 들어 한남상선은 아프리카 정기선항로에 기항하지 않지만 고객으로부터 아프리카 도착화물을 인수한 경우와 조강상선은 호주 정기선항로에 기항하지 않지만 호주발 화물을 가지고 있는 경우에 한남상선은 조강상선이 취항한 아프리카 정기선항로의 정기선 선복의 일부를 사용하고 조강상선은 한남상선이 가지고 있는 호주 정기선항로 정기선 선복의 일부를 사용하는 계약을 체결하게 된다.

아프리카 정기선의 경우 한남상선이 계약운송인이고 조강상선은 실제운송인으로, 호주 정기선항로의 경우는 반대로 각 정기선에 두 운송인이 존재하게 된다. 한남상선은 송하인이게 선하증권을 발행하고 조강상선은 한남상선에게 선하증권을 발행한다. 호주항로의 경우 반대가 된다.

CHAPTER 08

선하증권

학습목표

선하증권의 특성과 종류를 토대로 국제규칙의 특징을 파악하여 국제적 감각을 향상시키고 선하증권의 작성능력을 함양한다.

제1절 선하증권의 개요

1. 선하증권의 정의

선하증권(bill of lading)은 해상운송인이 화주로부터 화물을 인수하고 화물을 선박으로 목적지까지 운송한 후에 인수한 상태로 화물을 선하증권을 제시하는 화주에게 인도할 책임을 증명하는 서류이다.

해상운송계약은 화물의 운송을 위탁하는 화주와 이를 수탁받아 목적지까지 운송해주는 운송인 간에 체결되는 것으로 해상운송인은 해상운송계약에서 합의한 장소에서 화주가 인도한 화물을 인수하고 선박에 적재해서 최종목적지까지 안전하게 운송하여 수하인에게 인도할 책임을 진다. 해상운송은 화주가 운송인에게 화물의 명세가 기재된 선적요청서를 작성하여 선적요청을 하면 운송인은 선적요청서를 근거로 선적지시서를 작성하여 본선의 일등항해사에게 송부한다. 본선의 일등항해사는 선적지시서와 검수보고서를 대조해서 본선수취증을 작성하여 운송인에게 송부하고 운송인은 본선수취증을 근거로 선하증권을 작성하여 화주에게 준다. 화주가 목적지에서 운송인으로부터 화물의 인도를 요청하려면 목적지에 있는 운송인 또는 운송인의 대리인에게 선하증권을 제시하여 화물인도지시서를 발급받아 본선 또는 보세창고업자에게 제시하여야만 화물을 인수받을 수 있다. 이와 같은 해상운송의 절차는 선적과 하역업자, 운송물혼재업자, 터미널운영업자, 보세창고업자와 같은 운송의 보조적인 역할을 하는 당사자들에 의해서 이루어지고 있다. 운송인이 이와 같은 당사자들을 직접 선택함에 따라 운송 중에 있는 화물의 통제권을 가지게 되어 목적지에 있는 운송인 또는 운송인의 대리인에게 선하증권을 제시하여 화물인도지시서를 발급받은 당사자에게 화물을 인도하여야만 하는 책임이 존재하게 된다.

선하증권은 화주와 해상운송인 간에 해상운송계약이 존재한다는 것을 증명하는 증거서류로서 선하증권을 정당하게 소지하고 있는 자가 이를 해상운송인에게 제시하면 화물을 인도하겠다는 유가증권이다.

2. 선하증권의 기능

1) 화물인수증(Receipt of Goods)

선하증권은 해상운송인이 화주로부터 화물을 인수하였음을 입증하는 화물인수증이다. 화주가 해상운송인에게 화물을 인도하면 해상운송인은 화물의 외견상 진정성을 확인하고 선하증권에 화물을 표기하여 선하증권을 화주에게 발행하는데 해상운송인은 도착지에서 자기가 선하증권에 기재한 상태로 선하증권을 제시하는 화주에게 화물을 인도하여야 하며 그렇게 인도하지 못하면 그에 대한 책임을 져야 한다.

화주가 화물의 종류, 중량 및 용적, 포장의 형태, 개수와 기호, 선적항, 하역항 등이 기재된 선적요청서를 해상운송인에게 송부하고 해상운송인은 화주가 송부한 선적요청서의 기재내용과 실제로 해상운송인이 화주로부터 인수한 화물을 면밀히 조사한 다음에 선적요청서의 기재내용과 인수한 화물의 내용 간에 차이가 없으면 선하증권을 화주에게 발행하여 목적항에서 선하증권에 기재된 내용과 동일한 화물을 수하인에게 인도해야 할 책임을 진다.

그러나 산화물을 운송하는 경우에는 실제로 화물의 중량을 운송인이 확인하기가 용이하지 않으므로 화주가 신고한 대로 선하증권에 기재하여 선하증권을 발행하여 왔는데 운송인은 선하증권에 기재된 중량에 대해서 사후에 책임을 회피할 목적으로 선하증권의 이면에 부지약관(shipper's load and count 또는 said to contain)을 삽입하였다.

해상운송에 컨테이너가 도입됨에 따라 Shipper's Pack의 경우에는 송하인이 컨테이너에 화물을 적입하고 봉인한 후에 해상운송인에게 컨테이너를 인도하면 운송인은 컨테이너에 적입된 화물의 상태를 확인할 수 없기 때문에 화물이 송하인이 제시한 선적요청서와 일치하는지 확인하여 선적요청서에 기재된 내용과 일치된 선하증권을 발행하기가 실무상으로 매우 어렵게 되어 운송인은 선하증권에 부지약관을 기재하여왔다.

그러나 선하증권의 전면에 수기 또는 스탬프로 수량이나 용량이 기재된 경우에는 수기 또는 스탬프가 우선한다는 선하증권의 해석원칙에 따라 선하증권 이면에 삽입된 부지약관만으로는 운송인을 완전히 보호할 수 없기 때문에 추가로 선하증권 전면에 "Shipper's Load and Count" 또는 "Said to Contain"이라는 부지문언을 기재하여왔다.

부지문언이 기재된 선하증권도 유효한 운송서류로 간주되어 대금지급의 매입서류로 수리하고 있다.

2) 권리증권(Document of Title)

선하증권은 화물 자체에 대한 소유권을 행사할 수 있는 권리증권서류로서 배서에 의해 제3자에게 정당하게 양도할 수 있다. 해상운송인은 선하증권 소지인이 배서된 선하증권을 제시하고 화물의 인도를 요구하면 화물을 인도할 책임을 진다.

해상운송인이 운송기간 동안에 화물을 보관하고 있다 하더라도 해상운송인의 승낙 없이 선하증권을 배서해서 제3자에게 인도함으로써 화물의 소유권을 제3자에게 양도하게 된다. 수출상이 해상운송인으로부터 선하증권을 발행받아 선하증권을 배서하여 매입은행에 제시하여 매입을 의뢰하면 매입은행은 제시된 선하증권이 신용장에서 요구한 내용을 충족시키는지 검사한 후에 충족시키면 매입하고 동 서류를 배서하여 개설은행에 송부하여 수출대금의 지급을 요구하고 개설은행은 동 서류를 심사한 후에 다시 동 서류를 수입상에게 제시한다. 선하증권의 매입과정에서 수출상에서 매입은행으로 매입은행에서 개설은행으로 개설은행에서 수입상으로 화물의 소유권이 선하증권의 배서로 이전하게 된다.

3) 운송계약의 추정적 증거(Evidence of Contract of Carriage)

해상운송은 화주와 해상운송인 간의 해상운송계약을 통하여 이루어지고 있으며, 해상운송계약에 따라 화주는 화물을 해상운송인에게 인도하고 목적항까지 해상운송에 필요한 비용을 부담하며, 해상운송인은 송하인으로부터 인도받은 화물을 목적항까지 안전하게 운송하여 수하인에게 인도할 책임을 부담한다.

화주와 해상운송인 간에 직접 문서로 해상운송계약을 체결하는 것이 아니라 해상운송인이 발행한 선하증권이 화주와 해상운송인 간에 해상운송계약이 체결되어 존재하고 있다는 추정적 증거서류로 간주한다.

3. 선하증권의 법률적 성질

1) 요인증권

선하증권은 해상운송인이 화주로부터 화물을 인수하여 선적한 근거로 발행하기 때문에 요인증권이다. 해상운송인이 화주로부터 화물을 인수 또는 선적하지 않고 선하증권을 발행하면 위법행위가 되며 이에 대해 해상운송인이 법적 책임을 진다.

2) 요식증권

선하증권은 선박의 명칭 · 국적 · 톤수, 선적항, 하역항, 화물의 종류 · 중량 · 용적, 포장명세, 운임, 수하인, 발행지 및 발행연월일, 발행통수 등과 같이 상법에 명시된 선하증권의 법적 기재사항이 선하증권에 명시되어야 하는 요식증권이다. 이러한 기재사항이 없는 부실선하증권을 소지한 자는 해상운송인에게 화물의 인도를 청구할 수 없다.

3) 대표 · 채권 · 처분증권

선하증권은 화물을 대표하는 대표증권이고 선하증권에 명시된 수하인이 해상운송인에게 화물의 인도를 청구할 수 있는 채권적 효력을 가진 채권증권이며 화물을 처분하기 위해서는 반드시 선하증권을 사용하여야 하는 처분증권의 성질도 가지고 있다.

4) 권리증권

선하증권은 선하증권을 배서하여 제3자에게 양도하면 화물을 제3자에게 양도한 것과 동일한 법적 효력이 있는 권리증권의 성질도 가지고 있다. 선하증권의 양도가 해상운송 중에 있는 화물을 양도한 것과 같은 동일한 효력을 가진다.

5) 문언증권

선하증권은 화주와 해상운송인의 의무는 선하증권에 기재된 문언에 따라 이행하는 문언증권의 성질을 가지고 있다. 선하증권의 양도인, 양수인, 소지인, 해상운송인의 권리와 의무는 선하증권에 기재된 사항으로 결정되며 선하증권에 기재되지 않은 사항은 효력이 없다.

6) 지시증권

선하증권은 선하증권에 명시된 사람 또는 그가 지정한 사람을 권리자로 인정하는 지시증권이다. 선하증권에 To Order, To Order of Shipper 등과 같은 지시문언이 기재되어 있어서 이 지시에 따라 배서를 하여 소유권을 양도하게 된다. 지시문언이 없이 수하인이 특정인으로 지정된 경우에도 배서에 의한 양도가 금지되어 있지 않으면 지정인의 동의로 배서에 의해 양도를 할 수 있다.

7) 상환 · 인도증권

선하증권은 소지인이 선하증권을 해상운송인에게 제시해야만 화물을 인수할 수 있는 상환증권이다. 해상운송인은 소지인으로부터 선하증권을 받지 않고 화물을 인도할 수 없으며 선하증권의 인도는 화물의 인도와 동일한 효과를 가진다. 화물을 인도하지 않았다 하더라도 선하증권을 인도하면 화물을 인도한 것으로 간주한다.

8) 유가 · 유통증권

선하증권은 해상운송인이 선하증권에 명시된 화물을 인수하고 선적하여 도착지에서 정당한 소지인에게 화물을 인도하겠다는 유가증권으로서 배서 또는 인도에 의해 소유권이 이전되는 유통증권이다.

제2절 선하증권의 종류

1. 선적여부에 따른 분류

1) 선적선하증권(Shipped B/L)

선적선하증권은 해상운송인이 화물을 선박에 선적한 후에 발행 · 발급하는 선하증권을 말한다. 선하증권에 화물이 선박에 선적되었음을 나타내는 shipped 또는 laden on board와 같은 문언이 선하증권에 표기되어 있다. 선하증권의 발행일을 선적일로 본다.

2) 수취식 선하증권(Received B/L)

운송선박이 부두에 정박하지 않았지만 해상운송인이 화물을 인수하고 이를 부두에 있는 창고 또는 컨테이너야적장에 보관하고 선하증권을 발행하는데 선하증권에 화물이 선적되지 않고 단지 수취하였음을 나타내는 received가 선하증권에 표기되어 있는 선하증권을 말한다. 화물이 선박에 실제로 선적되면 해상운송인 또는 그의 대리인이 수취식 선하증권에 선적일자(on board notation)를 기재하고 서명하면 선적선하증권과 동일한 효력을 가진다.

FCL컨테이너화물은 터미널에 반입된 후, LCL컨테이너화물은 화물이 컨테이너에 적입된 후에 부두수취증(dock receipt) 또는 혼재선하증권(house B/L)과 상환으로 화물이 선적되기 전에 발행되기 때문에 수취식 선하증권이 된다. 수취식 선하증권은 신용장에 무효문언이 기재되어 있지 않으면 유효한 서류로 간주하며 동 서류에 반드시 본선적재 부기일자가 표기되어 있어야 한다. 수취식 선하증권의 선적일은 수취식 선하증권에 표기된 본선적재 부기일자가 된다.

2. 화물의 하자표시 유무에 따른 분류

1) 무사고선하증권(Clean or Unclaused B/L)

해상운송인이 화물을 선박에 선적하기 전에 화물의 외관상 상태와 수량을 검사하여 아무런 이상이 없어 선하증권의 비고란에 아무런 표기가 없는 선하증권을 말한다. 일등항해사가 화물이 선적될 때 화물의 상태를 점검하여 선적한 후에 본선수취증(Mate's Receipt : M/R)의 비고란에 아무런 표기가 없으면 무사고선하증권이 발행된다. 무역거래에서는 무사고선하증권만 유효한 서류로 간주한다.

2) 사고부선하증권(Foul; Claused; Unclean B/L)

해상운송인이 화물을 선박에 선적하기 전에 검사와 검량회사가 화물의 외관상 상태와 수량을 검사하여 이상이 있으면 선하증권의 비고란에 이상이 있는 문언을 기재하게 되는데 사고부선하증권은 이러한 문언이 기재된 선하증권을 말한다. 일등항해사가 화물이 선적될 때 화물의 상태를 점검하여 선적한 후에 본선수취증의 비고란에 화물의 하자내용을 기재하면 사고부선하증권이 발행된다. 무역거래에서 사고부선하증권은 무효한 서류로 간주한다.

수출상은 화물에 하자가 있으면 이 하자내용에 대해 전적으로 책임을 진다는 보상장(Letter of Indemnity : L/I)을 해상운송인에게 제시하고 무사고선하증권을 발급받을 수 있다. 선하증권에 개재된 부지문언(shipper's load and count, said by shipper to contain)은 하자사항이 아니라 무사고선하증권으로 간주하여 은행이 매입한다.

3. 수하인의 표시방법에 따른 분류

1) 기명식 선하증권(Straight B/L)

기명식 선하증권은 선하증권의 수하인란에 화물을 받아 보는 수하인의 상호 및 주소가 기재된 선하증권을 말하는데 통상 수입상의 상호와 주소가 기재된다. 기명식 선하증권은 기명된 수하인이 배서를 하거나 그의 승낙을 받아야 배서에 의해서 양도가 될 수 있다. 기명식 선하증권은 수입국에 수출상의 대리인이 있어서 그를 기명식 수취인으로 하여 이용할 수 있고 선하증권보다 화물이 먼저 도착한 경우에 기명식 선하증권을 수입상에게 항공택배로 직접 보내 화물을 찾을 수 있도록 하는 경우에도 이용된다. 이런 경우 수출상은 은행을 통한 기명식 선하증권의 매입이 불가능하고 수입상이 수입대금을 지급하지 않을 위험도 있다는 것을 알아야 한다. 항공화물운송장과 해상화물운송장은 모두 기명식으로 발행된다.

2) 지시식 선하증권(Order B/L)

지시식 선하증권은 선하증권의 수하인란에 to order, to order of shipper, to order of issuing bank 등과 같은 문언이 기재된 선하증권을 말하는데 이 선하증권은 배서에 의해 유통과 전매가 자유롭게 이루어진다. to order, to order of shipper의 문언은 해상운송인이 선하증권의 최종소지인의 지시에 따라 화물을 인도해야 한다는 의미이고 선하증권에 수출상배서, 매입은행배서, 개설은행배서가 있어야 된다. to order of issuing bank의 문언은 본 선하증권의 소유자는 개설은행이기 때문에 선하증권을 개설은행에게 송부하고 또는 그 은행이 지정한 자에게 화물을 인도한다는 의미를 가지고 있다.

백지배서의 경우 to order, to order of shipper는 수출상과 개설은행이 배서만 하면 되고 to order of issuing bank는 수출상, 매입은행, 개설은행 순으로 배서를 하는데 배서내용은 선하증권의 소유권은 개설은행에게 있다는 의미로 배서를 한다.

3) 지참인식 선하증권(Bearer B/L)

지참인식 선하증권은 선하증권의 수하인란에 to bearer, bearer로 기재하거나 또는 공란으로 된 선하증권을 말하며 수하인란에 to A(specific person) or order로 기재되어 있으면 선택지시식이 되어 배서에 의해 지시인 A에게 배서로 유통하거나 그가 직접 화물을 인수하도록 할 수 있고 수하인란에 to A(specific person) or bearer로 기재되어 있으면 기명지참인식이 되어 그에게 교부하여 유통할 수 있다.

4. 유통성여부에 따른 분류

1) 유통가능선하증권(Negotiable B/L)

유통가능선하증권은 배서에 의해 양도와 전매가 가능한 선하증권을 말한다. 본 선하증권은 화물을 대신하는 유가증권으로 본 선하증권을 인도하면 화물을 인도한 것과 효력이 있기 때문에 해상운송 중인 화물의 선하증권을 매입하여 신속하게 수출대금을 회수할 수 있다.

2) 유통불능선하증권(Non-Negotiable B/L)

유통불능선하증권은 배서에 의해 양도와 전매가 불가능한 선하증권을 말한다. 기명식 선하증권에 배서금지문언이 표기되어 있는 선하증권을 말하는데 통상적인 무역거래에서 거의 사용되지 않으며 이삿짐 같은 화물의 운송에 사용된다. 사본으로 발행된 선하증권에는 유통불능이라는 문언이 표기되어 있어 유통불능선하증권에 해당된다.

5. 계약의 성격에 따른 분류

1) 용선계약선하증권(Charter Party B/L)

용선은 선주 또는 선박소유자와 화주 사이에 체결된 해상운송계약과 선박소유자와 선주 사이에 체결되는 선박사용계약을 모두 포함하고 있다. 화주가 선박소유자 또는 선박에 대한 소유권은 없을지라도 선박점유권이나 사용수익권을 확보하여 제3자에게 선복을 임의로 제공하는 관리선주로부터 선박을 빌릴 수 있다.

용선계약은 선박소유자와 용선자 간에 체결된 것으로 양자 간에 법률적 효력이 있으며 선하증권과 같이 배서에 의해서 양도가 불가능하기 때문에 선박소유자는 용선계약선하증권을 발행한다. 선박소유자와 용선계약선하증권의 소지인 간의 법률관계는 항해용선계약이 아니라 용선계약선하증권에 의해서 발생된다. 용선계약선하증권은 화물이 용선계약이 체결된 선박에 선적되어 발행된 것으로 본 용선계약선하증권은 용선자인 화주에게 화물수령증과 권리증권의 효력을 준다.

2) 정기선선하증권(Liner B/L)

정기선선하증권은 정기선을 운영하고 있는 해상운송인이 개품운송계약에 따라 발행한 선하증권을 말한다.

6. 특수선하증권

1) 통선하증권(Through B/L)

두 가지 이상의 동종 운송수단이 결합되어 운송되는 경우에 최초의 운송인이 전 운송구간에 대하여 발행하는 선하증권을 말한다. 최초의 운송구간은 반드시 해상 운송구간이어야 하며 운송인은 자기가 운송한 운송구역에 대해서 책임을 지며 다른 운송구간에 대해서는 책임을 지지 않는다. 각 구간 운송인은 상호 독립적이며 하청운송의 관계에 있지 않다.

2) 복합운송선하증권(Multimodal/International/Combined Transport B/L)

두 가지 이상의 이종운송수단이 결합되어 운송되는 경우에 복합운송인이 전 운송구간에 대해 복합운송선하증권을 발행하고 전 운송구간에 대해 모든 책임을 진다. 문전에서 문전까지(door to door) 복합운송이 가능하게 되었고 2차 운송인은 복합운송인과 하청운송관계를 가지고 있으며 화주는 복합운송인과 복합운송계약을 체결하면 된다.

3) 집단선하증권(Groupage, Master B/L)과 혼재선하증권(House B/L)

집단선하증권은 화물이 한 컨테이너 분량이 안 되어 여러 화주의 화물이 적입되는 경우에 해상운송인이 포워더에게 발급하는 선하증권을 말하고 혼재선하증권은 포워더가 다시 개별 화주에게 발행하는 선하증권을 말한다. 혼재선화증권은 LCL화물에 대해서만 발행된다.

4) 주선인선하증권(Forwarder's B/L)

운송주선인이 발행한 선하증권을 말한다. 운송주선인은 운송수단을 보유하고 있지 않으면서 실제운송인으로 국제운송에 중요한 역할을 하고 있다. 화주로부터 화물을 모아 해상운송인에게는 화주 입장이 되고 화주에게는 실제운송인이 되어 화주에게 주선인선하증권을 발행하고 있고 주선인선하증권은 FCL화물과 LCL화물을 모두 포함하고 있어서 혼재선하증권은 주선인선하증권의 일부가 된다.

5) 약식선하증권(Short Form B/L)

약식선하증권은 선하증권에 필요한 기재사항이 기재되어 있지만 선하증권의 이면약관이 기재되어 있지 않은 선하증권으로 간이식으로 발행되어 미국에서 주로 사용되어왔다. 문제가 발생되면 일반선하증권과 동일한 법적 효력이 있어서 일반선하증권의 이면약관이 그대로 적용된다.

6) 기간경과선하증권(Stale B/L)

기간경과선하증권은 선하증권이 발행되면 매입은행이 매입해야 하는 신용장 유효기일이 정해져 있는데 이 기간 내에 매입은행에 선하증권을 제시해야 유효한 선적서류로 간주한다. 그러나 이 기간 내에 매입은행에 제시하지 못한 선하증권을 말하며 신용장 유효기일이 명시되지 않는 경우 선하증권이 발행되면 발행일로부터 21일까지 선하증권은 유효하고 21일이 경과하면 기간경과선하증권이 된다.

7) 환적선하증권(Transshipment B/L)

환적선하증권은 화물이 목적지까지 운송하는 도중에 다른 선박으로 옮겨 실은 것이 허용되는 선하증권을 발한다. 선박이 선적항에서 도착항까지 직접 운항하는 선박이 없을 경우에는 중간항에서 도착항으로 가는 선박에 옮겨 실어야만 되는 경우에 환적선하증권이 발행되고 선하증권에 환적이 기재된다.

8) 권리포기선하증권(Surrender B/L)

(1) 송하인용 Surrender B/L

Surrender B/L은 선하증권의 권원증권성과 상환증권성, 유통증권성, 유가증권성이 포기되고 운송인이 화물을 수령했다는 수취증과 운송인과 운송계약이 체결되었음을 증명하는 법적 성질, 문언증권성만 효력이 있다.

컨테이너고속선이 해상운송에 도입된 후에 하역과 항해시간이 단축되어 근거리운송에서 은행을 경유하여 도착하는 선하증권보다 화물이 먼저 수입항에 도착하여 보관비, 체선료 등과 같은 운송비용을 발생시켰다. 이러한 물류비용을 절감하기위하여 Surrender B/L을 사용하여왔다. 수출상인 송하인이 운송인과 해상화물운송계약을 체결하고 운송인이 송하인으로부터 운송화물을 수령하고 송하인에게 선하증권을 발행하면 송하인은 이 선하증권을 은행을 통하여 수하인에게 송부하여야되는데 이 선하증권을 운송인에게 반납하고 Surrender B/L을 다시 발급받아 수하인에게 보내면 수하인은 선하증권원본을 수입항에 있는 운송대리인에게 제시하지않고 운송인으로부터 화물을 인수할 수 있다.

(2) 운송인용 Surrender B/L

송하인과 해상운송계약을 체결하여 송하인에게 House B/L을 발행한 운송인을 계약운송인이라고 한다. 계약운송인이 송하인이 되어 제2운송인과 해상운송계약을 체결하면 제2운송인은 계약운송인에게 수하인을 계약운송인의 양륙지에 있는 대리인으로 표기된 Master B/L을 발행하여 실제운송인이 된다.

House B/L에 기재된 수하인이 신용장개설은행에게 수입대금을 지급하고 선하증권을 인수하게 되는데 운송화물은 실제운송인이 점유하고 있기 때문에 House B/L을 발행한 계약운송인은 수하인이 House B/L을 제시할 경우에 운송화물을 인도할 준비를 하여야 한다. 이를 위해 Master B/L이 발행되었다.

실제운송인이 계약운송인에게 계약운송인의 양륙지에 있는 대리인을 수하인으로 기재된 Master B/L을 발행하면 계약운송인은 양륙지에 있는 자신의 대리인에게 Master B/L을 송부하여 대리인이 송부받은 Master B/L을 실제운송인에게 제시하여 운송화물을 인수하여 보관하도록 지시한다. 선박이 수입항에 도착하면 계약운송인의 양륙지 대리인은 실제운송인에게 Master B/L을 제시하고 화물인도지시서(D/O)를 받든지 아니면 운송화물을 직접 인수하게 된다. 개설은행을 경유하여 House B/L을 인수한 수하인이 계약운송인의 양륙지 대리인에게 House B/L을 제시하여 운송화물인도를 요청하면 그에게 운송화물을 인도하게 된다.

실제운송인은 계약운송인에게 Master B/L에 스탬프로 Surrendered로 찍어 발행하게 된다. 계약운송인의 양륙지 대리인이 Master B/L을 제시하지 않고 운송화물을 인수할 수 있도록 하기 위해서 Surrender B/L을 사용하게 된다.

이런 경우 House B/L만이 유통선하증권으로 간주하고 Master B/L은 운송인의 내부적인 목적으로 사용될 뿐이며 Master B/L로 매입은행에 매입한다든지 담보의 목적으로 사용되면 House B/L의 소지인의 권리가 침해되게 된다. 따라서 창고업자는 운송인용 Master B/L로 운송화물을 인도하는 경우에 불법행위책임을 져야 한다.[1] Master B/L은 비유통선하증권으로 발행되어 지시성이 없지만 소지인인 계약운송인에게 물권적 · 채권적 효력이 부여된다.

(3) Surrender B/L의 발행형태

가) 선하증권 원본의 발행 없이 사본에 Surrendered로 기재하여 발행

송하인이 운송인에게 Surrender화물로 처리하여줄 것을 요청하면 운송인은 선하증권 원본을 발행하는 대신에 사본에 Surrender화물임을 표시하여 송하인에게 Surrender B/L을 발행한다. 운송인은 선하증권 원본을 인수하지 않고 사본에 기재된 수하인에게 신원을 확인한 후에 화물을 인도하며 이러한 화물인도에 대해서 하등의 책임을 부담하지 않는다.

1 대법원 2009.10.15. 선고 2009다 39820 판결

나) 기발행된 선하증권 원본을 회수하고 회수한 선하증권 원본에 Surrendered를 표기하여 다시 발행

송하인이 운송인에게 Surrender화물로 처리하여줄 것을 요청하면 운송인은 기 발행된 선하증권 원본 전통을 회수하고 회수한 선하증권 원본 한 통에 스탬프로 Surrendered라고 찍어 송하인에게 교부한다. 운송인은 수입항에 있는 운송대리인에게 선하증권의 권리포기를 통지하고 선하증권 원본을 회수하지 않고 화물을 수하인에게 인도하라는 Surrender Notice을 보낸다. 송하인은 수하인에게 Surrendered B/L을 팩스나 이메일로 송신하면 수하인은 송신받은 Surrendered B/L에 고무명판을 이면에 날인한 후 운송대리인에게 제출하면 운송대리인은 수하인에게 화물인도지시서를 발급하고 수하인은 보세창고업자에게 이를 제시하여 화물을 인수하게 된다.

다) 선하증권 사본 앞면에 Surrendered로 표기하고 뒷면까지 교부

송하인의 요청에 따라 선하증권 원본을 발행하지 않고 사본 앞면에 Surrendered라고 표기하고 뒷면에 기재된 이면약관도 함께 송하인에게 교부한다.

9) 제3자 선하증권(Third Party B/L)

제3자 선하증권은 선하증권에 수출상의 상호나 주소를 표기하도록 되어 있는데 이 란에 신용장에 명시된 수익자 또는 수출계약서상의 수출상의 상호나 주소를 기재하지 않고 제3자 명의와 주소를 기재하도록 된 선하증권을 말한다.

이는 신용장에 제3자 선하증권을 허용한다는 문언이 있어야 사용할 수 있고 이 선하증권은 중계무역의 경우에 중계인의 이익을 보호하기 위해 실제 수출상이 아닌 제3자를 기재하여 계속 수입상이 중개상을 통해서 화물을 수입하도록 한다.

10) 스위치선하증권(Switch B/L)

스위치선하증권은 중계인의 이익을 보호하기 위해 선하증권에 실제 수출상과 수

입상 대신에 제3자의 명의를 기재하는 것을 허용하는 선하증권을 말한다.

중계항에 있는 운송인이 기존에 발행된 선하증권을 회수하여 수출상과 수입상 화물도착통지처를 변경하여 다른 선하증권을 발행하여 수출상과 수입상이 서로 알지 못하게 하여 계속 중개상을 통하여 거래가 이루어지게 한다.

11) 적색선하증권(Red, Insured B/L)

적색선하증권은 선하증권과 보험증권을 연결시킨 것으로 해상운송인이 화주를 대신하여 적하보험을 들었다는 문언이 기재되어 있는 선하증권을 말한다. 이 문언이 선하증권에 붉은 색으로 기재되어 있다. 해상운송인은 해상운임에 적하보험료를 추가해서 화주로부터 받는다.

12) 양륙항선택선하증권(Optional B/L)

양륙항선택선하증권은 화물이 선박에 선적될 때 양륙항이 결정되지 않고 출항한 경우에 선박이 최초의 양륙항에 도착하기 48시간 내에 화주가 양륙항을 선택할 수 있는 권리를 부여한 선하증권을 말한다. 양륙항 란에 Busan/Inchoen option으로 기재한다.

13) 전자선하증권(Electronic B/L)

전자선하증권이란 전자문서로 작성되고 「상법」(이하 '법'이라 한다) 제862조 제1항에 따라 전자선하증권의 등록기관에 등록된 선하증권을 말하며, 전자선하증권 등록기관(이하 '등록기관'이라 한다)이란 법무부장관의 지정을 받아 전자선하증권의 발행등록, 양도, 서면선하증권으로의 전환 및 관련 전자기록의 보존 등의 업무를 처리하는 자를 말한다. 전자선하증권 권리등록부(이하 '전자등록부'라 한다)란 전자선하증권의 발행등록, 양도 및 서면선하증권으로의 전환에 관한 기재 등을 위하여 등록기관이 전자적 방식으로 관리하는 장부를 말하고, 공인전자서명이란 「전자서명법」 제2조 제3호에 따른 전자서명을 말한다고 규정하였다.

전자선하증권의 권리자란 등록기관으로부터 최초로 전자선하증권을 발행받은 자 또는 전자선하증권의 양수인을 말하고, 전자선하증권의 발행등록(이하 '발행등록'이라 한다)이란 등록기관이 운송인의 신청에 따라 전자선하증권의 발행을 목적으로 전자등록부에 등록하는 것을 말하며, 전자등록부의 폐쇄란 등록기관이 전자등록부의 기재사항을 삭제 · 변경 · 추가 등을 할 수 없도록 하는 조치를 말한다.

14) 하자화물보상장(Letter of Indemnity)

하자화물보상장은 선하증권은 아니지만 선하증권과 밀접한 관련이 있다. 화물이 선적될 때 일등항해사가 화물의 외견상 상태를 검사하고 선적한 후에 본선수취증에 하자가 있으면 하자내용을 기재하고 이러한 하자내용이 기재되면 사고부선하증권이 발행되는데 수출상이 이 하자사항에 대해서 전적으로 책임을 부담하는 조건으로 무사고선하증권을 발행하는 것을 말한다.

15) 화물선취보증서(Letter of Guarantee)

화물선취보증서는 선하증권보다 화물이 먼저 도착한 경우에 수하인이 개설은행에 화물선취보증서 발행을 요구하면 은행은 화물선취보증서를 발행하여 수하인에게 주면 수하인은 이 서류를 해상운송인에게 제시하고 화물을 찾는 제도로 해상운송인이 선하증권을 제시받지 않고 동 서류로 화물을 수하인에게 인도해도 책임이 없음을 개설은행이 보증하는 제도이다.

7. 해상화물운송장

1) 해상화물운송장의 정의

해상화물운송장(Sea Waybill)은 해상운송인이 운송화물을 수령 또는 본선에 선적했음을 확인하고 양륙항까지 운송하여 해상화물운송장에 명시된 수하인에게 인도할 것을 약정하여 발행하는 운송서류로서 운송인이 운송화물을 수령하였고 송하인과 운송인 간에 해상운송계약이 체결되었음을 증명하는 운송서류이다. 따라서 운송인은 운송화물을 해상화물운송장의 소지인에게 인도하는 것이 아니라 수하인에게 인도하여야 한다.

수하인이 운송화물의 인도를 요청하면 운송인은 수하인이 해상화물운송장을 제시하지 않아도 수하인에게 운송화물을 인도해도 아무런 책임을 부담하지 않는다. 따라서 운송서류보다 운송화물이 양륙지항에 먼저 도착한 경우에 사용된다.

해상화물운송장은 선하증권과 다르게 권리증권과 유가증권, 상환증권의 특성이 없기 때문에 운송인은 해상화물운송장에 기재된 수하인임을 확인하고 그에게 운송화물을 인도하면 되고 선하증권과 같이 반드시 상환하여 인도할 필요는 없다.

2) 해상화물운송장에 관한 CMI규칙

영국선사가 1977년부터 해상화물운송장을 사용하기 시작하였고 그에 따라 국제해사위원회(Comite Maritime International : CMI)는 1990년 6월에 해상화물운송장에 관한 CMI규칙(CMI Uniform Rules for Sea Waybill 1990)을 채택하였다. 본 규칙은 그 계약이 서면에 의한 것인지 여부에 관계없이 선하증권 또는 이와 유사한 권리증권에 적용하지 않는 운송계약에서 본 규칙을 채택한 경우에 적용된다. 운송인은 확실한 신분증을 제시하면 수하인에게 화물을 인도한다. 운송인은 수하인임을 주장하는 자가 실제로 수하인인지 확인하기 위하여 상당한 주의를 기울였다는 것을 입증하면 하자인도에 관해서 책임을 지지 않는다.

제3절 선하증권에 관한 국제규칙

1. 헤이그규칙(Hague Rules)

1921년 런던에서 개최된 국제상업회의소 회의에서 영국의 해사법위원회가 독자적인 초안을 제출하여 좋은 호응을 얻게 되었다. 이에 따라 국제상업회의소는 이를 보완하여 1921년 헤이그에서 만장일치로 통과시켜 각국이 자발적으로 이 초안내용을 선하증권에 삽입하도록 권하게 되었다.

이것이 이번에는 선주 측의 심한 공격을 받게 되자 다시 국제해양법협회에 의해서 수정되어 1924년 8월 25일 브뤼셀에서 개최된 제5차 해상법에 관한 국제회의에서 선하증권에 관한 통일조약(International Convention for the Unification of Certain Rules of Law Relating to Bill of Lading)이 채택되었다. 그 후 각국들은 이 통일조약의 기본정신을 바탕으로 선하증권에 관한 법을 제정하게 되었다.

본 규칙은 운송인과 화주, 기타 화물운송의 이해관계자들의 법적 지위를 공정하고 공평하게 해석할 수 있는 토대를 제공함에 따라 국가 간 무역거래를 활성화시키는 데 기여하였다.

1) 적용범위

본 규칙은 유통되지 못하는 영수증이 발급되는 경우, 생동물, 갑판적화물, 비상업적 특수화물 등과 같은 특별한 화물이 운송되는 경우, 통상적인 상업운송이 아닌 경우에는 적용되지 않으며 체약국에서 발행된 선하증권에만 적용되고 체약국에서 발행된 용선계약에는 적용되지 않지만 용선계약에 본 규칙이 적용된다고 명시되어 있으면 본 규칙이 적용된다.

본 규칙은 어디까지나 하나의 국제조약이지 강제로 해상화물운송에 관여한 모든 당사자들에게 적용할 수 있는 법은 아니다.

2) 운송인의 정의

해상운송계약은 화물의 운송을 위탁하는 화주와 이를 수탁받아 목적지까지 운송해주는 운송인 간에 체결되는 것으로 계약당사자들이 분명하지 않으면 나중에 소송을 제기할 때 곤란하게 된다. 헤이그규칙 제1조 (a)호에서 운송인은 송하인과 운송계약을 체결한 선박소유자 또는 용선자를 포함한다고 정의하여 실제운송인을 이 협약의 운송인에 포함시키지 않았다.

3) 운송인의 권리와 책임

운송인의 책임기간은 화물이 선적항에서 선박에 선적된 시점부터 양륙항에서 양륙되는 시점까지(tackle to tackle)로 하였고 운송인은 제6조 규정의 경우를 제외하고 모든 해상운송계약에서 화물의 선적, 취급, 선내작업, 운송, 보관, 관리 및 양하에 관하여 이 통일조약에서 규정한 의무와 책임을 지며 또 권리와 면책을 갖는다.

운송인은 인수한 상태로 화물을 하자 없이 목적지에서 수하인에게 인도해주어야 하며 그렇게 하지 못할 경우 제4조의 면책조항에 해당하는 사유가 아니면 운송인이 책임을 져야 하고 면책을 받으려면 거증을 해야 한다.

4) 운송인의 의무

운송인의 화물이 선박에 선적될 때부터 선적된 후 출항할 때까지 주의의무를 세 가지로 규정하였다. 첫째, 선박이 풍파에 견딜 수 있도록 감항능력을 갖추어야 하며, 둘째, 선박의 운항에 필요한 선원을 승선시키고 운항장비를 갖추고 선용품을 보급하고, 셋째, 화물이 운송될 선창 내, 냉동실, 냉기실 및 화물운송에 필요한 선박의 그 외의 모든 부분을 화물의 수출, 운송 및 보관에 적합하고 안전하게 한다.

운송인은 화물을 적재, 취급, 선내작업, 운송, 보관, 관리 및 양하하는 데 주의의무를 다하여야 하고 화물의 외관상태를 검사한 후에 포장화물의 개수, 용적 및 중량, 화물의 검사결과를 기재한 선하증권을 화주에게 발행하여야 한다.

5) 운송인의 면책

운송인은 항해과실로 인하여 발생된 화물의 손해에 대해서 면책되지만 상사과실에 대해서는 책임을 지도록 하였다. 운송인 제3조에 명시된 선박의 감항능력결여로 발생한 사고에 대해서는 면책되지 않으나 제3조 제1항에 명시된 운송인의 책임과 의무를 다하기 위해 정당한 노력을 기울였다면 비록 항해 중에 선박의 감항능력결여로 사고가 발생하여 화물에 손상과 멸실을 입혔더라도 운송인은 책임을 지지 않는 과실책임주의를 적용하였다.

운송화물에 사고가 나면 화주는 선박이 감항능력이 없었고 사고의 원인이 선박의 감항능력의 결여로 발생했다고 주장하고 입증하면, 운송인은 사고의 원인이 면책범위에 해당되는지, 선박의 감항능력을 갖추기 위해 최선을 다했는지, 사고의 원인이 선박의 감항능력결여에 의하지 않다는 것을 입증하여야 한다.[2]

운송인이 사실상의 과실이나 고의에 의하지 않았거나 또 운송인의 대리인이나 고용인의 과실이나 태만에 의하지 않은 그 밖의 모든 원인, 그러나 화물의 멸실이나 손상이 운송인의 사실상의 과실이나 태만에 의하여 발생하지 않았다는 입증책

---

2 **과실책임주의**(doctrine of liability for negligence)는 신의성실에 입각해서 합리적인 주의의무를 다했음에도 불구하고 발생한 손해에 대해서 운송인은 면책되고 합리적인 주의의무를 다하지 못한 손해에 대해서만 책임진다는 것을 말한다. 따라서 피해자가 화물의 손상과 멸실이 운송인의 과실에 기인한 것임을 증명하면 운송인은 그 화물의 손상과 멸실에 대해서 손해배상책임을 부담한다. 입증책임이 피해자에게 있다. 송하인과 수하인의 고의 및 중과실, 화물고유의 하자, 자연적인 소모, 충해 등, 화물의 성질에 따른 발화, 폭발, 부패, 변질 등, 동맹파업 및 동맹태업 폭등, 사변 등, 불가항력에 의한 화재, 풍수해 등으로 인한 손해에 대해서 운송인의 면책을 인정하고 있다.

무과실책임주의(liability without negligence)는 운송인은 운송인의 과실유무를 불문하고 발생된 손실에 대해서 손해배상책임을 부담하는 것을 말하며 운송인의 면책사항도 인정한다. 영미관습법, 철도화물운송협약(CIM), 도로화물운송협약(CMR), 미국의 주간통상법, 프랑스상법, 독일상법상 철도운송인의 책임에 관하여 본 원칙을 적용하고 있다.

과실추정주의(presumption of negligence)는 항공운송 중에 발생한 모든 항공사고는 운송인에게 과실이 있는 것으로 추정하고 운송인이 스스로 무과실을 입증하여야만 손해배상책임을 면할 수 있다는 것을 말한다. 입증책임이 항공운송인에게 있다.

유한책임주의는 책임한도액 이상으로 배상하지 않는다는 것을 말하고 **무한책임주의**는 책임한도액 이상으로 배상하는 것을 말하며 운송장비의 불완전, 불비, 운송인의 고의적 행위로 인하여 발생한 손해에 대해서는 운송인은 무한책임을 진다.

절대책임주의(liability objective, absolute liability)는 운송인은 항공운송 중에 발생한 모든 손해에 대해서 모든 책임을 지며 일체의 면책도 인정하지 않는 것을 말한다.

임은 면책을 주장하는 당사자에게 있다. 상사과실[3]의 면책은 금지하고 항해과실 및 화재, 불가항력 사유에 대해서는 면책을 인정하고 책임도 운송화물 1포장 또는 1단위에 대해 100스털링으로 제한하였다.

2. 1968년 헤이그비스비규칙(Hague Visby Rules)

헤이그규칙이 성립된 후 많은 국가에서 이를 모체로 자국의 해상운송법을 제정함으로써 헤이그규칙은 해상운송에 관한 기본적인 국제법이 되었다. 그러나 운송여건이 변함에 따라 규칙의 개정이 불가피해져서 1950년대 말부터 국제해사위원회를 중심으로 헤이그규칙에 대한 수정안이 논의되었다. 그 후 해상운송인의 책임한도와 규칙의 적용범위에 관한 의견이 통일됨에 따라 1968년 헤이그비스비규칙이 정식으로 채택되어 지금에 이르고 있다. 동 규칙은 헤이그규칙보다 운송인의 책임한도를 대폭 증액하였고 새롭게 컨테이너조항을 신설하였다.

1) 적용범위

헤이그비스비규칙은 선하증권이 체약국에서 발행된 경우, 운송이 체약국 항만에서 시작된 경우와 선하증권 통일조약의 규정 또는 조약을 국내법에서 반영하여 법률에 의해 당해 운송계약이 적용된다고 선하증권상에 명시되어 있는 경우에는 선박, 운송인, 수하인 등 모든 이해관계인의 국적을 묻지 않고 적용된다고 규정하여 적용범위를 국내법화로 확대하였다.

---

3 항해과실은 선박이 항해하는 과정에서 선장이나 선원이 과실로 선박을 잘못 관리하는 것을 말하며 운송인은 항해과실로 발생된 화물의 손해에 대해서 면책을 받는다. 상사과실은 화물이 선박에 선적, 적부, 운송, 보관 또는 양륙되는 과정에서 화물을 잘못 취급하여 발생된 과실로 운송인은 면책되지 못한다.

2) 운송인의 정의

헤이그비스비규칙 제4조 제2항에서 소송이 운송인의 사용인 또는 대리인(독립계약자를 제외함)에 대하여 제기된 경우, 그 사용인 또는 대리인은 해상운송인이 이 규칙하에서 원용할 수 있는 항변과 책임제한은 자신을 위하여 원용할 수 있다고 명시하여 운송인의 개념에 사용인과 대리인을 포함시켰다.[4] 여기서 독립계약자는 선박소유자(운송인)와 고용계약 또는 위임계약을 체결하지 아니하고 선박소유자(운송인)의 이행보조인들을 의미하며 이들은 사용자의 지휘감독을 받지 않고 자기의 판단에 따라 독자적으로 운송 보조업무를 수행하는 하역업자, 창고업자, 터미널 운영업자 등을 말한다. 독립계약자는 해상운송에 있어서 화물의 적부 · 보관 · 양하 · 선적 · 포장 · 작업 등을[5]전문적으로 수행하며 운송인으로부터 지휘 · 감독을 받지 않고 독자적인 판단에 따라 업무를 처리하는 자를 말한다.

3) 선하증권의 증거력

헤이그비스비규칙은 선하증권을 원활하게 유통시키기 위해서 선의의 선하증권 소지인에게 선하증권의 절대적 증거력을 부여하였다.

4) 운송인의 책임과 면책

운송인은 선적 시부터 양륙 시까지 책임을 지도록 하였고 그 이후에는 특약을 통해 운송인의 책임을 결정하도록 하였다. 화물이 선박의 감항능력결여로 멸실이나 손상이 발생하는 경우에 운송인과 그 밖의 자가 상당한 주의를 기울였음을 증명할 책임이 있다. 운송인은 선박의 운항 또는 선박관리에 있어서 선장, 선원, 수로안내

---

4 If such an action is brought against a servant or agent at the carrier (such servant or agent not being an independent contractor), such servant or agent shall be entitled to avail himself of the defences and limits of liability which the carrier is entitled to invoke under this convention.

5 대법원 2002.2.8 선고 2001다58641 판결; 대법원 2004.2.13 선고 2001다75318 판결; 대법원 2004.5.14 선고 2001다33918 판결 등

원 또는 운송인의 고용인의 행위와 태만 또는 과실에 의한 화물의 손실에 대해서 책임을 지지 않는다.

5) 책임제한액의 인상과 중량제 병용

운송인의 책임제한액을 포장당 100스털링 파운드에서 10,000푸앵카레 프랑으로 인상하여 해상운송인의 책임한도액을 현실에 맞도록 조정하였으며 동시에 화물의 총중량 1kg당 30푸앵카레 프랑으로 화물의 중량으로도 산출하여 운송인이 둘 중에서 하나를 선택하도록 하였다.

6) 컨테이너약관 신설

컨테이너약관을 신설하여 컨테이너에 대한 포장단위의 개념을 명확히 하였다. 만약 선하증권상에 컨테이너단위만 기재되어 있으면 컨테이너가 포장단위가 되고 컨테이너 내용물의 단위가 표시되어 있으면 그것이 포장단위의 기준이 된다.

7) 책임제한 배제규정

운송인이 의도적으로 화물을 손상시키거나 멸실시킨 경우, 또는 화물의 손상이나 멸실이 일어날 것을 알면서 행한 작위 또는 부작위로 인해 화물의 손상이나 멸실이 발생한 경우, 운송은 책임제한규정을 적용할 수 없도록 했다.

3. 함부르크규칙

개발도상국은 헤이그규칙이나 헤이그비스비규칙은 선주의 권익을 보호하는 경향이 강하고 개발도상국의 화주의 권익은 보호하지 못한다고 UNCTAD에 이의를 제기하였다. 이에 따라 1968년에 국제해운입법작업부회가 설치되어 새로운 선하증권조약만을 마련하였고, 이 개정조약안은 1978년 함부르크에서 개최된 개정조약안 채택을 위한 전권회의에서 채택되어 UN해상화물운송조약(UN Convention on the Carriage of Goods by Sea), 즉 함부르크규칙이 되었다.

함부르크규칙은 개발도상국가들의 이익을 보호하는 데 초점을 두었기 때문에 화주 중심으로 법체계가 이루어져 있다. 현재 함부르크규칙은 20여 개국의 개발도상국가들이 비준을 하여 정식으로 발효되었으나 화주에게 유리하도록 되어 있어 많은 상선대를 보유하고 있는 선진국들이 대부분 비준을 하지 않아 그 실효성은 의문시되고 있다.

1) 적용범위

함부르크규칙은 용선계약을 제외하고 선하증권이 발행되지 않은 운송, 생동물 · 갑판적운송, 특수화물의 비상업적 운송에도 적용된다. 동 규칙은 협약국에 강제적으로 적용하도록 하였고 화물의 인수지부터 인도지까지 또는 선적항에서 양륙항까지 적용하도록 하여 해상운송과 복합운송에 적용되도록 하였으며 선하증권의 유무에 관계없이 해상운송계약 전부를 대상으로 하였다.

2) 운송인의 정의

함부르크규칙 제1조에서 운송인은 스스로 또는 자기 명의로 송하인과 해상화물운송계약을 체결한 사람을 말한다고 규정하였고 실제운송인은 운송인으로부터 물건운송의 전부 또는 일부의 이행을 위탁받은 사람을 말하며, 그러한 이행을 위탁받은 사람은 누구나 다 포함된다고 규정하였다.[6]

함부르크규칙에서는 운송인의 개념을 더 명확하게 하기 위하여 운송인과 실제운송인으로 구분하여 명의상 송하인과 계약하는 계약운송인과 실제로 계약된 화물을

6 Actual carrier means any person to whom the performance of the carriage of the goods, or of part of the carriage, has been entrusted by the carrier, and includes any other person to whom such performance has been entrusted.

운송해주는 실제운송인을 구분하여 정의하였다. 여기서 실제운송인이란 화주와 직접적인 운송계약관계가 없이 계약당사자인 운송인으로부터 위탁 또는 재위탁을 받아 운송계약을 실제로 이행하는 자를 말한다.

3) 운송인 책임의 시발점과 종결점

운송인이 화물을 관리하고 있는 동안에 발생한 손해에 대해서 책임을 지며, 손해를 방지하기 위하여 합리적으로 요구되는 모든 조치를 취한 경우에 한해서 면책되도록 하였다. 운송인이 화물의 멸실, 훼손, 인도지연으로 발생한 사고에 대해 책임을 지도록 하였다. 함부르크규칙에서 운송인의 책임은 화물의 인수지에서 시작하여 인도지에서 끝나기 때문에 해상운송을 포함하여 육상운송까지 확대되었다.

4) 책임한도액의 인상

운송인의 책임제한액을 인상하여 포장당 또는 선적단위당 835SDR이나 kg당 2.5SDR 중에서 많은 금액으로 하였고 지연손해의 경우에는 지연된 화물운임의 2.5배(단 운송계약상 총운임액을 상한으로)로 규정하였다.

5) 면책카탈로그의 폐지

헤이그규칙에서 인정한 운송인의 면책사항에 관하여 함부르크규칙에서는 항해과실면책, 선박관리의 과실면책, 선박화재에 대한 면책을 폐지하고 선박화재에 대한 거증책임은 송하인에게, 그 외의 거증책임은 운송인에게 부여하는 과실추정주의를 채택하였다.

6) 지연손해에 관한 운송인의 책임규정 도입

헤이그규칙에서 없는 화물의 인도지연으로 발생된 손해에 관하여 운송인이 책임져야 한다는 규정을 도입하였다. 운송인은 지연에 의한 직접적인 화물의 멸실 혹은 손상뿐만 아니라 지연을 야기한 사고가 화물을 보관 중에 발생한 경우 그 원인과 결과를 방지하기 위하여 운송인, 사용인 및 대리인이 모든 수단을 강구하였다는 것을 입증하지 못하면 물품의 멸실, 손상 및 인도지연에 대해서 책임을 지도록 했다.

7) 손해통지기간 및 제소기간 연장

헤이그규칙에서 손해통지기간을 화물을 화주에게 인도할 때 외관으로 나타나지 않은 손해는 인도일로부터 3일 이내로 서면으로 통지하도록 하였으나 함부르크규칙에서는 15일로 늘려 화주에게 유리하게 했으며 인도지연에 대해서는 인도일로부터 60일 이내에 서면통지를 하도록 하였고 동 기일 내에 서면통지가 없으면 지연손해의 배상권이 상실되도록 했다. 제소기간에 관련하여 헤이그규칙은 인도일 또는 인도예정일로부터 1년 이내로 규정하였다. 헤이그비스비규칙은 당사자 합의로 제소기간을 연장할 수 있도록 하였고 제3자에 대한 구상권의 제소기간은 1년이 지나도 행사할 수 있도록 신설하였다. 함부르크규칙에서 제소기간은 2년으로 연장하였고 소외의 중재절차가 진행되면 시효가 중단되도록 하였다.

8) 화물보상장의 효력과 적용범위

화물보상장은 운송인과 수출상 간에 유효하지만 제3자에 대해서는 무효로 규정하였고 운송인이 사기를 목적으로 선하증권을 발행한 경우에 수출상에게 하자화물에 대한 각서로 보상을 요구할 수 없고 사기의 경우 책임제한규정을 이용할 수 없도록 했다.

9) 선하증권의 기재사항과 증거력

헤이그규칙에서는 화물을 식별하기 위해서 화물의 외관상을 나타내는 화인, 포장개수, 용적 및 중량 등을 기재하도록 하였으나 함부르크규칙에서는 화물의 종류, 위험성여부, 운송인, 송하인, 수하인의 상호 및 주소, 선적항과 양륙항 등 더 자세한 내용을 기재하도록 하였다. 헤이그규칙에서 선하증권은 운송인이 화물을 수령하고 선박에 선적하였음을 입증하는 서류로 간주하였고, 헤이그비스비규칙에서는 선하증권의 기재사항에 대해 제3자에게 부인하지 못하도록 했다. 함부르크규칙은 선하증권에 화물의 외관상상태의 기재가 없으면 운송인이 외관상 양호한 화물을 수령한 것으로 함부르크규칙을 선하증권에 기재하지 않은 경우에 운송인이 화주에게 미기재로 제기된 소송비용과 손해를 배상하도록 하여 화주에게 유리하게 규정하였다.

10) 재판관할조항 신설

헤이그규칙은 재판관할에 대한 규정이 없어서 혼란을 초래하였지만 함부르크규칙은 피고의 주영업소 또는 평소의 거주지, 계약체결지, 선적항 또는 양륙항, 계약상 합의지, 본선 또는 자매선의 압류지 법원 중에서 원고가 원하는 지역의 법원이 재판관할권을 가지는 것으로 규정하였다.

4. 로테르담규칙

1996년에 유엔 산하기구인 유엔국제거래법위원회(UNCITRAL)는 기존에 제정된 상이한 국제화물운송법을 하나로 통일화시키고 국제운송환경의 변화를 수용한 새로운 규정을 도입하려고 하였다. 2000년에 뉴욕에서 개최된 국제해상물품협약 학술회의에서 국제해상운송법의 문제점을 확인하고 해결방안을 도출하였다. 2001년에 작업반(UNCITRAL Working Group III)이 구성되어 협약제정 작업에 착수하였다. 2002년 1차 작업반회의가 개최되었고 여기서 유엔해상화물운송협약 예비 초안을 심의하였고 2008년 2차 작업반회의에서 협약안을 확정하였다. 2008년 7월에 협약안이 UNCITRAL에서 심의 의결되었고 2008년 12월에 유엔총회에서 협약안을 최종확정하여 채택하였다. 이에 따라 2009년 9월 네덜란드 로테르담에서 협약의 최종서명식이 개최되어 발효되었다.

1) 특징 및 적용범위

로테르담규칙은 18장 96개 조항으로 구성되어 있으며 다음과 같은 특징이 있다. 첫째, 헤이그규칙의 적용구간은 tackle to tackle 또는 port to port였지만 로테르담규칙은 해상구간은 물론 운송인이 송하인으로부터 화물을 인수한 후 인도할 때까지(door to door)로 확대되어 복합운송에도 적용할 수 있도록 하였다. 동 규칙은 기본적으로 정기선운항에 적용되지만 부정기선과 같은 용선계약과 선박의 일부사용계약에는 적용되지 않도록 하였다. 그러나 용선계약과 선박의 일부사용계약이 없는 경우 또는 운송서류와 전자운송기록이 발행된 경우에는 적용된다.

둘째, 운송인의 항해과실에 대한 면책을 폐지하고 화재로 인한 운송인의 면책범위를 축소하여 운송인의 책임을 한층 강화시켰다.

셋째, 운송인에게 선박의 감항능력 유지를 위한 의무를 부과하였고 운송인의 책임제한액도 875SDR/포장당 또는 3SDR/kg 중 큰 금액으로 상향조정되었다.

넷째, 동 규칙은 출항지가 체약국에 있는 경우와 도착지가 체약국에 있는 국제해상운송에 적용하도록 확대되었다.

다섯째, 동 규칙은 선하증권, 화물운송장, 복합운송증권, 전자선하증권이나 전자운송시스템 등 기타 운송서류를 기능등가물(functional equivalence)로 인정하였다.

여섯째, 동 규칙은 강행규정이나 대량정기화물운송계약에 대해서는 계약자유의 원칙을 적용할 수 있도록 하였다.

일곱째, 운송인의 책임과 송하인의 책임 모두 강화시킴으로써 양자의 책임과 의무를 공평하게 하려고 하였다.

여덟째, 운송서류보다 화물이 먼저 도착한 경우 수하인이 운송인에게 운송서류를 제시하지 않고도 화물을 인수받을 수 있도록 수입화물선취보증서(letter of guarantee)제도를 인정하였다.

아홉째, 동 규칙은 체약국이 조약에 가입하고, 조약의 적용을 선언한 경우에만 재판관할과 중재규정을 적용할 수 있도록 하였다.

2) 운송인의 정의

운송인은 송하인과 운송계약을 체결한 자로 이행당사자(performing party)도 운송인으로 보았다. 이행당사자는 운송인 이외의 자로 운송화물의 수령, 선적, 처리, 적부, 운송, 관리, 양륙 또는 인도에 관하여 운송인과 운송계약을 체결하고 운송인의 책임의 일부를 실제로 이행하거나 이행할 것을 인수한 자를 말하며 운송인과의 운송계약관계를 체결하지 않고 송하인과 수하인의 관계에서 운송을 이행하는 자를 이행당사자에서 제외시켰다.

3) 운송인의 책임기간

운송인의 책임은 운송인 또는 이행당사자가 운송을 위하여 운송화물을 수령한 시점에서부터 시작하고 운송화물을 수하인에게 인도한 시점에서 종료한다. 따라서 운송인의 책임은 수령지에서 인도지로 확대되었다.

4) 운송인의 책임원칙

동 규칙은 과실추정주의를 채택하였다. 따라서 운송인은 화물의 손상이나 멸실 시 자신이 과실이 없음을 입증하지 못하면 손해배상책임을 지도록 하였다. 운송인의 면책사유는 15개로 축소하였다.

5) 운송인의 감항능력 주의의무

동 규칙 운송인의 감항능력 주의의무는 항해 전, 항해의 개시 또는 항해 중에 있어서 다음에 대하여 상당한 주의를 갖도록 했다. 첫째, 선박이 항해에 견딜 수 있도록 유지할 것, 둘째, 선원의 승선, 선박의 의장 및 보급품의 보급을 적절히 행할 것, 셋째, 선창 기타 선박의 운송물을 선적할 수 있는 장소를 운송이 정하는 경우 화물을 운반하는 컨테이너를 포함하여 운송화물의 수령, 운송 및 보관을 적절하게 안전한 상태로 유지할 것 등이다.

선박이 항해하는 중에도 감항능력 주의의무를 운송인에게 부담시켰고 이는 헤이그비스비규칙과 다르다. 운송인이 제공하는 컨테이너에도 감항능력의무를 부담시켰다.

6) 운송인의 운송물 주의의무

운송인은 책임기간 동안 운송화물을 수령, 선적, 처리, 적부, 운송, 보관, 관리, 양륙하고 인도하여야 한다. 운송인의 운송물에 대한 주의의무는 해상구간에 관계없이 운송인의 책임기간 내에 적용되며 이러한 의무를 다하지 못함으로써 발생된 손해에 대해서 송하인이 운송인의 과실을 입증하면 손해를 배상해야 한다. 운송화물의 수령, 선적, 처리, 적부, 운송, 보관, 관리, 양륙, 인도와 같은 업무는 운송인과 송하인이 협의하여 송하인 또는 수하인이 할 수 있도록 했고 이렇게 하기로 약정한 사항은 계약명세에 반드시 표시하여야만 효력이 있는 것으로 하였다.

7) 운송인의 책임제한

동 규칙은 운송인의 책임을 875SDR/포장당과 3SDR/kg로 계산한 금액 중 많은 쪽으로 제한할 수 있도록 하였다. 이러한 책임제한은 멸실, 손상, 지연에 국한하지 않고 동 협약에서 예상할 수 있는 기타 모든 위반에 적용될 수 있게 하였다. 화물의 인도지연 시 지연된 화물운임의 2.5배로 책임한도를 규정하였고 지연으로 인한 배상액과 운송인의 의무위반에 따른 배상액의 합계액은 원칙적으로 875SDR/포장당과 3SDR/kg로 계산한 총액 중에서 많은 금액을 넘지 않도록 했다.

[표 8-1] 국제운송협약과 로테르담규칙의 비교

구분 \ 규칙		헤이그규칙	헤이그비스비규칙	함부르크규칙	로테르담규칙
적용범위		체약국에서 작성하는 모든 선하증권	• 선하증권이 체약국에서 발행된 경우 • 운송이 체약국 항만에서 이루어진 경우의 선하증권 • 선하증권에서 지정된 국내 입법이 규칙의 효력을 부여한 경우	양국 간 운송계약으로 • 선적항·양륙항이 체약국에 있는 경우 • 선하증권 발행지가 체약국에 있는 경우 • 선하증권에 본 규칙을 지상약관으로 채택하고 있는 경우	• 수령장소와 인도장소가 다른 국가에 있고 해상운송의 선적항과 양륙항이 다른 국가에 있는 운송계약 • 다만 수령장소, 선적항, 인도장소, 양륙항 중 하나가 반드시 체약국에 존재하여야 함
적용기간 및 구간		선적 시부터 양륙할 때까지	선적 시부터 양륙할 때까지	• 선적항에서 양륙항까지 • 수령 시부터 인도 시까지	• 수령 시부터 인도 시까지
운송인의 책임한도	포장당	100파운드	666.7SDR	835SDR	875SDR
	kg당	–	2SDR	2.5SDR	3SDR
해상이행 당사자		없음	없음	실제운송인 포함	실제운송인 포함, 철도운송인 제외

제4절 선하증권의 기재사항

1. 선하증권의 법적 기재사항

선하증권은 법률적으로 요식증권이기 때문에 상법에 법적 기재사항을 명시하고 있지만 선하증권의 요식성은 엄격한 것이 아니므로 법적 기재사항의 일부가 기재되지 않거나 반대로 법적 기재사항 이외의 임의사항이 기재되더라도 증권이 무효가 되는 것은 아니다.

법적 기재사항은 선하증권의 전면에 기재하는 내용으로 선하증권이 발행될 때마다 기재내용이 다르고 임의기재사항은 해상운송인과 화주의 권리와 의무에 관한 사항으로 주로 해상운송인의 면책약관으로 이루어졌다. 상법에 명시한 선하증권의 필수기재사항은 〈표 8-2〉와 같다.

[표 8-2] 상법상 선하증권의 법적 기재사항

선박의 명칭 · 국적 · 톤수	운송물의 종류 · 중량 · 용적, 포장명세
운송물의 외관상태	용선자 또는 송하인의 성명 또는 상호
수하인 또는 통지선의 성명 또는 상호	선적항
양륙항	운임
발행지와 발행연월일	발행통수

2. 선하증권의 발행 및 배서형식

1) 발행형식

선하증권은 배서에 의해 양도할 수 있는 유통선하증권 또는 유통불능선하증권으로 발행되는데 유통선하증권의 경우 수하인을 누구로 기재하여 발행하는가가 무역거래에서 중요하다. 선하증권은 수하인을 기명식, 지시식, 지참인식, 기명지참인식, 무기명식으로 발행되며 이에 대한 결정은 수출상이 한다.

기명식은 선하증권의 수하인란에 수하인의 상호와 주소가 기재된 것을 말하며 지시식은 단순지시식, 기명지시식, 선택지시식으로 구분되며 단순지시식은 선하증권의 수하인란에 to order로 기재하는 것이고 기명지시식은 to order of issuing bank, to order of Co., Ltd로 기재하는 것을 말하고 선택지시식은 to order or order of issuing bank or to order of Co., Ltd로 기재하는 것을 말한다. 지참인식은 bearer로 기재하는 것을 말하고 기명지참인식은 bearer or … Co., Ltd로 무기명식은 수하인란을 공란으로 두라는 것을 말한다.

2) 배서형식

(1) 기명식

기명식 배서는 수하인란에 기재된 당사자가 배서하여 양도하는 것으로 배서인이 비배서인의 이름을 명기하여 서명하는 경우이다.

deliver to ××× Co., Ltd : (피배서인의 이름)
Hannam Trading Co., Ltd : (배서인의 이름)
(signed) : (배서인의 서명)
Manager

수하인란에 명시된 자가 최초의 배서자가 되며 피배서자가 다시 유통시키려면 최초의 피배서인이 두 번째 피배서자의 이름을 명기하여 자기의 이름과 서명을 기재하면 된다.

(2) 지시식

지시식 배서는 선하증권에 피배서인의 이름을 기재하지 않고 지시인, 즉 수출상 또는 개설은행의 지시에 따라 그가 지정한 자에게 화물을 인도하라는 문언과 함께 배서인이 자기 이름을 기재하고 서명한다.

deliver to order or deliver to order of issuing bank : (지시문언)
Hannam Trading Co., Ltd : (배서인의 이름)
(signed) : (배서인의 서명)
Manager

(3) 백지식

백지식 배서는 두 가지 방식으로 한다. 인도문언을 기재하여 배서인이 서명하고 피배서인의 이름을 기재하지 않는 방식과 배서인이 서명만 하고 피배서인의 이름과 인도문언을 기재하지 않는 방식이 있다.

deliver to order or deliver to order of issuing bank : (지시문언)
deliver to : (공란)
Hannam Trading Co., Ltd : (배서인의 이름)
(signed) : (배서인의 서명)
Manager

deliver to : (공란)
Hannam Trading Co., Ltd : (배서인의 이름)
(signed) : (배서인의 서명)
Manager

(4) 지참인식

지참인식 배서는 배서인이 배서인을 지정하지 않고 단순히 지참인에게 인도하라는 문언을 기재하고 서명하는 방식이다.

deliver to bearer : (인도문언)
Hannam Trading Co., Ltd : (배서인의 이름)
(signed) : (배서인의 서명)
Manager

3. 선하증권의 기재요령

① **Shipper** : 신용장에 명시된 또는 수출계약서에 명시된 수출상의 상호와 주소를 정확히 기재한다. 이는 통상 신용장의 수익자와 일치하여야 하나, 중계무역이나 신용장 양도 시에는 원신용장의 수익자와 다른 물품공급업자나 양수자를 기재하게 된다. 이 경우 신용장에 제3자 서류용인조항이나 양도가능조항이 명시되어 있어야 한다.

② **Consignee** : 신용장에 명시된 선하증권이 지시식인 경우와 기명식인 경우에 다르게 기재해야 한다. 선하증권이 지시식으로 표기된 경우 "Bill of loading made out to order, to order of, to order of shipper, to order of issuing Bank". made out 다음에 온 문구를 그대로 기재하면 된다. 선하증권이 기명식으로 표기된 경우 'Consigneed to 수입상' consigneed 다음에 표기된 수입상의 상호와 주소를 기재하면 된다.

③ **Notify Party** : 수입항에서 화물의 도착통지처를 기재하면 된다. 통상 수입상이 기재되고 수입상 외에 제3자가 기재된 경우 이는 수입상의 통관대리인이다. 신용장에 명시된 화물도착통지처를 정확히 기재하면 된다.

④ **Ocean Vessel** : 화물을 수송하는 해상운송 선박명이 기재된다.

⑤ **Port of Loading** : 화물을 선적하는 항구명 및 국명이 표시된다. 예 'Busan, Korea', 'Incheon, Korea'.

⑥ **Place of Receipt** : 화주가 운송상품을 운송인에게 인도하고 운송인이 인수하는 장소로 'Busan CY', 'Busan C.F.S.' 등으로 표기한다.

⑦ **Voyage No.** : 선박회사가 임의로 정한 일련번호가 기재되는데 1항차는 출발항에서 목적항을 거쳐 출발항으로 회항하는 것으로 하며 수출 · 수입을 구별하기 위하여 East, West, South, North 등으로 표기한다.

⑧ **Port of Discharge** : 수입화물의 양륙항과 국명이 기재된다.

⑨ **Place of Delivery** : 운송인이 운송화물을 책임지고 운송하여 수하인에게 인도해주는 장소를 명기한다.

⑩ **Final Destination** : 화물의 최종목적지를 표시하나 선하증권에 운임이 계상되어 있지 않는 경우는 운송인의 운송운임이 없고 단지 참조사항에 불과하며 또는 복합운송이 아닌 경우에는 기재되지 않는 경우가 많다.

⑪ **B/L No.** : 선적요청서에 따라 선사가 선하증권번호를 기재한다. 통상 선적항과 양륙항의 알파벳 두문자를 이용하고 번호를 일련번호로 'Aplu 005332148' 등으로 표시된다.

⑫ **Flag** : 선박의 등록국적을 나타낸다. 해상사고 시는 국제적 판례인 기국주의에 의한다.

⑬ **Container No.** : 화물이 적재되는 Container의 일련번호를 기재한다.

⑭ **Seal No.** : Container에 적재된 화물에 봉인을 한 Seal 번호를 표기한다. 예 SEAL # 1237194

⑮ **Description of Packages and Goods** : 신용장에 명시된 상품명세서와 선하증권에 특별히 기재할 것을 신용장에서 요구한 경우 등 요구사항을 기재한다.

⑯ **Gross Weight, Measurement** : 등록검량회사에서 검측된 중량 및 용적이 명기되어 Packing List, Invoice와 일치되지 않은 경우에 Remark를 부기하여야 하고 화물에 이상이 있으면 송하인에게 파손화물보상장(Letter of Indemnity : L/I)을 첨부시킨다. 수출입의 경우 Packing List와 B/L이 상이한 경우 통관되지 아니하므로 정확히 작성해야 한다.

⑰ **Total Number of Container or Packages(In words)** : 상품의 수량 또는 Full Container의 개수를 영문으로 표시하여 명백히 나타내어 In Words의 의미는 선하증권 발행자가 직접 상품을 확인하지 못하고 발행하므로 수량이 틀림없을 것이라는 추측의 의미로 삽입된 단어이다.

⑱ **Freight and Charge** : 상품의 운송에 따른 제반 물류비용의 표기로 Freight, C.A.F., B.A.F., C.F.S., Charge, Wharfage 등이 통상 표시되며 Through B/L인 경우는 Inland Charge가 표시된다.

⑲ **Revenue Tons** : 중량과 용적을 기준으로 할 때 운임이 높게 책정되는 것을

표시한다. 즉 총중량과 총용적에 각각의 운임단가를 곱하여 총중량의 운임이 총용적보다 클 경우는 'K/T'를, 총용적이 클 경우는 'CBM'을 표시한다.

⑳ **Rate** : Revenue ton당의 운임단가와 부대물류비용, 즉 C.F.S. Charge Wharfage, B.A.F., C.A.F.의 Percent 등이 표시된다. Wharfage의 경우 국내에서는 톤 이하는 무조건 올림으로 산정하고 있어, 만일 7.001CBM이라면 8CBM으로 계산된다.

㉑ **Per** : 용적당 또는 중량당, Full Container의 경우는 Van당을 표시한다.

㉒ **Prepaid/Collect** : C.I.F.조건의 수출일 경우는 Prepaid란에 운임을 계산하여 표시하며, F.O.B.조건의 수출일 경우는 Collect란에 계산표시한다. 전자는 운임이 선불되고 후자는 후불됨을 의미한다. 또한 운임의 지불조건은 Description of Goods란에 'Freight Prepaid', 'Freight Collect'라고 통상 표시되므로 혼동은 되지 않으나 간혹 기재되지 않는 경우도 있으므로 구별하여 각각의 난에 기재하는 것이 좋다. 또한 복합운송의 경우는 각 구간마다의 운임이 표시하여 계산하는 것이 복합운송을 명백히 표시하는 것으로 구간표시를 하고 구간운임계산을 나타내는 것이 좋다.

㉓ **Freight Prepaid At** : C.I.F. 수출조건인 경우 운임이 지불되는 장소를 나타낸다. 즉 화물이 인천에서 선적운송되고 서울에서 운임이 지불되는 경우는 'Seoul, Korea'라고 기재한다. Freight Prepaid의 경우 운임이 반드시 지불되어야 운송인은 B/L을 발행한다.

㉔ **Freight Payable At** : F.O.B. 수출조건으로 운임이 수입상의 부담인 경우 수입상이 운임을 지불할 장소가 기재되며 운임이 지불되지 않으면 운송인 또는 대리점은 화물인도지시서(Deliver Order : D/O)를 발행하지 않는다.

㉕ **No. of Original B/L** : 신용장에 통상 Full set로 표시되어 있다. 모든 선하증권은 한 set로 발행되며 일반적으로 3통 1조로 하여 발행된다. 이 세 통(original, duplicate, triplicate)은 전부 정식선하증권으로 각 선하증권은 독립적인 효력을 갖고 있고 그 중 한 통이 사용되며 나머지 두 통은 무효가 된다. 정식선하증권에 비유통선하증권(non-negotiable)이 발행되는데 이것은

Bill of Lading

① Shipper/Exporter ABC TRADING CO. LTD. 1. PIL-DONG, JUNG-KU, SEOUL, KOREA	⑪ B/L No. ; But 1004
② Consignee TO ORDER OF XYZ BANK	
③ Notify Party ABC IMPORT CORP. P.O.BOX 1, BOSTON, USA	

Pre-Carrage by	⑥ Place of Receipt BUSAN, KOREA	
④ Ocean Vessel WONIS JIN	⑦ Voyage No. 1234E	⑫ Flag

⑤ Port of Loading	⑧ Port of Discharge	⑨ Place of Delivery	⑩ Final Destination(For the Merchant Ref.)
BUSAN, KOREA	BOSTON, USA	BOSTON, USA	BOSTON, USA

⑬ Container No. ⑭ Seal No. Marks & No	⑮ No. & Kinds of Containers or Packages	⑯ Description of Goods	⑰ Gross Weight	Measurement
ISCU1104	1 CNTR	LIGHT BULBS (64,000 PCS)	4,631 KGS	58,000 CBM
Total No. of Containers or Packages(in words)				

⑱ Freight and Charges	⑲ Revenue tons	⑳ Rate	㉑ Per	㉒ Prepaid	㉒-1 Collect

㉓ Freight prepaid at	㉔ Freight payable at	㉖ Place and Date of Issue May 21, 2007, Seoul Signature
Total prepaid in	㉕ No. of original B/L	
㉗ Laden on board vessel Date Signature May 21, 2000		㉘ ABC Shipping Co. Ltd. as agent for a carrier, zzz Liner Ltd.

선하증권 원본이 아니므로 몇 통을 발행하였는지가 문제되지 않는다.

㉖ **Place of Issue** : B/L의 발행장소가 기재된다.

㉗ **Shipped On Board Date** : B/L 발행자의 Sign이 기재된다. B/L 발행자는 은행에 자기의 Sign을 등록하고 있으며 일단 발행권자가 Sign을 한 후에 B/L의 내용을 수정할 경우에는 재발급을 하든가 또는 'Correction' 도장을 날인한 후 Sign하여야 한다. 그러나 중량 및 용적 등 상품의 가격에 영향을 미치지 않는 부분에는 Correction 도장만 날인해도 유효한 것으로 간주한다. 선하증권 발행일을 기재한다.

㉘ **BY** : 선사의 상호 및 서명자의 이름을 기재한다.

제5절 선하증권 약관해설

1. 전문(Preamble)

RECEIVED by the Carrier from the Shipper in apparent good order and condition unless otherwise indicated herein, the Goods, or the container(s) or package(s) said to contain the cargo herein mentioned, to be carried subject to all the terms and conditions provided for on the face and back of this Bill of Lading by the Vessel named herein or any substitute at the Carrier's option and/or other means of transport, from the place of receipt or the port of loading to the port of discharge or the place of delivery shown herein and there to be delivered to Consignee or on-carrier on payment of all charges due thereon.

IF REQUIRED by the Carrier, this Bill of Lading duly endorsed must be surrendered in exchange for the Goods or delivery order. None of the terms of this Bill of Lading can be waived by or for the Carrier except by written waiver signed by a duly authorized agent of the Carrier.

IN ACCEPTING THIS BILL OF LADING the Merchant agrees to be bound by all the stipulations, exceptions, terms and conditions on the face and back hereof, whether written, typed, stamped or printed, as fully as if signed by the Merchant, any local custom or privilege to the contrary notwithstanding.

IN WITNESS WHEREOF, the undersigned, on behalf of Hanjin Shipping Co., Ltd., the master and the owner of the Vessel has signed the number of Bill(s) of Lading stated above all of the same tenor and date, one of which being accomplished, the others to stand void.

해석

운송인은 본 선하증권에 별도의 다른 표시가 없으면, 본 선하증권에 기재된 운송물을 적입하였다고 통지한 화물 또는 컨테이너 또는 포장물들을 선하증권의 전면 또는 뒷면에 명시된 모든 조항 또는 조건에 따라 본 선하증권에 기재된 선박 또는 운송인이 선택한 대체선 및/또는 다른 운송수단으로 화물을 수령한 장소 또는 선적항에서 본 선하증권에 기재된 양륙항 또는 인도장소까지 운송하여 도착지에서 지불해야 할 모든 요금을 지불하는 수하인 또는 다음 운송인에게 인도하기로 한다.

운송인이 요구하면 운송한 화물 또는 화물인도지시서와 상환하여 정당하게 배서된 선하증권을 제출하여야 한다. 운송인이 정당하게 인정한 대리인이 서면에 서명하여 포기한 경우를 제외하고 선하증권의 조항은 운송인이나 그의 대리인에 의해 포기되지 않는다.

화주가 선하증권을 인수함으로써 선하증권에 명시된 내용에 반하는 어떤 현지관습과 특권에도 불구하고 선하증권의 전면 또는 뒷면에 수기, 타이핑, 스탬프 또는 인쇄된 모든 약정, 면책, 조항 및 조건에 기속받는다는 것에 화주가 직접 서명한 것과 같게 전적으로 동의한다.

그에 대한 증거와 관련하여 한진해운, 선장 및 선주를 대리한 서명권자는 내용과 일자가 모두 동일하게 기재되어 발행된 수 통의 선하증권에 서명하고 한 통이 사용되면 나머지는 무효가 된다.

2. 정의(Definitions)

When used in this Bill of Lading:

(a) "Bill of Lading" means this contract of carriage for the Goods made between Carrier and Merchant, effective for all modes of transport from place of receipt to place of delivery.

(b) "Carrier" means Hanjin Shipping Co., Ltd., its vessel, agents and subcontractors at all stages of carriage; in context of Multimodal Transportation, "Ocean Carrier" means Hanjin Shipping Co., Ltd., the Vessel, her owner, operator and charterers and the agents and subcontractors of each; "Inland Carrier" means any barge line vessel, trucker or railroad with custody of the Goods under this Bill of Lading, and agents and subcontractors of each.

(c) "Goods" means the cargo as described on the face of this Bill of Lading and trailers, containers and transportable tanks when delivered to the Carrier by the Merchant containing the cargo.

(d) "Multimodal Transportation" means carriage of the Goods under this Bill of Lading by the Ocean Carrier and one or more Inland Carriers for a single freight charge to the Merchant.

(e) "Laden on board" means physically laden on board the first means of transport operated in the service of the Carrier.

(f) "Merchant" means any actual or previous holder of this Bill of Lading, and shall include shipper, consignor, consignee, owner and receiver of the Goods, and their agents.

(g) "Package" means the single largest unit of Goods (e.g., container, pallet, box, bale) delivered by Merchant to Carrier for carriage pursuant to the terms of this Bill of Lading.

(h) "Particulars" is the description of the Goods provided by the Merchant to the Carrier, and shall include all manner of description, marks, numbers, weight, measure, nature and value of the items constituting the Goods.

(i) "Subcontractor" identifies all interests engaged in owning, operating or chartering the vessel, lighterers, feeder line, stevedores, terminal operators, warehousemen, truckers, railroads, and the agents of each of them, and all other persons or legal entities performing services pursuant to contract with Ocean or Inland Carriers with respect to the Goods.

(j) "Vessel" means the vessel named in this Bill of Lading, and includes all assisting or substitute vessels, lighters or other conveyances.

N.B. The plural shall include the singular, and the singular shall include the plural throughout this Bill of Lading: the headings are for information purposes only. Any mention in this Bill of Lading of parties to be notified of the arrival of the Goods is solely for information, and failure to give such notification shall not involve the Carrier in any liability nor relieve the Merchant of any obligation.

해석

본 선하증권에 사용되는 용어는 다음과 같다.

(a) 선하증권은 운송인과 화주 사이에 체결된 화물운송계약을 의미하고 수령지에서 인도지까지에서 사용하는 모든 운송수단에 효력이 미친다.

(b) 운송인은 한진해운, 한진해운의 선박, 대리점 및 모든 운송구간의 하청업자를 말한다. 복합운송의 경우에 해상운송인은 한진해운, 본선, 선주, 운항인, 용선인 및 그 대리인, 각각의 하청업자를 의미한다. 내륙운송인은 선하증권으로 화물을 점유하는 모든 바지선운영업자, 트럭업자 또는 철도업자 및 그 대리인, 각각의 하청업자를 의미한다.

(c) 화물은 선하증권 전면에 기재된 운송물, 그리고 화주가 화물을 넣어 운송인에게 인도한 트레일러, 컨테이너 및 운송가능한 탱크를 의미한다.
(d) 복합운송은 화주에게 단일운임을 부과하여 선하증권으로 해상운송인 및 1인 이상의 내륙운송인이 화물을 운송하는 것을 의미한다.
(e) 선적은 운송인이 운송용역을 제공하기 위해 운영하는 최초의 운송수단에 물리적으로 적재한 것을 말한다.
(f) 화주는 선하증권을 현재 또는 과거에 소지했던 소지인을 의미한다. 그리고 송하인, 위탁인, 수하인, 화물의 소유자 및 화물의 인수자, 그리고 그들의 대리인을 포함한다.
(g) 포장물은 선하증권의 조항에 따라 운송을 위해 화주가 운송인에게 인도한 화물의 최대단위(예, 컨테이너, 파렛트, 상자, 뭉치)를 의미한다.
(h) 명세는 화주가 운송인에게 제시한 화물명세서이고 화물을 구성하는 내용물을 기술하는 모든 방법, 화인, 번호, 중량, 용적, 성질 및 가액을 포함한다.
(i) 하청업자는 선박, 바지선, 피더선, 하역회사, 터미널, 창고, 트럭, 철도의 소유, 운영 또는 용선에 종사하는 모든 이해관계자 및 그들의 대리인, 해상운송인 또는 내륙운송인이 체결한 화물취급계약에 의거 그 업무를 수행하는 기타의 모든 자연인 또는 법인을 말한다.
(j) 본선은 선하증권에 기재된 선박을 의미하고 모든 보조선 또는 대체선, 바지선 또는 기타의 운송수단을 포함한다.

주의사항 : 선하증권에서 복수는 단수를 포함하고 단수는 복수를 포함한다. 약관의 제목은 단지 참고조항이고 선하증권에 화물의 도착을 당사자에게 통지한다고 명시된 모든 문언은 오직 참조용에 지나지 않는다. 따라서 이러한 통지가 이루어지지 않았다 해도 운송인은 전혀 책임을 지지 않으며, 화주의 모든 의무도 면제되지 않는다.

3. 지상약관(Clause Paramount)

(a) This Bill of Lading shall have effect subject to the International Convention for the Unification of Certain Rules relating to Bills of Lading, dated at Brussels 25 August 1924 (The Hague Rules) as enacted in the country of shipment, unless the protocol, dated Brussels 23

February 1968 (The Hague-Visby Rules) or the United States Carriage of Goods by Sea Act, 1936 (U.S. COGSA, 46 U.S.C. Appendix 1300-1315) apply compulsorily.

(b) When no such enactments are in force in the country of shipment, the corresponding Hague Rules, Hague-Visby Rules or U.S. COGSA legislation (Hague/Visby/COGSA legislation) of the country of destination shall apply, but in respect of shipments to which no such enactments are compulsorily applicable, the terms of the Hague Rules shall apply.

(c) The applicable Hague/Visby/COGSA legislation shall govern throughout the time when the Goods are in the actual or constructive custody of the Carrier. The Carrier takes all reservation possible under the Hague/Visby/COGSA legislation relating to the period before loading and after discharging and while the Goods are in the charge of another Carrier, and to deck cargo and live animals.

해석

(a) 선하증권은 1968년 2월 23일 브뤼셀에서 채택된 의정서(헤이그비스비규칙) 또는 1936년 미국해상화물운송법(USCOGSA, 미국법 제46편, 부속 1300~1315)이 강제적으로 적용되지 않으면 선적국에서 입법화된 1924년 8월 25일 채택된 선하증권통일조약(헤이그규칙)이 적용된다.

(b) 이러한 입법화가 선적국에서 이루어지지 않는 경우 헤이그규칙, 헤이그비스비규칙 또는 미국의 해상화물운송법에 준하는 목적지 국가의 법률이 적용된다. 그러나 선적에 관하여는 이러한 입법이 강행적으로 적용되지 않고 헤이그규칙의 조항이 적용된다.

(c) 운송인이 화물을 실제로 또는 추정적으로 점유하고 있는 동안에는 헤이그/비스비/COGSA가 적용된다. 운송인은 선적 전 또는 하역 후의 기간과 화물이 타 운송인의 관리하에 있는 동안에 대해서, 갑판화물, 살아있는 동물에 대해서 헤이그/비스비/COGSA에 따라 가능한 한 모든 사항에 대해서 유보를 한다.

4. 소송 및 클레임(Litigation and Claim)

(a) Disputes arising under this Bill of Lading shall be determined at the option of the Merchant by the courts at (i) the Carrier's principal place of business, (being Seoul, Korea, except for actions under U.S. COGSA, where the Carrier's principal place of business Shall be New York, New York); or

(ii) the place of receipt of the Goods by the Carrier, or the port of discharge.

(b) No proceedings may be brought before other tribunals by the Merchant unless Merchant and Carrier shall have agreed in advance in writing in both the choice of another tribunal and the law to be applied.

(c) Notwithstanding paragraphs 3 (a) and (b) above, Carrier may sue Merchant wherever Merchant or Goods are found.

(d) Suit shall not be deemed brought against the Carrier until jurisdiction shall have been obtained of the Carrier by service of summons.

(e) Claims for loss of or damage to the Goods may be filed at the offices of the Carrier or their agent at the port of discharge; claims must be filed and suits commenced within the applicable Hague /Visby/COGSA periods, unless the Merchant claims these rules are inapplicable and loss or damage occurred in the custody of the Inland Carrier, when claims must be filed, and suits commenced, within the time limits provided by law or tariff applicable to the Inland Carrier.

(f) Nothing in this Bill of Lading, expressed or implied, shall operate to limit or deprive the Carrier of any statutory protection or exemption or limitation of liability authorized by any applicable laws, statutes or regulations whether the action is founded in contract, in tort, or otherwise.

해석

(a) 본 선하증권으로 발생하는 분쟁은 운송인의 본사(대한민국 서울임. 다만 운송인의 본사가 뉴욕에 있는 경우 U.S. COGSA에 의한 소송은 제외), 운송인이 화물을 수령한 장소, 양륙항에 있는 법원 중에서 화주가 선택한 법에 따라 결정된다.
(b) 화주와 운송인이 사전에 타 법원 또는 적용할 법의 선택을 서면으로 합의하지 않았다면 화주는 다른 법원에 제소할 수 없다.
(c) 상기 규정에도 불구하고 운송인은 화주와 화물이 발견된 장소에 있는 법원에서 화주를 제소할 수 있다.
(d) 운송인은 법원의 소환장을 받을 때까지 운송인이 피소된 것으로 간주하지 않는다.
(e) 화물의 멸실 또는 손상에 대한 손해배상청구는 양륙항에 있는 운송인 또는 그 대리인의 사무소에서 제기될 수 있다. 화주가 본 규칙의 적용을 반대하지 않거나 내륙운송인이 점유하고 있는 동안에 멸실과 손상이 발생하지 않으면 손해배상청구는 헤이그/비스비/COGSA가 규정한 기간 내에 제기되고 제소되어야 한다. 그러나 멸실과 손상이 내륙운송인이 점유하는 동안에 발생하였다면 손해배상청구는 내륙운송인에게 적용할 수 있는 법률 또는 태리프에 규정된 기한 내에 제기하고 소송을 개시해야 한다.
(f) 소송이 계약위반, 불법행위 또는 다른 사유로 제기되었다 하더라도 선하증권에 명시적으로 또는 묵시적으로 인정된 모든 조항은 적용가능한 법률, 규칙, 규정이 인정한 일체의 보호, 면책 또는 책임제한에 관련하여 운송인의 권리를 제한하거나 박탈하기 위해서 적용될 수 없다.

5. 책임(Responsibility)

(a) The Carrier shall be responsible for and shall enjoy the immunities and limitation against loss or damage pursuant to the applicable Hague/Visby/COGSA legislation for all periods when the Goods are in the actual or constructive custody of the Carrier.
(b) Where it is forbidden by law to extend Hague/Visby/COGSA legislation to the inland part of the Multimodal Transportation contract, the Carrier shall not be responsible for loss of or damage to the Goods while the

Goods are in the custody of the Inland Carrier in excess of the scope for which the Inland Carrier would have assumed the responsibility subject to its tariff.

(c) If, despite the terms herein, no legal regime clearly applies to the period of inland carriage, the Carrier and Inland Carrier shall not, in any circumstances, be liable for that part of any claim for damages caused by acts of God, acts or restraint of authority, inherent vice of the Goods, wrongful act or neglect of the Merchant, strike or stoppage of labor of any kind or extent, insufficient or defective packaging or marking or numbering of the Goods or Packages, or any cause, event or consequence which the Carrier could not avoid or prevent by reasonable diligence; nor for any other cause excluded by tariff.

(d) In context of Multimodal Transportation, where the Merchant or Carrier cannot establish in whose custody loss or damage occurred to Goods delivered to the Carrier in actual good condition, it shall be deemed, as between the Merchant and any Carrier, that the loss or damage occurred onboard the Vessel while in the custody of the Ocean Carrier.

(e) The Carrier shall not be responsible for loss of or damage to the Goods occurring before receipt of the Goods by the Carrier at the place of receipt or after delivery by the Carrier at the place of delivery.

(f) Where damage is alleged to the contents of any Package delivered by the Carrier without notation for external damage, it shall in all circumstances be a prerequisite to Carrier's liability that the Merchant shall first demonstrate its delivery of the contents of the Package in actual good condition at the Carrier's place of receipt.

(g) The Carrier shall not be responsible for any loss of or damage to live animals arising or resulting from any cause whatsoever.

(h) In respect of Goods carried on deck and identified on this Bill of Lading to be so carried, all risks of loss or damage from perils inherent in or incident to the custody or carriage of such Goods on deck shall be borne exclusively by the Merchant without recourse to the Carrier.

해석

(a) 운송인이 화물을 실제로 또는 추정적으로 점유하고 있는 동안 발생한 화물의 멸실 또는 손상에 대해 운송인은 적용가능한 헤이그/비스비/COGSA에 따라 책임을 지며, 또한 면책 및 책임제한의 혜택도 누린다.

(b) 만약 법이 복합운송계약의 내륙구간까지 헤이그/비스비/COGSA의 적용을 금하면 내륙운송인이 점유하는 동안에 발생한 멸실과 손상에 대한 운송인의 책임은 내륙운송인이 태리프에 따라 책임지는 한도를 초과하지 않는다.

(c) 본 항의 규정에도 불구하고 법체계가 내륙운송구간에 분명하게 적용될 수 없는 경우 천재, 공권력의 행사 또는 억제, 화물고유의 하자, 화주의 부당행위 또는 과실, 종류 또는 규모를 불문한 근로자의 파업 또는 작업중지, 화물 또는 포장물의 포장불비, 회피 또는 방지할 수 없는 일체의 원인, 사고 또는 그 결과로 인한 손해배상청구에 대해 운송인 및 내륙운송인은 어떠한 경우에도 책임을 지지 않는다. 그리고 태리프에서 면책으로 규정된 기타의 원인으로 발생한 손해도 일절 책임을 지지 않는다.

(d) 복합운송 시 실제로 양호한 상태로 운송인에게 인도된 화물의 멸실과 손상이 누가 점유하고 있는 동안에 발생한지를 화주와 운송인이 알 수 없는 경우, 해상운송인이 점유하고 있는 동안에 본선에서 멸실과 손상이 발생한 것으로 본다.

(e) 수령장소에서 운송인이 화물을 수령하기 전 또는 인도장소에서 운송인이 화물을 인도한 후에 발생한 멸실 또는 손상에 대해 운송인은 일절 책임을 지지 않는다.

(f) 운송인이 인도한 외부손상이 기재되지 않은 포장화물의 내용물이 손상되었음을 주장하는 경우에 운송인의 책임 추궁에 앞서 화주가 먼저 수령장소에서 운송인에게 포장화물의 내용물을 양호한 상태로 인도했음을 입증해야 한다.

(g) 운송인은 살아있는 동물에게 발생한 멸실과 손상의 원인이 무엇이든지 불문하고 하등의 책임을 지지 않는다.

(h) 갑판적화물 및 선하증권에 갑판에 적재할 것이라고 기재된 화물에 대하여, 화물의 갑판적부 또는 갑판적운송에 필연적인 또는 부수적인 위험으로 발생한 모든 멸실 또는 손상 위험은 화주가 단독으로 부담하고 운송인에게 배상을 청구하지 못한다.

6. 공시사항(Tariff)

Where a tariff has been published or filed by Carrier, Ocean Carrier or Inland Carrier governing all or part of the period of carriage, the terms of this Bill of Lading may, to some extent, be modified by the terms of that tariff and by documents referenced therein, such as uniform inland Bills of Lading. To the extent of any actual inconsistency between tariff and this Bill of Lading, the terms of this Bill of Lading shall control to the fullest extent permitted by law.

해석

운송인, 해상운송인 내륙운송인이 운송기간의 전부 또는 일부를 통제하는 공시사항을 공시한 경우, 본 선하증권의 조항은 본 공시사항의 조항 및 통일내륙운송증권과 같은 공시사항 내의 참조서류에 의해 어느 정도 변경될 수 있다. 공시사항과 선하증권이 실질적으로 상충될 경우 선하증권조항이 법이 허용하는 최대의 범위까지 우선한다.

7. 하청계약 및 추가지시(Sub-Contracting and Additional Instruction)

(a) The Carrier shall be entitled to sub-contract on any terms the whole or any part of the handling, storage or carriage of the Goods and any and all duties whatsoever undertaken by the Carrier in relation to the Goods. Every servant, agent and sub-contractor (including all interests engaged in the owning or chartering of the Vessel, stevedores, warehousemen, and other independent contractors) and the agents of each shall have the benefit of all provisions herein for the benefit of the Carrier as if the provisions were expressly for their benefit; and in entering into this contract of carriage, the Carrier does so not only on his own behalf but also as agent for all such servants, agents and sub-contractors to the fullest extent permitted by the law applicable to Himalaya Clauses.

(b) Where the Carrier arranges alternative inland transportation as agent for the Merchant, the Merchant's rights and liabilities shall be governed by the law or contract applicable to the inland carriage, without further liability of the Carrier as a carrier.

해석

(a) 운송인은 화물의 취급, 보관 또는 운송의 전부 또는 일부, 화물과 관련하여 운송인이 부담하는 의무가 무엇이든지 간에 그 일부 또는 전부에 대해 어떤 조건으로 하청계약을 체결할 권리가 있다. 모든 사용인, 대리인, 하청업자(선박의 소유 또는 용선에 종사하는 모든 이해관계자, 하역업자, 창고업자 및 기타 독립계약자를 포함하여) 및 각각의 대리인은 운송인의 편익을 위해 약정된 선하증권의 모든 조항의 편익을 마치 조항이 그들의 편익을 위해 명시된 것처럼 원용할 수 있다. 그리고 운송인은 운송계약을 체결함에 있어 법이 허용하는 최대범위까지 히말라야약관을 적용하여 자신뿐만 아니라 이러한 사용인, 대리인, 하청업자를 위한 대리인으로 계약을 체결한다.

(b) 운송인이 화주의 대리인으로 별도의 내륙운송을 하는 경우에 화주의 권리와 책임은 내륙운송에 적용될 법률과 계약에 따르며 운송인은 운송인으로서의 책임을 추가로 부담하지 않는다.

8. 자유(Liberties)

(a) The Carrier shall make commercially reasonable efforts to carry the Goods expeditiously to the place of delivery, but the Carrier does not warrant any specific route, vessel, method of transport or delivery date, and shall have liberty to perform the carriage in any commercially reasonable manner and by any reasonable means, methods and routes including the right to transship Goods using other Carriers, conveyances or containers. The Carrier shall always have liberty to comply with directions, howsoever given, of any government national or local authority.

(b) At any stage in the carriage, the Goods may, at the Carrier's absolute discretion, be carried as a single shipment or as several shipments on any means of transport, whether owned or operated by the Carrier or not.

(c) The Carrier shall make commercially reasonable efforts to complete the carriage and to deliver the Goods at the place designated for delivery, but does not guarantee such delivery and shall be excused from all consequences of nondelivery at such place, (and shall remain entitled to full freight and charges and his lien,) if such delivery is commercially unfeasible, or would delay or imperil the interests of the Carrier or the Goods, the Goods of others or the general enterprise.

(d) In particular, the Carrier is excused from full performance of the contract of carriage by the existence or apprehension of war, declared or undeclared, hostilities, warlike or belligerent acts or operations, riots, civil commotions, boycotts or other disturbances; epidemics or diseases, quarantine, sanitary or similar regulations or restrictions; shortage, absence or obstacles of labor or facilities for loading, discharge, delivery or handling of the Goods; strikes, lockouts or other labor troubles, whether partial or general, and whether or not involving employees of the Carrier, his agents or sub-contractors;

congestion of ports, berths, freight stations or terminals; closure of, obstacle in or danger to any canal, waterway, land route or railroad; ice, landslide, earthquake or other natural effects creating obstacles to carriage. This list is descriptive and not exhaustive, and the existence of any of these similar conditions prior to receipt of the Goods shall not constitute waiver of the Carrier's rights.

(e) If the Goods are unclaimed during a reasonable time or whenever, in the Carrier's opinion, the Goods will deteriorate, decay or diminish in value, the Carrier may sell, abandon or otherwise dispose of such Goods at the risk and expense of the Merchant and Goods.

(f) If, in the Carrier's opinion, good cause exists to fear danger, injury, loss, delay or disadvantage to the Carrier, the Goods, the Goods of others or to the general enterprise, the Carrier shall be entitled to dispose of the Goods in such way as the Carrier may deem advisable, or to cancel the contract of carriage without compensation and to require the Merchant to take prompt delivery of the Goods. Such actions by the Carrier shall constitute complete and final delivery and full performance of this contract, and the Carrier shall thereafter be freed from any responsibility for the Goods.

(g) Any action taken by the Carrier pursuant to this clause for the intended benefit of the Vessel, the Goods, the Goods of others or the general enterprise shall fall within the contractual carriage, and such action or delay resulting therefrom shall not constitute a deviation at law, and the Carrier shall be entitled to the full benefit of all privileges, rights and immunities contained in the Bill of Lading.

해석

(a) 운송인은 화물을 인도장소까지 신속하게 운송하기 위해 상도의적으로 합리적인 노력을 기울여야 한다. 그러나 운송인은 어떤 특별한 항로, 선박, 운송방법 또는 인도일 등을 담보하지 않는다. 운송인은 다른 운송인, 운송수단 또는 컨테이너를 사용하여 화물을 환적할 수 있는 권리를 포함하여 상도의적으로 합리적인 방식 및 모든 합리적인 수단, 방법 및 항로를 이용하여 운송할 수 있는 자유를 가진다. 운송인은 모든 중앙정부 또는 지방정부의 지시가 어떻게 내리든지 간에 그 지시를 따를 자유가 있다.

(b) 운송의 모든 단계에서 화물은 운송인의 절대적인 판단하에 운송인의 소유 또는 운항 여부에 관계없이 어떤 운송수단에 전체선적 또는 분할선적으로 운송할 수 있다.

(c) 운송인은 운송을 완료하기 위해 그리고 인도장소로 지정된 장소에서 화물을 인도하기 위해 상도의적으로 합리적인 노력을 기울여야 한다. 그러나 이러한 인도를 보증하는 것은 아니다. 만약에 이러한 인도가 상도의적으로 이행할 수 없거나 또는 인도가 지연되거나, 또는 운송인 또는 그 화물, 또는 타인의 화물, 또는 사업 전반의 이익을 침해한다면 운송인은 지정한 장소에서 인도하지 못하여 발생한 모든 결과에 대한 책임을 면한다(그리고 모든 운임 및 비용의 청구권 및 유치권에 대한 운송인의 권리는 존속한다).

(d) 특히 운송인은 전쟁, 선전포고의 유무에 의한 적대행위, 도발행위 또는 교전행위 또는 작전, 폭동, 내란, 불매동맹 또는 기타 소요; 전염병 또는 질병, 검역, 위생 또는 유사한 규제 또는 억제; 화물의 선적, 양륙, 인도 또는 취급을 위한 노동자 또는 시설의 부족, 부재 또는 장애; 일부 또는 전부, 그리고 운송인, 그의 대리인 또는 하청업자의 사용인의 참여여부에 관계없이 동맹파업, 직장폐쇄 또는 기타 노동쟁의; 항구, 부두, 컨테이너 야적장, 또는 터미널의 체증; 운하, 수로, 도로 또는 철도의 폐쇄 또는 장애 또는 위험; 운송을 가로막는 결빙, 산사태, 지진 또는 기타 자연재해의 존재 또는 징후가 있는 경우에는 운송계약의 완벽한 이행을 면제받는다. 그리고 이들 항목은 하나의 예에 불과하고 모두를 포함하는 것은 아니다. 화물을 수령하기 전에 이와 비슷한 조건이 있었어도 운송인이 권리를 포기한 것으로 간주하지 않는다.

(e) 상당한 기간 동안에 화물인도 청구가 없고, 화물의 품질저하, 부패 또는 상품가치가 떨어질 것으로 판단되면, 운송인은 언제라도 화주와 화물의 위험과 비용으로 화물을 매각, 폐기 또는 처분할 수 있다.

(f) 운송인의 판단에 따라 운송인, 화물, 타인의 화물 또는 사업 전반에 위험, 상해, 멸실, 지연 또는 불이익을 염려할만한 타당한 원인이 있을 경우, 운송인은 합당하다고 생각하는 방법으로 화물을 처분하거나 또는 배상 없이 운송계약을 취소하거나, 화주가 빨

리 화물을 인수할 것을 요구할 수 있는 권리가 있다. 그리고 운송인이 취한 이러한 조치는 완전하고 최종적으로 인도한 것으로, 운송계약을 완벽하게 이행한 것으로 간주한다. 또한 그때부터 운송인은 화물에 대한 운송인의 모든 책임은 면하게 된다.

(g) 본선, 화물, 타인의 화물 또는 사업 전반에 예상했던 이익을 위해, 본 약관에 의거 운송인이 취한 조치는 운송계약에서 운송인과 화주가 약정한 사항에 해당되며, 그리고 이러한 조치 또는 이러한 조치로 인해 발생된 지연은 법률을 위반한 것이 아니다. 또한 운송인은 선하증권에 명시된 모든 특권, 권리 및 면책의 편익을 향유할 권리가 있다.

9. 컨테이너(Containers)

(a) On any Vessel or other mode of transportation designed to carry containers, the Carrier has the right to carry Goods in containers in any area designed for such carriage. Such carriage of the Goods shall constitute "under deck" stowage for all purposes, including Hague/Visby/COGSA regulations and General Average.

(b) Where the Goods are not already packed into containers at the time of receipt, the Carrier shall be at liberty to pack and carry them in any type of container.

(c) The Merchant shall indemnify the Carrier against any loss of or damage to the Carrier's container or other equipment while in the possession or control of the Merchant, his agents or sub-contractors engaged by or on behalf of the Merchant.

(d) The Carrier shall in no event be liable for and the Merchant shall indemnify and hold the Carrier harmless from and against any loss of or damage to property of other persons or injuries to other persons caused by the Carrier's container or the contents thereof during handling by, or while in the possession or control of, the Merchant, his agents or sub-contractors.

(e) If any container is delivered sealed by the Merchant to the Carrier, this Bill of Lading is evidence of the receipt only of the number of containers shown on the Bill of Lading, and the condition and any particulars of the contents are unknown to the Carrier; and the Merchant warrants that the containers and contents thereof are suitable for handling and carriage. In the event of breach of this warranty, the Carrier shall not be responsible for any loss of or damage to or in connection with the Goods and the Merchant shall be liable for loss of or damage to any other property, or for personal injury or the consequences of any other accidents or events whatsoever. If such containers are delivered by the Carrier with seals intact, such delivery shall be full and complete performance of the Carrier's obligation hereunder and the Carrier shall not be liable for any loss of or damage to the contents of the containers.

(f) The Carrier does not undertake to carry the Goods in refrigerated, heated, insulated, ventilated or any other special containers, unless special arrangements for the carriage of such containers have been agreed to in writing between the Carrier and the Merchant and special freight has been paid. The Carrier does not accept responsibility for the function of special containers supplied by or on behalf of the Merchant. The Carrier does not guarantee the maintenance of any temperature inside any container.

해석

(a) 운송인은 컨테이너 운송용으로 제작된 모든 선박 또는 타 운송수단 그리고 컨테이너 운송용으로 건설된 장소에서 화물을 컨테이너에 적입하여 운송할 수 있는 권리가 있다. 이러한 화물운송은 헤이그/비스비/COGSA규정 및 공동해손을 포함하여 모든 목적을 위해 갑판 밑에 적재되어 이루어져야 한다.

(b) 화물을 수령할 때 화물이 먼저 컨테이너에 적입되어 있지 않는 경우, 운송인은 그 화물을 어떤 종류의 컨테이너에 적입하여 운송해도 된다.

(c) 화주는 자기, 그의 대리인, 또는 하청업자가 운송인의 컨테이너 또는 다른 장비를 점유 또는 관리하는 동안에 발생한 멸실 또는 손상을 운송인에게 배상해야 한다.

(d) 화주, 그의 대리인 또는 하청업자가 컨테이너를 취급, 점유 또는 관리하고 있는 동안에 운송인의 컨테이너가 제3자의 재산을 멸실 또는 손상시켰거나 또는 제3자에게 상해를 입힌 경우, 운송인은 어떠한 경우에도 이에 대해 하등의 책임을 지지 않으며, 화주는 운송인에게 배상하고 피해를 주지 말아야 한다.

(e) 만약 화주가 운송인의 컨테이너를 봉인하여 운송인에게 인도했다면, 본 선하증권은 선하증권에 기재된 컨테이너 개수를 수령한 증거일 뿐이고 운송인은 컨테이너 안의 내용물의 상태와 화물명세는 모른다. 그리고 화주는 컨테이너 및 그 안의 내용물이 취급 및 운송에 합당하다는 것을 보증한다. 만약 화주가 이 보증을 위반하면, 운송인은 화물 또는 화물과 관련된 모든 멸실 또는 손상을 책임지지 않는다. 그리고 화주는 타 재산의 멸실 또는 손상 또는 제3자의 상해 또는 그것이 어떤 것이든 모든 사고 또는 사건의 결과에 대해서 책임져야 한다. 운송인이 봉인에 이상이 없는 컨테이너를 화주에게 인도한 경우, 이러한 인도는 본 선하증권상의 운송인의 의무가 완벽하게 이행된 것으로 본다. 그리고 운송인은 컨테이너 안의 내용물의 멸실 또는 손상에 대해 일절 책임을 지지 않는다.

(f) 운송인과 화주가 화물을 냉동, 보온, 단열, 통풍 또는 기타 특수컨테이너로 운송한다고 서면으로 특별히 약정하지 않았고, 특별운임을 지불하지 않았다면, 운송인은 이러한 조건으로 컨테이너를 운송할 책임이 없다. 운송인은 어떤 컨테이너 내부의 온도를 일정온도로 유지시키는 것을 보증하지 않는다.

10. 운임(Freight)

(a) Freight shall be payable at any lawful rate agreed with the Merchant, and will be calculated on the basis of the Particulars furnished by the Merchant; but the Carrier may at any time open, examine, weigh, measure and value the Goods and Packages to determine the accuracy of the Merchant's Particulars. If it is determined by the Carrier that the freight or charges should be higher, the Carrier may collect the additional amount from the Merchant who shall also be liable for all expenses associated with recalculation of freight or charges.

(b) Full freight and all advance charges shall be considered completely earned on receipt of the Goods by the Carrier, whether the Vessel or the Goods be damaged, lost or not lost, or the journey frustrated or abandoned. All freight and charges shall be paid in full without any set-off, counterclaim or deduction and shall be paid in the currency named in this Bill of Lading.

(c) Each Merchant shall be severally liable to the Carrier for the payment of all freight, charges and other amounts due the Carrier.

해석

(a) 운임은 화주와 합의한 적법한 요율로 지불될 것이다. 운임은 화주가 제출한 화물명세서를 근거로 산출된다. 그러나 운송인은 화주가 제출한 화물명세서의 정확성을 확인하기 위해 화물 및 포장을 개봉하여 검사하고 중량 및 용적을 측정하여 가액을 평가할 수 있다. 만약 운송인이 운임 또는 요금을 더 받아야 한다고 결정하면, 운송인은 운임과 요금을 재계산하고 이로 인하여 발생한 모든 추가비용은 화주로부터 받을 수 있다.

(b) 총운임과 선불요금은 본선 및 화물의 손상, 멸실여부, 항해중단, 포기여부에 관계없이 운송인이 화물을 수령할 때 전액 지불되어야 한다. 모든 운임과 비용은 상계, 화주의 손해배상청구 또는 공제 없이 전액 지불되어야 한다. 그리고 본 선하증권에 명시된 통

화로 지불되어야 한다.

(c) 각 화주는 운송인에게 지불할 모든 운임, 요금 및 기타 금액의 지불에 대해 개별적으로 연대책임을 진다.

11. 화주의 책임(Merchant's Responsibility)

(a) Each Merchant shall be responsible for any failure to perform any Merchant's obligations under any of the terms of this Bill of Lading; and each shall indemnify the Carrier against and hold it harmless upon written demand from all liability, loss, damages and expense which the Carrier may sustain or incur arising or resulting from any such failure of performance by the Merchant or any of them. The responsibility of each Merchant shall not be diminished by the existence of any lien claim on the Goods.

(b) Any reference on the face of the Bill of Lading to any particulars of the Goods is furnished by the Merchant, and the Carrier shall not be responsible for the accuracy thereof. The Merchant warrants to the Carrier that the particulars furnished by him are correct.

(c) Each Merchant warrants that equipment, whether owned or leased by the Carrier, would be returned to the Carrier within a reasonable time stipulated in the applicable tariff and further promises and agrees to pay equipment detention charges stipulated in the applicable tariff including the costs and expenses of recovering the same in case of failure to do so.

해석

(a) 각 화주는 본 선하증권에 명시된 화주의 의무사항을 이행하지 못하면 책임을 져야 한다. 그리고 각 화주는 화주 또는 그들 중 누군가가 의무를 이행하지 못함으로 발생한 또는 그 결과로 운송인이 부담하거나 또는 운송인에게 발생한 모든 손해배상책임, 멸실, 손상 및 비용을 서면요구에 따라 운송인에게 배상하고 피해를 주지 않아야 한다. 화물에 어떤 유치권이 설정되어 있더라도 각 화주의 책임은 소멸되지 않는다.

(b) 선하증권 전면에 기재된 모든 화물명세서는 화주가 통지한 것으로, 운송인은 그 명세서의 정확성에 대해 책임을 지지 않는다. 화주는 자기가 통지한 명세서가 정확하다는 것을 운송인에게 보증한다.

(c) 각 화주는 운송인이 소유 또는 임대여부에 상관없이 당해 공시사항에 명시된 반납기간에 장비를 운송인에게 반환할 것을 보증한다. 반환하지 못하면 각 화주는 반환비용 및 지출을 포함하여 당해 공시사항에 명시된 장비반환지체료를 지불할 것을 약정한다.

12. 유치권(Lien)

(a) The Carrier shall have a lien on the Goods, for all freight, dead freight, demurrage and the costs and expenses of recovering the same and any other sums whatsoever payable by the Merchant under this Bill of Lading or any other Bill of Lading between Carrier and Merchant and may enforce this lien, by all available means, including public or private sale. The net proceeds of any such sale, after first deducting all costs and expenses in executing the lien shall be applied towards the settlement of the amounts due the Carrier. If on sale of the Goods, the proceeds fail to cover the amount due and the cost and expenses incurred, the Carrier shall be entitled to recover the deficit from the Merchant.

(b) The Carrier shall have a lien on the Goods for all expenses and charges incurred in protecting or caring for the Goods, whether the Goods be damaged or not, and for any payment or liability of whatsoever nature incurred by the Carrier in connection with the Goods, including legal fees incurred through attachments or interpleader or other proceedings in respect of the Goods.

해석

(a) 운송인은 본 선하증권 또는 운송인 및 화주 사이의 기타 다른 선하증권에 따라 화주가 지불해야 할 모든 운임, 부적운임, 체선료 및 이러한 금액을 회수하기 위한 비용 및 지출, 그리고 모든 기타 요금에 대해서 운송인은 경매 또는 사적 매각을 포함하여 모든 가능한 수단으로 화물의 유치권을 행사할 수 있다. 이러한 순매각금액에서 먼저 유치권 행사비용 및 지출을 공제하고, 그 잔액은 운송인에게 줄 금액을 정산하는 데 사용될 것이다. 화물을 매각했지만 매각금액으로 채무액과 발생된 비용 및 지출을 충당하지 못하면, 운송인은 화주에게 부족액을 받을 권리가 있다.

(b) 운송인은 화물의 압류 또는 중첩소송 또는 기타 소송으로 발생한 법적 비용을 포함하여, 화물을 지키고 관리하는 데 발생한 모든 비용 및 지출, 그리고 비용과 책임의 발생원인을 불문하고 화물과 관련하여 발생한 운송인의 지불 또는 배상책임에 대해 화물 손상여부에 관계없이 화물의 유치권을 가진다.

13. 위험물, 금지제품(Dangerous Goods, Contraband)

(a) The Carrier undertakes to carry Goods of a hazardous, injurious or dangerous nature only upon the Carrier's written acceptance of a prior written application by the Merchant for the carriage of such Goods.

(b) The Merchant shall ensure that the nature of dangerous Goods is distinctly and permanently marked and manifested on the outside of the packages and containers, and shall submit all documents or certificates required by any applicable statutes or regulations.

(c) Whenever Goods are discovered to be contraband or prohibited by any applicable laws or regulations, the Carrier shall be entitled to have such Goods rendered innocuous, thrown overboard or discharged or otherwise disposed of at the Carrier's discretion without compensation.

해석

(a) 화주가 화물을 운송하기 위해 사전에 서면으로 신청하였고, 운송인이 서면으로 이를 수락하였다면 운송인은 유해, 위해, 위험화물을 운송할 것을 승낙한 것으로 본다.

(b) 화주는 위험물의 성분을 화물의 포장 및 용기의 외부표면에 선명하고 지워지지 않게 표기 및 표시해야 하고, 그리고 적용될 모든 법률 및 규정이 요구하는 모든 서류 또는 증명서를 제출하여야 한다.

(c) 화물이 적용될 법률 또는 규정에 따라 수출입이 금지된 물품, 생산금지물품에 해당된다는 사실을 알면, 운송인은 보상 없이 운송인의 판단으로 화물을 무해화, 투하, 양륙 또는 기타의 방법으로 처분할 권리를 가진다.

14. 인도(Delivery)

(a) The Carrier shall have the right to deliver the Goods at any time at any place designated by the Carrier within the geographic limits of the place of delivery.

(b) In any case the Carrier's responsibility shall cease when the Goods have been delivered to the Merchant, its agent or subcontractors or otherwise according to law at the place designated by the Carrier. Delivery of the Goods to the custody of Customs or any other authorities shall always constitute final discharge of the Carrier's responsibility hereunder.

(c) For Goods received by the Carrier in containers the Carrier shall only be responsible for delivery of the total number of containers shown on the face of the Bill of Lading, and shall not be required to unpack the containers.

(d) Where the Goods have been packed into containers by the Carrier, the Carrier shall unpack the containers and deliver the contents thereof and shall not be required to deliver the Goods in containers.

(e) The Carrier shall not be liable for failure to deliver in accordance with marks unless the Goods or Packages shall have been clearly, legibly and permanently marked.

해석

(a) 운송인은 인도장소의 지리적 영역 내에 있는 운송인이 지정한 장소에서 언제든지 화물을 인도할 권리가 있다.

(b) 어떠한 경우에도 운송인의 책임은 운송인이 지정한 장소의 법률에 따라 화물을 화주, 그 대리인 또는 하청업자 또는 기타의 당사자에게 인도하면 운송인의 책임은 끝난다. 본 선하증권에 따라 세관 또는 기타 기관에 화물을 인도하면 운송인의 책임은 끝난다.

(c) 운송인이 컨테이너에 적입된 화물을 수령하면 운송인은 선하증권 전면에 기재된 컨테이너 총개수를 인도할 책임이 있고, 컨테이너를 개봉할 의무는 없다.

(d) 운송인이 컨테이너에 화물을 적입한 경우, 운송인이 컨테이너를 개봉하여 컨테이너 안에 있는 화물을 인도할 책임이 있고, 화물이 적입된 컨테이너를 인도할 의무는 없다.

(e) 화인이 화물 또는 포장물에 분명하고, 읽기 쉽고, 선명하게 표기되어 있지 않으면 운송인은 화인에 따라 화물을 인도하지 못해도 책임을 지지 않는다.

15. 손해배상의 고지 및 제소시효(Notice of Claim and Time for Suit)

(a) Unless notice of loss or damage and the general nature of such loss or damage be given in writing to the Carrier or his agent at the place of delivery at the time of delivery, such removal shall be evidence of the delivery by the Carrier of the Goods as described in the Bill of Lading. If the loss or damage be not apparent, the notice must be given in writing to the Carrier within three days after delivery.

(b) In any event and however founded the Carrier shall be discharged from all liability unless suit is brought within one year after the delivery of the Goods or the date when the Goods should have been delivered.

(c) Where the Merchant contests the general application of Hague/Visby/COGSA legislation, proof that damage actually occurred in the care, custody or control of the Inland Carrier, and that claim or suit were not timely made within the time limits provided by law and tariff applicable to the Inland Carrier shall create an absolute defense to the liability of the Ocean Carrier.

해석

(a) 멸실 또는 손상의 고지 및 멸실 또는 손상의 전반적인 내용이 화물의 인도장소에서 인도할 때 서면으로 운송인 또는 그 대리인에게 고지하지 않으면 화물의 인도는 운송인이 본 선하증권에 명시된 화물을 인도한 증거로 된다. 만약 멸실 또는 손상이 외관상으로 분간할 수 없으면 인도 후 3일 내에 고지를 서면으로 운송인에게 해야 한다.

(b) 어떠한 경우에도 그리고 손해가 발견되었더라도 화물을 인도한 후 또는 화물이 인도되어야 할 날로부터 1년 이내에 소송이 제기되지 않으면 운송인은 모든 책임에서 면제된다.

(c) 화주가 헤이그/비스비/COGSA의 일반적인 적용에 이의를 제기하고, 손해가 내륙운송인이 관리, 점유 또는 통제기간에 실제로 발생했음이 입증된 경우, 손해배상청구 또는

소송이 내륙운송인에게 적용되는 법률 및 공시사항에 명시된 시효기간 내에 제기되지 않으면 해상운송인은 배상책임에서 면제된다.

16. 손해배상(Damages)

(a) In no event shall the Carrier be liable for more than the contract value to the Merchant of the damaged or lost items at the place and time they were or should have been delivered to the Merchant. Where permitted by law, the Carrier's liability hereunder shall not exceed the Merchant's net invoice cost, freight and insurance premiums, if paid.

(b) In no event shall the Carrier be responsible for consequential damages, for lost profits, for non-compensatory damages, for exemplary damages, or for damages of any kind arising from delay, loss of market, depreciation or damages payable by the Merchant to any third party.

해석

(a) 화물을 화주에게 인도 또는 인도했어야 할 장소 또는 시점에서 손상 또는 멸실된 품목에 대해, 어떠한 경우에도 운송인은 계약금액 이상으로 책임을 지지 않는다. 법률의 허용에 따라 지불하는 경우 운송인의 책임은 어떠한 경우라도 화주의 순송장금액, 운임 및 보험료를 초과할 수 없다.

(b) 간접손해, 이윤상실, 비보상적 손해, 징벌적 손해, 지연에 의한 모든 손해, 시장상실, 가격하락 또는 화주가 제3자에게 배상할 손해에 대해 운송인은 어떠한 경우에도 책임을 지지 않는다.

17. 손해배상에 대한 책임제한(Limitation of Damage)

(a) Damages shall, in all events, be limited in accordance with the applicable Hague/Visby/COGSA legislation.

(b) Unless the nature and value of the Goods have been declared in writing by the Merchant before shipment and inserted in this Bill of Lading, and ad valorem freight regulated in the applicable tariff paid in advance;

(i) Where Hague Rules apply, the Carrier shall in no event be liable for loss or damage in an amount exceeding the minimum allowable limit per package or unit in the applicable version of the Hague Rules.

(ii) Where U.S. COGSA applies, the Carrier shall in no event be or become liable for any loss or damage to or in connection with the Goods in an amount exceeding U.S. dollars 500 per package or, in case of Goods not shipped in packages, per customary freight unit.

해석

(a) 어떤 경우에도 손해배상책임은 적용가능한 헤이그/비스비/COGSA에 의거 제한된다.

(b) 화주가 화물의 성분 및 가격을 선적 전에 서면으로 통지하여 선하증권에 기재하고 적용될 공시사항의 규정에 따라 선불종가운임이 아니면 운송인의 책임은 다음과 같이 제한된다.

(i) 헤이그규칙이 적용되는 경우에 운송인은 어떠한 경우에도 멸실 또는 손상을 헤이그규칙이 적용하는 포장당 또는 단위당 최소 허용한도를 초과하여 책임을 지지 않는다.

(ii) USCOGSA가 적용되는 경우에 운송인은 어떠한 경우에도 화물 또는 화물과 관련된 모든 멸실 또는 손상을 포장당 또는 화물이 포장으로 선적되지 않는 경우 상관행으로 인정되는 운임단위당 미화 500달러를 초과하여 책임을 지지 않는다.

18. 공동손해 및 특별요금(General Average and Special Charge)

(a) General Average to be adjusted, stated and settled at any port or place at the Carrier's option, according to the York-Antwerp Rules 1974 as amended 1994 (or as amended 1990 at the discretion of the Carrier) and in the currency selected by the adjuster, who shall be appointed by the Carrier.

(b) Average agreement, non-separation agreement, deposit or bond shall be furnished by the Merchant to the Carrier before delivery of Goods subject to claims for contribution in General Average.

(c) The Amended Jason Clause as approved by the Baltic and International Maritime Conference (BIMCO) is incorporated here by this reference.

(d) The Both-to-Blame Collision Clause as adopted by BIMCO is incorporated here by this reference.

(e) In case of special charges or expenditures unforeseen by the terms of this Bill of Lading, and not compensable in General Average, the Merchant shall reimburse the Carrier for all such special charges and expenditures that might be applicable to the Goods.

해석

(a) 공동해손은 운송인이 지정한 손해사정인이 선정한 통화로, 1994년 요크-앤트워프규칙에 따라 운송인이 선정한 항구 또는 장소에서 정산하고 기술하며 해결한다.

(b) 화주는 운송인이 화물을 인도하기 전에 운송인에게 공동해손 분담금조로 공동해손계약서, 비분할약정서, 공탁금 또는 보증서를 제공해야 한다.

(c) 발틱국제해운동맹이 승인한 수정된 제이슨약관을 참조사항으로 본 선하증권에 편입시킨다.

(d) 발틱국제해운동맹이 채택한 쌍방과실충돌약관을 참조사항으로 본 선하증권에 편입시킨다.

(e) 본 선하증권으로 예측하지 못한 특별비용과 지출이 발생하여 이 비용이 공동해손으로 보상받을 수 없는 경우, 화주는 운송인에게 화물에 부과되는 이러한 특별비용과 지출을 상환해야 한다.

19. 법위반(Deviation)

No reasonable or customary action taken by the Carrier during the carriage of the Goods shall constitute a deviation, and in particular, no action taken by the Carrier pursuant to the Liberties Clause above shall constitute a deviation if it was taken for the intended benefit of the Vessel, the Goods, the Goods of others or the general enterprise. It shall be prerequisite to the Merchant's claim for damages on account of deviation that the Merchant's insurance shall first have been cancelled on account of the alleged deviation. No deviation shall oust the right to limit liability for damages, and the Carrier shall always be entitled to the full benefit of all privileges, rights and immunities contained in this Bill of Lading and any incorporated tariffs.

해석

화물운송기간 중에 운송인이 취한 합리적 또는 관행적인 조치는 법을 위반한 것이 되지 않는다. 특히 상기 자유약관에 의거 운송인이 취한 조치가 본선, 화물, 타 화물 또는 사업 전반의 계획된 이익을 위해 취한 것이면 법위반으로 보지 않는다. 법의 위반으로 발생한 손실에 대한 화주의 손해배상청구는 화주의 보험이 법의 위반으로 취소될 것을 전제로 한다. 어떠한 법의 위반으로 손상에 대한 책임제한권이 박탈되지 않으면 운송인은 본 선하증권 또는 공시사항에 편입된 모든 특권, 권리 및 면책의 편익을 완전히 행사할 권리가 있다.

20. 조항의 일부내용 무효화(Severability of Terms)

(a) The terms of this Bill of Lading are severable, and if any part or term is declared invalid or unenforceable, the validity or enforceability of any other part or term shall not be affected.

(b) In particular, if any term of this Bill of Lading is held to be repugnant to the applicable Hague/Visby/COGSA legislation or to any tariff to any extent, such term shall be void to that extent but no further.

해석

(a) 선하증권의 조항은 일부내용이 무효화될 수 있다. 조항의 일부내용은 무효 또는 강행불능이라고 선언된 경우 다른 부분 또는 다른 조항의 효력 강행성은 영향을 받지 않는다.

(b) 특히 본 선하증권의 어떤 조항이 적용할 헤이그/비스비/COGSA 또는 공시사항과 어떤 범위 내에서 상충될 경우 선하증권의 상충조항은 상충된 범위까지 무효이고 상충되지 않은 부분은 영향을 받지 않는다.

CHAPTER 09

국제항공운송

학습목표

국제항공운송의 특성을 토대로 항공운임을 살펴보고 국제항공운송절차를 분석하여 국제항공운송경로를 설정할 수 있는 안목을 키우고 국제조약과 국제기구를 학습한다.

제1절 국제항공운송의 개요

1. 국제항공운송의 정의

국제항공운송(air transportation)은 항공기로 여객이나 화물을 적재하여 공로(air route)를 이용하여 한 국가의 공항에서 다른 국가의 공항으로 운송하는 최신식 운송시스템이다. 항공기는 상행위나 그 밖의 영리를 목적으로 운항에 사용하는 항공기를 말한다. 사회통념상 항공기는 공중을 운항하는 데 사용되는 구조물로 볼 수 있다.

2. 국제항공운송의 발전

국제항공운송은 국제육상운송이나 국제해상운송에 비해 신속하다는 장점을 지니고 있다. 그러나 운임이 상대적으로 비싸고 일시에 대량의 화물을 운송할 수 없으며 또한 국제공항이 있는 지역 간의 운송에만 국한되는 이유들 때문에 그동안 무역거래에서는 주로 부피가 작고 신속한 운송을 요하는 고가제품만이 항공운송을 이용해왔다.

그러나 경제발전에 따라 비싼 운임을 지급하여도 충분히 채산이 맞는 부가가치 높은 반도체, 정밀기기, 통신기기, 광학기기 등의 제품이 많이 개발되어 항공운송에 대한 의존도가 점차 높아지기 시작하였다. 또한 항공운송체제가 확립됨에 따라 세계 주요도시의 공항이 정비되어 내륙지역까지 항공운송으로 직접 운송할 수 있는 범위가 확대되었다.

이와 때를 같이 해서 1970년대부터 대형 제트 화물전용기가 국제선에 취항하여 항공운송에서도 어느 정도 대량운송이 가능하게 됨에 따라 무역거래에서 항공운송이 차지하는 비중이 급속히 증가하게 되었다. 특히 컨테이너운송이 발전됨에 따라

1980년대부터는 단순한 항공운송으로서가 아니라 국제육상운송 및 국제해상운송과 연계한 국제해상 · 국제항공 · 국제육상 또는 국제항공 · 국제육상 등의 복합운송까지도 가능하게 되었다.

3. 국제항공운송의 장점

항공운송의 최대의 장점은 신속성이다. 이러한 신속성으로 인해 항공운송은 운송기간을 단축시키고 재고비용을 절감하며 또한 양호한 운송조건을 제공할 수 있는데 이를 구체적으로 살펴보면 다음과 같다.

첫째, 항공운송은 신속성으로 인해 운송기간이 상당히 단축되었다. 따라서 예기치 못한 수요의 급격한 증가에도 즉각 대처할 수 있으며, 또한 납기가 늦어짐으로써 발생할 수 있는 위약금이나 계약해제에 따른 손해도 막을 수 있다. 그리고 운송기간이 짧게 되면 변질되기 쉬운 상품이나 판매수명이 짧은 상품도 원거리시장에서까지 경쟁력을 유지할 수 있게 된다.

이러한 효과로 인해 기계설비 및 선박의 부품 등과 같이 긴급히 운반하지 않으면 막대한 손실을 가져오게 되는 품목, 납기가 촉박한 상품, 계절상품, 투기상품 등은 항공운송에 적합하다.

둘째, 신속한 운송은 재고비용을 절감시킨다. 즉 제품이 신속하게 운송되면 각 지역에 다량의 재고품을 묶어 둘 필요가 없기 때문에 재고비용이나 보관비용을 절감할 수 있다. 이에 적합한 상품으로는 생선, 식료품, 생화, 생동물, 방사성 물질과 같이 시간이 지나면 가치가 없어지는 화물, 부패성 화물 등을 들 수 있다.

셋째, 항공운송은 운송조건이 양호하다. 운송기간이 짧기 때문에 위험에 노출되는 시간도 짧아 도난, 분실 등의 위험이 적다. 또한 항공기는 선박과는 달리 요동이 별로 없기 때문에 화물이 파손될 위험도 적다. 이 때문에 부가가치가 높아 중량에 비하여 운임부담력이 있는 상품과 파손 및 도난의 위험이 높은 미술품, 귀금속, 모피, 약품, 전자기기, 통신기기, 광학기기 등의 경우에는 항공운송을 이용하게 된다.

4. 국제항공운송운임

1) IATA의 항공운임요율

(1) IATA의 운임제도

국제항공운송협회(International Air Transport Association : IATA)는 항공운임, 운송조건, 기타 항공운송업무에 필요한 중요한 사항을 결정하고 있다. 동 협회가 항공운임을 결정하고 각국이 이를 승인하면 항공사는 운임을 부과한다. 동 협회의 운임조정위원회가 항공운항원가를 분석하여 화물운임, 요율설정, 통화규정, 국제항공운송의 판매 및 처리에 관여한 중간업자의 수수료 및 규칙 등을 협의하여 변경하거나 신설한다.

동 협회의 중요한 기능은 여러 국가에 있는 다수의 항공사 간에 이견을 조정하여 운임을 결정하고 결정된 운임은 동 협회에 가입한 항공사들이 준수하도록 하여 국제적으로 운임을 통제하는 것이다.

IATA는 세계를 캐나다, 미국, 남미로 구성된 1구역, 유럽, 중동, 아프리카로 구성된 2구역, 동남아시아, 오세아니아로 구성된 3구역으로 나누어 각 구역별로 운임협정회의를 개최하여 운임을 결정한다.

(2) IATA의 운임결정원칙

IATA의 운임결정원칙은 다음과 같다.

① 요율, 운임 및 이와 관련된 규정은 항공화물운송장을 발행할 시점에 유효한 것을 적용한다.

② 요율은 출발공항에서 도착공항까지의 운송만을 고려하여 결정되며 그밖에 부대비용은 별도로 계산한다.

③ 요율은 편도로 출발국 통화로 결정되며 달러로 결정하는 국가도 있다.

④ 별도로 규정된 경우를 제외하고 요율과 요금은 가장 낮은 것을 적용한다.

⑤ 요금은 출발지에서 중량과 용적중량을 고려하여 운송인에게 유리한 것을 기준으로 적용요율을 곱하여 산출한다.

⑥ 모든 화물요율은 kg당 요율로 결정되지만 미국발 화물은 파운드와 kg 요율 두 가지로 설정되어 있다.

⑦ 운임 및 종가운임은 선불이거나 도착지 지불이어야 한다.

⑧ 화물이 운송되는 경로와 운임산출경로는 반드시 일치할 필요는 없다.

⑨ IATA가 결정한 각 구간별 요율은 정부의 승인을 받은 후에만 적용할 수 있다.

(3) IATA 매뉴얼

IATA는 전세계 항공사가 사용하는 매뉴얼을 발행하여왔다. 매뉴얼에는 항공사가 준수해야 하는 규정, 화물운송규정(IATA Cargo Traffic Conference), 위험식품취급규정(Dangerous Goods Regulation), 생동물취급규정(Live Animal Regulation)이 있으며 태리프는 TACT(The Air Cargo Tariff)와 OAG(The Official Airline Guides)가 있다. TACT는 IATA의 매뉴얼로 TACT는 북미지역을 중심으로 발착화물의 요율이 기재된 TACT Rates North America Manual, 북미지역을 제외한 전세계 도시의 발착화물요율이 기재된 TACT Rates Worldwide Manual, 항공화물운송업무에 관하여 수출입항공화물, 환적화물, 통관절차, 항공화물운송구비서류, 항공화물운송장 작성규칙 및 항공사정보를 제공하는 TACT Rules Manual로 구성되어 연 3회 발행한다.

OAG는 유럽과 미국에서 사용하던 매뉴얼을 하나로 통합하여 항공편 스케줄을 제공하는 전문매뉴얼로 만들어진 것으로 OAG Cargo Guide, OAG Flight Guide, OAG Worldwide 및 North America로 구성되어 있다. OAG Cargo Guide는 전세계 항공사, 항공사 지칭부호 및 부호공유, 항공사 숫자코드, 항공기종별과 도시, 공항코드와 같은 일반정보와 스케줄정보, 항공화물요율정보, 가산요금 적용방법 등이 수록되어 있다.

(4) IATA의 운임정산 전산시스템

항공사와 대리점은 각각 화물운임을 정산하여왔다. 여러 항공사와 대리점이 동일한 업무를 중복하여 처리하다 보니 비용과 시간이 많이 소용되어 IATA와 회원 항공사가 공동으로 정산은행을 통하여 일괄처리하는 정보처리 전산시스템(Cargo Account Settlement System)을 개발하였다. CASS는 항공사와 대리점 간에 화물운임을 정산하는 제도로 공신력이 있는 정산은행을 통하여 전산업무를 일괄처리하여 비용을 절감시키게 되었다.

2) 항공화물운임

(1) 항공화물운임의 개요

항공화물운임은 일반요율과 요금, 기타 수수료에 의해서 결정된다. 운임을 산정하는 요율은 항공운임을 중량단위 또는 단위용기당 금액으로 나타낸 것으로 노선별로 요율표(tariff)에 정해져 있다. 화물요율의 중량단위로 파운드(Ib)와 kg이 있는데 미국은 파운드를 사용하고 대부분의 국가는 kg을 사용하고 있다. 운임은 운송비와 운송에 수반되는 파렛트, ULD 사용료, 위험화물 취급수수료, 착불수수료, Trucking Charge, 기타 서비스에 대한 수수료 등이 포함된다.

(2) 항공운임 산출중량의 결정

운임률표(tariff)에 kg 또는 Ib로 요율이 정해져 있는데 화물의 적용요율을 찾기 위해서는 항공운임 산출중량(chargeable weight)을 결정하여야 하며 항공화물운송장의 Actual Weight란에 실제로 산출한 중량을 기입하면 된다.

3) 항공화물 운임산출방법

(1) 화물의 실제중량에 따른 방법

포장명세서에 기재된 화물의 실제중량에 적용요율을 곱하여 운임을 산출하는 방법을 말한다. 포장명세서에 기재된 화물의 실제중량이 50kg이면 50kg을 기준으로 해당 구간의 kg당 요율을 곱하여 운임을 산출한다. 소수점 0.5kg 미만은 0.5kg으로 절상하고, 0.5kg 이상은 1kg으로 절상하고 0.001Ib에서 1.0Ib 미만은 1Ib단위로 절상한다.

(2) 화물의 용적량에 따른 방법

항공기는 화물을 항공기에 적재할 수 있는 총이륙중량이 법으로 정해져 있고 총이륙중량을 초과하면 항공기는 이륙할 수 없다. 따라서 항공사는 한정된 공간을 자기에게 유리하게 사용하기 위해서 용적량과 실중량을 비교하여 더 높은 것을 운임부과기준으로 하여 운임을 부과하고 있다.

화물의 용적량은 화물의 가로×세로×높이로 부피를 산출하는 방식을 사용하고 있는데 최대가로×최대세로×최대높이를 산출하여 계산한다. 모든 화물은 직육면체의 부피로 계산하여 화물의 용적량을 산출하고 있는데 길이(cm/inch)단위의 소수점은 모두 사사오입하여 적용한다.

예를 들어 172.3cm×188.7cm×151.4cm는 172cm×189cm×151cm로 사사오입하여 정리한 후에 부피를 산출하고 이 수치에 6,000cm^{3}와 366in^{3}로 나누면 운임부과용적중량이 산출된다. 6,000cm^{3}와 366in^{3}로 나누는 이유는 6,000cm^{3}와 366in^{3}을 1kg으로 보기 때문이다.

- 예 172cm×189cm×151cm=4,908,708cm^3 ÷ 6,000cm^3=818,118kg이다. 따라서 운임부과중량은 818kg이 되고 818kg에 적용요율을 곱하면 최종운임이 된다.
- 예 54in×67in^3×82in^3=296,676in^3 ÷ 366in^3=810,590in^{3}이다. 따라서 운임부

과중량은 811kg이 되고 811kg에 적용요율을 곱하면 최종운임이 된다.

해상운임에서는 선박 공간 100cm×100cm×100cm를 1cbm($1m^3$)으로 보는데 이를 항공중량으로 환산하면 100cm×100cm×100cm = 1,000,000cm^3 ÷ 6,000cm^3 = 166.666kg이 되어 1cbm은 167kg이 된다.

예 90kg의 화물의 항공운임을 산출하여 보자. 이 화물은 용적이 90cm×100cm×70cm이다. 화물의 실제중량은 90kg이고 용적중량은 90cm×100cm×70cm = 630,000cm^3 ÷ 6,000cm^3 = 105kg이 되어 용적중량이 운임부과기준이 되어 105kg에 적용요율을 곱하여 운임을 산출한다.

예 Tariff : M 67,200, N 11,780, 45 8,840, 100 7,760, 300 7,070, 500 5,930, O/D : ICN/LAX, Q'ty : 10 Boxes, Actual Wt : 820kg, Boxes Size : 80cm, 68cm, 100cm인 경우 Volume Wt, Chargable Wt, Freight Charge는 얼마인가?

- Volume Wt : 80×68×100/6,000 = 90.666 = 91kg×10 = 910kg
- Chargable Wt : 820kg < 910kg = 910kg
- Freight Charge : 910kg×5,930 = 5,396,300원

3) 항공운임의 종류

(1) 일반화물요율

일반화물요율(general cargo rate)은 특정품목할인요율과 품목분류요율이 적용되지 않는 모든 화물에 적용되는 기본적인 요율을 말한다. 일반화물요율에는 최저운임, 45kg 미만 요율, 45kg 이상 요율, 100kg 이상 요율, 300kg 이상 요율 등이 있는데 대체로 중량이 많으면 많을수록 kg당 더 싼 요율이 적용된다.

같은 운송구간이더라도 출발지 공항에 따라 요율에 차이가 난다. 인천공항과 LA공항의 운송구간에서 화물인 인천공항에서 출발하여 LA공항에 도착하는 구간에 적용하는 요율과 LA공항에서 출발하여 인천공항에 도착하는 요율이 다르게 적용

된다.

최저운임(minimum charge)은 한 건의 화물을 운송하는 데 가장 적은 운임을 부과하는 것으로 Tariff에 M으로 표시된다. 화물의 중량에 45kg 미만 요율을 곱하여 산출한 운임이 최저운임보다 적으면 최저운임을 부과한다.

기본요율(normal rate)은 45kg 미만 요율을 말하고 Tariff에 N으로 표시된다. 중량단계별 할증요율(quantity rate)은 중량이 늘어남에 따라 낮은 요율을 적용하는 것을 말한다. 100kg 이상 요율, 200kg 이상 요율, 300kg 이상 요율 등으로 중량이 증가함에 따라 낮은 요율을 적용하여 낮은 운임을 부과하고 있다.

예 Tariff : M 67,200, N 11,780, 45 8,840, 100 7,760, 300 7,070, 500 5,930, O/D : ICN/LAX, Q'ty : 1 Boxes, Actual Wt : 43kg, Volume Wt : 0.245CBM인 경우 Chargable Wt, Freight Charge는 얼마인가?

- Chargable Wt : 0.245CBM × 167 = 40.915 = 41kg
- Freight Charge: 41kg < 43kg = 43kg × 11,780원 = 506,540원으로 부과운임이 산출되지만 최저운임 부과중량보다 적은 것은 최저운임을 부과한다. 최저운임은 43kg × 67,200 = 2,889,600원이 되어 506,540원을 부과하는 것이 아니라 2,889,600원을 부과한다.

(2) 특정품목할인요율

특정품목할인요율(specific commodity rate)은 항공운송을 많이 이용하도록 하기 위해 적용하는 할인요율이다. 해상운송과 경쟁 중에 있는 품목 중에서 항공운송을 이용할 가능성이 높은 품목에 대해 할인요율을 적용함으로써 항공운송으로 이용하도록 유인한다. 또한 특정항공운송 구간에서 빈번하게 반복운송되는 품목에 대해서 일반화물요율보다 낮은 요율을 적용하여 계속 항공운송을 이용하도록 한다. 그리고 이 요율은 해당 요율마다 설정된 최저중량의 제한을 받도록 되어 있어 가능한 한 대량운송을 하도록 유도하고 있다.

(3) 품목분류요율

품목분류요율(commodity classification rate)은 몇 가지 특정품목이나 지역 간에만 적용되는 요율을 말한다. 이 요율은 신문, 잡지, 정기간행물, 비동반 수화물, 귀중화물, 생동물 등과 같은 특정품목에 적용된다. 품목분류요율은 별도로 설정된 것이 아니라 기존운임률표에서 운송구간에 따라 책정된 기본료를 할인하거나 할증하여 적용한다. 예를 들어 신문, 잡지, 정기간행물 등의 특정품목은 기본료에서 할인하고 나머지 특정품목은 기본료에서 할증료를 더해 부과시킨다.

(4) 종가운임

종가운임(valuation charge)은 신고가액이 화물 1kg당 US$20을 초과하면 적용되는 것으로 귀금속, 미술품 등과 같은 고가품에는 할증된 종가운임이 적용된다. 귀중품을 제외한 일반화물은 1kg당 US$20을 초과하면 초과한 금액에 대해 0.5%의 종가운임이 부과된다. 귀중품은 총신고가액의 0.1%의 종가운임이 부과된다.

(5) 파렛트 · 컨테이너운임

파렛트 · 컨테이너운임(bulk unitization charge)은 파렛트 · 컨테이너당 크기와 개수로 운임이 부과된다. 송하인이 화물을 파렛트, 컨테이너에 적입하여 국제항공운송인에게 인도하고 국제항공운송인은 도착공항에서 수하인에게 파렛트, 컨테이너를 인도하는 화물에 적용되는데 의류가 대표적인 화물이다. 의류는 Hanger Container에 넣어 운송되면 도착지에서 다림질하여 다시 포장하지 않고 바로 매장으로 보내 진열장에 진열하여 판매할 수 있어서 컨테이너운임이 적용된다.

항공기 탑재용기(Unit Load Device : ULD)는 적입량을 기준으로 Type 1~Type 9로 분류되고 각각 분류된 Type에 따라 운임이 다르게 설정되어 있다. 파렛트 · 컨테이너운임은 기본운임(pivot weight)을 기준으로 초과중량요율(over pivot rate)로 산출되며 각 유형마다 정액한계중량(pivot weight)이 설정되어 있다. 탑재화물이 정액한계중량 이하이면 기분운임이 부과되고 정액한계중량을 초과하면 화물의 중량에서 정액초과중량을 차감한 중량을 kg당으로 표시된 초과중량요율을 곱한 운임을 기본운임에 더해서 운임을 산출한다.

예를 들어 인천공항에 LA공항까지 항공운송되는 화물의 중량이 3,000kg으로 타입 4H 컨테이너를 사용하는 경우 다음과 같다.

- ULD type : 4H
- Pivot weight : 2,500kg
- Pivot charge : 7,000$
- Over pivot charge : 5$/kg
- 7,000$ + (3,000kg − 2,500kg) × 5$ = 9,500$

운임은 9,500달러가 되고, 만약 화물의 중량이 2,400kg이라면 기본중량에 미달하여 기분운임 7,000달러가 부과된다.

(6) 혼합화물요율

혼합화물요율(mixed consignment rate)은 탑재용기에 여러 화물이 적입되어 한 장의 항공화물운송장으로 운송되는 혼합화물에 적용된다. 여러 종류의 화물이지만 운임률이 동일하면 혼합화물로 보지 않는다. 귀중품, 생동물, 시체, 외교행낭, 별송수화물 등은 혼합금지품목으로 지정되어 있다.

혼합화물운임은 다음과 같이 산정한다.

① 화물의 중량(용적)에 일반화물요율을 곱해 계산한다.

② 항공컨테이너 하나에 수종의 화물이 적입되는 경우에는 가장 높은 화물의 운임률이 적용된다.

③ 송하인이 화물별로 중량과 품명을 별도로 신고하면 신고된 각각의 화물이 별도로 탑재된 것으로 간주하여 운임이 적용된다.

④ 송하인이 별도로 신고한 일부화물의 운임이 최저운임에 미치지 못해도 항공기 컨테이너에 적입된 전체화물이 최저운임에 달하면, 일부화물에 대해 최저

운임을 적용하지 않는다.

⑤ 종가운임은 탑재화물 전체의 신고가액에 기초하여 산정한다.

5. 국제항공화물운송업자

국제해상운송에서는 송하인이 직접 선박회사와 운송계약을 체결하지만 국제항공운송에는 송하인이 항공사와 거래하지 않고 항공화물운송대리점이나 항공화물운송주선업자와 운송계약을 체결한다.

1) 항공화물운송대리점

항공화물운송대리점(air cargo agent)은 항공법 제2조에서 항공사 또는 총대리점을 위하여 유상으로 항공기에 의한 운송계약 체결을 대리하는 사업을 영위하는 자를 말한다고 정의하였다. 항공화물운송대리점은 항공사의 대리인으로서 항공사의 운송약관, 규칙, 운임률표 및 운행시간표를 이용하여 국제항공화물을 유치하고 항공화물운송장을 발행하며 이에 부수되는 모든 업무를 수행한다. 그 대가로 대리점계약에 의거 항공사로부터 항공화물운임의 5%를 수수료로 받는다.

항공화물운송대리점의 주요업무는 항공사를 대신하여 고객을 찾아 수출입화물을 집하하고 이에 부수되는 업무를 수행한다. 부수되는 업무는 수출입통관수속대행, 국제항공운송 이전 · 이후에 화물의 운송과 배달을 주선하는 업무, 적하보험 부보업무, 화물추적업무, 국제무역실무에 대한 상담업무 등이 있다.

2) 항공화물운송주선업자

소량의 항공화물은 운임률이 높고 최저운임이 적용되고 대량화물은 운임률이 낮기 때문에 가능한 한 동일한 목적지별로 화물을 모아서 혼재하여 대량항공화물로 만드는 것이 유리하다. 이와 같이 여러 송하인으로부터 소량의 화물을 모아서 대량화물로 만든 다음 항공사의 항공기를 이용하여 자기 명의로 타인화물을 운송하는 것을 업으로 하는 자를 항공화물운송주선업자 또는 혼재업자(consolidator)라 한다.

항공화물운송주선업자(air freight forwarder)는 송하인과 항공사의 중간에서 송하인에게는 운송인이 되고 항공사에 대해서는 송하인이 된다. 항공화물운송주선업자는 항공사요율보다 낮은 혼재업자요율을 적용하여 차액을 항공화물운송주선업자의 이익으로 가져간다.

예 인천공항–LA공항까지의 항공사요율 : 최저요금–US$40.00
45kg까지–US$2.19/kg
45kg 이상–US$1.70/kg
항공화물운송주선업자요율 : 최저요금–US$30.00
45kg까지–US$1.80/kg
45kg 이상–US$1.60/kg

항공화물운송주선업자가 A회사로부터 10kg, B회사로부터 30kg, C사로부터 40kg을 모았을 경우 항공화물운송주선업자요율을 적용하면 $30+30kg×$1.80+40kg×$1.80=$156이고 항공사요율을 적용하면 80kg×$1.70=$136가 되어 차액 20달러가 항공화물운송주선업자의 이익이 된다.

화주는 항공화물운송주선업자를 이용함으로써 항공사요율보다 낮은 요율을 적용받아 운임이 싸고 항공사는 소량항공화물의 집하 · 운송 · 보관 · 통관 등의 업무를 항공화물주선업자가 대신하기 때문에 업무가 간소화되고 낮은 항공화물운송주선업자요율로 화물을 많이 모을 수 있다.

항공화물운송주선업자는 송하인과 운송계약을 체결하고 운송주선업자용 화물운송장(house air waybill)을 발행한다. 이 화물운송장은 화물을 인수했다는 수령증 역할을 한다.

그러나 운송주선업자는 현실적으로 항공기를 갖고 있지 않으므로 여러 송하인으로부터 모은 화물을 운송하기 위해서는 다시 송하인의 입장이 되어 항공사와 새로운 운송계약을 체결하고 항공화물운송장(Master Air WayBill : MAWB)을 발급받는다. 항공화물운송장은 주선업자와 항공사 간의 운송계약에 따른 증거서류이므로 항공화물을 수하인별로 분류하여 인도할 때는 운송주선업자가 발행한 운송장과 연결시켜 업무를 수행하게 된다.

제2절 항공기와 화물의 하역

1. 항공기의 정의

항공기는 동력비행장치로 하늘로 날아서 여객이나 화물을 운송하는 비행기, 비행선, 활공기, 회전익항공기, 그밖에 대통령령으로 정하는 것으로서 항공에 사용할 수 있는 기기를 말한다. 항공기는 동체, 몸통날개, 꼬리날개, 동력장치, 착륙장치, 통신 및 항법장치로 구성되어 있다.

2. 항공기의 종류

항공기는 크기에 따라 재래식 소형기종과 대형기종으로 구분되며 소형기종은 단위탑재용기를 탑재할 수 없고 수작업으로 화물을 탑재한다. 반면에 대형기종은 단위탑재용기를 탑재하여 화물을 많이 운송할 수 있다.

항공기는 용도에 따라 화물전용기, 겸용기, 여객기로 구분되고, 전환가능성에 따라 화물전용기, 화객겸용기로 구분된다.

그림 9-1 ○ 항공기 구조

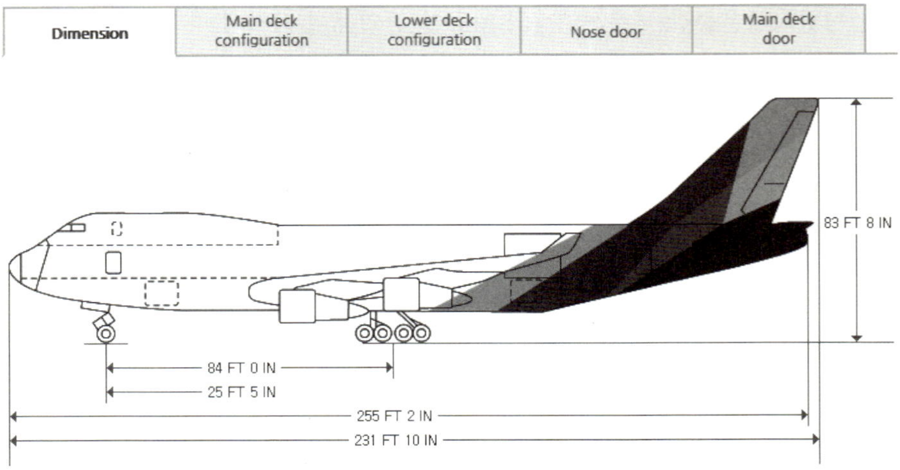

자료 : https://www.asianacargo.com

3. 항공기의 화물탑재실

항공기의 탑재실은 화물의 성질에 따라 네 등급으로 분류하여 화물을 탑재하도록 하였다. A · B등급은 통상적인 화물을 탑재하는 곳이고, C급은 환기가능한 화물을 탑재하도록 환기장치가 설치된 곳이고, D · E급은 완전히 밀폐되어 환기와 온도조절이 불가능한 곳이다. 항공기의 내부공간은 Upper Deck, Main Deck, Lower Deck으로 구성되어 있다.

탑재실은 상부탑재실(main deck compartment)과 하부탑재실(lower deck compartment), 비단위화물탑재실(bulk cargo compartment)로 구분된다.

상부탑재실은 높이가 96인치 또는 118인치 이하로 된 공간으로 이 공간에 탑재할 수 있도록 단위화된 단위탑재화물을 탑재한다. 하부탑재실은 높이가 64인치 이하로 이 공간에 탑재할 수 있도록 단위화된 컨테이너, 파렛트화물을 탑재한다.

그림 9-2 ○ 항공기 탑재실

Length 전장	70.66 m	최대 화물탑재량	117.55 t
Wing Span 전폭	64.44 m	최대 화물 탑재용적	24,923 cuft
Height 전고	19.41 m	최대탑재 PALLET수 (Main Deck)	30 개
Max. Range 최대 항속거리	8,415 km	최대탑재 LD3수 (Lower Deck)	32 개
Cruising Speed 순항속도	916 (km/h)		

• Door Size (Unit: inch)

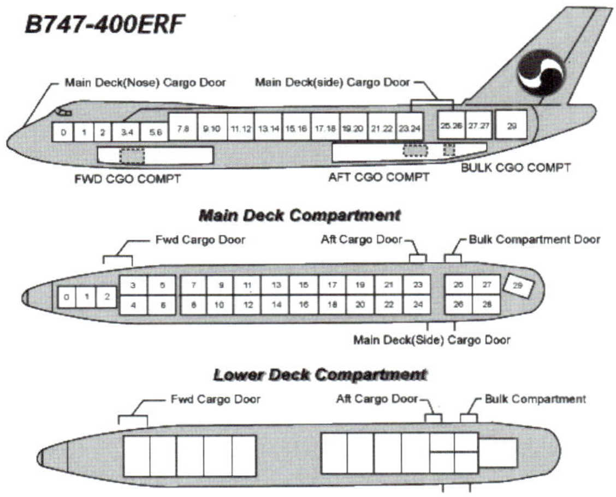

• Nose Door	140 * 98	• Side Door	134 * 123	• Lower Deck	104 * 66	• Bulk	44 * 47

자료 : http://cargo.koreanair.com

4. 항공기의 탑재용기

한정된 공간에 화물을 최대한 많이 적재하기 위해서는 규격화된 용기에 넣어 단위화시켜야 한다. 화물을 단위화시키는 용기를 단위탑재용기(unit load device)라 하며 컨테이너, 파렛트, 이글루 등이 있다.

컨테이너는 항공기 화물실 윤곽에 맞게 제작되어 항공기 공간을 최대한 활용할 수 있도록 제작된 단위탑재용기로 알루미늄과 섬유유리로 제작되어 Main Deck Container와 Lower Deck Container로 구분되며 Main Deck용으로 AMA, AMJ, HMA, HMC가 있고 Lower Deck용으로는 AKE, RKE, RKN, ALF, AAP, RAP가 있다.

그림 9-3 ○ 컨테이너

AKE

LD3 컨테이너	
BUC 타입	8
치수	60.4 x 61.5 x 64 inch
최대탑재중량	1,588kg
자체중량	88kg
용적 (큐빅피트)	153
탑재가능기종	B747, B767, B777, A330, A380

RKN

RF3 냉동 컨테이너	
BUC 타입	8
치수	60.4 x 61.5 x 64 inch
최대탑재중량	1,588kg
자체중량	250Kg
용적 (큐빅피트)	141
탑재가능기종	B747, B767, B777, A330, A380

AVE AKE

LD3 의복용 컨테이너	
BUC 타입	8
치수	60.4 x 61.5 x 64 inch
최대탑재중량	1,588kg
자체중량	88kg
용적 (큐빅피트)	153
탑재가능기종	B747, B767, B777, A330, A380

AAP

LD9 컨테이너	
BUC 타입	5
치수	88 x 125 x 64 inch
최대탑재중량	6,033kg
자체중량	208kg
용적 (큐빅피트)	393
탑재가능기종	B747, B767, B777, A330, A380

AMP

LD9 의복용 컨테이너	
BUC 타입	5
치수	96 x 125 x 64 inch
최대탑재중량	6,804kg
자체중량	326kg
용적 (큐빅피트)	393
탑재가능기종	B747, B767, B777, A330, A380

RAP

LD3-45 냉동 컨테이너	
BUC 타입	8
치수	88 x 125 x 64 inch
최대탑재중량	6,033kg
자체중량	431kg
용적 (큐빅피트)	343
탑재가능기종	B747, B767, B777, A330, A380

AMA

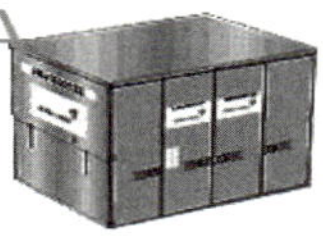

M1 의복용 컨테이너	
BUC 타입	2
치수	96 x 125 x 96 inch
최대탑재중량	6,804kg
자체중량	387kg
용적 (큐빅피트)	605
탑재가능기종	B747 (M/D용)

ALF

LD6 컨테이너	
BUC 타입	6
치수	60.4 x 125 x 64 inch
최대탑재중량	3,175kg
자체중량	175kg
용적 (큐빅피트)	312
탑재가능기종	B747, B777 , A330, A380

DQP

LD4 컨테이너	
BUC 타입	8
치수	60.4 x 96 x 64 inch
최대탑재중량	2,449kg
자체중량	116kg
용적 (큐빅피트)	194
탑재가능기종	B767, B767F

DQF

LD8 컨테이너	
BUC 타입	8
치수	60.4 x 96 x 64 inch
최대탑재중량	2,449kg
자체중량	127kg
용적 (큐빅피트)	243.7
탑재가능기종	B767, B767F

HMJ

말 수소용 컨테이너	
BUC 타입	8
치수	96 x 125 x 96 inch
최대탑재중량	6,804kg
자체중량	750kg
용적 (큐빅피트)	153
탑재가능기종	B747(M/D용)

(하주 요청시 대여 진행)

AKH

LD3-45 컨테이너	
BUC 타입	8A
치수	60.4 x 61 x 45 inch
최대탑재중량	1,588kg
자체중량	75kg
용적 (큐빅피트)	45
탑재가능기종	A321, A320

AMA

M1 컨테이너	
BUC 타입	2
치수	96 x 125 x 96 inch
최대탑재중량	6,804kg
자체중량	494kg
용적 (큐빅피트)	605
탑재가능기종	B747 (M/D용)

AMF

컨테이너	
BUC 타입	2WA
치수	96 x 125 x 64 inch
최대탑재중량	6,804kg
자체중량	275kg
용적 (큐빅피트)	480
탑재가능기종	B747, B777, A330, A380

자료 : https://www.asianacargo.com

파렛트는 평판으로 된 금속 위에 화물을 단위화시켜 그물이나 이글루로 고정시켜 항공기에 화물을 탑재하는 운송용구를 말한다.

이글루는 알루미늄이나 섬유유리로 항공기의 동체모양에 따라 제작된 운송용구로 항공기의 공간을 최대한 활용하기 위하여 고안된 것으로 88″×108″와 88″×125″가 있다.

그림 **9-4** 파렛트

PAG

88인치 팔레트	
밑면 치수	318 x 224 cm(125" x 88")
내부면 치수	304 x 210 cm(120" x 83")
자체중량	93Kg
탑재최대중량	6,033kg
탑재가능기종	B747, B767, B777, A330, A380

PMC

96인치 팔레트	
밑면 치수	318 x 244 cm(125" x 96")
내부면 치수	304 x 230 cm(120" x 91")
자체중량	104Kg
탑재최대중량	6,804Kg
탑재가능기종	B747, B767, B777, A330, A380

PGE/PGA

20피트 팔레트	
밑면 치수	606 x 244 cm (238.5" x 96")
내부면 치수	592 x 230 cm(233" x 91")
자체중량	506Kg
탑재최대중량	13,608kg
탑재가능기종	B747, B747콤비(M/D)

PRA

16피트 팔레트	
밑면 치수	498 x 244 cm(198" x 96")
내부면 치수	484 x 230 cm(191" x 91")
자체중량	398Kg / 877LB
탑재최대중량	11,340kg
탑재가능기종	B747(M/D), B767(M/D), B747콤비

PKC

61인치 팔레트	
밑면 치수	153.4 x 156.2 cm(60.4" x 61.5")
내부면 치수	150x146 cm(59.0" x57.5 ")
자체중량	35Kg / 77LB
탑재최대중량	1,588kg
탑재가능기종	A321, A320, A322

자료 : https://www.asianacargo.com

5. 항공화물의 탑재방식

항공화물은 단위용기에 넣어서 항공기에 탑재하는 방식과 단위용기에 넣지 않고 화물을 탑재하는 방식으로 구분되며 단위용기는 파렛트, 컨테이너로 화물을 단위화물로 만들어 항공기에 탑재하고 있으며 이러한 단위탑재화물을 효율적으로 항공기에 하역하기 위해서 지상에서는 규격화된 장비를 사용하고 있다.

그림 9-5 ◯ 탑재장비

Towing Tractor

Towing Bar

Nose Dock

자료 : http://cargo.koreanair.com

제3절 항공화물의 운송절차

1. 항공화물운송예약

100톤에서 120톤을 실을 수 있는 화물전용기를 운영하는 항공사는 사전에 적재화물을 확보하고 있어야 한다. 항공사는 화물전용기에 화물을 가득 싣고 운영해야 이익을 극대화시킬 수 있기 때문에 미리 화물을 확보하는 것이 가장 중요하다. 화주도 자기가 필요한 시기에 화물을 운송하기 위해서 사전에 항공화물운송예약을 하여야 한다. 따라서 항공화물운송예약은 항공사나 화주에게 있어서 매우 중요하다.

항공사는 항공화물운송에 필요한 정보를 언제 어디서나 실시간으로 확인할 수

그림 9-6 아시아나항공 화물예약

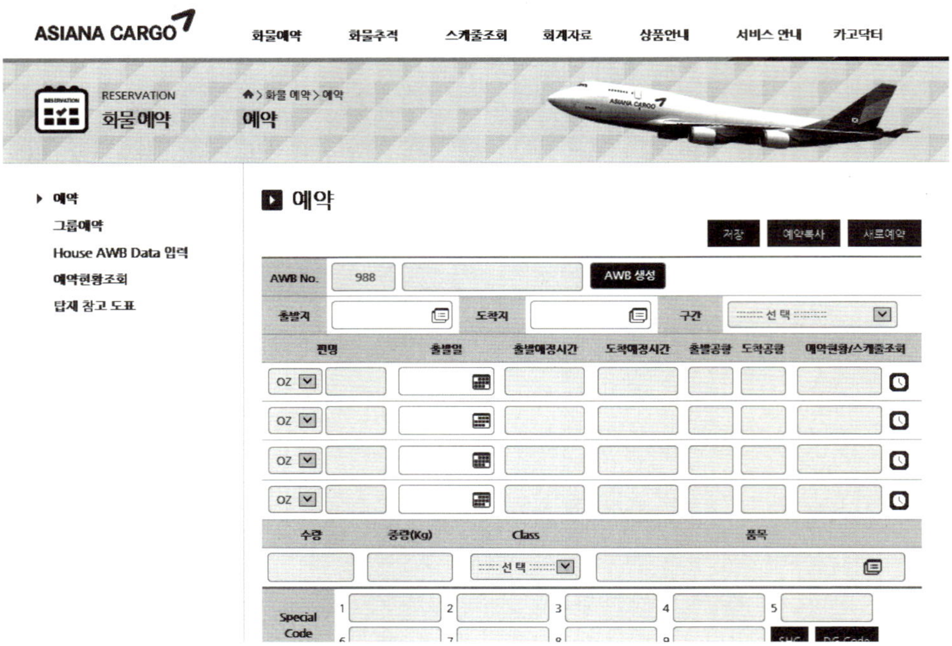

자료 : https://www.asianacargo.com

있는 통신망을 운영하고 있으며 화주는 이러한 통신망을 통하여 항공화물운송예약에 필요한 정보를 얻고 있고 항공화물운송예약은 항공사 홈페이지에서 이루어지고 있다.

2. 항공운송의 판매

항공사는 화물전용기에 화물을 가득 싣기 위해서 항공운송을 판매하여야 한다. 판매방식은 직접 판매와 간접 판매가 있다. 직접 판매는 항공사가 수출상과 수입상을 대상으로 직접 판매하는 것을 말한다. 항공사는 대화주를 대상으로 직접 영업을 하여 항공운송을 판매하여 항공화물을 확보하고 있다.

간접 판매는 항공사가 대리점, 국제물류주선업자, 총판매대리점, 타사집하를 통하여 항공운송을 판매하는 방식을 말한다. 대리점집하는 항공사가 화주를 대상으로 직접 영업을 할 수 없기 때문에 대리인과 대점계약을 체결하여 대리인이 항공사를 대신하여 항공운송을 화주에게 판매하는 것을 말한다. 대리점은 항공사로부터 판매실적에 따라 수수료를 받는다.

국제물류주선업자는 독자적인 항공화물운송장약관과 운임률표를 가지고 화주에게 항공운송을 판매함으로써 소량화물을 대량화물로 집하하여 운임의 차액을 이익으로 가져간다.

총대리점 판매는 항공사가 자사가 취항하지 않은 노선에 타 항공사대리점 및 IATA대리점이 아닌 자와 총대리점계약을 체결하여 총대리점으로 지정한다. 총대리점은 항공사의 여객 및 화물을 판매와 홍보 및 예약과 대금수납 등을 수행하고 수수료에 부가수수료를 더해 받는다.

타사집하는 IATA Multilateral Traffic Agreement에 가입한 항공사가 자사가 운항하지 않은 노선에서 타 항공사의 항공운송을 판매하고 타 항공사도 자사항공운송을 판매해주는 것으로 판매실적에 따라 수수료를 받는다.

3. 항공화물운송예약 신청 전과 신청 시 확인사항

항공사는 항공화물운송예약을 받기 전에 다음과 같은 사항을 확인하여야 한다.

① 화주가 원하는 시기에 항공편이 있는가.

② 화물이 항공기에 적재하기 위해서는 항공기의 문 크기는 얼마인가.

③ 탑재가능한 중량은 얼마인가.

④ 화물기에만 탑재가 가능한 탑재 제한품목인가.

⑤ 생동물의 경우 환기시설이 있고 화주가 원하는 시기에 운송이 가능한가, 부패하기 쉬운 화물의 경우 화주가 원하는 시기에 운송이 가능한가.

예약신청 시에는 항공편명 및 날짜, 취급대리점 또는 송하인, 항공화물운송장 번호, 포장개수, 중량, 품목, 용적, 출발지 및 도착지 공항, 운송경로 등을 확인하여야 한다. 포장은 항공운송에 적합하게 포장되었는지 확인하고, 화인은 송하인과 수하인의 성명과 주소가 정확히 기재되었고, 위험품의 경우에 표기가 정확히 이루어졌는지 확인하며, 일반화물은 일반화물용이 특수화물은 특수화물의 라벨이 부착되었는지 확인한다.

4. 항공화물의 운송절차

1) 수출화물의 운송절차

(1) 선적요청

대형화주는 항공사 또는 대리점에 직접 선적요청서를 이메일이나 팩스로 보내서 화물의 선적을 요청하지만 대형화주가 아닌 경우에는 대부분 항공화물운송주선업자를 이용하게 된다. 화주는 항공화물운송주선업자와 항공운송에 대한 상담을 하고 항공운임과 서비스 등을 종합적으로 판단하여 이용할 항공화물운송주선업자를 선정한 후 선적요청서를 작성하여 상업송장과 포장명세서를 함께 이메일이나 팩스로 선적요청을 한다.

(2) 정확한 선적지시 확인

항공화물운송주선업자는 자기의 대리점이 지정한 화물인지 확인한 후 대리점이 지정한 화물은 대리점에 선적방법과 선적지시사항을 정확히 확인한 후에 선적을 진행하며 화주로부터 직접 의뢰받은 경우에는 화주에게 정확하게 확인한 후에 진행한다.

(3) 항공사 선정 및 화물선적 예약

항공기운항 시간표와 운임을 고려하여 적합한 항공사를 선정하고 항공사가 결정되면 항공사에 화물선적예약을 한다.

(4) 항공기 시간표 통보

항공기를 이용할 시간이 결정되면 즉시 화주에게 항공기 출발 및 도착시간과 비행편을 화주에게 이메일 또는 팩스로 통보한다.

(5) 포장과 집하 및 항공화물운송장 발행

화주가 포장을 요청한 경우에는 화물의 특성과 포장조건 등을 고려하여 화주별로 포장을 진행하고 화주가 요구하는 시간에 맞춰 정확한 시간에 화물을 화주로부터 인수하도록 한다.

화주 창고에서 화물을 인수하여 육로운송을 통해 화물터미널로 가져오게 되는데 이때 화물의 수량, 중량, 부피, 포장, 화인, 라벨링, 예약여부, 항공화물운송장 확인, 탑재가능성(항공기의 zone, hold, bay별 제한사항, 공항별 조업장비 작업용량, 기종별 작업규모), 화물반입시간(cut-off-time), 항공사의 운송거절, 제한사항 등을 확인하여야 한다. 화물반입시간은 마감 전 3~4시간 전에 항공기에 적재할 장소에 화물이 반입되어야 하는 시간을 의미한다. 항공화물운송장은 송하인이 발행하여야 하나 운송인이 송하인을 대신하여 화물을 인수할 때 발행한다.

(6) 공항터미널 화물반입 및 라벨링

화물이 육로운송으로 공항화물터미널 장치장으로 반입되면 지상조업회사가 화물중량을 측정하고 수출화물반입계 세 부를 발급받아 세관 보세과에 제출하여 장치장 지정 및 승인을 받는다.

(7) 수출통관 및 수출신고필증 발급

수출신고는 수출품의 제조완료 전후 어느 때라도 할 수 있으며 관세청 국가관세종합정보망을 통하여 이루어지고 있으며 자동수리, 즉시수리, 검사대상으로 나누어진다.

세관은 수출신고된 화물을 검사한 후 화주 또는 관세사에게 수출신고필증을 교부한다.

(8) 항공화물운송장과 화물의 인계

수출통관절차가 끝난 화물은 항공화물운송장, 대리점이 발행한 화물인도증을 항공사에 제출하고 항공화물운송장에는 상업송장, 포장명세서, 원산지증명서, 검역증과 같은 수입통관에 필요한 서류를 함께 제출한다. 항공사는 대리점의 화물인도증에 접수확인을 기재하여 검수원에게 전달하고 검수원은 화물의 포장상태, 파손여부, 화인과 라벨, 수량과 중량 등이 제출서류에 기재된 사항과 동일한지 확인하고 항공화물운송장의 중량과 실제중량에 차이가 있으면 항공화물운송장의 중량을 정정한다. 항공기 도착 5시간 전에 화물이 공항에 반입되어야 하고 아침시간인 경우에는 그 전날 저녁까지 공항에 반입되어야 한다. 반입된 화물의 총중량과 용적중량을 확인하고 항공화물운송주선업자가 발행한 항공화물운송장(house air waybill)에 라벨을 붙여 항공사에 인도한다.

(9) 적재 작업 및 적하목록 작성

항공사는 항공기의 특성을 감안하여 ULD 및 적재방식 등 적재 작업지시를 검수원에게 전달한다. 항공사는 조업지시 및 항공기에 맞는 ULD 종류 및 개수, 특수화물 작업계획을 수립하고 조업사에게 지시하고, 화물의 접수사항과 작업 진척사항을 확인한다.

화주가 작성한 상업송장과 포장명세서에 맞게 항공사가 발행한 항공화물운송장(master air waybill)과 항공화물운송주선업자의 항공화물운송장을 작성하고 무역대금결제가 신용장인 경우에는 신용장조건에 따라 항공화물운송주선업자가 항공화물운송장을 작성하여 화주에게 확인시킨 후 발행한다. 적하목록(manifest documentation)을 작성한다. 적하목록은 항공기에 실린 화물의 목록을 기재한 서류로 기적, 운송, 보관, 통관의 각 단계에서 화물을 총량으로 관리하기 위한 문서로서 사람의 호적등본과 같이 화물관리에 있어서 매우 중요한 문서이다. 적하목록은 항공기의 입출항 시 세관에 제출하여 출항, 입항허가를 받는 데 쓰이며 특정항공편의 탑재화물목록으로 수입심사 때 수입국 세관에 제출하여야 한다.

(10) 탑재 작업

ULD에 적입된 화물은 조업회사 담당자에게 인도하고 탑재 작업지시를 한다. 항공사는 적재계획에 따라 ULD의 표식을 통해 중량을 확인하고 항공기별 탑재가능한 ULD를 확인하고 적재순위를 결정한다. ULD를 항공기 어디에 적재할 것인지를 결정하고 안전운항을 위해 중량을 배분한다. 항공사는 국토부 세관(승객실), 법무부 출입국관리사무소, 검역소 등에 관련서류를 제출하고 출항허가를 요청한다.

(11) 항공기 이륙

적하목록, 신고서(general declaration), 기용품목록 등을 세관 승객실에 제출하고 출항허가를 득한 후에 항공화물운송장, 출항허가서, 적하목록, 적재서류를 운항승무원에게 인계하면 항공기는 이륙한다.

2) 수입화물의 운송절차

(1) 탑재화물 내용 전송

수출지역에 있는 항공화물운송주선업자는 항공기가 이륙하자마자 한국에 있는 대리점에 항공기에 탑재된 화물에 대한 상세한 내용을 전송한다. 적하목록 제출의 무자인 항공사는 항공기가 입항하기 4시간 전까지 적하목록을 항공기 입항예정지 세관장에게 전자문서로 제출한다.

근거리 지역의 경우에는 적재항에서 항공기가 출항하기 전까지, 특송화물의 경우에는 항공기가 입항하기 1시간 전까지 제출하여야 한다. 혼재화물의 경우에는 항공사가 항공화물운송주선업자로부터 혼재화물적하목록을 제출받아 최종적으로 이를 취합하여 세관장에게 제출한다.

항공기가 목적지 공항에 도착하기 전에 인천공항에 있는 대리인은 전송받은 적하목록으로 ULD별로 화물적재 현황을 확인하고 특수화물 유무, 인천 도착화물과 환적화물로 구분한다. 세관에 항공기 도착시간 통보 및 특수화물의 경우 생동물은 농업축산식품부 동물검역소와 수하인에게, 식물류는 농업축산식품부 식물검역소와 수하인에게, 총포류는 세관, 국정원, 경찰청 외사과에 통보한다.

(2) 항공기 도착 및 하기

항공사는 항공기가 인천공항에 도착하면 운송장, 출발지 출항허가서, 적하목록, General Declaration, 기용품목록을 세관 승기실에 제출하여 입항허가를 받는다.

항공사는 하기신고서를 전자문서로 세관장에게 제출하여 하기신고하고 하기신고를 받은 후에 인천공항 및 김포공항 보세구역에서 화물을 항공기에서 내린다.

화물의 상태 파악, 특수화물 도착 및 보관상태 파악, 인천공항 도착화물의 항공화물운송장 내용 확인, 수하인 주소와 도착지 확인, 기타 수입통관을 위해 서류 구비여부 확인, 환적화물은 항공화물운송장별로 구분하여 인계한다.

(3) 보세구역 화물반입

세관은 항공사가 제출한 적하목록에 따라 보세창고를 배정한다. 화주나 국제물류주선업자는 희망배정창고를 보세운송업자에게 서면으로 통보하면 보세운송업자는 적하목록취합시스템에 희망창고를 입력하여 창고를 배정한다. 물품을 인수받은 보세구역 운영인은 해당 보세구역을 하기장소로 지정한 물품에 한해 해당 물품의 반입 즉시 House AWB단위로 세관장에게 전자문서로 물품반입신고를 하여야 하며, 창고 내에 물품을 입고하는 과정에서 실물이 적하목록상의 내역과 상이함을 발견하였을 때에는 반입사고화물로 분류하여 신고하여야 한다. 다만, House AWB가 없는 화물은 Master AWB단위로 반입신고를 할 수 있다.

화물관리 세관공무원은 하기장소 보세구역 운영인으로부터 반입신고가 있을 때에는 적하목록상 물품의 전량반입완료 및 반입사고여부를 확인하고 제1항에 따른 기한까지 반입되지 아니한 물품이 있거나 반입사고가 있는 물품에 대하여는 그 사유를 조사한 후 그 결과에 따라 처리한다.[1]

(4) 화물도착통지 및 운송장인도

항공화물운송주선업자는 항공화물운송장에 기재된 수하인에게 화물도착을 통지하고 화물인수를 요청한다. 항공화물운송장에 기재된 수하인은 자기가 기명된 수하인이라는 것을 주민등록증을 제시하여 확인시키고 항공화물운송장을 인도한다.

---

1 보세화물입출항 하선하기 및 적재에 관한 고시 제30조 2항, 3항

그러나 무역대금결제가 신용장거래조건인 경우에는 수입상은 항공화물운송장에 수하인으로 기재된 개설은행에 수입대금을 지급하겠다는 약정서를 제시하여 개설은행으로부터 항공화물인도승낙서를 받아 이를 항공화물주선업자에게 제시해야만 항공화물주선업자가 항공화물운송장을 인도한다.

(5) 수입통관

수입통관업무는 항공화물운송장에 기재된 수하인 또는 그가 지정한 항공화물주선업자가 하며 동 당사자는 항공사로부터 항공화물운송장을 받아 수입신고서를 세관에 제출하고 수입허가를 득하고 통관하여 화물을 인수하면 모든 수입절차가 완료된다.

(6) 물품검사

물품검사는 수입신고된 물품 이외의 물품이 있는지 원산지 위반 가짜 상표부착 등의 여부를 정밀 검사하는 것을 말한다.

(7) 화물반출

보세창고 운영인은 화주 또는 그 대리인으로부터 반출계와 수입신고필증을 받고 화물을 출고지역으로 운반하여 항공화물운송장, 수량 및 화물의 이상 유무를 재확인시키고 화주에게 인계한다.

제4절 국제항공운송에 관한 국제조약

1. 1929년 바르샤바협약

항공운송은 다른 운송수단에 비해 운송을 빨리할 수 있기 때문에 납기와 신선도 및 도착시기가 중요한 상품을 운송하는 데 있어서 중요한 역할을 해왔다. 항공화물 운송량이 증가하고 항공사고가 발생하였을 경우 항공운송 사고처리에 적용되는 법이 국가마다 상이하기 때문에 국제규칙이 필요하게 되었다.

이에 따라 프랑스정부는 1925년 10월 파리에서 국제회의를 개최하여 국제항공법에 관하여 논의를 하였다. 본 회의에서 항공운송인의 등록, 운송제도 등에 관하여 토의하여 초안작성을 위한 자문기관으로 국제항공법전문위원회를 구성하였다. 동 위원회는 조약초안을 작성하여 1929년 10월 12일 바르샤바에서 개최된 회의에 상정하였고 동 회의에서 상정된 초안을 승인함에 따라 1929년 바르샤바협약(Convention for the Unification of Certain Rules Relating to International Carriage by Air Signed at Warsaw on 12 October, 1929)이 탄생하였다. 1929년 바르샤바협약은 1955년 헤이그의정서, 1961년 과달라하라협약, 1966년 몬트리올협정의 근간을 제공하여 바르샤바협약체계(Warsaw Instrument)의 모체가 되었다.

동 협약은 1933년 2월 13일에 발효되었고 112개국이 비준 또는 가입하였으나 한국은 가입하지 않았다. 동 협약은 항공운송인의 민사책임을 인정한 최초의 국제조약으로서 항공운송에 관한 법체계를 세우는 데 필요한 근간을 제공하였으며 항공운송증권에 관한 사항과 항공운송인의 민사책임에 관한 내용으로 한정하여 제1장은 정의, 제2장은 운송증권, 제3장은 항공운송인의 책임, 제4장은 복합운송에 관한 사항, 제5장은 일반규칙으로 총 41개 조문으로 구성되었다.

[표 9-1] 바르샤바협약의 주요내용

구분	내용
서명일	1929년 10월 12일
발효일	1933년 2월 13일
가맹국	112개국(미국, 러시아, 영국 등), 한국, 태국, 베트남 등은 비가입
적용범위	1929년 바르샤바협약은 협약에 가입한 국가 간의 항공운송(출발지와 도착지가 다른 체약국의 영토 안에 있는 경우)과 체약국에서 출발하여 외국(체약국 인지를 불문)을 거쳐 다시 같은 체약국으로 돌아오는 항공운송(동일 체약국의 영토 내에서 운송을 시작하여 끝냈다 하더라도 합의된 예정기착지가[2] 타국인 경우)에만 적용되고 유상운송과 무상운송에도 적용한다.
운송인의 손해배상책임	• 운송인은 여객운송 시 항공기 내 또는 승강 중에 발생한 승객의 사망, 부상 또는 기타의 신체손상에 대해서 손해를 배상할 책임을 진다(제17조). • 물건, 수하물 및 화물의 운송 중에 발생한 수하물 또는 화물의 파손, 멸실, 손상에 대하여 배상책임을 진다(제18조). • 여객수하물 및 화물의 연착으로부터 발생하는 손해에 대하여도 책임을 진다(제19조).
적용원칙	과실추정주의와 유한책임주의
책임한도액	• 여객 : 1인당 최고 125,000 푸앵카레프랑(US$10,000) • 위탁수하물 및 화물 : kg당 최고 250 푸앵카레프랑(US$20.00) • 휴대수하물 : 1인당 최고 5,000 푸앵카레프랑(US$400.00)
청구기간	• 훼손된 위탁수하물 : 수령일로부터 3일 내 • 훼손된 화물 : 수령일로부터 7일 내 • 지연된 위탁수하물 및 화물 : 처분가능일로부터 14일 내
제기기간과 제소기간	손해배상에 관한 권리는 도착지에 도착한 날, 항공기가 도착하여야 할 날, 운송중지일로부터 2년의 기한 내에 제기되지 아니한 경우는 소멸된다.

2. 1955년 헤이그의정서

1929년에 바르샤바협약이 체결된 이후에 항공운송이 큰 폭으로 증가하였고 항공기술의 발전으로 항공운송환경이 크게 바뀌었다. 따라서 1950년 항공운송환경에

2 합의된 예정기착지는 여객이나 화물을 항공기에 선적하거나 하역할 수 있는 상업지역을 의미하며 급유 등 기술적인 이유를 위한 착륙지점은 제외된다.

맞추어 1929년 바르샤바협약의 내용을 일부 개정하였다.

[표 9-2] 헤이그의정서의 주요내용

구분	내용
서명일	1955년 9월 8일
발효일	1963년 6월 8일
가맹국	77개국(한국, 영국, 러시아), 미국, 중국 등은 비가입
주요내용	• Wilful Misconduct의 개념을 구체화시킴 • 운송인의 이행보조자(servants and agents)도 운송인의 책임제한을 원용할 수 있도록 규정 • 항공운송장에 대한 운송인의 서명시점을 화물인도시점에서 화물이 항공기에 적재된 시점으로 변경 • 운송증권상의 기재내용을 단순화시킴 • 1929년 바르샤바협약 제20조 항공과실 면책조항 삭제 • 양도가능 항공화물운송장이 발행될 수 있도록 규정
책임한도액	• 여객 : 1인당 250,000푸앵카레 프랑(US$200,000) • 위탁수하물 : kg당 250푸앵카레 프랑(US$20.00) • 휴대수하물 : 1인당 5,000푸앵카레 프랑(US$400.00) • 화물 : kg당 250푸앵카레 프랑(US$20.00)
적용원칙	과실추정주의와 유한책임주의
청구기간	• 훼손된 위탁수하물 : 수령일로부터 7일 내 • 훼손된 화물 : 수령일로부터 14일 • 지연된 위탁수하물 및 화물 : 처분가능일로부터 21일

3. 1961년 과달라하라협약

항공운송이 항공기의 임대, 계약운송인과 실제운송인과 같은 다양한 형태로 진행됨에 따라 항공운송계약을 체결한 계약운송인과 계약운송인의 지시에 따라 항공운송을 실제로 이행한 실제운송인 간에 운송인의 책임문제가 발생하였다. 이러한 계약운송인과 실제운송인 간의 책임문제를 해결하기 위해서 1961년 과달라하라협약(Convention Supplementary to the Warsaw Convention for the Unification of Certain Rules Relating to International Carriage by Air performed by a Person Other than the Contracting Carrier)이 멕시코 과달라하라에서 채택되어 1964년 5월에 발효되었다.[3] 본 협약은 계약운송인과 항공운송의 일부 또는 전부를 담당하는 실제운송인의 개념을 도입하였고 계약운송인과 실제운송인은 동일한 연대책임을 부담하며 바르샤바협약체제에서 인정된 책임제한을 원용할 수 있도록 하였다.

계약운송인은 항공운송계약에서 명시한 운송의 전부에 대해서 바르샤바협약의 적용을 받고 실제운송인은 자기가 부담하는 운송이 바르샤바협약에 명시된 운송구간에 포함되면 계약운송인과 동일하게 바르샤바협약의 적용을 받는다. 바르샤바협약이 적용되는 경우 바르샤바협약은 계약운송인과 승객 및 송하인이 합의한 운송이 어느 협약에 적용되는가에 따라 1929년 바르샤바협약 또는 헤이그의정서 중에 하나를 지칭한다. 일방의 행위는 타방의 행위로 간주되고 제소 시에는 따로 또는 공동소송이 가능하며 계약운송인과 실제운송인은 소송에 관하여 협력할 권리와 의무를 갖는다.

4. 1966년 몬트리올협정

미국은 1955년에 체결된 헤이그의정서에 명시된 여객의 책임한도액(1인당 250,000푸앵카레 프랑)이 너무 적다는 이유로 헤이그의정서를 비준하지 않고 1965년 11월에 폴란드 정부에 바르샤바협약을 탈퇴하겠다고 통보하였다. 이에 국제항공운송협회(International Air Transport Association)는 미국을 출발·도착·경유하는 항공사들과 협정을 체결하여 미국의 동의를 받았다. 이것이 몬트리올협정(Agreement Between Carriers of International Air Transport Association(IATA) and the Civil Aeronautic Board(CAB) of the United States,

3 한국과 미국은 가입하지 않았다.

Montreal 1966, Agreement Relating to Liability Limitations of the Warsaw Convention and the Hague Protocol)이며 이 협정에 따라 항공운송인은 운송약관에 새로운 조항을 추가할 수 있게 되었다.

[표 9-3] 몬트리올협정의 주요내용

구분	내용
서명일	1966년 5월 13일
발효일	1966년 5월 16일
항공사	미국 : 573사, 외국 : 112사
주요내용	바르샤바협약 제20조 제1항에서 운송인은 자신이 손해방지를 위해 필요한 모든 조치를 취하였거나 또는 손해발생의 방지가 불가능하였다는 것을 입증하면 책임을 면한다고 명시된 규정을 적용하지 못하도록 하였다.
적용원칙	• 여객의 인적손해는 절대책임주의와 유한책임주의 적용 • 화물은 과실추정주의 적용
책임한도액	• 여객 : 1인당 US$75,000(소송비용 포함 시) 1인당 US$58,000(소송비용 불포함 시) • 위탁수화물 : kg당 US$200,000 • 휴대수화물 : 1인당 US$400.00 • 화물 : kg당 US$20.00
청구기한	• 훼손된 위탁수하물 : 수령일로부터 3일 내 • 훼손된 화물 : 수령일로부터 7일 내 • 지연된 위탁수하물 및 화물 : 처분가능일로부터 14일 내

5. 기타 협약 및 의정서

1) 과테말라의정서

1965년 국제민간항공기구(International Civil Aviation Organization) 총회에서 항공운송인의 책임한도액을 개정할 필요성이 제기되었고 이것은 1971년 말레이시아 과테말라에서 개최된 외교회의에서 통과되었으며, 1955년에 체결된 개정의정서로 2003년 11월 몬트리올협약에 승계되어 발효되었다.

여객의 인적손해에 대해서는 절대책임주의가 적용되고 바르샤바협약, 헤이그의정서, 몬트리올협약에서 운송증권의 불비, 불완전한 경우와 운송인의 고의로 손해가 발생한 경우에 운송인은 무한책임을 지도록 하였다. 그러나 과테말라의정서에서는 규정한 한도액이 최고한도액이 되어 상기 이유로 손해가 발생하였다 하더라도 운송인은 과테말라의정서에서 규정한 한도액을 초과하여 배상하지 못하도록 하였다. 한도액을 정기적으로 수정하도록 하였으며, 화해촉진조항을 신설하였고, 국내법에 따라 협약의 조문을 변경하도록 하는 국내적 보호조치의 허용과 재판관할권의 확대 등이 과테말라의정서의 주요내용이다. 이러한 주요내용은 바르샤바협약체제의 근간을 변경하는 역할을 하였다.

2) 몬트리올 제1, 제2, 제3, 제4 추가의정서

1972년 국제민간항공기구의 법률위원회는 화물과 우편물운송규정을 과테말라의정서의 규정과 동일하게 개정하고 바르샤바협약, 헤이그의정서, 과테말라의정서에 명시된 푸앵카레 프랑의 표시통화를 SDR로 변경하여 1975년 몬트리올 외교회의에 상정하였다. 몬트리올 외교회의에서 가결된 것이 제1, 제2, 제3, 제4 추가의정서이다. 의정서 1, 2, 3은 표시통화를 푸앵카레 프랑에서 SDR로 변경한 것이고 의정서 4는 화물과 우편물에 대한 운송규정을 개정한 것이다. 바르샤바협약 제3조에서 명시된 출발지에서 목적지까지 항공운송장을 휴대하도록 한 내용이 제4 추가의정서에서는 송하인의 동의하에 운송기록을 기재한 어떠한 방법으로도 운송장을 대체할 수 있다로 변경하였고 이로 인하여 EDI가 사용될 수 있어서 포워더와 항공사는 문서비용을 절감시킬 수 있게 되었다. 이들 의정서는 미국, 일본, 독일 등에서 비준을 받지 못하고 30개국에서 비준을 받아 1998년 6월에 발효되었다. 미국은 항공운송장의 전자화를 위하여 제4의정서만 비준하여 제4의정서만 발효되었다.

[표 9-4] 협약별 책임한도액 비교

협약 \ 책임원인	여객 사상 및 지연	휴대수하물의 멸실 및 지연	화물 및 위탁수하물의 멸실 및 지연
1929년 바르샤바협약	1인당 125,000푸앵카레 프랑	1인당 5,000푸앵카레 프랑	kg당 250푸앵카레 프랑
1955년 헤이그의정서	1인당 25,000푸앵카레 프랑	1인당 5,000푸앵카레 프랑	kg당 250푸앵카레 프랑
1966년 몬트리올협정	1인당 75,000푸앵카레프랑(소송비용 포함)	1인당 5,000푸앵카레 프랑	kg당 US$20
1971년 과테말라의정서	1인당 1,500,000푸앵카레 프랑(사상) 1인당 62,500푸앵카레 프랑(지연)	1인당 15,000푸앵카레 프랑	kg당 17SDR
몬트리올 제1의정서 (바르샤바조약)	1인당 8,300SDR	1인당 332SDR	kg당 17SDR
몬트리올 제2의정서 (헤이그의정서)	1인당 16,600SDR	1인당 332SDR	kg당 17SDR
몬트리올 제3의정서 (과테말라)	1인당 100,000SDR (사상) 1인당 4,150SDR(지연)	1인당 1,000SDR	수하물 : 1인당 1,000SDR 화물 : kg당 17SDR
몬트리올 제4의정서 (화물 및 우편물)	–	–	kg당 17SDR

3) 몬트리올협약

몬트리올협약(The Convention for the Unification of Certain Rules For International Carriage by Air)은 바르샤바협약 및 관련협정의 상이한 규정을 통합하기 위하여 1999년 5월 28일 몬트리올에서 개최된 국제민간항공기구의 국제항공법회의에서 채택되어 2003년 11월 4일에 발효되었다. 우리나라는 2007년 10월 30일에 국제민간항공기구에 몬트리올협약 가입서를 기탁함에 따라 2007년 12월 29일에 가입하였다. 몬트리올협약은 바르샤바협약체제가 발효된 의정서와 발효되지 않은 의정서로 구성되어 있어서 각 당사국이 적용하는 데 매우 복잡하여 독립된 새로운 협약으로 제정되었으며, 바르샤바체제가 규정한 4개 관할(① 항공사의 주소지, ② 항공사의 주된 영업소 소재지, ③ 운송계약이 체결된 영업소 소재지, ④ 도착지 법원)에 여객의 주소지 또는 영구 거주지를 새로운 관할로 인정하는 5개 관할권을 추가하였고, e-Business 추진의 근거조항을 새롭게 신설하였다. 이 규정의 신설로 운송인은 e-Ticket System을 활용하여 운송서류를 간소화시킬 수 있게 되었다. 또한 운송인의 책임한도액을 물가변동률과 연동시켜 자동으로 조정하는 장치를 마련하여 승객과 화주의 권리를 크게 신장시켰다.

몬트리올협약은 제55조에 따라 몬트리올협약 가입국 간의 국제운송이나 몬트리올협약 가입국 안에서의 국제운송의 경우에는 기존의 어떤 협약보다도 몬트리올협약이 우선하여 적용되도록 하였다. 몬트리올협약 비준국과 비비준국 간의 운송은 몬트리올협약이 적용되는 국제운송으로 보지 않으며 국제운송은 항공운송계약상 출발지와 도착지가 각각 체약국에 있거나 또는 출발지와 도착지가 모두 단일 체약국에 있지만 타국에 예정기착지를 둔 경우를 말한다.[4]

[표 9-5] 몬트리올협약의 주요내용

구분	내용
서명일	1999년 5월 28일
발효일	2003년 11월 4일
가맹국	미국, EU, 일본, 중국, 한국 등 104개국 가입(2013년 8월)
책임한도	• 여객(사망, 부상) : 1인당 113,100SDR(2013년 12월 현재) • 여객(지연) : 1인당 4,694SDR • 위탁수하물 : kg당 19SDR • 휴대수하물 : 1인당 1,131SDR • 화물 : kg당 19SDR
적용원칙	과실추정주의와 유한책임주의
청구기한	• 훼손된 위탁수하물 : 수령일로부터 7일 내 • 훼손된 화물 : 수령일로부터 14일 내 • 지연된 위탁수하물 및 화물 : 처분가능일로부터 21일 내

4 현덕규, "몬트리올협약에 의한 국제항공운송계약의 규율", http:// www. lawtimes.co.kr

제5절 국제항공기구

1. 국제항공연맹

국제항공연맹(Federation Aeronautique Internationale : FAI)은 항공분야와 항공스포츠를 발전시키기 위해 1905년 10월 프랑스 파리에서 개최된 회의에서 설립되었다. FAI는 순수민간 비영리기구로서 현재 100개국 이상이 가입하여 활동하고 있으며 주요사업은 일반항공에 관한 사항, 항공우주에 관한 사항, 항공학술에 관한 사항, 항공스포츠에 관한 사항, 낙하산 및 모형기에 관한 사항, 항공기록에 관한 사항 등이 있다.

2. 시카고회의

시카고회의(Chicago Conference)는 제2차 세계대전 이후에 항공운송이 급격히 증가함에 따라 미국이 전세계 항공운송의 표준 및 관행, 각국과 국민 간의 충동을 피하고 협력을 증진시키기 위해 1944년 11월 시카고에서 국제민항회의를 소집하였고 54개국이 이 회의에 참석하였다.

본 회의에서 국제민간항공이 안전하게 지속적으로 발전하고 국제항공운송업체에게 균등한 기회를 부여하여 건전하고 경제적으로 운영되도록 영공통과의 자유, 기술상의 목적(연료보급, 수리)을 위한 착륙의 자유, 본국의 승객, 화물을 타국으로 운송할 수 있는 자유, 타국으로부터 본국으로 승객, 화물을 운송할 수 있는 자유, 타국의 승객, 화물을 제3국으로 운송할 수 있는 자유 등의 일정한 원칙과 기준을 제시하였다.

본 회의에서 국제민간항공기구를 설립하는 목적을 다음과 같이 도출하였다. 첫째, 국제민간항공운송의 안정과 성장을 도모하고, 둘째, 항공기 제작과 운항기술을 증진하며, 셋째, 항로, 공항, 운항설비의 발전을 도모하고, 넷째, 안전, 규칙적·효율적 항공운송을 위한 요구에 부응하고, 다섯째, 불필요한 경쟁으로 인한 경제적 손실을 방지하고 각국 정부 간 협력을 증진한다.

시카고회의에서의 내용은 총 4부로 구성되어 있다. 제1부는 체약국의 영공에 대한 배타적 주권 인정을 비롯해 출입국 규제, 항공기 등록, 세관, 출입국 수속, 사고조사 등을 규정하였고, 제2부는 ICAO(국제민간항공기구)의 조직과 임무를, 제3부는 국제항공운송의 원활을 위한 조치를, 제4부는 해당 조약이 1919년 파리조약과 1928년 아바나조약을 보완·대체하는 것을 규정했다.

시카고회의에서는 하늘의 자유, 권리, 형태를 국제민간항공조약(시카고조약)에 포함시키려고 노력했지만 하늘의 자유를 전면적으로 인정하자는 미국의 주장과 이를 반대하는 영국의 주장이 팽팽하게 대립되어 부정기(不定期)비행에 관해서만 하늘의 자유를 확정하는 데 일치하고, 정기국제항공업무에 관하여는 따로 국제항공운송협정(5개의 자유협정) 및 국제항공업무통과협정(2개의 자유협정)을 작성하여 각국이 임의로 하나를 선택할 수 있도록 하였다.

본 회의를 통해 유엔 산하 국제민간항공기구(ICAO)가 탄생할 수 있는 발판이 구축되었다.

3. 국제민간항공기구

국제민간항공기구(International Civil Aviation Organization : ICAO)는 1944년 12월 시카고에서 개최된 국제민간항공회의에서 작성된 국제민간항공협약이 1947년 4월에 26개국이 동 협약을 비준함에 따라 새로운 기구로 출범하였으며 현재 191개국이 회원으로 가입하였고 우리나라는 국회비준을 거쳐 1952년 12월 11일에 가입하였다. 국제민간항공기구는 1947년 10월에 UN 산하 전문기구로 편입되었다.

설립목적은 국제민간항공의 안전하고 질서 있는 발전과 평화적 목적을 위한 항공기 설계와 운송기술의 발전을 장려하고 국제민간항공을 위한 항로, 공항 및 항공시설의 발전을 촉진시키는 것이며 국제민간항공분야의 준입법 · 사법 · 행정적 역할을 수행하고 있다.

세부목표는 다음과 같다.

첫째, 전세계 국제민간항공의 안전하고 질서 있는 성장을 보장한다.

둘째, 항공기 설계기술 및 평화적 목적의 운행을 장려한다.

셋째, 국제민간항공을 위한 항로, 공항, 항행시설 개발을 장려한다.

넷째, 안전하고 정확하며, 효율적이고 경제적인 민간항공에 대한 전세계인의 욕구를 충족한다.

다섯째, 불합리한 경쟁으로부터 야기되는 경제적 손실을 방지한다.

여섯째, 체약국의 권리존중과 국제선 운항사를 운영하는 국가들에 균등한 기회를 보장한다.

일곱째, 체약국 간 차별을 금지한다.

마지막으로 국제항행에서의 안전한 비행 촉진 등이다.

시카고협약 제43조에 따라 총회, 이사회, 사무국으로 구성되어 있고 총회는 ICAO의 최고의결기관으로 3년마다 개최되며 이사회는 이사회 의장(President of the Council) 주재하에 총회에서 선출된 국가(36개국)로 구성되는 의결 및 집행기관 역할을 한다. 사무국은 사무총장(Secretary General) 산하의 집행기관으로 몬트리올 본부(항행국, 항공운송국, 기술협력국, 법률국, 행정국 등 5개국, 3개 보좌기관)와 7개 지역사무소(Regional Office)로 구성되어 있다.

이사회는 기술자문기구로 항행위원회(Air Navigation Commission)를 두고 있으며, 산하에 항행위원회(Air Navigation Commission), 재정위원회(Finance Committee), 항공운송위원회(Air Transport Committee), 기술협력위원회(Technical Cooperation Committee), 불법방해행위방지위원회(Unlawful Interference Committee), 인적자원위원회(Human Resources Committee), 공동지원위원회(Joint Support Committee) 등을 두어 운영하고 있다.

국제민간항공기구의 주요업무는 다음과 같다.

첫째, 국제민간항공기구의 부속서에 반영할 국제표준과 권고사항을 채택한다.

둘째, 정기 · 부정기 항공운송에 관한 국제협정, 국제항공운송의 간편화, 과세정책, 국제항공우편, 공항과 항로시설관리, 통계, 경제분석, 계획 수립을 위한 예측, 항공운송과 운임규제, 항공운송에 관한 간행물을 발간한다.

셋째, 시카고협약 해석과 개정, 국제항공법, 국제민간항공에 영향을 미치는 사법관련 제반 문제를 검토하고 권고사항을 입안한다.

넷째, 항공기 사고조사 및 방지, 항공통신과 정비, 항공기상업무, 공항기술, 정비, 구조 및 소방, 항공보안, 언어교육 등의 업무를 한다.

다섯째, 국제민간항공에 대한 불법간섭을 방지한다.

마지막으로 기타 중요한 국제민항정책의 토의 등이다.

4. 국제항공운송협회

국제항공운송협회(International Air Transport Association : IATA)는 41개 연합국 및 중립국 항공사들이 1945년 4월 쿠바의 아바나에서 회의를 개최하여 설립된 순수 민간단체이다. 민간항공업계는 1944년 개최된 정부 간 국제민간항공회의에서 큰 기대를 하였지만 결과는 기대에 못 미쳐 항공업계가 상호협의에 의해 제반 문제를 통일적으로 해결하기 위하여 국제항공운송협회를 설립하였다.

동 협회는 UN 산하조직인 국제민간항공기구의 협의기관으로 세계항공운송에서 발생하는 국가 간 이해관계를 조정하고 각종 절차 및 규정을 표준화하는 역할을 수행하는 준공공적인 국제협력기구로서 역할을 하고 있다. 따라서 세계항공운송과 관련된 사항을 심의, 제정, 결의하여 표준운송약관과 항공권, 화물운송장, 대리점과의 표준계약서 등의 항공사 간에 통일적으로 사용해야 할 각종 표준방식을 제정하고 있다. 본 협회는 국제항공운임을 책정하는 가장 중요한 역할을 수행하고 있다. 양국 간 항공협정은 IATA의 요금 책정방식을 수용하여 복잡한 국제항공운임 체제를 결정하고 있다.

국제항공운송협회는 각국 항공회사 대표들이 참석한 기구로 국제민간항공기구의 협력기구로서 역할을 하고 있지만 항공운임 및 서비스의 조건, 운송절차, 대리점에 관한 규정 등 국제항공운송협회에 가입한 전세계 항공사와 대리점에 대해 구속력을 가지고 있으며, 각국도 이러한 규정을 정하고 있다.

국제민간항공기구는 각국 정부 대표가 참석하는 유엔 산하의 국제기구로 국제항공의 안전 및 건전한 발전을 목적으로 하는 기구로서 정부 차원에서 공항 및 항공기의 안전성을 확보하고 감시하는 업무를 맡고 있지만 국제항공운송협회는 항공운임과 항공사 간에 발생하는 상호 간의 문제를 다루고 있다. 양국의 정부는 항공노선과 운송권을 협의하여 결정하지만 국제항공운임의 결정이나 항공사 간의 운임대차(運賃貸借) 결제는 국제항공운송협회에 의해서 이행되기 때문에 국제항공운송협회에 가입한 항공사는 강력한 카르텔을 구축하였다.

제6절 국제택배

1. 국제택배의 개념

국제택배는 국제택배운송인이 발송지로 방문하여 서류, 소형, 소량화물을 발송자로부터 인수하여 육상운송과 항공운송으로 외국에 있는 수신자에게 인도하는 서비스를 말한다.

국가 간의 전자상거래가 활성화됨에 따라 국제인터넷 쇼핑몰을 통한 기업과 기업, 기업과 고객, 고객과 고객의 거래가 활성화되어 국제택배운송이 급격히 증가하였다. 국제택배운송인은 화물을 발송지에서 발송자로부터 인수하여 수신지에 있는 수신자에게 신속하게 인도하고 일괄운임을 받는다. 우리나라에서 국제택배운송을 하기 위해서는 「관세법」 제22조에 의거 통관지 세관장 또는 관할지 세관장에게 등록하여야 한다. 동법에서 국제택배운송인을 외국무역선 · 외국무역기 또는 국경출입차량을 이용하여 상업서류나 그 밖의 견본품 등을 송달하는 것을 업으로 하는 자로 보았다. 관세법에 따라 특송업체로 등록하려면 자본금 3억 원 이상인 법인으로서 항공화물운송을 하려면「항공사업법」제52조 제1항에 따른 상업서류송달업의 신고를 하여야 하고 해상으로 운송하려면「관세법」제222조 제1항 제2호에 의거 화물운송주선업자의 등록을 하여야 한다.

2. 국제택배 운송현황

1) UPS(United Parcel Service)

1907년 James Casey가 19살에 미국 워싱턴주 시애틀에서 American Messenger Company를 설립하여 시작한 UPS는 전세계에 택배운송을 하는 일류기업으로 성장하였다. 본사는 미국 조지아주의 애틀랜타에 두고 있고 전세계 200 여 개의 국가에 91,700대의 차량과 500여 대의 항공기 등으로 하루 1,480만 개 이상의 화물을 취급하고 있으며 40만 명 이상의 직원을 고용하고 있다.

2) DHL

변호사인 Dalsey, Hilblom, Lynn이 1969년에 자기 이름의 머리글자를 따 DHL을 샌프란시스코에 설립하였다. 이들은 서류가 너무 늦게 배달되는 것에 불만을 가져 DHL을 설립하여 미국서안과 하와이를 오가는 선하증권을 배달하는 특송서비스를 제공하였다. 1970년에 미국 내에 구축한 택배운송망을 필리핀, 일본, 홍콩, 싱가포르로 확대하여 국제택배운송망을 구축하였다.

DHL은 전세계 220여 개국 12만여 도시에 국제택배운송망을 구축하여 국제택배운송서비스를 제공하고 있으며 35만 명의 인력을 고용하고 있다. 독일 체신청이 2002년에 DHL을 단독으로 인수하여 운영하고 있다.

3) FedEx(Federal Express Corporation)

Fred Smith는 1971년에 테네시주 멤피스에 FedEx사를 설립하였다. FedEx는 1989년에 세계 최대 화물항공사 Flying Tiger를 인수하여 아시아, 홍콩, 유럽 등에 지역본부를 설립하여 국제택배운송망을 구축하였다. 국제특송업계 최대의 항공운항노선과 인프라를 기반으로 세계 최대의 항공특송업체로 성장하고 있으며 매일 220여 국가에 화물들을 배달하고 있다.

4) 한국의 국제택배운송

한국기업들은 상기 외국택배회사와 국내대리점계약을 통하여 국내에서 대리인 역할을 하였다. 한진은 1989년에 미국 LA에 해외지점을 설립하고 뉴욕, 시카고 등에 10여 개의 영업소를 두고 200여 개의 화물센터를 운영하면서 미국에 국제택배운송망을 구축하여왔다. CJ대한통운은 독일과 영국에 현지법인을 설립하여 국제택배운송망을 구축하고 있으며 우체국도 해외에 물류센터와 영업소를 구축하여 국제택배운송망을 구축하고 있다.

CHAPTER 10

항공화물운송장

학습목표

항공화물운송장의 법적 특성을 이해하고 항공화물운송장 기재사항을 분석하여 문서작성능력을 향상시키고 항공화물운송장의 이면약관을 분석하여 현장실무능력을 함양한다.

제1절 항공화물운송장의 의의

1. 항공화물운송장의 개념

국제항공화물운송계약은 국제항공운송인이 공중에서 항공기로 화물을 운송하고 화주는 항공운임을 지급할 것을 약정함으로써 성립되는데 항공화물운송의 경우 국제항공운송인과 화주 간에 국제항공화물운송계약을 체결하는 대신에 항공화물운송장(air waybill)을 발행하여 화주에게 교부한다. 바르샤바조약 제5조 제1항에서 모든 화물운송인은 송하인이 항공화물운송장을 작성하여 화물운송인에게 교부해 달라는 청구권을 가지고 있으며, 송하인은 화물운송인이 항공화물운송장을 수령할 것을 청구하는 권리를 가진다고 명시하여 항공화물운송장은 국제항공운송인의 청구에 의해 송하인이 항공운송화물에 관한 사항을 기재하여 교부하는 문서를 말한다.

그러나 통상 항공화물대리점이나 항공화물운송주선업자가 항공사로부터 항공화물운송장 용지를 받아 필요한 사항을 기재하고 화물을 수령한 후 항공사의 대리인으로서 청색으로 된 송하인용 원본 3에 서명하여 송하인에게 교부하고 있다.

항공화물운송장은 원본 3통에 부본 9통이 발행되며 원본 3통은 녹색, 적색, 청색으로 발행되고 부본은 황색, 백색으로 발행되며, 운송계약의 증거, 화물수령증, 운송계약이행증거, 송장, 부보증거, 세관용 등의 기능을 한다. 원본 1은 운송인용으로 송하인이 서명하고, 원본 2는 수하인용으로 송하인과 항공사가 서명하여 화물과 함께 도착지 공항으로 보내고, 원본 3은 송하인용으로 항공사가 서명하여 화물을 인수한 후에 송하인에게 교부한다.

[표 10-1] 항공화물운송장 발행 개수

번호	색	용도	기능
원본 1	녹색	발행항공사용	• 운송계약서 • 운임 등 회계처리용
원본 2	적색	수하인용	• 화물과 함께 목적지에 보내져 수하인이 인도
원본 3	청색	송하인용	• 화물접수영수증 • 운송계약서
원본 4	황색	인도 항공사용	• 화물인도증명서 • 운송계약 이행 증거서류(화물인도 시 수하인이 서명)
원본 5	백색	도착지 공항용	• 도착지 세관관계용
원본 6 원본 7 원본 8	백색	운송참가 항공사	• 운송에 참가한 두 번째, 세 번째 항공사가 운임 정산용으로 사용
원본 9	백색	발행대리점	• 발행대리점 보관용
원본 10 원본 11 원본 12	백색	예비용	• 필요에 따라 사용

자료 : cargokoreanair.com

2. 항공화물운송장의 법적 성질

1) 증거증권

항공화물운송장은 유가증권이 아니라 단순한 증거증권 또는 화물수령증에 불과하여 국제항공운송인과 송하인 간에 항공화물운송계약이 존재한다는 것, 국제항공운송인이 송하인으로부터 항공운송화물을 수령하였다는 것, 화물운송조건에 대한 증거서류이다. 송하인이 화물의 중량, 개수, 포장, 수량, 용적 등의 내용을 기재하는데 반증이 없는 한 기재된 내용이 사실이라는 것을 입증하는 증거가 된다.

원본 3통은 각각 증거력을 가진다. 항공화물운송장에 기재된 운송인은 실제로 운송을 했는지 여부와 관계없이 항공화물운송계약의 당사자인 운송인으로 본다. 따라서 운송인이 항공화물운송장에 서명하면 운송인이 항공운송화물을 수령한 것이 되며 이를 부인하는 경우에는 입증책임이 운송인에게 있다.

2) 비유통증권

항공화물운송장은 배서에 의해 양도가 불가능한 비유통증권이다. 항공화물운송장 전면에 기재된 not negotiable은 본 항공화물운송장은 비유통증권이라는 것을 나타내는 문언이다. 항공화물은 운송시간이 짧기 때문에 도착공항에서 화물을 신속하게 통관하여야 하고 그렇게 하려면 화물과 함께 항공화물운송장이 도착되어야 되고 운송기간 동안에 화물이 재매매될 가능성이 희박하기 때문에 항공화물운송장에 유통성을 부여하지 않게 되었다.

3) 지시증권 및 처분증권

지시증권성은 어음 · 수표에서 의미하는 증권상에 기재된 특정인 또는 그가 지시하는 자를 권리자로 하는 유가증권이 아니라 송하인이 운송인에게 항공화물운송계약이행에 필요한 세부사항을 항공화물운송장을 통해 지시한다는 것으로 의미가 다르다. 항공화물운송장에 수하인, 화물도착통지처, 부보여부 등이 기재되어 있는데 이러한 사항은 송하인과 운송인이 항공화물운송계약에 의거 약정한 사항으로 운송인은 이러한 기재사항을 성실히 이행하여야 하며 이를 이행하지 못함으로써 발생된 손해에 대해서는 무한책임을 져야 한다. 항공화물운송장이 발행되고 화물이 도착지 공항에 도착하기 전까지는 화물의 처분권은 송하인에게 있고 화물이 도착지 공항에 도착한 이후에는 송하인과 수하인의 화물처분권이 병존한다. 그러나 수하인이 운송인에게 화물인도를 청구하면 송하인의 처분권은 소멸된다.

4) 면책증권

운송인은 정당하게 항공화물운송장을 소지한 자에게 화물을 인도하면 그 책임을 면하게 된다. 수하인은 화물이 도착지에 도착하였을 때 운송인에게 정당한 비용을 지급하고 운송의 조건을 충족하면 화물의 인도를 요구할 권리를 가지며 운송인이 수하인용 항공화물운송장을 제시한 자에게 화물을 인도하면 운송인의 책임은 종결된다.

5) 불요식증권

항공화물운송장에 기재할 사항이 법적으로 정해져 있지만 이러한 법적 기재사항이 기재되어 있지 않는 항공화물운송장도 법적 효력이 있다. 따라서 항공화물운송장은 법적 기재사항이 기재되어 있어야 법적 효력이 있는 요식증권이 아니라 불요식증권이다.

3. 항공화물운송장과 선하증권의 비교

항공화물운송장과 선하증권은 운송계약의 체결증거, 화물수령증과 같은 동일한 기능을 하지만 다음과 같은 몇 가지 중요한 차이가 있다.

첫째, 항공화물운송장은 양도할 수 없는 비유통증권이지만 선하증권은 유통 · 유가증권이다. 항공화물운송장의 수하인용 원본은 화물과 함께 운송되어 도착공항에서 수하인에게 인도되는 것으로서 유통을 목적으로 하는 것이 아니라 화물인도를 목적으로 한 것이며 또한 운송계약상의 권리행사에 필요한 것이 아니기 때문에 항공화물운송장은 유가증권으로 발행되지 않는다.

만약 항공화물운송장을 배서하여 양도할 수 있는 유가증권으로 발행한다면 항공화물운송장보다 화물이 먼저 도착하게 되어 도착공항에서 화물을 찾지 못하는 경우가 항상 발생하게 된다. 항공화물운송장은 수출상, 매입은행, 개설은행, 수입상으로 전달되기 때문에 직송되는 화물보다 늦게 수입상에게 전달되어 항공운송을 이용한 이점이 없어지게 된다.

둘째, 항공화물운송장은 수취식으로 발행되지만 선하증권은 대부분 선적식으로 발행된다. 선하증권은 선적을 입증하는 서류이기 때문에 화물을 선적한 후에 발행되는 것이 일반적이다. 그러나 항공운송의 경우는 발착편이 많고 화물을 운송 · 위탁해서 항공기에 탑재할 때까지 많은 시간이 걸리지 않으므로 항공사가 화물을 수령하고 동시에 항공화물운송장을 발행해주고 있다.

셋째, 항공화물운송장은 기명식으로 발행되지만 선하증권은 대부분 지시식으로 발행된다. 선하증권은 수하인란에 지시식 문언이 기재되어 있어 정당한 배서에 의해 누구에게나 양도될 수 있다. 반면 항공화물운송장은 권리증권이 아니기 때문에 기명식으로 발행되고, 운송장에 기재된 수하인만이 해당 화물을 찾을 수 있다.

넷째, 법률적으로 항공운송장은 송하인이 작성해서 항공사에 교부하는 형식을 취하고 있는 데 반해, 선하증권은 선박회사가 작성해서 송하인에게 교부한다.

지금까지 설명된 내용을 요약해보면 〈표 10-2〉와 같다.

[표 10-2] 항공화물운송장과 선하증권의 비교

항공화물운송장	선하증권
비유통증권(non-negotiable)	양도성이 있는 유통증권(negotiable)
화물 인수와 동시에 발행(수취식)	선적 후 발행(선적식)
수하인 : 기명식	수하인 : 지시식, 무기명식
송하인이 작성함이 원칙	선박회사가 작성

제2절 항공화물운송장의 내용

1. 항공화물운송장의 기재사항

1) 일반원칙[1]

항공운송장에 기재되는 숫자는 아라비아 숫자, 문자는 영어, 프랑스어, 스페인어를 사용하는 것이 원칙이다. 상기 이외의 숫자나 문자를 사용하는 경우 영어를 병기하는 것이 바람직하다.

작성된 항공운송장의 내용을 수정하거나 추가할 때는 원본과 사본 전체에 대해서 수정 또는 추가해야 한다. 화물이 수송되는 도중이나 목적지에서 이와 같은 수정이나 추가사항이 발생하였을 경우에는 잔여분에 대한 수정이나 추가내용이 반영되어야 한다.

2) 작성요령

① **Airport of Departure** : 출발지 도시 또는 공항의 3-Letter Code 기입 예 ICN

② **Shipper's Name and Address** : 송하인의 성명, 주소, 도시, 국명이 기입되며 전화번호도 함께 기입해 두는 것이 좋다.

③ **Shipper's Account Number** : AWB 발행 항공사의 임의로 사용된다.

④ **Consignee's Name and Address** : 수하인의 성명, 주소, 도시, 국명, 전화번호 등을 기입한다.

- 어떠한 이유로 실수하인을 대신하여 은행이나 화물대리점이 수하인이 될 경우 실수하인은 Handling Information란에 기재되어야 한다.

1 자료 : 한국무역협회 무역서식 기재요령

이때 화물인도 항공사는 은행이나 대리점을 유일한 수하인으로 간주하며 본란에 명시된 수하인으로부터의 지시가 없이는 타인에게 인도하지 않는다(신용장방식거래에서 Consignee를 신용장 개설은행으로 기재하도록 한 경우 나중에 개설은행은 AWB Original 2(for Consignee)에 이서하고 화물인도승낙서를 발급하여 신용장 개설의뢰인(수입상)에게 화물의 수취를 위임하게 됨). 만약, 송하인이 특정의 개인이나 회사에게도 도착사실을 통보해 줄 것을 요청하면 그 주소를 Handling Information란에 기입하여야 한다('also notify'라는 말로 표현).

- AWB는 비양도성이기 때문에 'to order' 또는 'to order of the Shipper'라고 표현해서는 안 된다.
- 수하인이 화물인수의 편의를 위해 인도 항공사나 호텔 또는 유사한 임시거처를 주소지로 할 경우 수하인 또는 그 관련인 주소를 Handling Information란에 '인도불가 시의 연락처(In case of inability to deliver to consignee contract :)'라는 표시와 함께 기입해야 한다.

⑤ **Consignee's Account Number** : 고객 분류를 위한 부호를 기입하며, 인도 항공사의 임의로 사용한다.

⑥ **Issuing Carrier's Agent Name and City** : AWB 발행 화물대리점의 이름 및 도시명을 기입한다.

⑦ **Agent's IATA Code** : 대리점의 IATA Code를 기재한다.

⑧ **Account Number** : AWB 발행 항공사의 임의로 사용한다.

⑨ **Airport of Departure(Address of First Carrier) and Requested Routing** : 출발지 공항과 운송구간을 기재한다. 3-Letter City Code의 사용도 가능하다.

⑩ **Accounting Information** : 특별히 회계처리에 관한 내용을 기록한다. 예를 들어 운송료 지불방법(현금, 수표, MCO)이나 GBL번호, 기타 필요한 내용을 기록한다.

⑪ **Routing and Destination** : 예약에 의한 첫 구간의 도착지와 수송 항공사

명을 기입한다. 이때 항공사명은 Full Name을 적는다. 최종목적지까지 2개 이상의 항공사가 수송에 개입할 경우 각 경유지와 해당 구간을 수송하는 항공사명을 Code로 기입한다. 한 도시에 2개 이상의 공항이 있을 경우는 도착지 공항의 3-Letter Code를 기입한다.

⑫ **Currency** : AWB 발행국 화폐단위 Code를 기입하며 AWB에 나타난 모든 금액은 본란에 표시되는 화폐단위와 일치하는 것이어야 한다(단, 'Collect Charges in Destination Currency'란에 표시되는 금액은 제외). 자국 화폐단위 대신 GBP(영국파운드) 또는 USD를 현지통화로 간주하는 나라에서는 본란에 GBP 또는 USD를 표시해야 한다.

⑬ **Charge Code** : 항공사의 임의로 사용된다.

⑭ **Weight/Valuation, Charge-Prepaid/Collect** : 화물운임의 지불방식에 따라 선불(PPD) 또는 착지불(COLL)란에 '×'자로 표시한다. 화물운임과 종기요금은 둘 다 모두 선불 또는 착지불이어야 하며 화물운임은 선불, 종가요금은 착지불 등의 형태는 불가능하다.

⑮ **Other Charges at Origin-Prepaid/Collect** : 화물운임과 종가요금을 제외한 출발지에서 발생된 기타요금을 지불방식에 따라 선불 또는 착지불란에 '×'자로 표시한다. 출발지에서 발생한 모든 기타요금은 전부 선불이거나 전부 착지불이어야 한다.

⑯ **Declared Value for Carriage** : 송하인의 운송신고가격을 본란에 기재한다. 화물의 분실이나 파손인 경우 동 금액은 손해배상의 기준이 되며 종가요금 산정도 동 금액을 기준으로 계산된다. 가격신고방법은 일정한 금액을 신고하는 것과 무가격신고(No Value Declared NVD로 표시함)의 2가지 방법 중 화주가 임의로 선택할 수 있다.

⑰ **Declared Value for Customs** : 세관통관목적을 위해 송하인의 세관신고가격을 기록한다. N.C.V(No Commercial Value)도 가능하다.

⑱ **Airport of Destination** : 최종목적지인 공항이나 도시명을 Full Name으로 기록한다.

⑲ **Flight/Date** : 화주가 요청한 예약편을 기입하는 것이 아니고 항공사 임의로 사용된다. 그러나 본란에 기입된 Flight가 확정된 것임을 의미하지는 않는다.

⑳ **Amount of Insurance** : 화주가 보험에 부보하고자 하는 보험금액을 기록한다. 보험에 부보하는 금액은 대체로 운송신고가격과 일치하며 보험에 부보치 않을 때는 공백으로 남겨둔다.

㉑ **Handling Information** : AWB의 다른 란에 표시할 수 없는 사항들을 나타내기 위해 사용된다. 충분한 여백이 없을 때는 별도 용지의 사용이 가능하다. 본란에 기입되는 사항은 대략 다음과 같다.

- 화물의 포장방법 및 포장표면에 나타내는 식별부호, 번호
- 수하인 외에 화물도착 통보를 할 필요가 있는 사람의 주소, 성명
- AWB와 함께 동반되는 서류명
- Non-Delivery로 인한 화물의 경우 최초의 AWB번호를 기입
- 기타 화물운송과 관련된 제반 지시 또는 참고사항

㉒ **Consignment Details and Rating** : 화물요금과 관련 세부사항을 기록한다. 본란에 기록되는 세부사항은 다음과 같다.

i) Number of Pieces : 화물의 개수를 기입, 총개수는 아래의 합계란에 표시한다.

ii) RCP(Rate Combination Point) : 요율결합지점을 표시해줄 필요가 있을 경우 해당 도시 3-Letter Code를 기입한다.

iii) Actual Gross Weight : 화물의 실제무게를 기입하며 합계중량은 아랫부분에 표시한다. BUC(Bulk Unitization Charge)란 특정한 단위탑재용기(컨테이너 · 파렛트)에 그대로 운송될 수 있게끔 적재된 상태하에서 출발지 공항에서 항공회사에 인도되어 그대로의 상태로 도착지 공항의 항공회사에 인수되도록 한 화물의 단위로서 특정지점 간에 설정된 운임을 말하며 이를 적용했을 경우에는 사용된 항공화물용 컨테이너(Unit Load Device : ULD) 자체의 무게를 화물무게 아래에 적어둔다.

iv) kg/lb : 무게단위를 기입한다(Kilogram : K, Pound : L로 표시).

v) Rate Class : 화물요율에 따라 아래 Code 중 사용된다.

- **M** Minimum Charge
- **N** Normal under 45kg(100lb) rate
- **Q** Quantity over 45kg(100lb) rate
- **C** Specific Commodity Rate
- **R** Class Rate(less than normal rate)
- **S** Class Rate(more than normal rate)
- **U** Pivot weight and applicable pivot weight charge
- **E** Weight in excess of pivot weight and applicable rate
- **X** Unit Load Device(as an additional line entry with one of the above)
- **P** Small Package Service
- **Y** Unit Load Device Discount

vi) Commodity Item Number

- SCR이 적용될 경우 품목번호 기재
- CCR이 적용될 경우 해당 Percentage 표시
- BUC를 적용했을 경우 ULD의 Rating Type을 표시

vii) Chargeable Weight

- 화물의 실제중량과 부피중량 중 높은 쪽의 중량을 기입한다. 이때 소수점이 있을 경우 이를 처리하여야 한다.
- 최저운임(minimum charges)이 적용될 경우는 기재할 필요가 없다.
- BUC를 적용했을 경우에는 해당 ULD의 운임적용 최저중량을 기입한다.

viii) Rate/Charge : kg당 또는 lb당 적용요율을 기입한다.

- 최저운임 적용 시는 최저운임 기입
- BUC 적용 시 해당 ULD의 최저적용운임(pivot charge) 기입
- 화주소유 ULD에 대한 ULD 할인금액 기입
- Over Pivot Rate 기입

ix) Total : 운임적용중량(㉒-vii)×요율(㉒-viii)금액을 기입한다. 서로 다른 요율이 적용되는 품목이 둘 이상의 경우의 총합계금액은 아랫부분의 빈칸에 기입한다.

x) Nature and Quantity of Goods(include dimensions or volume)

- 화물의 품목을 기입한다. 필요 시에는 상품의 원산국을 기입하기도 한다.
- 부피중량이 적용되는 화물포장의 치수를 최대가로×최대세로×최대높이의 순으로 표시한다.
- BUC 적용 시 사용된 ULD의 IATA Code를 기입한다.
- 본란의 여백이 부족할 경우 'Extension List'를 사용할 수 있다.

㉓ **Weight Charge(prepaid/collect)** : 운임지불방법에 따라 선불 또는 착지불란에 해당 화물의 운임을 기입한다.

㉔ **Valuation Charge(prepaid/dollect)** : 화주의 신고가격에 따라 부과되는 종가금액을 지불방법에 따라 선불 또는 착지불란에 기입한다. 화물운임과 종가요금은 양자 모두가 선불이거나 또는 착지불이어야 한다. 즉 운임선불, 종가요금은 착지불 또는 그 반대의 경우 등은 인정되지 않는다.

㉕ **Other Charge** : 화물운임 및 종가요금을 제외한 기타비용의 명세 및 금액을 기입한다. 명세를 표시하기 위해서는 아래의 Code가 사용된다.

- **AC** Animal Container
- **AS** Assembly Service Fee
- **AW** Air Waybill Fee
- **CH** Clearance and Handling
- **DB** Disbursement Fee
- **IN** Insurance Premium
- **MO** Miscellaneous
- **PU** Pick UP
- **SO** Storage

- **SU** Surface Charge
- **TR** Transit
- **TX** Taxes
- **UH** ULD Handling

상기 Code는 금액 앞에 표시해야 하며 상기 제비용들의 귀속여부를 확실히 하기 위해 항공사 몫일 경우 C, 대리점 몫일 경우 A로 표시한다. 이때 'A' 또는 'C'의 표시는 비용 Code와 금액 사이에 기재한다. 예 PU 'C' : 35.00

㉖ **Total Other Charge** : 출발지에서 발생하여 ㉕란에 표시된 제비용은 모두가 선불 또는 착지불이어야 한다.

i) Total Other Charges Due Agent(prepaid/collect) : AWB 발행수수료가 대리점 몫일 경우 이 내용이 기입되어야 한다. 기타 출발지에서 징수되는(선불) '대리점 몫'의 제비용은 기입할 필요가 없으며, ㉕란에 표시되는 '대리점 몫'의 비용 중 착지불금액만 표시한다.

ii) Total Other Charges Due Carrier(prepaid/collect) : 운임이나 종가요금을 제외하고 ㉕란에 표시되는 비용 중 '항공사 몫'에 해당하는 비용을 선불 또는 착지불란에 기재한다.

㉗ **Total Prepaid** : 운임, 종가요금, 기타 제비용(항공사 몫, 대리점 몫 포함) 중 선불란에 표시된 금액의 합계를 기입한다.

㉘ **Total Collect** : 운임, 종가요금, 기타 제비용 중 착지불란에 표시된 금액의 합계를 기입한다.

㉙ **Shipper's Certification Box** : 송하인 또는 그 대리인의 서명(인쇄, 서명 또는 스탬프)이 표시된다.

㉚ **Carrier's Execution Box** : AWB 발행일자 및 장소, 항공사 또는 그 대리인의 서명이 표시된다. 월(月)의 표시는 영어로 Full Spelling 또는 약자를 사용할 수 있으나 숫자로 표시하면 안 된다.

※ 항공화물운송장 번호

항공화물운송장 번호는 상단 좌우와 하단 우측에 명기되어 있으며 IATA Carrier 3 Digit Code와 7단위의 일련번호 및 7진법에 의한 Check Digit로 구성된다.

예 1 8 0 － 1 2 3 4 5 6 7 5

Check Digit(7진법 사용)

Serial Number

IATA Carrier 3 Digit Code

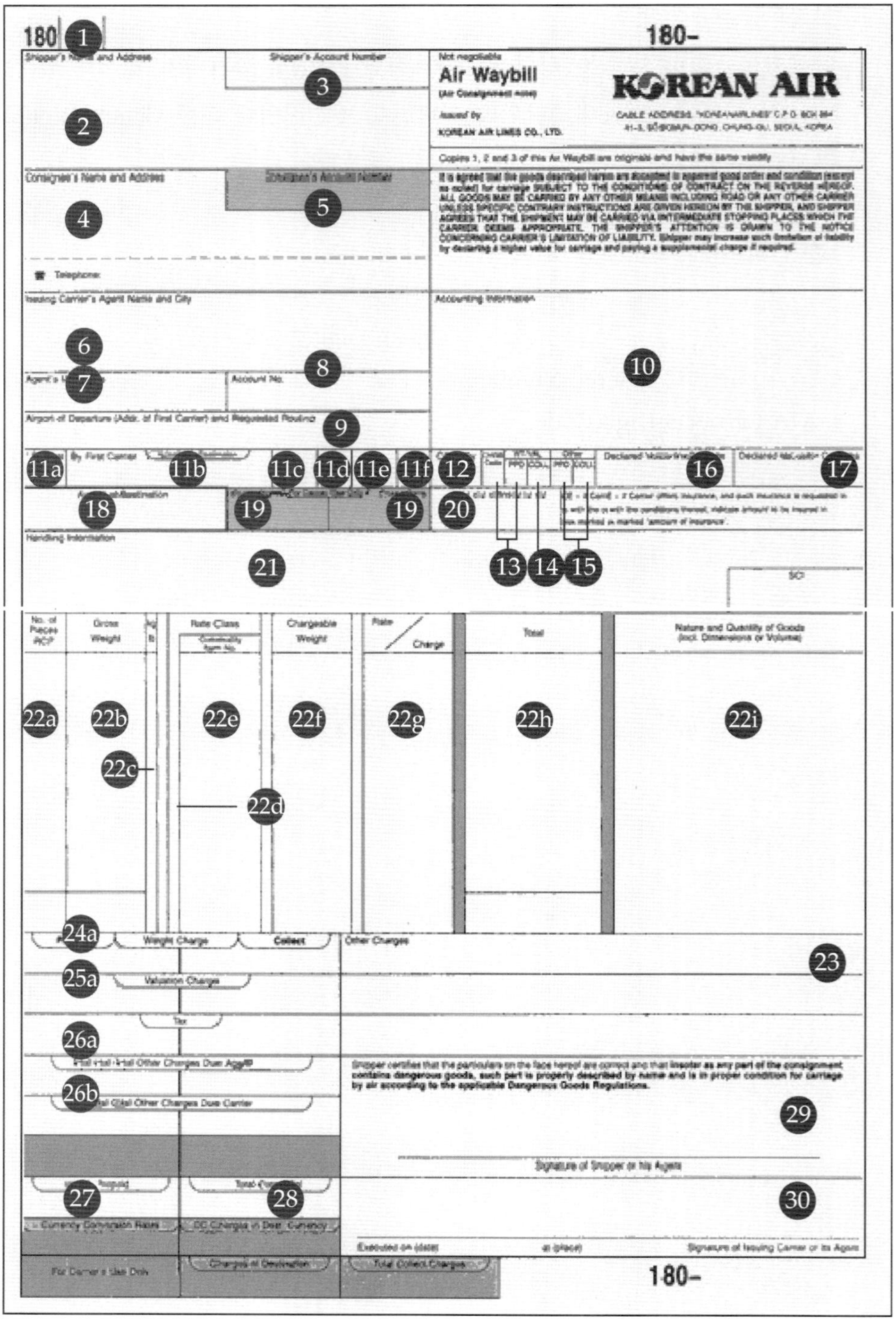
180
180-
Shipper's Name and Address
Shipper's Account Number
Not negotiable
Air Waybill
(Air Consignment note)
Issued by
KOREAN AIR LINES CO., LTD.
KOREAN AIR
Copies 1, 2 and 3 of this Air Waybill are originals and have the same validity
Consignee's Name and Address
Consignee's Account Number
Telephone:
Issuing Carrier's Agent Name and City
Accounting Information
Agent's IATA Code
Account No.
Airport of Departure (Addr. of First Carrier) and Requested Routing
By First Carrier
Currency
Declared Value for Carriage
Declared Value for Customs
Airport of Destination
Handling Information
SCI
No. of Pieces RCP
Gross Weight
Rate Class
Commodity Item No.
Chargeable Weight
Rate
Charge
Total
Nature and Quantity of Goods (incl. Dimensions or Volume)
Weight Charge
Collect
Other Charges
Valuation Charge
Tax
Total Other Charges Due Agent
Total Other Charges Due Carrier
Shipper certifies that the particulars on the face hereof are correct and that insofar as any part of the consignment contains dangerous goods, such part is properly described by name and is in proper condition for carriage by air according to the applicable Dangerous Goods Regulations.
Signature of Shipper or his Agent
Total Prepaid
Total Collect
Currency Conversion Rates
CC Charges in Dest. Currency
Executed on (date)
at (place)
Signature of Issuing Carrier or its Agent
For Carrier's Use Only
Charges at Destination
Total Collect Charges
180-
1
2
3
4
5
6
7
8
9
10
11a
11b
11c
11d
11e
11f
12
13
14
15
16
17
18
19
19
20
21
22a
22b
22c
22d
22e
22f
22g
22h
22i
23
24a
25a
26a
26b
27
28
29
30

2. 항공화물운송장의 이면약관

1) 운송인의 책임한도에 관한 공지

If the carriage involves an ultimate destination or stop in a country other than the country of departure, the Warsaw Convention may be applicable and the convention governs and in most cases limits the liability of the carrier in respect of loss, damage or delay to cargo to 250 french gold francs per kilogramme, unless a higher value is declared in advance by the shipper and a supplementary charge paid if required.

The liability limit of 250 french gold francs per kilogramme is approximately US $20 per kilogramme on the basis of US $42.22 per ounce of gold.

해석

운송이 출발지 외에 최종목적지 또는 외국의 경유지를 포함하는 경우에는 바르샤바조약이 적용되고 본 조약에 의거 화물의 멸실, 손상, 지연에 관하여 운송인의 책임은 대부분의 경우 제한된다. 화주가 사전에 고가화물을 신고하거나 추가비용을 지불한 경우가 아닌 경우에는 kg당 250FGF로 제한한다. kg당 250FGF로 책임제한은 금 1온스당 미화 42.22달러로 환산하면 대략 kg당 미화 20달러가 된다.

2) 계약조건

1. As used in this contract "Carrie" means all air carriers that carry or undertake to carry the goods hereunder or perform any other services incidental to such air carriage, "Warsaw Convention" means the Convention for the Unification of certain Rules relating to International Carriage by Air, signed at Warsaw, 12 October 1929, or that Convention

as amended at The Hague, 28 September 1955, whichever may be applicable.

해석

1. 본 계약에서 사용된 운송인은 본 항공화물운송장에 명시된 화물을 운송하거나 운송을 약정하고 이러한 항공운송에 수반되는 모든 항공서비스를 수행하는 모든 항공운송인을 의미한다. 바르샤바조약은 1929년 10월 12일 바르샤바에서 조인된 국제항공운송에 관한 통일규칙, 1955년 9월 28일 헤이그에서 개정된 조약을 의미하며, 어느 것이든 적용할 수 있다.

(a) Carriage hereunder is subject to the rules relating to liability established by the Warsaw Convention unless such carriage is not "International Carriage" as defined by that Convention;

(b) To the extent not in conflict with the foregoing, carriage hereunder and other services performed by each Carrier are subject to; (i) applicable laws (including national laws implementing the Convention), government regulations, orders and requirements. (ii) provisions herein set forth, and(iii)applicable tariffs, rules, conditions of carriage, regulations and timetables (but not the times of departure and arrival therein) of such carrier, which are made part hereof and which may be inspected at any of its offices and at airports from which it operates regular services. In transportation between a place in the United States of Canada and any place outside thereof the applicable tariffs are the tariffs in force in those countries.

해석

(a) 운송은 이러한 운송이 바르샤바조약에서 정의한 국제운송인 경우에는 바르샤바조약에서 멸실된 책임에 관련한 규정의 적용을 받는다.

(b) 외국법과 상충되지 않은 경우 운송과 각각의 운송인이 수행하는 다른 운송서비스는 (i) 조약을 수용한 국내법을 포함하여 관련법률 및 정부규정에 적용을 받는다. (ii) 항공화물운송장의 약관과 (iii) 적용할 태리프, 운송인에 대한 규칙, 운송조건, 규정, 시간표(발착시간 제외)가 적용되며 정기노선의 경우는 운송조건의 일부가 되어 공항당국 또는 화물영업소로부터 점검을 받을 수 있다. 캐나다에 있는 공항에서 캐나다 밖의 공항으로 운송하는 국제운송의 경우 이들 국가에서 효력이 있는 태리프가 적용된다.

3. The first Carrier's name may be abbreviated on the face hereof, the full name and its abbreviation being set forth in such Carrier's tariffs, conditions of carriage, regulations and timetables. The first Carrier's address is the airport of departure shown on the face hereof.

The agreed stopping places (which may be altered by Carrier in case of necessity) are those places, except the place of departure and the place of destination, set forth on the face hereof or shown in Carrier's timetables as scheduled stopping places for the route. Carriage to be performed hereunder by several successive carriers is regarded as a single operation.

해석

3. 제1운송인의 이름은 항공화물운송장 전면에 단축해서 표기될 수 있고, 정확한 이름, 단축된 이름은 이러한 운송인의 태리프, 운송조건, 규정, 시간표에 명시될 수 있다. 제1운송인의 주소는 항공화물운송장 전면에 기재된 출발공항이다.

합의된 경유지역(필요한 경우 운송인이 변경할 수 있다)은 출발장소와 도착장소를 제외한 본 항공화물운송장 전면 또는 운송인의 시간표에 항로로 운항하는 동안에 예정된 경유지로 명시된 이들 장소이다. 후속운송인이 수행하는 운송은 단일운송으로 간주한다.

4. Except as otherwise provided in Carrier's tariffs or conditions of carriage, in carriage to which the Warsaw Convention does not apply Carrier's liability shall not exceed US $20.00 or the equivalent per kilogram of goods lost, damaged of delayed, unless a higher value is declared by the shipper and a supplementary charge paid.

해석

4. 운송인의 태리프, 운송조건에 명시된 경우를 제외하고 운송인의 책임에 관해 바르샤바 조약을 적용하지 못하는 운송의 경우에 화물의 멸실, 손상, 지연에 대해 송하인이 더 많이 지불하겠다거나 추가적인 비용지불이 없는 한 kg당 미화 20달러 또는 이와 동일한 금액을 초과할 수 없다.

5. If the sum entered on the face of the Air Waybill as "Declared Value for Carriage" represents an amount in excess of the applicable limits of liability referred to in the above Notice and in these Conditions and if the shipper has paid and supplementary charge that may be required by the Carrier's tariffs, conditions of carriage or regulations, this shall constitute a special declaration of value and in this case Carrier's limit of liability shall be the sum so declared. Payment of claims shall be subject to proof of actual damages suffered.

해석

5. 운송의 신고가액으로 항공화물운송장 전면에 명시된 금액이 상기 통지서 및 이 조건에서 언급한 책임제한을 초과한 경우 그리고 송하인이 운송인의 태리프, 운송조건, 규정이 요구한 추가비용을 지불한 경우에 이것은 특별 신고가액이 되며, 운송인의 책임제한은 이렇게 신고한 금액이 된다. 손해배상에 대한 지불은 실제손실의 근거에 따른다.

6. In cases of loss, damage or delay of part of the consignment, the weight to be taken into account in determining Carrier's limit of liability shall be only the weight of the package or packages concerned.

Notwithstanding any other provision, for foreign air transportation as defined in the U.S. Federal Aviation Act, as amended, in case of loss or damage or delay of a shipment or part thereof, the weight to be used in determining the Carrier's limit of liability shall be the weight which is used (or a pro rata share in the case of a part shipment loss, damage or delay) to determine the transportation charge for such shipment.

해석

6. 일부 위탁화물의 멸실, 손상, 지연의 경우, 운송인의 책임제한을 결정하는 데 고려하게 될 중량은 포장 또는 포장화물의 중량이 된다. 미국연방항공운송법에 명시된 해외항공운송에 관하여 어떤 다른 규정이 있음에도 불구하고 일부 또는 전부 화물의 멸실, 손상, 지연의 경우 운송인의 책임제한을 결정하는 데 사용하는 중량은 운송비용을 결정하는 데 사용한 중량이 된다.

7. Any exclusion or limitation of liability applicable to Carrier shall apply to and be for the benefit of carrier's agents, servants and representatives and any person whose aircraft is used by Carrier for carriage and its agents, servants and representatives. For purpose of this provision Carrier acts herein as agent for all such persons.

해석

7. 운송인에게 적용할 면책과 책임제한은 운송인의 대리인, 사용인, 지사원, 운송인이 운송으로 사용하는 모든 항공사, 대리인, 사용자, 지사원에게 적용되며 이들의 편익에도 적용된다. 이 규정의 목적상 운송인들은 본 항공화물운송장에서 모든 이러한 당사자들의 대리인으로 행동한다.

(a) carrier undertakes to complete the carriage hereunder with reasonable dispatch. Carrier may substitute alternate carriers or aircraft and may without notice and with due regard to the interests of the shipper substitute other means of transportation. Carriers is authorized to select the routing or to change or deviate from the routing shown on the face here of. This Subparagraph is not applicable to / from USA;

(b) carrier undertakes to complete the carriage hereunder with reasonable dispatch. Except within USA where Carrier's tariffs will apply, Carrier may substitute alternate carriers or aircraft and may without notice and with due regard to the interests of the shipper substitute other means of transportation. Carrier is authorized to select the routing or to change or deviate from the routing shown on the face hereof. This Subparagraph is applicable only to / from USA;

해석

(a) 운송인은 본 운송을 신속히 완수할 책임이 있다. 운송인은 송하인의 이익을 고려하여 통지 없이 다른 운송인, 항공기, 다른 운송수단을 대체할 수 있다. 운송인은 항로를 선택하고, 항공화물운송장 전면에 기재된 항로를 변경하거나 이로할 수 있다. 본 조항은 출발공항과 도착공항이 미국인 경우에는 적용할 수 없다.

(b) 운송인은 본 운송을 신속히 완수할 책임이 있다. 운송인의 태리프가 미국에서 적용할 수 없는 경우를 제외하고 운송인은 송하인의 이익을 고려하여 통지 없이 다른 운송인, 항공기, 다른 운송수단을 대체할 수 있다. 운송인은 항로를 선택하고, 항공화물운송장 전면에 기재된 항로를 변경하거나 이로할 수 있다. 본 조항은 출발공항과 도착공항이 미국인 경우에는 적용할 수 있다.

9. Subject to the conditions herein, the Carrier shall be liable for the goods during the period they are in its charge or the charge of its agent.

해석

9. 항공화물운송장에 명시된 조건에 의거 운송인은 운송인과 대리인이 화물을 관리하고 있는 동안에 화물에 대한 책임을 진다.

10. (a) Except when the Carrier has extended credit to the consignee without the written consent of the shipper, the shipper guarantees payment of all charges for carriage due in accordance with Carrier's tariffs, conditions of carriage and related regulations, applicable laws (including national laws implementing the Convention), government regulations, orders and requirements;

(b) When no part of the consignment is delivered, a claim with respect to such consignment will be entertained even though transportation charges thereon are unpaid.

해석

10. (a) 운송인이 송하인의 서면동의 없이 수하인에게 외상을 주는 경우를 제외하고 송하인은 운송인의 태리프, 운송조건, 관련규정, 관련법규(바르샤바조약을 법제화한 국내법을 포함하여), 정부의 규정에 따라 운송에 관한 모든 비용을 지불할 것을 보증한다.

(b) 위탁화물의 일부가 인도되지 못한 경우 이러한 위탁화물에 대한 손해배상청구는 비록 운송비가 지불되지 않았다 하더라도 청구될 것이다.

11. Notice of arrival of goods will be given promptly to the consignee or to the person indicated on the face hereof as the person to be notified. On arrival of the goods at the place of destination, subject to the acceptance of other instructions from the shipper prior to arrival of the goods at the place of destination, delivery will be made to, or

in accordance with the instructions of the consignee. If the consignee declines to accept the goods or cannot be communicated with, disposition will be in accordance with instructions of the shipper.

해석

11. 화물도착통지는 때에 맞춰 수하인 및 통지인으로 항공화물운송장 전면에 기재된 사람에게 이루어질 것이다. 화물이 목적지에 도착하는 과정에서 화물이 목적지에 도착하기 전에 송하인으로부터 다른 지시를 받은 경우 인도는 수하인에게 이루어질 것이고 수하인의 지시를 따를 것이다. 만약 수하인이 화물인수를 거부하거나 연락이 안 되는 경우 송하인의 지시에 따라 화물을 처분할 것이다.

12. (a) The person entitled to delivery must make a complaint to the Carrier in writhing in the case

(i) of damage to or partial loss of the goods, immediately after its discovery and at the latest within 14 days from the date of receipt of the goods, (ii) of delay, within 21 days of the date the goods are placed at his disposal, (iii) of non-delivery including total loss of the goods, within 120 days from the date of the issue of the Air Waybill, and (iv) of all other claims, except any claims relating to personal injury or death, within 270 days from the date of the issue of the Air Waybill;

(b) For the purpose of Subparagraph (a) above complaint in writing may be made to the Carrier whose Air Waybill was used, or to the first carrier or to the last carrier or to the Carrier who performed the transportation during which the loss, damage or delay took place;

(c) Any rights to damages against Carrier shall be extinguished unless an action is brought within two years from the date of arrival at the destination, or from the date on which the aircraft ought to have arrived, or from the date on which the transportation stopped.

해석

12. (a) 화물을 인수할 권한이 있는 사람은 다음의 경우에 문서로 이의를 제기해야만 한다. (i) 화물이 손상되거나 일부 멸실된 경우 발견 즉시 늦어도 화물을 인수한 후 14일 이내, (ii) 화물지연의 경우 화물이 수하인에게 인도된 후 21일 이내, (iii) 화물의 전체 멸실을 포함해서 인도불능은 항공화물운송장이 발행된 날로부터 120일 이내, (iv) 인명손상에 관련한 손해배상청구를 제외한 기타 손해배상청구는 항공화물운송장이 발행된 날로부터 270일 이내
(b) (a)항에 의거 상기 이의제기는 문서로 항공화물운송장을 발행한 운송인, 제1운송인, 최종운송인, 멸실, 손상, 지연이 발생하는 동안에 운송을 이행한 운송인에게 할 수 있다.
(c) 운송인에게 청구할 손상에 대한 모든 권리는 화물이 목적지에 도착한 날로부터, 항공기가 도착한 날로부터, 운송이 중지된 날로부터 2년 이내에 소송이 제기되지 않으면 소멸된다.

13. The shipper shall comply with all applicable laws, and government regulations of any country to, from, through or over which the goods may be carried, including those relating to the packing, carriage or delivery of the goods, and shall furnish such information and attach such documents to this Air Waybill as may be necessary to comply with such laws and regulations. Carrier is not liable to the shipper for loss or expense due to the shipper's failure to comply with this provision.

해석

13. 송하인은 화물의 포장, 운송, 인도와 관련된 법규를 포함하여 적용될 법규, 화물이 운송되는 도착지, 출발지, 경유지의 모든 국가 정부의 규정을 준수해야 한다. 그리고 이러한 정보를 제공해야 하고 이러한 법규와 규정을 준수하는 데 필요한 서류들을 항공화물운송장에 첨부하여야 한다. 운송인은 송하인이 이러한 규정을 준수하지 못함으로써 발생된 멸실과 비용에 대해 송하인에게 책임이 없다.

14. No agent, servant or representative of Carrier has authority to alter, modify or waive any provisions of this contract.

해석

14. 운송인의 대리인, 사용인, 지사원은 본 계약의 모든 규정을 변경, 수정, 유보할 수 있는 권한이 없다.

15. If Carrier offers insurance and such insurance is requested, and if the appropriate premium is paid and the fact recorded on the face hereof, the goods covered by this Air Waybill are insured under an open policy for the amount requested as set out on the face hereof (recovery being limited to the actual value of goods lost or damaged provided that such amount does not exceed the insured value). The insurance is subject to the terms, conditions and coverage (from which, certain risks are excluded) of the open policy, which is available for inspection at an office of the issuing Carrier by the interested party. Claims under such policy must be reported immediately to an office of Carrier.

해석

15. 보험부보요청에 따라 운송인이 보험에 부보하고 보험료가 지불되고 항공화물운송장 전면에 이러한 사실이 기재된 경우 본 항공화물운송장으로 부보된 화물은 본 항공화물운송장 전면에(보상금은 멸실 또는 손상된 화물의 실제가액으로 제한되고 이러한 금액은 보험가액을 초과할 수 없다.) 기재된 바와 같이 부보요청금액으로 포괄예정보험에 부보된 것으로 본다. 보험은 포괄예정보험의 조건과 담보범위(어떤 위험의 면책으로부터)에 따르며 이해관계당사자가 항공화물운송장을 발행한 운송인의 사무실에서 검사에 이용될 수 있다. 이러한 보험증권하에서의 보험금은 즉시 운송인 사무실에 보고되어야 한다.

CHAPTER 11

복합운송

학습목표

복합운송의 특징과 책임체계를 살펴보고 복합운송에 대한 국제규칙을 분석하여 복합운송인의 책임을 이해하고 복합운송의 주요경로를 파악하여 복합운송을 기획할 수 있는 안목을 키운다.

제1절 복합운송의 의의

1. 복합운송의 개념

오늘날의 국제운송은 출발지에서 목적지까지 한 가지 운송수단을 이용하여 화물을 운송하기보다는 육상 · 해상 · 항공운송수단을 활용하는 복합운송시대를 맞이하게 되었다. 화주와 운송구간별 운송인 간의 운송계약과 책임 문제가 발생할 수 있다. 이러한 문제를 해결하기 위해서 화주와 제1운송인이 전체 운송구간에 대해 하나의 운송계약을 체결하고 화주는 전체 운송구간에 대한 운임을 지불하며 제1운송인은 후속운송인과 운송계약을 체결하는 형태의 통운송이 발전하여왔다.

이러한 통운송은 복합운송으로 발전하였다. 복합운송은 1929년 바르샤바조약(국제항공운송의 통일규칙에 관한 조약)에서 통운송과 연속운송이라는 용어로 사용되어오다가 1949년 국제상업회의소의 국제복합운송증권에 관한 조약의 예비초안에서 통운송과 구분하기 위해서 복합운송이라는 용어를 처음 사용하였다. 복합운송은 컨테이너가 국제운송에 등장함에 따라 1970년대부터 급격히 증가하였다.

복합운송(multimodal transportation)은 복합운송인이 화물을 자기의 보관 아래 인수한 국가에서 다른 국가로 복합운송계약에 의해 적어도 두 종류 이상의 이종운송수단에 의해 화물을 운송하는 것을 의미한다. 복합운송은 철도운송과 육로운송이 결합된 piggy-back-system, 항공운송과 육로운송이 결합된 birdy-back-system, 해상운송과 육로운송이 결합된 fish-back-system, 해상운송과 항공운송이 결합된 sea-air system이 있다.

통운송(through transportation)은 하나의 운송계약으로 해상, 육상, 항공, 내수로운송 등 두 가지 이상의 동종운송수단이 결합된 단순통운송이라고 하며 부분운송, 하청운송, 연대운송의 형태로 이루어지고 있다.

부분운송은 화주가 각각의 운송구간에서 각각의 운송인과 각각의 개별 운송계약을 체결하고 각각의 운송인은 자기가 맡은 운송구간에 대해서만 책임을 진다.

하청운송은 화주와 제1운송인이 전체 운송구간에 대해서 운송계약을 체결하고 제1운송인은 후속운송인과 하청계약을 체결하며 화주와 후속운송인 간에는 운송계약관계가 성립되지 않는다.

연대운송은 전운송구간에 대해서 제1운송인이 화주와 운송계약을 체결하지만 각각 운송구간에 대해 각 운송인에 연대하여 책임을 진다.

복합운송은 복합운송인이 전체 운송구간에 대해서 화주와 운송계약을 체결하여 전체 운송구간에 대해 책임을 지고 복합운송인은 후속운송인과 하청계약을 체결하지만 화주와 하청운송인 간에는 운송계약이 성립되지 않는다.

2. 복합운송의 특징

1) 하나의 운송계약

여러 운송인이 복합운송을 이행하지만 복합운송인이 전체 운송구간에 대해 책임을 지는 하나의 복합운송계약을 화주와 체결하기 때문에 화주는 편리하다.

2) 단일책임

복합운송인이 전체 운송구간에 대해서 화주에게 단독으로 책임을 진다. 비록 화물의 멸실과 손상이 복합운송인이 이행하지 않는 운송구간에서 발생하였다 하더라도 전적으로 복합운송인이 이에 대한 책임을 진다. 따라서 화주는 화물의 멸실과 손상에 대해 복합운송인만 상대하기 때문에 편리하다.

3) 단일운임

복합운송인은 화주에게 전체 운송구간에 대해 단일운임을 청구하고 화주는 단일운임을 지급하면 된다. 여러 운송인이 여러 운송구간에서 운송을 하지만 운임은 화물의 출발지에서 도착지까지 단일운임이 적용된다.

4) 운송수단의 다양성

복합운송은 이질적인 운송수단이 결합되어 육로운송, 해상운송, 항공운송이 서로 연결되어 운송된다. 운송수단은 복합운송인과 화주 간에 체결되는 복합운송계약에 명시되든 안 되든지에 관계없이 실제로 이질적인 운송수단이 결합되어 운송이 이루어지면 복합운송으로 본다.

3. 컨테이너 복합운송

컨테이너가 운송에 사용됨에 따라 복합운송은 더욱더 발전하여 문전에서 문전까지(door to door)의 복합운송이 가능하게 되었다. 컨테이너는 한 운송수단에서 하역하여 다른 운송수단으로 환적이 용이하기 때문에 복합운송에 있어서 매우 중요한 역할을 하였다. 복합운송의 경쟁력은 선적과 양륙에 걸리는 시간과 비용에 따라 결정된다. 컨테이너의 등장으로 선적과 양륙에 걸리는 시간과 비용이 획기적으로 줄어들어 복합운송은 더욱더 발전하여 오늘에 이르게 되었다.

4. 복합운송인의 정의

유엔복합운송조약(United Nations Convention on International Multimodal Transport of Goods, 1980)에서 복합운송인은 스스로 혹은 대리인을 통하여 복합운송계약을 체결하고, 송하인이나 운송인의 대리인이 아니라 주체로서 계약의 이행을 책임지는 자로 정의하였다. 복합운송조약(Project de Convention sur le Transport Combine Internationale de Marchandises : TCM)에서 복합운송인은

복합운송증권을 발행하고, 화물을 수령에서 인도까지 전구간에 걸쳐 자기의 이름으로 운송을 하고, 그 운송에 대하여 조약에 명시된 책임을 지고, 복합운송증권에 기재된 자 또는 정당하게 배서된 복합운송증권의 소지인에게 화물을 확실하게 인도하기 위하여 필요한 모든 조치를 다하는 자로 규정하였다.

따라서 복합운송인은 송하인과 복합운송계약을 체결하는 계약당사자이고 자기 책임하에 화물의 수령지에서 인도지까지 여러 운송수단을 이용하여 복합운송증권에 기재된 수하인에게 화물을 인도할 책임이 있고 화물의 멸실과 손상이 어떤 운송구간에서 발생했든지에 관계없이 전적으로 책임을 진다.

5. 복합운송인의 유형

1) 실제운송인형 복합운송인

실제운송인(actual carrier)은 자신이 직접 선박, 트럭, 항공기 등의 운송수단을 보유하여 복합운송인으로 복합운송에 참여하는 자를 말한다. 실제운송인형 복합운송인은 운송수단을 보유한 선박회사, 트럭회사, 철도회사, 항공회사가 된다. 해상운송인의 책임은 선측에서 선측까지였는데 컨테이너가 운송에 등장함에 따라 해상운송인은 문전에서 문전까지 책임을 지고 일관운송하는 복합운송인으로서 국제운송에서 중요한 역할을 담당하고 있다.

정기선사(Vessel Operating Common Carrier : VOCC)는 자신이 운영하고 있는 해상 컨테이너운송을 기반으로 내륙운송구간에 트럭 또는 철도, 항공운송을 결합시킨 일관복합운송서비스를 제공하면서 복합운송인으로 복합운송에 참여하게 된다.

2) 계약운송인형 복합운송인

계약운송인(contracting carrier)은 선박, 트럭, 항공기 등의 운송수단을 직접 보유하지 않고 실제운송인처럼 복합운송인으로서 복합운송에 참여하는 자를 말한다. 계약운송인은 실제운송인에게는 화주의 입장에 있고 화주에게는 운송인의 입장에 있게 된다. 선박을 운항하지 않은 복합운송인(Non-Vessel Operating Common Carrier : NVOCC)은 실제운송인이 제공하는 해상운송, 항공운송, 복합운송에 내륙운송을 결합시켜 일관복합운송을 제공한다. 선박을 운항하지 않으면서 공중운송인으로서 자신의 운임표를 정부당국에 신고하고 이를 광고 및 선전하여 화물을 집하하고 자기 책임하에 해상운송인과 해상운송계약을 체결하여 해상운송서비스를 제공한다.

6. 복합운송인의 범위와 책임

유엔복합운송조약 제14조에서 복합운송인에는 복합운송계약의 이행을 위해 복합운송인이 고용하는 사용인이나 대리인 및 기타 그 업무를 수행하는 데 필요한 자를 포함하며, 송하인 또는 수하인에는 송하인 또는 수하인의 사용인 또는 대리인을 포함하는 것으로 보아 복합운송인의 범위를 폭넓게 인정하였다. 복합운송계약을 이행하기 위해 복합운송인이 고용한 사용인 또는 대리인 및 복합운송의 이행에 참여하는 하역업자, 창고업자, 보세운송업자 등도 복합운송인에 해당하는 것으로 볼 수 있다.

제15조에 의거 복합운송인은 복합운송인의 사용인이나 대리인 또는 그 밖에 복합운송계약의 이행을 위해 필요한 자의 작위 또는 부작위에 대해 작위 또는 부작위가 복합운송인의 작위 또는 부작위인 것처럼 책임을 진다고 명시하여 복합운송인이 폭넓게 책임을 지도록 하였다.

「상법」 제816조에서 복합운송인은 운송인이 인수한 운송에 해상 외의 운송구간이 포함된 경우, 운송인은 손해가 발생한 운송구간에 적용될 법에 따라 책임을 진다. 그러나 어느 운송구간에서 손해가 발생하였는지 불분명한 경우 또는 손해의 발생이 성질상 특정한 지역으로 한정되지 아니하는 경우에는 운송인은 운송거리가 가장 긴 구간에 적용되는 법에 따라 책임을 진다. 다만, 운송거리가 같거나 가장 긴 구간을 정할 수 없는 경우에는 운임이 가장 비싼 구간에 적용되는 법에 따라 책임을 진다고 명시하여 사고가 해상운송에서 발생하면 해상운송법이 적용되어 해상운송법에 명시된 책임을 부담하고 육상에서 발생하면 육상운송법에 명시된 책임을 부담한다.

「상법」 제797조에서 운송인의 손해배상의 책임은 당해 운송물의 매 포장당 또는 선적단위당 666과 100분의 67 계산단위의 금액과 중량 1kg당 2 계산단위의 금액 중 큰 금액을 한도로 제한할 수 있다고 규정하였다.

7. 복합운송인의 책임체계

1) 단일책임체계

단일책임체계(uniform liability system)는 화물의 멸실과 손상이 어느 운송구간에서 발생되었는지를 불문하고 전체 운송구간에 대해서 하나의 기준으로 책임을 지우는 방식이다. 화물의 멸실과 손상이 어느 운송구간에서 발생하였는지 여부를 가리지 않고 하나의 잣대로 책임을 지우는 것으로 복합운송인의 책임을 간단하고 정확하게 물을 수 있다는 장점이 있지만 하나의 잣대를 해상운송, 항공운송, 육로운송 중 어디에 맞추느냐에 따라 복합운송인과 송하인, 수하인, 해상보험업자 등의 이해관계가 상충된다. 잣대를 항공운송에 맞추면 복합운송인은 책임을 더 져야 되고 송하인과 수하인은 더 많이 보상을 받고 보험료는 상승하여 복합운임은 올라가게 된다. 잣대가 해상운송의 기준보다 높으면 복합운송인과 해상운송인 간에 알력이 발생하여 복합운송의 발전을 저해하는 결과를 가져올 수 있다.

2) 이종책임체계

이종책임체계(network liability system)는 화물의 멸실과 손상이 발생한 운송구간이 판명된 경우와 판명될 수 없는 경우로 나누어 책임을 적용하는 방식이다. 판명될 수 없는 경우에는 해상운송구간에 적용되는 헤이그 또는 비스비규칙을 적용하거나 별도로 정한 기본책임을 적용하고 판명된 경우에는 판명된 운송구간에 국내법이나 국제조약을 적용한다. 이것은 국제운송관행을 급격히 변화시키지 않고 복합운송인이나 화주의 이해관계를 상충시키지 않아 복합운송을 발전시키는 역할을 하고 있고 선진해운국도 자국의 이익에 부합하기 때문에 선호하고 있어서 CMI의 도쿄규칙, TCM조약, 국제상업회의소의 복합운송증권통일규칙, 국제복합운송서류에 관한 UNCTAD/ICC규칙, FIATA의 복합운송증권약관, KIFFA의 복합운송약관, 로테르담규칙에서 이종책임체계를 채택하였다.

화물이 출발지에서 도착지까지 운송되는 과정에서 국제조약이 적용할 수 없는 사각지대가 있다. 컨테이너 터미널과 국경을 통과하지 않은 도로 또는 철도운송은 국제조약을 적용할 수 없는 지역이고 결국 이 지역은 국내법이 적용되어 매번 사각지대에 적용하는 국내법과 관행을 파악하여야 하는 단점이 있다.

3) 수정단일책임체계

수정단일책임체계(modified uniform liability system)는 이종책임체계와 단일책임체계를 절충한 제도로 화물의 멸실과 손상이 발생한 운송구간의 판명여부와 관계없이 독자적인 책임한도액을 설정하고 운송구간이 판명되고 그 운송구간에 적용되는 조약에서 명시한 책임한도액이 독자적으로 책정한 책임한도액보다 크면 그 큰 책임한도액을 적용하는 제도로 상반된 평가를 받고 있으며 수정단일책임체계를 복합운송증권에 명시된 증권은 아직까지 하나도 없다. 그러나 UN 국제복합운송조약은 수정단일책임체계를 채택하였다.

제2절 복합운송에 대한 국제규칙

1. 국제규칙의 제정배경

국제운송은 육로운송, 철도운송, 해상운송, 항공운송 등으로 구분할 수 있으며 운송구간별로 국제규칙이 제정되었다. 육로운송에 관한 국제규칙은 국제도로화물운송조약(Convention on the Contract for the International Carriage of Goods by Road : CMR)과 철도화물운송에 관한 국제조약(International Convention Concerning the Carriage of Goods by Rail)이 있으며 국제도로화물운송조약은 1956년에 5월에 체결되어 1961년에 발효되었고 1978년에 개정되어 현재 적용되고 있으며 26개국이 가입하였다. 철도화물운송에 관한 국제조약은 1956년에 발효되었고 현재는 1985년에 개정된 조약이 적용되고 있다. 해상운송의 국제규칙은 선하증권통일조약, 개정선하증권통일조약, 유엔해상화물운송조약, 로테르담규칙이 있으며 국제항공운송의 국제규칙은 국제항공화물운송에 관한 통일조약, 개정 국제항공운송조약, 국제항공운송규칙에 관한 통일조약이 있다.

국제운송구간에 적용되는 국제규칙에 의거 해상운송에는 선하증권이 발행되고, 국제항공운송에는 항공화물운송장이 발행되며, 육로운송에는 화물상환증이 발행된다. 복합운송의 경우에는 어느 증권이 발행되어야 하고 어느 국제규칙이 적용되어야 하는지 문제가 발생하여 국제복합운송에 관한 국제규칙을 제정하게 되었다.

2. 국제복합운송 관련규칙

1) UN 국제복합운송조약

(1) 제정배경

국제해법회(Comite Maritime International : CMI)가 1949년 국제상업회의소(International Chamber of Commerce : ICC)의 의뢰를 받아 국제복합운송조약에 관한 초안을 작성하였고 국제사법통일협회가 1961년에 국제복합운송에 관한 조약안으로 채택하여 복합운송에 관한 세계 최초의 조약초안이 되었으며 이것은 국제도로화물운송조약의 책임체계를 근간으로 작성되었다.

국제해법회가 1965년에 국제컨테이너 소위원회를 구성하여 3년간의 연구를 통해 국제복합운송조약안의 초안을 작성하였고 이 초안이 1969년 도쿄에서 개최된 총회에서 만장일치로 채택되었다. 이것은 1929년 헤이그규칙을 근간으로 하였다.

유럽경제위원회의 내륙운송위원회(Inland Transport Committee)가 1970년에 두 초안을 통합하여 로마초안(Rome draft)을 작성하고 정부 간 해사자문기구(IMCO)가 1971년에 공포하였으나 1972년 유엔무역개발위원회(UNCTAD) 총회에서 개발도상국의 경제발전에 부합하는지에 대한 문제제기로 백지화되었다.

유엔무역개발위원회의 정부 간 준비그룹은 1979년에 초안을 작성하였고 이 초안은 1980년 제네바회의에서 채택되어 유엔복합운송조약이 탄생하게 되었다.

유엔복합운송조약은 국제상업회의소, 국제해상보험연합회, 국제해운회의소 등이 이종책임체계를 지지하였음에도 불구하고 수정된 단일책임체계를 채택하였고, 운송인의 책임을 대폭적으로 강화시킨 함부르크규칙을 근간으로 운송인의 책임규정을 두어 선진해운국이 본 조약을 외면하게 되었고 이로 인해 현재까지 본 조약은 발효되지 못하고 있다.

(2) 복합운송조약의 구성과 주요내용

가) 구성

본 조약은 전문, 제1장 총칙, 제2장 증서, 제3장 복합운송인의 책임, 제4장 송하인의 책임, 제5장 청구 및 소송, 제6장 보칙, 제7장 통관 문제, 제8장 최종조항, 부속서, 전체 40조문으로 구성되어 있다.

나) 전문의 기본원칙

전문에는 본 조약 당사국들의 인지사항을 아홉 가지로, 기본원칙 합의사항을 네 가지로 규정하였다. 기본원칙 합의사항은 첫째, 선진국과 개발도상국 간의 이해가 공정하게 균형을 이루어야 하며 이들 그룹국가들 간에 국제복합운송의 공평한 배분이 달성되어야 한다. 둘째, 어떤 새로운 기술이 화물의 복합운송에 도입되기 전 및 도입된 후에는 복합운송인, 송하인, 송하인기구, 해당 국가당국은 서비스조건에 대한 협의를 해야 한다. 셋째, 송하인은 복합운송과 구간별 운송 중에서 선택할 자유가 있다. 넷째, 본 조약에서 복합운송인의 책임은 추정과실 혹은 태만의 원칙을 근거로 한다.

다) 제1장 총칙

총칙에는 제1조 정의, 제2조 적용범위, 제3조 강행적용, 제4조 복합운송의 규율과 규칙으로 구성되어 있으며 제1조에서는 국제복합운송, 복합운송인, 복합운송계약, 복합운송증권, 송하인, 수하인, 국제조약, 강행국내법규, 문서 등을 정의하고 있다. 국제복합운송이라 함은 복합운송인이 화물을 자기의 보관하에 인수한 국가의 인수지점에서 다른 국가에 있는 인도지점까지 복합운송계약에 의거 적어도 두 종류 이상의 운송수단에 의한 화물운송을 의미한다. 단일운송계약의 이행으로 화물을 집하하고 인도하는 것은 국제복합운송으로 간주하지 않는다. 복합운송계약은 복합운송인이 운임의 지급을 대가로 국제복합운송을 이행하거나 또는 그 이행을 확보할 것을 인수하는 계약을 말한다.

라) 제2장 증서

제2장에서는 제5조 복합운송증권의 발급, 제6조 유통성 복합운송증권, 제7조 비유통성 복합운송증권, 제8조 복합운송증권의 내용, 제9조 복합운송증권상의 유보, 제10조 복합운송증권의 증거력, 제11조 의도적인 부실기재나 기재의 누락에 대한 책임, 제12조 송하인의 보증, 제13조 기타 서류로 구성되어 있다.

복합운송인은 화물을 자기의 보관하에 인수한 때에는 송하인의 선택에 따라 유통증권 또는 비유통증권의 형태로 복합운송증권을 발행하고, 복합운송인 또는 그로부터 권리를 부여받은 자가 복합운송증권에 서명하도록 명시하였다. 복합운송증권은 복합운송인이 동 증권에 기재된 화물을 자기의 보관하에 인수하였다는 추정적 증거로 본다.

마) 제3장 복합운송인의 책임

제3장에서는 제14조 책임기간, 제15조 복합운송인, 그 사용인, 대리인 및 그 밖의 사람에 관한 책임, 제16조 책임의 원칙, 제17조 원인의 결합, 제18조 책임의 한도, 제19조 국지적 손해, 제20조 계약외적 책임, 제21조 책임제한의 권리상실로 구성되었다.

이 조약에 의거 화물에 대한 복합운송인의 책임은 복합운송인이 화물을 자기의 보관하에 인수한 때로부터 화물을 인도할 때까지 지속된다. 복합운송인은 제14조에 명시된 운송인이 화물을 보관하고 있는 동안에 일어난 화물의 멸실, 손상 또는 지연으로 발생한 손실에 대해서 책임을 진다. 그러나 복합운송인이 자신 또는 제15조에서 명시된 사용인이나 대리인 또는 그 밖의 사람이 사고 및 그 결과를 방지하기 위하여 합당한 모든 조치를 취하였다는 것을 증명하면 책임을 지지 않는다고 명시하여 추정과실주의를 채택하였다.

복합운송인이 제16조에 의거 화물의 멸실 또는 손상에 대하여 책임을 지는 경우, 그 책임은 1포장물 또는 기타의 적재단위에 대한 920 계산단위를 초과하지 아니하는 금액과 멸실 또는 손상된 화물의 총중량 1kg에 대한 2.75 계산단위 중 많은 금액으로 제한된다. 그러나 복합운송인과 송하인이 합의하여 제18조에 명시된 한도를 초과하여 책임한도를 복합운송증권에 명시할 수 있도록 하였고 화물의 멸실 또는 손상이 발생된 운송구간을 판명한 경우에 그 운송구간에 적용되는 국제조약 또는 강행적 국내법이 제18조에 명시된 책임한도액보다 많게 규정되면 복합운송인의 책임의 한도는 제18조에 따라 산출되는 것이 아니라 국제조약 또는 강행적 국내법에 따라 산출되도록 하여 수정단일책임주의를 채택하였다.

2) 국제상업회의소의 복합운송증권통일규칙

(1) 제정배경

선진해운국은 복합운송에 대한 국제조약의 탄생을 기다리고 있던 중에 TCM조약안에 근간한 복합운송증권을 위한 통일규칙(Uniform Rules for a Combined Transport Document 1973)이 제정되어 발표되었다. 그러나 본 규칙은 운송인이 지연책임에 대해 이의제기를 하고 사용을 거부함에 따라 1975년에 운송인의 지연책임조항을 삭제하여 개정되었다. 본 규칙은 1991년까지 사용되어 적용되었으나 국제복합운송서류에 관한 UNCTAD/ICC규칙이 제정되자 이 규칙으로 대체되었다.

(2) 규칙의 구성과 주요내용

본 규칙은 일반규정, 정의, 유통증권, 비유통증권, 복합운송인의 책임, 당사자의 권리와 의무, 멸실과 손상의 책임, 지연의 책임, 잡칙, 제소기간 등의 10개 항목에 19개 규칙으로 구성되었다.

제2조에서 복합운송인은 주식회사, 법인을 포함하여 복합운송증권을 발행하는 자로 정의하고 복합운송인은 자격요건을 국내법상 면허취득자로 명시하여 복합운송인의 대외신용을 확보하려고 하였다. 복합운송인은 그의 대리인과 사용자가 고용관계하에서 운송을 이행할 때 그들의 행위 또는 실수는 복합운송인의 행위 또는 실수로 보아 그들의 행위와 실수에 대해 책임을 진다. 또한 복합운송서류에 입증된 복합운송계약을 수행하기 위해 복합운송인이 이용하는 모든 다른 당사자의 행위

및 실수에 대해서도 책임을 진다.

복합운송인의 책임에 관하여는 이종책임체계를 채택하여 화물의 멸실, 손상이 발생된 운송구간을 확인할 수 없는 경우와 확인할 수 있는 경우로 나누어 규정하였다. 보상액은 화물이 수하인에게 인도되는 장소와 시간 또는 복합운송계약에 따라 화물이 그렇게 인도된 장소와 시간에 형성된 화물의 가액을 참조하여 산정된다. 전자의 경우에는 kg당 30FGF(푸앵카레 프랑)를 초과할 수 없으며 당사자가 합의한 경우에는 그 이상으로 정할 수 있도록 하였다. 후자의 경우는 국제조약 또는 국내법의 규정에 따라 결정되도록 하였다.

3) 국제복합운송서류에 관한 UNCTAD/ICC규칙

(1) 제정배경

국제상업회의소의 복합운송증권통일규칙은 국제포워더협회(International Federation of Forwarding Agents Association : FIATA), 발틱국제해운동맹(The Baltic and International maritime Conference : BIMCO), 국제주선협회(International Shipowner's Association : INSA)가 발행하는 운송서류에 삽입되어 사용되었고 FIATA가 발행하는 복합운송증권에 이면약관으로 기재되어 많이 활용되었지만 UN 국제복합운송조약의 가입국이 저조하여 발효되지 못함에 따라 유엔무역개발위원회(United Nation Conference on Trade and Development : UNCTAD)와 국제상업회의소는 1980년에 복합운송에 관한 새로운 규칙을 만들기 위한 논의를 시작하였다. 1988년에 유엔무역개발위원회와 국제상업회의소는 합동작업반을 설치하고 3년간의 노력 끝에 국제복합운송서류에 관한 UNCTAD/ICC규칙을 제정하였고 본 규칙은 1992년 1월 1일부터 시행되어 현재에 이르고 있다.

(2) 규칙의 구성과 주요내용

본 규칙은 전문과 13개 규칙의 해설로 구성되어 있다. 제1조에서 본 규칙은 서면이나 구두 또는 기타의 방법으로 운송계약에 명시하였을 경우에 적용된다는 점을 밝혔다. 본 규칙은 조약이 아니기 때문에 강제적인 구속력이 없다. 따라서 단일운송계약인지 복합운송계약인지 또는 복합운송증권이 발행되었는지 여부에 관계없이 양 당사자가 복합운송계약에 본 규칙을 삽입함으로써 본 규칙이 적용될 수 있도록 하였다.

복합운송인의 책임에 대해서는 추정과실주의를 채택하여 복합운송인 자신, 그의 사용인, 대리인, 기타 제3자의 과실 또는 태만이 화물의 멸실, 손상, 인도지연을 야기시키지 않았다고 입증하지 못하면 자기가 보관하고 있는 동안에 발생한 화물의 멸실, 손상, 인도지연에 대해서 책임을 지도록 하였다.

복합운송인의 책임한도에 관하여 화물의 멸실과 손상이 해상 또는 내수로운송구간에서 발생한 경우 포장단위당 666.67SDR 또는 중량(1kg)당 2SDR 중 높은 금액을 책임한도액으로 규정하였다. 복합운송이 해상운송구간에 포함되지 않은 경우에는 중량당 8.33SDR로 책임한도액을 정하였다.

화물의 멸실과 손상이 한 운송구간에서 발생한 경우 그 운송구간에 적용되는 국제조약 또는 강행적 국내법이 다른 책임한도를 규정하였고 이 규정에 따라 산출된 책임한도액이 본 규칙에 따라 산출된 책임한도액보다 적으면 그래도 적은 금액을 책임한도액으로 결정하도록 하여 송하인에게 유리하도록 하였다. 본 규칙은 국제포워더협회와 한국국제물류협회(Korea International Freight Forwarders Association : KIFFA)가 발행하는 복합운송증권에 본 규칙을 명시하여 널리 사용되고 있으나 본 규칙은 국내조약과 국내법이 아니라 규칙이기 때문에 국내조약과 국내법이 이 규칙에 우선한다.

제3절 복합운송의 주요경로

1. 해육복합운송

화물의 운송이 다른 국가에서 시작되어 다른 국가에서 끝나는 국제운송은 단일 운송방식으로 이루어지는 경우는 거의 없고 서로 다른 운송수단과 결합되어 이루어진다. 해육복합운송은 화물의 운송이 선박을 이용한 해상운송으로부터 시작하여 철도나 육상운송과 결합되어 철도나 육상운송으로 끝나는 것으로 해상운송과 철도운송, 해상운송과 육로운송으로 구분되며 선사가 해상운임에 내륙운임을 합산한 해상운송을 중심으로 한 형태와 내륙횡단철도회사와 제휴한 랜드브리지(land bridge)형태로 구분된다. 랜드브리지는 운송비용과 운송시간을 줄이기 위해서 내륙철도운송과 연계된 항만에 화물을 집중시켜 내륙철도운송의 장점과 해상운송의 장점을 결합시킨 것이다. 랜드는 운송구간 중 중간구간인 육로운송구간을 의미하는 것으로 해상과 육로를 연결하는 교량역할을 한다. 해상운송과 철도운송이 결합된 대표적인 복합운송은 시베리안 랜드브리지와 북미 랜드브리지이다.

1) 시베리안 랜드브리지

(1) 시베리안 랜드브리지의 의의

시베리안 랜드브리지는 화물을 부산항에서 러시아 보스토치니항까지 해상운송으로 운송하고 보스토치니항에서 중동, 동유럽 국경까지 러시아의 시베리아횡단철도를 이용하여 운송하고 거기서 다시 유럽, 스칸디나비아반도, 지중해, 이란, 아프가니스탄 등지로 철도나 육로운송으로 연결된 국제복합운송경로를 말한다.

시베리아횡단철도가 19세기 말에 건설되어 주로 여객운송에 활용되어 오다가 1930년에 화물을 운송하기 시작하였고 국제운송에 컨테이너가 도입됨에 따라

1971년부터 컨테이너가 시베리아횡단철도를 이용하여 운송되기 시작하였다. 컨테이너운송을 위해 러시아 철도부 산하에 있는 32개 지역철도연합회로 구성된 구소련철도청협회와 일본무선박운송인업체인 쥬로(Jeuro)사가 합작하여 유라시아트랜스(Eurasia Trans)를 설립하였다.

전소련대외운송공단(SVT)이 시베리아횡단철도를 관리하여왔으나 1980년에 SVT에서 분리된 소련철도운송관리공단이 설립되었고 본 공단에서 현재까지 시베리아횡단철도의 서비스를 제공하고 있다.

화물을 부산항에서 유럽 로테르담항까지 운송할 경우에 평균 30일이 걸리고 운송거리는 수에즈운하를 이용할 경우 26,300km, 파나마운하를 경유할 경우에는 23,800km, 케이프타운을 이용할 경우 27,000km, ALB를 이용할 경우 27,000km이다. 그러나 시베리안 랜드브리지를 이용하면 평균 20일이 걸리고 운송거리는 13,000km로 해상운송에 비해 운송기간과 운송거리 면에서 경쟁력이 있다.

TSR(Trans Siberian Railway, 시베리아횡단철도)은 유럽 내륙지점의 접근성이 양호하고 중동항로를 대체할 수 있는 항로로서 장점을 가지고 있다.

그러나 극동지역과 유럽 간의 화물운송량의 불균형으로 컨테이너의 수급 문제와 동절기의 결빙으로 운송할 수 없는 화물, 화물운송의 안정성과 화물추적시스템의 문제, 철도시설의 노후화와 운영의 비효율성 등의 문제점이 해결되지 못하고 있고, 시베리안 랜드브리지의 운임은 매년 인상되고 해상운임은 하락하여 운임의 차이가 줄어들었고, 해상운송은 양질의 서비스를 제공하는 반면에 시베리안 랜드브리지는 양질의 서비스를 제공하지 못함에 따라 시베리안 랜드브리지를 이용한 화물운송량은 급격히 감소하였다.

시베리안 랜드브리지는 모스크바에서 상트페테르부르크를 경유하여 핀란드로 연결되는 노선과 벨라루스를 거쳐 폴란드, 독일, 헝가리로 연결되는 노선으로 나누어진다. 궤도의 광폭은 광궤(1,520mm)로 되어 있고 모든 구간이 복선으로 전철화되어 있다. 전구간에 36개의 역이 있으며 그 중 13개 역에서 40피트 컨테이너를 처리할 수 있는 특수장비가 설치되어 있다.

[표 11-1] Trans-rail 복합운송경로

노선	구간	거리(km)	궤간
시베리안 랜드브리지	보스토치니-하바로브스크-치타-이르쿠츠크-노보시비르스크-옴스크-예카테린부르크-모스크바	9,289	러시아 광궤 (1,520mm)

(2) 시베리안 랜드브리지의 운송방식

시베리안 랜드브리지는 부산항에서 러시아의 보스토치니항까지 해상으로 운송하고 보스토치니항에서 유럽, 중동의 국경까지 시베리아횡단철도를 이용하여 화물을 운송하고 국경에서 목적지까지 목적지국의 철도, 육로, 해상으로 환적운송이 이루어짐에 따라 3가지 복합운송경로로 구분할 수 있다.

가) Trans-rail

Trans-rail은 러시아 보스토치니항에서 유럽, 중동의 국경까지 시베리아횡단철도로 운송되고 국경에서 목적지까지 목적지국의 철도로 환적되어 운송되는 복합운송경로를 말한다. 시베리안 랜드브리지를 이용한 운송량의 80~90%가 이 경로로 운송되고 있다.

TSR을 이용하면 25~35일 걸리지만 TCR(Trans China Railway, 중국대륙횡단철도)을 이용하면 22~23일 정도 걸린다.

그림 11-1 Trans-rail 복합운송경로

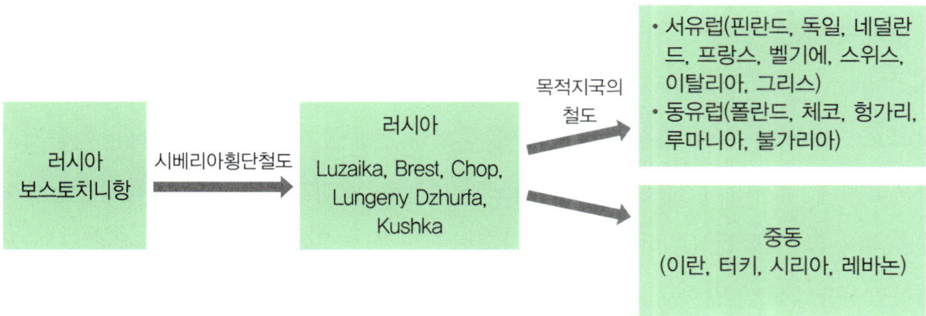

나) Trans-sea

Trans-sea는 러시아 보스토치니항에서 러시아 서부항까지 시베리아횡단철도로 운송되고 서부항에서 목적지까지 선박으로 환적되어 해상운송되는 경로를 말한다.

그림 11-2 ○ Trans-sea 복합운송경로

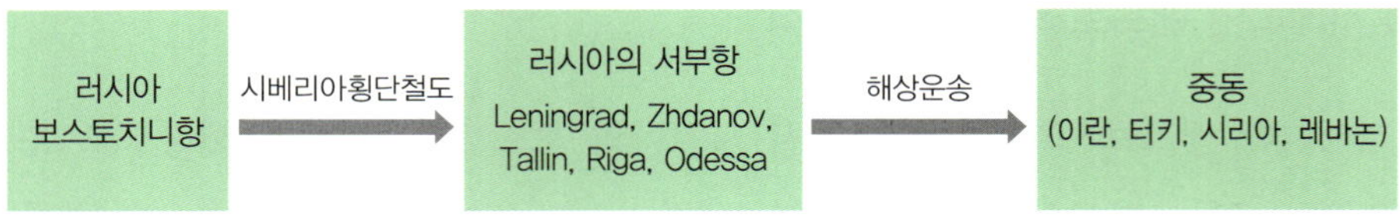

다) Tracons

Tracons는 러시아 보스토치니항에서 러시아 또는 폴란드 국경까지 시베리아횡단철도로 운송되고 국경에서 목적지까지 트럭으로 환적되어 육로로 운송되는 경로를 말한다.

그림 11-3 ○ Tracons 복합운송경로

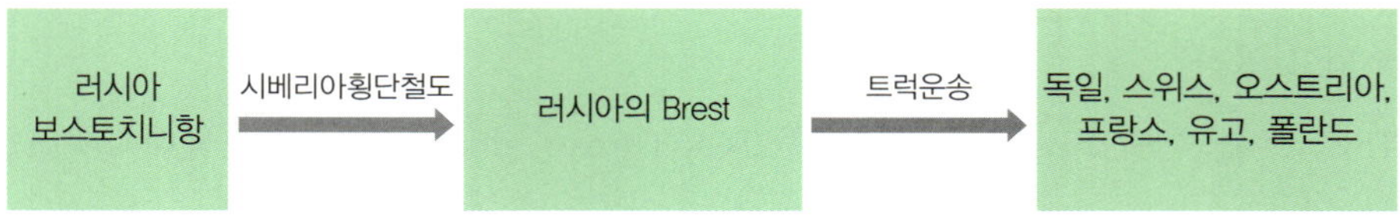

2) 차이나 랜드브리지

중국은 총연장 112,000km의 철도를 운영하고 있으며 2,000km 이상은 16,000km로 최고시속 570km로 달릴 수 있다. 차이나 랜드브리지(China Land Bridge : CLB)는 한국 부산항에서 중국 강소성 연운항까지 선박으로 해상운송되고 연운항에서 러시아의 시베리아횡단철도와 만나는 지점까지는 중국대륙횡단철도로 운송되고 그 지점에서부터는 시베리아횡단철도를 이용하여 유럽까지 운송되는 국제복합운송경로를 말한다.

그림 11-4 ◐ 중국 철도현황

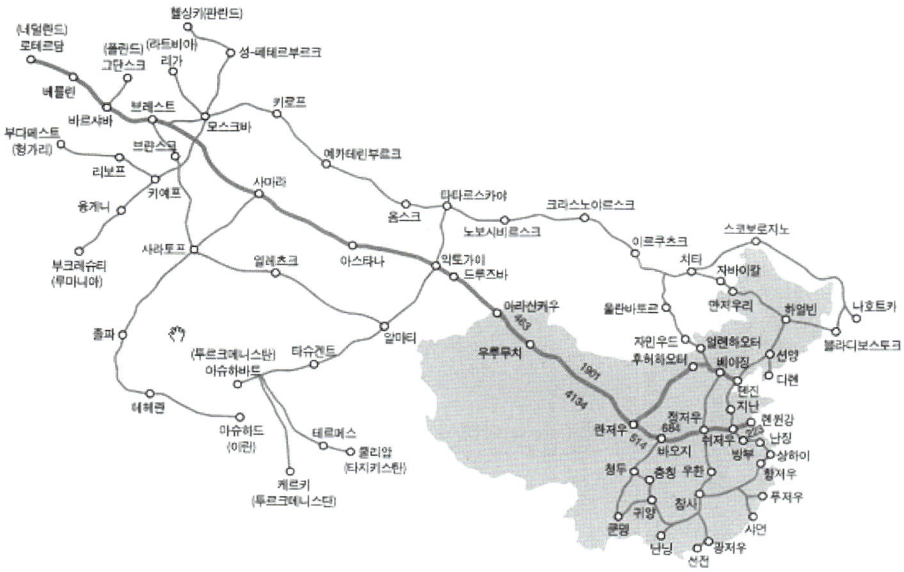

자료 : 여홍구 · 손경원, "유라시아 철도 조사 출장보고서", 2007.

그림 11-5 ◐ 차이나 랜드브리지의 복합운송경로

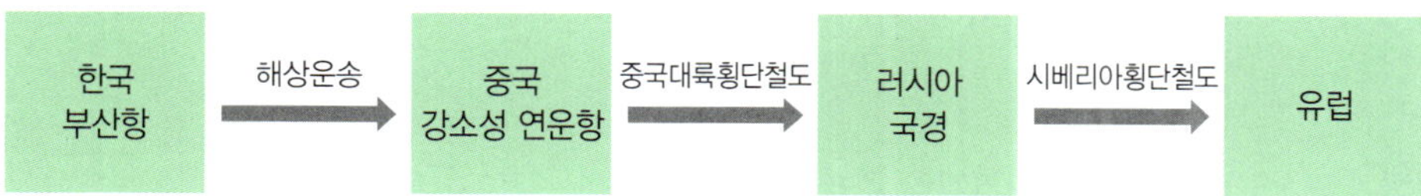

차이나 랜드브리지는 시베리안 랜드브리지에 비해 운송거리가 1,000km 정도 단축되어 운송거리 면에서 경쟁우위가 있지만 중국철도의 광궤와 러시아철도 광궤가 달라서 환적해야만 하는 단점이 있고 중국-카자흐스탄-러시아 등 여러 나라의 국경을 경유하는 관계로 운임이 TSR에 비해 비싸다.

차이나 랜드브리지는 중국대륙횡단철도와 카자흐스탄철도, 러시아 시베리아횡단철도와 연계된 TCR과 중국대륙횡단철도와 러시아 시베리아횡단철도와 연계된 TMR(Trans-Manchuria Railway, 만주횡단철도), 중국대륙횡단철도와 몽골철도, 러시아 시베리아횡단철도와 연계된 TMGR(Trans-Mongolia Railway, 몽골횡단철도)로 구분된다.

[표 11-2] 차이나 랜드브리지의 유형

구분	구간	거리km	궤간
TCR	연운항-정저우-란조우-우르므치-아라산쿠-드루즈바(카)-프레스고노르코프카(카)-자우랄리에(러)-TSR 연결	8,613	중국 표준궤(1,435mm) 카자흐 광궤(1,520mm)
TMR	도문-만주리-지바이칼스크(러)-카림스카야(러)-TSR 연결	7,721	중국 표준궤(1,435mm)
TMGR	텐진-베이징-에렌호트-자민우드(몽)-울란바토르(몽)-수흐바토르(몽)-나우스키(러)-울란우데(러)-TSR 연결	7,753	몽골 광궤(1,520mm)

※ (카) : 카자흐스탄, (러) : 러시아, (몽) : 몽골

1949년에 몽골과 러시아가 각각 50%의 지분을 가지고 설립한 울란바토르철도회사가 몽골철도를 운영하고 있다. 몽골철도는 중국 국경의 자민우드와 러시아 국경의 수흐바토르를 종단하는 간선철도(1,100km)노선과 기타 지선철도(477km)노선으로 나누는데 총 1,816km이다.

그림 11-6 ◎ 차이나 랜드브리지의 유형

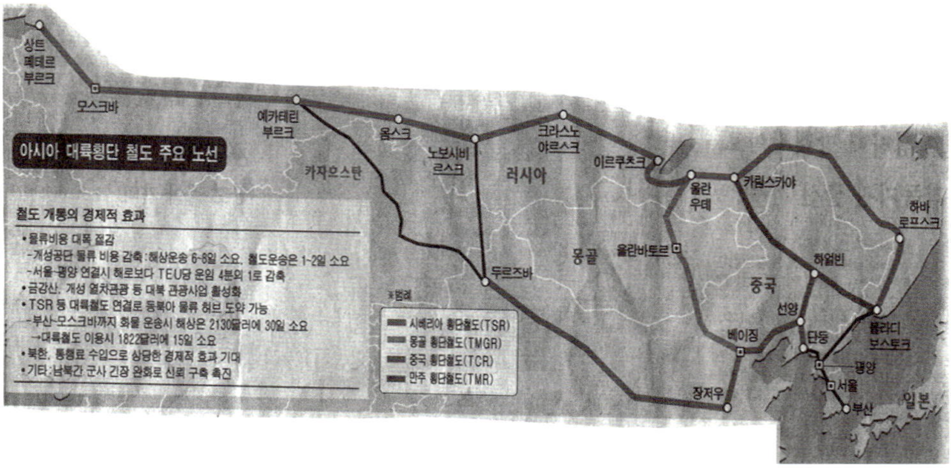

그림 11-7 ○ 몽골철도

① 5.975km
주요경로 : 예카테린부르크 → 이르쿠츠크 → 울란바토르 → 베이징 → 텐진

② 6.723km
주요경로 : 예카테린부르크 → 이르쿠츠크 → 카림스카야 → 하얼빈 → 다롄

③ 6.488km
주요경로 : 예카테린부르크 → 아스타나 → 우루무치 → 하얼빈 → 렌윈강

3) 유라시아횡단철도(Trans Asian Railway : TAR)

유엔아시아태평양경제사회위원회(United Nations Economic and Social Commission for Asia and the Pacific : UNESCAP or ESCAP)는[1] 1960년에 철도로 아시아와 유럽을 연결하기 위하여 싱가포르와 이스탄불의 14,000km 노선의 타당성을 조사하였다. 조사결과 여객보다는 화물운송에 경제성이 높고 국가 간 상이한 철도의 폭이 문제로 나타났다. ESCAP는 1994년에 ① TAR 노선지정, ② 세관검사절차 간소화, ③ 철도요금, 운행조건 등에 관한 국제조약 제정, ④ 철도운행 개시 등 4단계로 추진하기로 결정하고 1단계로 1995~1997년에 ① TAR을 북부노선

1 1947년 3월 유엔경제사회이사회(ECOSOC) 결의에 의거, 아시아 극동경제위원회(UN Economic Commission for Asia and the Far East : ECAFE)로 발족하였으나, 1974년 3월 ECAFE 총회에서 ESCAP로 개명하였다. ESCAP는 역내 제국의 경제재건과 발전을 위한 협력을 촉진하고, 경제적 · 기술적 문제를 조사하여 연구사업을 실시하거나 원조하고, 역내 경제문제에 관하여 유엔경제사회이사회를 보좌할 목적으로 설립되었다. 현재 정회원국은 역내국가 49개국과 역외국으로 미국, 영국, 프랑스, 네덜란드 등 4개국을 포함하여 53개국이며, 9개국의 준회원국으로 구성되어 있다. 우리나라는 1954년에 가입했고 북한은 1992년에 가입했다.

(중국, 카자흐스탄, 몽골, 러시아, 한반도), ② 인도차이나 및 아세안, ③ 남부노선, ④ 중앙아시아 등 4개 노선으로 나누어 타당성을 조사했다.

2006년 부산에서 열린 ESCAP 인프라 장관회의에서 2005년에 마련한 아시아횡단철도 정부 간 최종협정안을 조인하였다.

TAR은 28개국을 철도로 연결하는 것으로 총 81,000km로 이를 동북아, 북부, 남부, 동남아시아 4개 노선으로 나누었다. 북부노선은 현재 컨테이너 전용열차가 운영 중에 있으며 나머지 노선은 13개 구간 7,060km가 단절되어 있어서 철로를 건설하여야만 전구간을 철로로 운영할 수 있다.

철로건설에 따른 비용부담과 국가 간 상이한 철로표준이 문제점으로 등장하였다.

그림 11-8 유라시아횡단철도

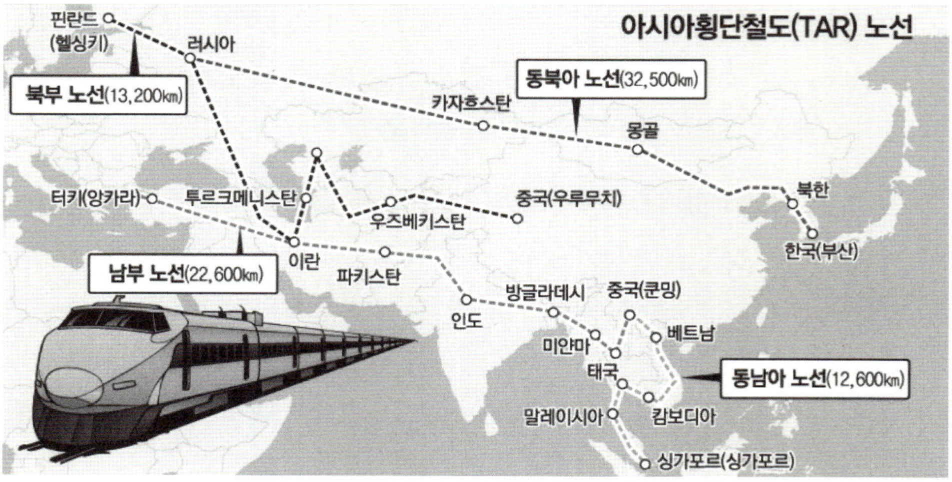

4) 아시안 하이웨이(Asian Highway)

ESCAP가 2004년에 총회에서 26개 회원국의 기존 및 신설 고속도로와 국도를 연결하기로 합의함에 따라 2005년 7월에 한국, 중국, 일본, 러시아, 인도, 터키 등 32개국을 잇는 55개 노선 14만 km의 아시안 하이웨이 정부 간 협정이 발효되었다.

아시안 하이웨이는 아시아 국가들 간에 물적 · 인적 교류, 정치, 경제, 사회 등 아시아 국가들 간의 협력을 도모하기 위한 목적으로 AH1, AH2, AH3, AH4, AH5, AH6, AH7, AH8노선으로 구성되어 있으며 우리나라는 AH1, AH6 두 개 노선(907km)이 통과하도록 되어 있다.

그림 11-9 아시안 하이웨이 노선

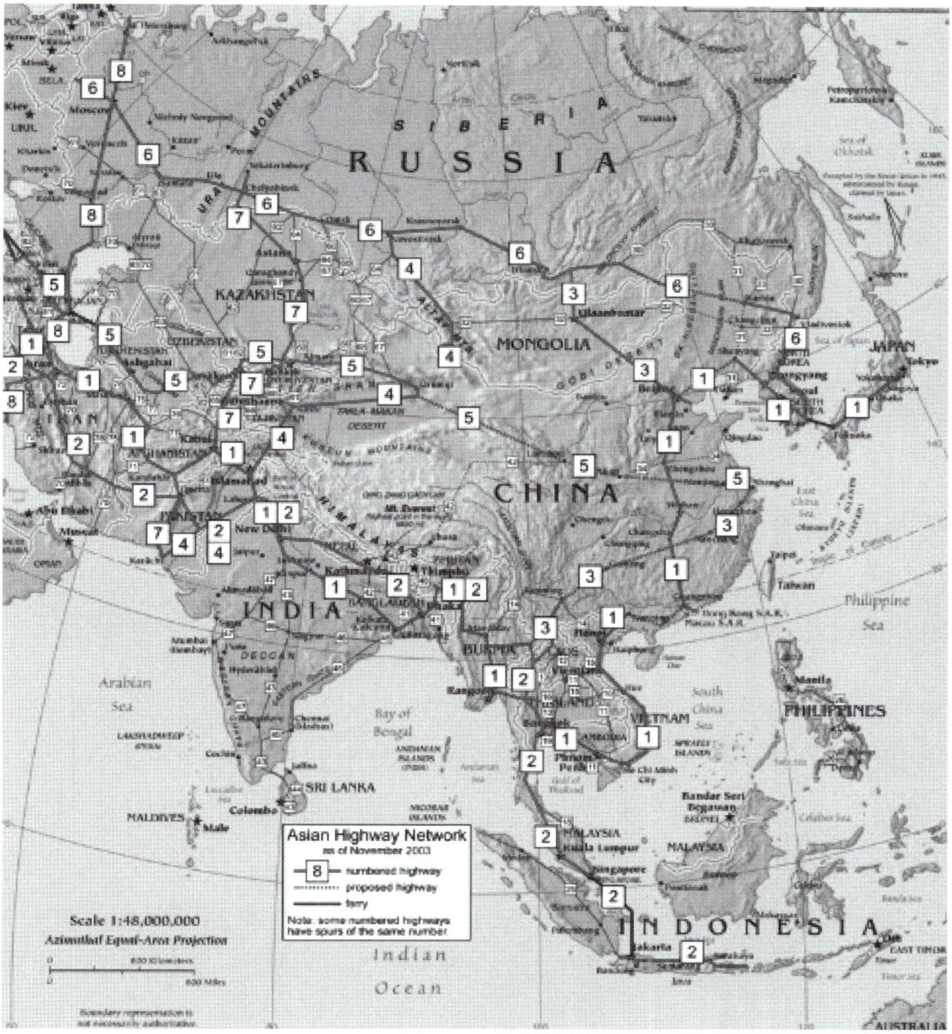

그림 11-10 ◎ 아시안 하이웨이 한국통과 노선

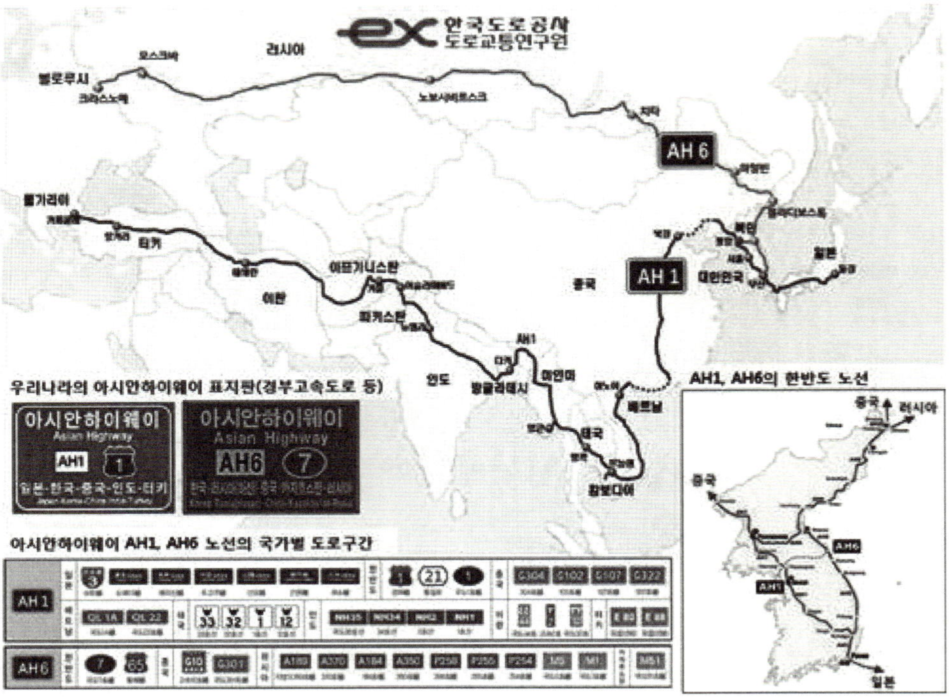

5) 북미대륙의 복합운송

(1) 아메리카 랜드브리지

미국은 대서양과 태평양을 연결시키는 미국대륙횡단철도를 1869년에 완공했다. 아메리카 랜드브리지(America Land Bridge : ALB)는 미국횡단철도를 이용하여 미국서안 항구에서 미국동부연안까지 컨테이너화물을 운송하고 유럽까지 해상운송을 하는 국제복합운송경로를 말한다.

Santa Fe사가 1966년에 미국대륙횡단철도를 이용하여 컨테이너화물을 뉴욕에서 LA까지 운항하였고 이를 바탕으로 1972년에 Sea Train사가 한국과 극동에서 미국 LA까지 선박으로 해상운송을 한 후 이 항구에서 미국동부연안과 멕시코 항구까지 철도로 화물을 운송하고 이 항구에서 유럽 앤트워프, 함부르크, 로테르담까지 선박으로 다시 해상운송하는 복합운송서비스를 제공하였다.

아메리카 랜드브리지는 극동과 미국 간의 화물물동량의 편차가 심하여 안정적인 선복을 확보할 수 없었고 극동과 유럽을 잇는 맹외선사의 양질의 저렴한 서비스가 등장함에 따라 경쟁력을 상실하였고 또한 시베리아 랜드브리지와도 경쟁력이 없어서 현재에는 북행운송경로로서 구실을 못하고 있다.

그림 11-11 ⭘ **아메리카 랜드브리지의 복합운송경로**

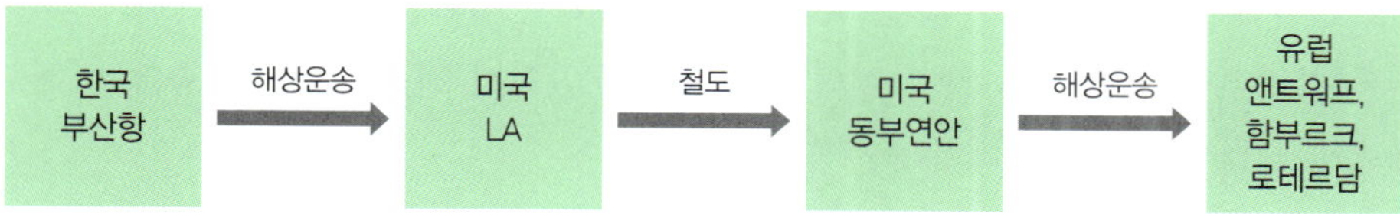

그림 11-12 ⭘ **아메리카 랜드브리지 복합운송경로**

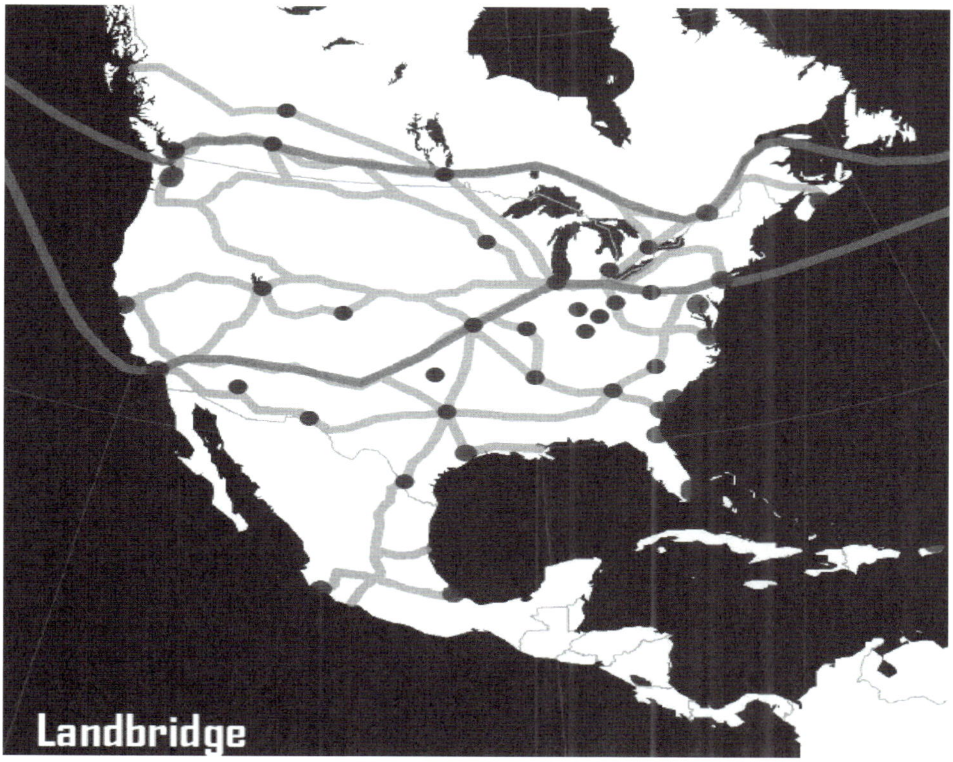

(2) 미니랜드브리지(Mini Land Bridge : MLB)

시트레인사가 1972년에 개발한 국제복합운송경로로 한국과 극동아시아에서부터 미국서부연안까지는 선박으로 해상운송을 한 후 미국서부연안에서 미국동부 뉴욕까지 미국대륙횡단철도로 운송하고 유럽에서 미국동부연안까지는 선박으로 해상운송을 한 후 미국동부연안에서 미국서부연안 시애틀까지 미국대륙횡단철도로 운송하는 복합운송경로를 제시하였다. 한국과 극동아시아에서 미국동부연안까지 파나마운하를 경유하여 전구간을 해상운송을 할 경우 평균 30일이 걸리지만 MLB를 이용할 경우에는 평균 20일이 걸려 운송기간에 있어서 전구간 해상운송에 비해 경쟁력이 있다.

그림 11-13 Mini Landbridge

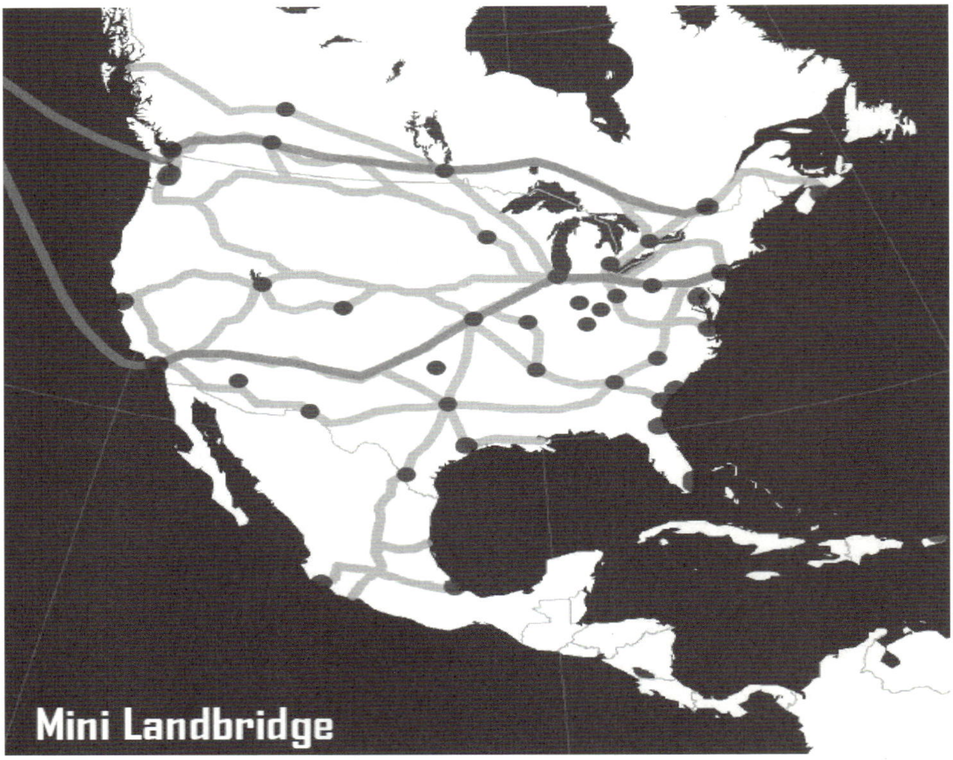

랜드브리지는 해상-육상-해상으로 연결되는 복합운송경로이고 MLB는 해상과 육상만을 잇는 복합운송경로로 차이가 있다. MLB는 화주에게 다양한 운송서비스를 제공할 수 있고 화주가 원하는 시간에 운송수단과 선박을 활용할 수 있다는 장점을 가지고 있으며 선사는 고정 화주를 확보하여 자기에게 유리한 항만을 선택할 수 있고 소수의 항만에 화물을 집중하여 선박의 적재율을 향상시키고 가장 효율적인 내륙운송수단과 결합시켜 전운송구간의 효율성을 극대화시킬 수 있다.

(3) 마이크로 랜드브리지(Micro-Land Bridge : IPI(Interior Point Intermodal))

IPI는 한국과 극동아시아에서부터 미국 LA까지 선박을 해상운송을 한 후 LA에서 시카고까지는 미국철도로 운송하고 유럽에서 미국 뉴욕까지 선박으로 해상운송을 한 후 뉴욕에서 덴버까지 철도를 이용하는 복합운송경로를 말한다. MLB는 미국 서부연안에서 미국동부연안까지 미국대륙횡단철도로 항구 간 항구를 잇는 복합운송경로인 데 반해 IPI는 미국 주요내륙도시의 철도터미널 또는 선사의 CY/CFS에서 화물을 인도하는 것으로 차이가 있다. IPI는 미국내륙을 세 구역으로 나누어 복합운송서비스를 제공하고 있다. I구역은 Chicago, Kansas City, Dallas, Denver, Phoenix St, Cleveland, Grand Rapids이고, II구역은 Minneapolis, Cincinnati, Columbia, Detroit이고, III구역은 Atlanta, Charlotte, Greensboro이다.

(4) Reverse IPI

Reverse IPI는 한국과 극동아시아에서 미국 서배너항까지 선박으로 파나마운하를 경유하여 해상으로 운송하고 서배너항에서 애틀랜타와 시카고까지 철도를 이용하는 복합운송경로를 말한다. 한국과 극동아시아에서 애틀랜타까지 IPI를 이용할 경우 20일이 걸리고 Reverse IPI를 이용하면 26일이 걸려 운송기간이 길지만 운임이 저렴하다.

그림 11-14 ○ Reverse IPI

(5) 캐나다 랜드브리지

캐나다 랜드브리지는 한국과 극동아시아에서 캐나다서안까지 선박으로 해상운송을 한 후 캐나다서안에서 캐나다동부연안까지 캐나다철도를 이용하여 운송하고 캐나다동부연안에서 유럽까지 선박으로 해상운송을 하는 복합운송경로를 말한다.

그림 11-15 ○ 캐나다 랜드브리지의 복합운송경로

2. 해공복합운송

1) 해공복합운송의 개념

해공복합운송(Sea/Air)은 저렴한 해상운임과 신속한 항공운송을 결합시킨 복합운송경로를 말한다. 미국의 Fling Tiger사는 1962년에 극동아시아의 화물을 미국 서부서안까지 해상운송을 하고 서안에서 유럽까지는 항공운송을 하는 복합운송경로를 개발하여 일본발 화물을 운송하였다. 그 후 항공사와 선사가 제휴하여 해상운송과 항공운송을 결합한 복합운송경로가 개발되어왔다.

해공복합운송은 해상운송에 비해 운송기간을 절반으로 단축시키고 운임은 항공운임요율에 60% 정도 싸다. 기업의 국제물류관리 측면에서 수입상이 원하는 일정에 납품시킬 수 있어서 수입상의 재고관리비용을 절감시킬 수 있다.

해공복합운송은 납기에 쫓기는 화물을 화주가 원하는 시간에 도착지에 도착하여야 하기 때문에 정확한 해상운송, 신속한 환적, 적기의 항공스페이스 예약 및 저렴한 항공운임의 확보 등 전체 해공복합운송구간에 대한 전문지식이 필요하다.

2) 해공복합운송의 운임과 특성

해공복합운송의 운임은 운송인형과 포워더형으로 구분되어 결정된다. 운송인형은 해상운임에 항공운임을 합산하여 책정하는 것으로 통상 해상운임과 항공운임의 중간에서 결정된다. 포워더형은 무차별통운임으로 책정된다.

해공복합운송은 목적지까지 여러 복합운송경로가 설정되어 있다. 북미의 경우 해상운송의 도착지 항은 밴쿠버, 시애틀, LA항이 있고 각 항과 연계할 수 있는 공항도 여러 개가 있다. 각 항만에서 각 공항까지 내륙운송시스템과 각 공항에서 환적할 수 있는 공항시스템을 정확히 분석하여 환적공항을 선택하여야 한다. 해상운송 컨테이너와 항공 컨테이너의 규격이 상이하여 환적공항에 있는 대리인이 항만에서 해상운송 컨테이너를 환적공항 터미널로 운송하여 환적수속을 하고 화물을 해상 컨테이너에서 꺼내서 항공 컨테이너에 넣는 작업이 진행되어야 하며 환적공항에서의 제반업무가 얼마나 신속하게 끝나는지가 매우 중요하다.

환적공항을 선정할 때 선박의 기항지, 기항항의 환적능력, 환적공항의 환적처리 시설 및 기간 등을 고려하여 환적공항을 선정하여야 한다.

해공복합운송은 항만과 공항의 연계성의 신뢰, 해공복합운송기간의 신뢰성, 파손위험, 별도의 운송약관, 포워더 B/L의 운송약관을 해상 또는 항공 중에서 어디에다 두어야 되는지 문제가 발생한다.

운송인형의 경우 통상 해공복합운송인이 화주에게 항공화물운송장을 발행하고 해상운송구간에 대해서는 별도로 선하증권이나 해상화물운송장을 발행한다. 그러나 실제로 발행하지는 않고 항공화물운송장의 접속약관에 선명과 선하증권 발행일자를 기재하고 있다. 따라서 운송책임은 항공구간과 해상구간으로 나누어진다.

포워더형은 복합운송증권, 포워더 화물수취증, 혼재항공운송장, 선하증권의 형태로 운송서류를 사용하고 있다.

3) 해공복합운송경로

해공복합운송은 밴쿠버를 경유하여 유럽으로 가는 경로와 미국 LA나 마이애미를 경유하여 남미로 가는 경로, 두바이를 경유하여 아프리카나 지중해로 가는 경로, 인천국제공항을 경유하여 세계 각지로 가는 경로 등이 있다.

미국 LA나 마이애미를 경유 남미로 가는 경로를 이용하여 브라질로 화물을 운송할 경우 해상운송의 경우는 35일이 걸리지만 이 경로를 이용할 경우 15일이 걸려 경쟁력이 있다.

인천국제공항을 경유하는 화물은 중국 칭다오, 다롄, 옌타이, 웨이하이 등지에서 인천항까지 페리로 해상운송을 하고 인천항에서 인천국제공항까지 내륙운송을 통하여 인천국제공항에서 환적되어 운송된다. 상기 중국의 화물이 항공운송을 하려면 북경 베이징공항까지 내륙운송을 하여야 한다. 중국 내륙운송과 인천항까지의 운송기간과 운임에 있어서 해상운송이 더 저렴하다.

해공복합운송경로는 화주의 니즈를 충족시켜줄 수 있는 경로개발이 어느 노선이든 불문하고 가능하다.

CHAPTER 12

국제복합운송증권

학습목표

복합운송증권의 법적 특성과 약관을 살펴본다.

제1절 국제복합운송증권의 개요

1. 복합운송증권의 개념과 성격 및 발행형태

복합운송인은 송하인과 복합운송계약을 체결하고 그 계약에 따라 송하인으로부터 화물을 수령하고 그 증표로 서류를 발행하게 되는데 이것이 복합운송증권이다. 복합운송증권은 해상운송, 항공운송, 철도운송, 트럭운송 등 종류가 다른 두 가지 이상의 운송수단이 결합되어 이루어지는 운송에 대해 복합운송인이 전체 운송구간에 대해 책임을 지고 발행한 증권으로 발행자가 복합운송계약에서 약정한 화물을 수령하였음을 입증하고, 복합운송인과 송하인 간에 복합운송계약이 체결되었음을 증명하는 증권의 성격을[1] 가지고 있다.

복합운송증권은 해상운송, 항공운송, 철도운송, 트럭운송 등에서 송하인이 편리하게 사용할 수 있도록 유통증권과 유통불능증권으로 발행할 수 있다. 복합운송의 주된 구간이 항공운송인 경우에는 유통불능증권으로 발행되어 증거증권으로서의 기능만 수행하고 해상운송의 경우에는 유통증권으로 발행되어 배서에 의한 권리의 양도를 할 수 있도록 하였다.

UNCTAD/ICC 복합운송증권통일규칙은 복합운송증권을 유통증권과 수하인이 명시된 유통불능증권으로 발행되도록 하였고 본 증권은 UNCTAD/ICC 복합운송증권통일규칙에 의거 발행되었다는 문언을 기재하도록 하였다. UNCTAD/ICC 복합운송증권통일규칙에 의거 발행되었다는 문언이 반드시 복합운송증권에 기재되어 있어야만 복합운송증권으로 간주하는 것이 아니라 선하증권에 복합운송은 화주에게 단일운임을 부과하여 본 선하증권에 의거 해상운송인 및 1인 이상의 내륙운송인이 수행하는 화물운송을 의미한다는 문언을 기재하고 있으면 복합운송증권으로 보고 있다. 현재는 대부분 이러한 형태로 복합운송증권이 발행되고 있다.

---

1 복합운송증권은 선하증권과 동일한 법적 성격을 가지고 있다(제8장 제1절 선하증권의 개요 참조).

1974년에 신용장통일규칙(Uniform Rules and Practice for Documentary Credit)을 개정할 때 복합운송서류조항을 신설하면서 combined transport documents라는 용어를 사용하였고 4차 개정에서는 multimodal transport document로 일원화시켰으며 2007년의 6차 개정에서는 이와 같은 용어와 복합운송증권의 발행인에서 복합운송인을 제외시켰다. 해상운송인이 선하증권에 상기의 문언을 발행하는 상관행이 일반화되어 combined transport documents나 multimodal transport document와 같은 용어를 쓰고 있지 않고 선하증권이라는 용어를 쓰고 있어서 combined transport documents나 multimodal transport document와 같은 용어를 삭제하였고 선하증권 발행인이 복합운송인이 되는 경우가 일반적이어서 복합운송증권의 발행인에서 복합운송인을 제외시켰다.

2. 복합운송증권과 선하증권의 차이

복합운송증권과 선하증권을 비교해보면 다음과 같은 차이점이 있다.

첫째, 선하증권은 운송경로가 해상구간에 국한되지만 복합운송증권은 운송경로에 구애를 받지 않는다. 복합운송증권은 운송이 도로, 철도, 내수로, 해상 또는 항공운송과 결합되어 서로 다른 운송인에 의하여 이루어지더라도 화물이 최초로 운송되는 장소에서 마지막으로 도착한 장소에 이르는 전체 복합운송구간에 적용된다.

둘째, 해상운송에서는 반드시 운송물품의 외관상태가 양호하다는 사실을 나타내는 무사고선하증권이 사용된다. 그러나 복합운송에서는 송하인이 화물을 컨테이너에 직접 적재하기 때문에 운송인은 컨테이너 내용물의 상태를 확인할 수 없는 'Shipper's load and count' 또는 'Said by shipper to contain'와 같은 부지문언이 기재된 증권이 발급된다. 선하증권에 이와 같은 조건부문언이 기재되면 그 선하증권은 사고부서류로 간주되지만 현행 신용장통일규칙에서는 복합운송의 특수한 사정을 감안하여 신용장에 부지문언을 금지한다는 기재가 없는 한 부지문언이 기재된 운송서류도 수리하고 있다.

셋째, 선하증권은 해상운송인에 의해서 발행되지만 복합운송증권은 해상운송인 뿐만 아니라 운송주선인에 의해서도 발행된다. 복합운송에서는 운송수단을 보유하지 않은 운송주선인과 같은 계약운송인도 운송인의 범위에 포함하고 있다.

3. 복합운송증권과 통과선하증권의 차이

1) 최초운송구간

통과선하증권은 복합운송과 마찬가지로 동종 또는 이종의 2가지 운송수단이 결합되어 운송되는 경우에 발급되는 증권이기 때문에 일찍부터 복합운송증권의 일종으로 사용되어왔다. 그러나 통과선하증권은 선하증권이기 때문에 선박회사나 그의 대리인이 발행하고 있다. 따라서 최초의 운송구간이 반드시 해상운송인인 경우에만 이를 사용할 수 있지만 복합운송증권은 최초의 운송구간이 모든 운송구간이 되어 운송된다는 점에서 차이가 있다.

2) 운송인의 책임

통과선하증권은 단독선하증권과 공동통선하증권으로 구분할 수 있다. 전자는 제1운송인이 통운송계약의 당사자이지만 운송책임은 각각의 운송구간을 담당하는 운송인이 개별적으로 자기가 담당하는 운송구간에 대해서만 책임을 지며, 후자는 전운송구간의 운송인이 통운송계약의 당사자이며 운송책임은 각각의 운송구간을 담당하는 운송인이 개별적으로 자기가 담당하는 운송구간에 대해서만 책임을 진다. 따라서 단독선하증권과 공동통선하증권의 운송인 책임은 동일하다. 선하증권이 발행되지 않았을 경우에는 단독통운송은 제1운송인이 송하인과 전체 운송구간에 대해 하나의 운송계약으로 단일책임을 진다는 측면에서 복합운송과 유사하지만 최초의 운송구간이 해상운송인이 되어야 된다는 측면에서 복합운송과 차이가 있다. 선하증권이 발행되지 않았을 경우 공동통운송은 공동운송인이 전체 운송구간에 대해 연대책임을 진다.

제2절 국제복합운송증권의 약관해설

1. FIATA FBL

복합운송증권은 선하증권에 복합운송에 관한 내용을 포함시켜 발행되기도 하고 국제운송주선인협회(Federation Internationale des Associations de Transitaires Assimil : FIATA)가 제정한 복합운송증권으로 발행되기도 한다. 동 협회는 1926년에 유럽 포워더의 권익보호, 홍보, 포워더 B/L의 통일, 전문인력 양성 등의 목적으로 설립된 비영리단체이다.

본부는 스위스 취리히에 있고 영어로는 'International Federation of Freight Forwarders' Association'으로 표기하며 유엔경제이사회와 UNCTAD의 자문기관으로 역할을 하고 있다. 한국국제물류주선인협회가 1977년에 정회원으로 가입하였다. 국제운송주선인협회는 1970년에 포워더가 사용하고 있는 복합운송증권양식을 통일화시키기 위해 FIATA FBL(Combined Transport Bill of Lading)을 제정하였고 본 양식은 1978년, 1988년, 1992년에 각각 개정되었고 1992년에 개정된 FIATA MTBL(Multimodal Transport B/L)을 1994년부터 현재까지 사용하고 있으며 'Forwarder's Certificate of Transport와 Forwarder's Certificate of Receipt'도 발행하고 이들 서류는 비유통증권으로서 신용장이나 수출입매매계약에서 약정하고 있지 않는 한 은행이 수리를 거절한다.

2. FIATA FBL의 약관해석

1) 정의(Definition)

- "Freight Forwarder" means the Multimodal Transport Operation who issues this FBL and is named on the face of it and assumes liability for the performance of the multimodal transport contract as a carrier.
- "Merchant" means and includes the Shipper, the Consignor, the Consignee, the Holder of this FBL, the Receiver and the Owner of the Goods.
- "Consignor" means the person who concludes the multimodal transport contract with the Freight Forwarder.
- "Consignee" means the person entitled to receive the goods from the Freight Forwarder.
- "Taken in charge" means that the goods have been handed over to and accepted for carriage by the Freight Forwarder at the place of receipt evidenced in this FBL.
- "Goods" means any property including live animals as well as containers, pallets or similar articles of transport or packaging not supplied by the Freight Forwarder irrespective of whether such property is to be or is carried on or under deck.

해석

포워더는 복합운송증권을 발행하고 그 앞면에 기재되어 있는 운송인으로서 복합운송계약을 이행할 책임을 부담하는 복합운송인을 말한다. 화주는 송하인, 위탁인, 수하인, 복합운송증권의 소지인, 화물의 수령인 및 소유자를 말한다. 위탁인은 포워더와 복합운송계약을 체결한 자를 말한다. 수하인은 포워더로부터 화물을 인수할 권리를 가진 자를 말한다. 인수는 포워더가 화물을 복합선하증권에 명시된 인수장소에서 운송하기 위해 인수하는 것을 말한다. 화물은 이러한 자산이 갑판 또는 선창 내에 적재된 것에 관계없이 컨테이너, 파렛트, 포워더가 제공하지 않는 유사한 운송 또는 포장용구뿐만 아니라 산동물을 포함한 자산을 말한다.

2) 적용범위(Applicability)

Notwithstanding the heading "FIATA Multimodal Transport Bill of Lading(FBL)" these conditions shall also apply if only one mode of transport is used.

해석

FIATA 복합운송선하증권이라는 명칭을 기재했음에도 불구하고 본 약관은 단일운송수단으로 사용된 경우에만 적용된다.

3) FBL의 발행(Issuance of this FBL)

2.1 By issuance of this FBL the Freight Forwarder.

a) undertakes to perform and/or in his own name to procure the performance of the entire transport, rom the place at which the goods are taken in charge (place of receipt evidenced in this FBL) to the place of delivery designated in this FBL;

b) assumes liability as set out in theses conditions.

2.2 Subject to the conditions of this FBL the Freight Forwarder shall be responsible for the acts and omissions of his servants or agents acting within the scope of their employment, or any other person of whose services he makes use for the performance of the contract evidenced by this FBL, as if such acts and omissions were his own.

Shipper / Exporter	FBL KR M41 DSSCS1190371000
ATTN : F.J. DEPT. C.P.O. BOX 1726 SEOUL, KOREA	NEGOTIABLE FIATA MULTIMODAL TRANSPORT BILL OF LADING Issued subject to UNCTAD/ICC Rules for Multimodal Transport Documents(ICC Publication 481)

Consigned to order of

TO THE ORDER

Notify address

ABDEL-LATIF ABU ZEID
ALEPPO FREE ZONE SYRIA

Dong Shin Shipping Co., Ltd.

8TH.FL..INT'SINSURANCEBLDG..#120,5-KA,
NAMDAEMUN-RO, CHUNG-KU, SEOUL, KOREA
C.P.O. BOX6941 SEOUL, KOREA 100-095

HEAD OFFICE
TEL: (02)778-2561(Rep.)
FAX: (02)774-4009

BUSAN OFFICE
TEL: (051)633-3611
FAX: (051)647-9698

	Place of receipt
	BUSAN CFS
Ocean vessel	Port of loading
BUNGA RAYA SATU BRU8759	BUSAN KOREA
Port of discharge	Place of delivery
LATTAKIA, SYRIA	LATTAKIA, SYRIA

Marks and numbers	Number and kind of packages	Description of goods	Gross Weight	Measurement
S.A.Z. HF-10087 LATTAKIA IN TRANSIT ALEPPO FREE ZONE C/T NO. 1-40 MADE IN KOREA	10' INS SAID TO CONTAIN: TEXTILE PIECE GOODS		2680KGS	10,000CBM

JJJ-2065

FREIGHT PREPAID
*SAY : FORTY(40) CARTONS ONLY.

LADEN ON BOARD
SEP. 30 2000

According to the declaration of the consignor

Declaration of Interest of the consignor In timely delivery(Clause 6.2.)	Declared value for ad valorem rate according the declaration of the consignor(Clauses 7 and…)

The goods and instructions are accepted and dealt with subject to the Standard Conditions printed overleaf. Taken in charge in apparent good order and condition unless otherwise noted herein at the place of receipt for transport and delivery as mentioned a above One of these Multimodal Transport Bills of Lading must be surrendered duly endorsed in exchange for the goods. In Witness whereof the originate Multimodal Transport Bills of Lading all of this tenor and date have been signed in the number stated below, one of which being accomplished the other to be void.		
Freight amount	Freight payable at	Place and date of issue
Cargo Insurance through the undersigned □ not covered □ Covered according to attached policy	Number of Original FBL's	Stamp and signature Dong Shin Shipping Co., Ltd.

해석

2.1 포워더는 복합운송선하증권을 발행함으로써, a) 복합운송선하증권에 명시된 장소에서 화물을 인수하여 명시된 인도장소까지 전운송을 이행하고 또는 이행을 주선하는 것을 자기 명의로 확약하며, b) 본 약관에서 약정한 책임을 부담한다.

2.2 포워더는 그의 사용인, 대리인이 운송업무를 수행하는 과정에서 저지른 작위 및 부작위 또는 본 복합운송선하증권이 입증한 계약을 이행하는 과정에서 고용한 기타의 자가 행한 작위 및 부작위도 책임을 진다.

4) 유통 및 화물에 대한 권리(Negotiability and Title to the Goods)

3.1 This FBL is issued in a negotiable form unless it is marked "non negotiable". It shall constitute title to the goods and the holder, by endorsement of this FBL, shall be entitled to receive or to transfer the goods herein mentioned.

3.2 The information in this FBL shall be prima facie evidence of the taking in charge by the Freight Forwarder of the goods as described by such information unless a contrary indication, such as "shipper's weight, load and count", "shipper-packed container" or similar expressions has been made in the printed text or superimposed on this FBL. However, proof to the contrary shall not be admissible when the FBL has been transferred to the consignee for valuable consideration who in good faith has relied and acted thereon.

해석

3.1 본 복합운송선하증권은 유통불능이라고 기재되어 있지 않는 한 유통증권으로 발행된다. 소지인은 본 복합운송선하증권을 배서함으로써 본 복합운송선하증권에 명시된 화물을 인수 또는 양도할 권리를 갖는다.

3.2 본 복합운송선하증권에 기재된 정보는 송하인이 계략, 적입, 계수, 송하인이 포장한 컨테이너, 이와 유사한 문언 등과 같은 반대의 문언이 인쇄되어 있지 않거나 본 문언이 본 복합운송선하증권에 추가되어 있지 않으면 포워더가 본 복합운송선하증권에 명시된 화물을 인수하였다는 우선적 증거가 된다. 그러나 본 복합운송선하증권의 기재내용을 믿고 선의로 인수한 수하인에게 본 복합운송선하증권이 유상으로 양도되었을 때는 반증이 허용되지 않는다.

5) 위험물 및 보상(Dangerous Goods and Indemnity)

4.1 The merchant shall comply with rules which are mandatory according to the national law or by reason of International Convention, relating to the carriage of goods of a dangerous nature, and shall in any case inform the Freight Forwarder in writing of the exact nature of the danger, before goods of a dangerous nature are taken in charge by the Freight Forwarder and indicate to him, if need be, the precautions to be taken.

4.2 If the Merchant fails to provide such information and the Freight Forwarder in unaware of the dangerous nature of the goods and the necessary precautions to be taken and if, at any time, they are deemed to be a hazard to life or property, they may at any place be unloaded, destroyed or rendered harmless, as circumstances may require, without compensation. The Merchant shall indemnify the Freight Forwarder against all loss, damage, liability, or expense arising out of their being taken in charge, or their carriage, or of any service incidental thereto. The burden of proving that the Freight Forwarder knew the exact nature of the danger constituted by the carriage of the said goods shall rest on the Merchant.

4.3 If any goods shall become a danger to life or property, they may in like manner be unloaded or landed at any place or destroyed or rendered harmless. If such danger was not caused by the fault and neglect of the Freight Forwarder he shall have no liability and the Merchant shall indemnify him against all loss, damage, liability and expense arising therefrom.

해석

4.1 화주는 위험화물의 운송과 관련하여 국내법 또는 국제조약의 강행규정을 준수하고, 어떠한 경우에도 화주는 포워더가 화물을 인수하기 전에 위험의 정확한 성질을 선면으로 포워더에게 고지해야 하며 필요한 경우에 취할 예방조치도 포워더에게 고지해야 한다.

4.2 화주가 그러한 정보를 고지하지 않고, 포워더가 화물의 위험성 및 필요한 경우 전운송기간 동안에 취할 예방조치를 알고 있지 못하며 또한 그 화물이 인명 또는 재산에 유해하다고 판단할 경우 보상 없이 그 화물을 언제든지 어디에서나 형편에 따라 양륙, 파괴 또는 무해화할 수 있다. 화주는 위험화물의 인수, 운송 또는 부가운송서비스로 인해 발생된 모든 멸실, 손상, 책임 또는 비용에 대해서 포워더에게 보상해야 한다. 포워더가 위험화물을 운송함에 따라 발생하는 위험의 정확한 성질을 알고 있었다는 것을 입증할 책임은 화주에게 있다.

4.3 어떤 화물이 인명 또는 재산에 유해할 경우, 같은 방법으로 어디에서나 양륙 또는 파괴 또는 무해화할 수 있다. 이러한 위험이 포워더의 과실 또는 부주의로 발생하지 않

으면 포워더는 일절 책임을 지지 않으며, 화주는 이러한 위험으로 발생한 모든 멸실, 손상, 책임 및 비용을 포워더에게 보상해야 한다.

6) 화물의 명세 및 화주가 행한 포장 및 검사(Description of Goods and Merchant's Packing and Inspection)

5.1 The Consignor shall be deemed to have guaranteed to the Freight Forwarder the accuracy, at the time the goods were taken in charge by the Freight Forwarder, of all particulars relating to the general nature of the goods, their marks, number, weight, volume and quantity and, if applicable to the dangerous character of the goods, as furnished by him or on his behalf for insertion on the FBL.

The Consignor shall indemnify the Freight Forwarder against all loss, damage and expense resulting from any inaccuracy or inadequacy of such particulars. The Consignor shall remain liable even if the FBL has been transferred by him. The right of the Freight Forwarder to such an indemnity shall in no way limit his liability under this FBL to any person other than the Consignor.

5.2 The Freight Forwarder shall not be liable for any loss, damage or expense caused by defective or insufficient packing of goods or by inadequate loading or packing within containers or other transport units when such loading or packing has been performed by the Merchant or on his behalf by a person other than the Freight Forwarder, or by the defect or unsuitability of the containers or other transport units supplied by the Merchants, or if supplied by the Freight Forwarder if a defect or unsuitability of the container or other transport unit would have been apparent upon reasonable inspection by the Merchant. The Merchant shall indemnify the Freight Forwarder against all loss, damage, liability and expense so caused.

해석

5.1 송하인은 포워더가 화물을 인수할 때 복합운송선하증권에 기재하기 위해 송하인 또는 그의 대리인이 고지한 화물의 일반적인 성질, 화인, 번호, 중량, 용적 및 수량, 그리고 필요할 경우 화물의 위험성 등 모든 고지사항이 정확하다는 것을 포워더에게 보증한 것으로 간주한다.

송하인은 포워더에게 고지내용이 부정확하거나 부적절하여 발생한 멸실, 손상 및 비용을 배상해야 한다. 송하인이 복합운송선하증권을 양도했다 하더라도 고지내용의 부실에 대해서 여전히 책임을 져야 한다. 이러한 포워더의 손해배상청구권에도 불구하고 송하인 이외의 어떤 자에 대한 포워더의 책임은 경감되지 않는다.

5.2 포워더는 포워더 외에 화주나 그의 대리인이 컨테이너 또는 기타 운송용구에 화물을 적입 또는 포장한 경우, 그 결함 또는 부적절, 또는 화주가 인도한 컨테이너 또는 운송요구의 결함 또는 부적합, 또는 포워더가 인도하고 화주가 인수한 컨테이너를 적합한 검사에 의해 명확히 이상이 없었던 컨테이너 또는 기타 운송용구의 결함 또는 부적합으로 인해 발생한 멸실, 손상 또는 비용에 대해서 책임을 지지 않는다. 화주는 포워더에게 이로 인해 발생한 모든 멸실, 손상, 책임 및 비용을 보상해야 한다.

7) 포워더의 책임(Freight Forwarder's Liability)

6.1 The responsibility of the Freight Forwarder for the goods under these conditions covers the period from the time the Freight Forwarder has taken the goods in his charge to the time of their delivery.

6.2 The Freight Forwarder shall be liable for loss of or damage to the goods as well as for delay in delivery if the occurrence which caused the loss, damage or delay in delivery took place while the goods were in his charge as defined in Clause 2.1.a, unless the Freight Forwarder proves that no fault or neglect of his own, his servants or agents or any other person referred to in Clause 2.2 has caused or contributed to such loss, damage or delay. However, the Freight Forwarder shall only be liable for loss following from delay in delivery if the Consignor has made a declaration of interest in timely delivery which has been accepted by the Freight Forwarder and stated in this FBL.

6.3 Arrival times are not guaranteed by the Freight Forwarder. However, delay in delivery occurs when the goods have not been delivered within the time expressly agreed upon or in the absence of such agreement, within the time which would be reasonable to require of a diligent Freight Forwarder, having regard to the circumstances of the case.

6.4 If the goods have not been delivered within ninety consecutive days following such date of delivery as determined in Clause 6.3 the claimant may, in the absence of evidence to the contrary, treat the goods as lost.

6.5 When the Freight Forwarder establishes that, in the circumstances of the case, the loss or damage could be attributed to one or more causes or envets, specified in a–e of the present clause, it shall be presumed that it was so caused, always provided, however, that the claimant shall be entitled to prove that the loss or damage was not in fact, caused wholly or partly by one or more of such causes or events:

a) an act or omission of the Merchant, or person other than the Freight Forwarder acting on behalf of the Merchant or from whom the Freight Forwarder took the goods in charge;

b) insufficiency or defective condition of the packaging or marks and/or numbers;

c) handing, loading, stowage or unloading of the goods by the Merchant or any person acting on behalf of the Merchant;

d) inherent vice of the goods;

e) strike, lockout, stoppage or restraint of labour.

6.6 Defences for carriage by sea or inland waterways

Notwithstanding Clauses 6.2, 6.3, and 6.4 the Freight Forwarder shall not be liable for loss, damage or delay in delivery with respect to goods carried by sea or inland waterways when such loss, damage or delay during such carriage has been caused by:

a) act, neglect, or default of the master, mariner, pilot or the servants of the carrier in the navigation or in the management of the ship.

b) fire, unless caused by the actual fault or privity of the carrier, however, always provided that whenever loss or damage has resulted from unseaworthiness of the ship, the Freight Forwarder can prove that due diligence has been exercised to make the ship seaworthy at the commencement of the voyage.

해석

6.1 본 복합운송선하증권상의 화물에 대한 포워더의 책임은 포워더가 화물을 인수한 때로부터 화물을 인도한 때까지이다.

6.2 포워더는 포워더가 본인, 그의 사용인, 대리인 또는 제2조 2항에서 언급된 어떤 자의 과실 또는 부주의가 이러한 화물의 멸실, 손상 또는 지연을 야기시키지 않았다는 것과 기여하지 않았음을 입증하지 못하면 제2조 1항 a호에서 명시된 바와 같이 포워더가 화물을 관리하고 있는 동안에 멸실, 손상 또는 인도지연을 야기하는 상황이 발생하여 화물의 멸실, 손상 또는 인도지연에 대해서 책임을 져야 한다. 송하인이 특정일자에 인도를 원했고 포워더가 이를 수락하여 복합운송선하증권에 기재한 경우에 인도지연으로 발생한 멸실에 대해서 포워더는 책임을 져야 한다.

6.3 포워더가 도착시간을 보증하지 않는다. 그러나 분명히 약정한 시간에 화물이 인도되지 않거나 또는 약정이 없는 경우 선량한 포워더가 합리적인 인도기간 내에 인도하지 못하면 인도지연으로 간주한다.

6.4 화물이 제6조 3항에 명시된 예정인도일로부터 연속 90일 내에 인도되지 못하면 반증이 없는 한 화주는 화물이 멸실된 것으로 간주할 수 있다.

6.5 포워더가 사정에 따라 멸실 또는 손상이 다음의 a)~e)에 명시한 하나 또는 그 이상의 원인 또는 사건에 기인한 것임을 입증하면 그것을 원인으로 추정한다. 그러나 화주는 멸실 또는 손상이 하나 또는 그 이상의 원인 또는 사건에 의해서 전손 또는 분손이 되지 않았음을 입증할 수 있다.

a) 화주, 그의 대리인 또는 포워더에게 화물을 인도한 자의 작위 또는 부작위

b) 포장 또는 화인 및/또는 번호의 불충분 또는 결함

c) 화주, 그의 대리인이 화물을 취급, 적재, 적입 또는 양륙

d) 화물고유의 하자

e) 파업, 직장폐쇄, 조업정지 또는 노조의 작업방해

6.6 해상 또는 내수로운송에 대한 면책

제6조 2항, 3항 및 4항에도 불구하고 포워더는 해상 또는 내수로운송 중에서 발생한 멸실, 손상 또는 인도지연이 다음과 같은 사유로 기인한 경우에 그에 대해서 책임을 지지 않는다.

a) 선장, 선원, 도선사 또는 운송인의 사용인이 선박을 운항하거나 관리할 때 저지른 작위, 과실 또는 태만

b) 운송인의 실질적 과실 또는 사주가 없이 발생한 화재, 그러나 멸실 또는 손상이 본선의 감항성 상실로 발생할 때마다 포워더는 항해를 시작하는 시점에서 선박의 감항성을 갖추기 위해서 상당한 주의의무를 다했음을 입증할 수 있다.

8) 지상약관(Paramount Clause)

7.1 These conditions shall only take effect to the extent that they are not contrary to the mandatory provisions of International Conventions or national law applicable to the contract evidenced by this FBL.

7.2 The Hague Rules contained in the International Convention for the unification of certain rules relating to Bills of Lading, dated Brussels

25th August 1924, or in those countries where there are already in force the Hague-Visby Rules contained in the Protocol of Brussels, dated 23rd February 1968, as enacted in the Country of Shipment, shall apply to all carriage of goods by sea and also to the carriage of goods by inland waterways, and such provisions shall apply to all goods whether carried on deck or under deck.

7.3 The Carriage of Goods by Sea Act of the United States of America(COGSA) shall apply to the carriage of goods by sea, whether on deck or under deck, if compulsorily applicable to this FBL or would be applicable but for the goods being carried on deck in accordance with a statement on this FBL.

해석

7.1 본 약관은 본 복합운송선하증권이 증명하는 운송계약에 적용되는 국제조약 또는 국내법의 강행법규에 저촉되지 않는 범위 내에서만 효력이 있다.

7.2 선적국에서 1924년 8월 25일 브뤼셀에서 제정된 선하증권통일조약(헤이그규칙) 또는 이미 발효 중인 국가의 경우 1968년 2월 23일에 제정된 브뤼셀의정서(헤이그비스비규칙)가 입법화된 대로, 모든 해상 및 내수로운송에 적용되고, 또한 이 규정은 갑판적 또는 선창적 여부에 관계없이 모든 화물에 적용된다.

7.3 미국해상화물운송법이 본 복합운송선하증권에 강행적으로 또는 임의적으로 적용되는 경우, 본 복합운송선하증권에 기재된 갑판적 화물을 제외하고 갑판적 또는 선창적 여부에 관계없이 모든 화물에 적용된다.

9) 포워더의 책임제한(Limitation of Freight Forwarder's Liability)

8.1 Assessment of compensation for loss of or damage to the goods shall be made by reference to the value of such goods at the place and time they are delivered to the consignee or at the place and time when, in accordance with this FBL, they should have been so delivered.

8.2 The value of the goods shall be determined according to the current commodity exchange price or, if there is no such price, according to the current market price or, if there are no such prices, by reference to the normal value of goods of the same name and quality.

8.3 Subject to the provisions of subclauses 8.4 to 8.9 inclusive, the Freight Forwarder shall in no event be or become liable for any loss of or damage to the goods in an amount exceeding the equivalent of 666.67 SDR per package or unit or 2 SDR per kilogramme of gross weight of the goods lost or damaged, whichever is the higher, unless the nature and value of the goods shall have been declared by the Consignor and accepted by the Freight Forwarder before the goods have been taken in his charge, or the ad valorem freight rate paid, and such value is stated in the FBL by him, then such declared value shall be the limit.

8.4 Where a container, pallet or similar article of transport is loaded with more than one package or unit, the packages or other shipping units enumerated in the FBL as packed in such article of transport are deemed packages or shipping units. Except as aforesaid, such article of transport shall be considered the package or unit.

8.5 Notwithstanding the above mentioned provisions, if the multimodal transport does not, according to the contract, include carriage of goods by sea or by inland waterways, the liability of the Freight Forwarder shall be limited to an amount not exceeding 8.33 SDR per kilogramme of gross weight of the goods lost or damaged.

8.6 a) When the loss of or damage to the goods occurred during one particular stage of the multimodal transport, in respect of which an applicable international convention or mandatory national law would have provided another limit of liability if a separate contract of carriage had been made for that particular stage of transport, then the limit of the Freight Forwarder's liability for such loss or damage shall be determined by reference to the provisions of such convention or mandatory national law.

b) Unless the nature and value of the goods shall have been declared by the Merchant and inserted in this FBL, and the ad valorem freight rate paid, the liability of the Freight Forwarder under COGSA, where applicable shall, shall not exceed US$500 per package, or in the case of goods not shipped in packages per customary freight unit.

8.7 If the Freight Forwarder is liable in respect of loss following from delay in delivery, or consequential loss or damage other than loss of or damage to the goods, the liability of the Freight Forwarder shall be limited to an amount not exceeding the equivalent of twice the freight under the multimodal contract for the multimodal transport under this FBL.

8.8 The aggregate liability of Freight Forwarder shall not exceed the limits of liability for total loss of the goods.

8.9 The Freight Forwarder is not entitled to the benefit of the limitation of liability if it is proved that the loss, damage or delay in delivery resulted from a personal act or omission of the Freight Forwarder done with the intent to cause such loss, damage or delay, or recklessly and with knowledge that such loss, damage or delay would probably result.

해석

8.1 화물의 멸실 또는 손상에 대한 배상액은 화물이 수하인에게 인도된 장소와 시기 또는 본 복합운송선하증권에 따라 화물을 인도한 장소와 시기의 화물가액을 참조하여 결정한다.

8.2 화물의 가액은 상품거래소의 현재가격에 따라 결정되며 이러한 가격이 없는 경우에는 현재 시장가격에 따라 결정되고, 현재 시장가격이 없는 경우에는 동종 · 동질화물의 정상가격을 참조하여 결정된다.

8.3 제8조 4항 및 제8조 9항의 조건에 따라 포워더는 어떠한 경우에도 화물의 멸실이나 손상에 대해 포장당 또는 단위당 666.67SDR 상당액 또는 멸실 또는 손상된 화물의 총중량 kg당 SDR 상당액 중에서 더 많은 금액을 초과하여 책임을 지지 않는다. 그러나 포워더가 화물을 인수하기 전에 송하인이 화물의 성질과 가액을 신고하고 포워더가 이를 수락하여 종가운임이 지불되고 포워더가 복합운송선하증권에 가액을 기재한 경우에는 그 신고가액이 한도액이 된다.

8.4 컨테이너, 파렛트 또는 이와 유사한 운송용구에 하나 이상의 포장 또는 단위가 적입되고, 복합운송선하증권에 기재된 포장 또는 선적단위는 포장 또는 선적단위로 간주한다. 이러한 경우가 아니면 그 운송용구는 포장 또는 단위로 간주한다.

8.5 상기 조항에도 불구하고, 복합운송계약에 해상 또는 내수로운송이 포함되어 있지 않는 경우 포워더의 책임은 멸실 또는 손상화물의 총중량 kg당 8.33SDR을 초과하지 않는다.

8.6 a) 화물의 멸실 또는 손상이 복합운송 중 특정구간에서 발생되고, 별도의 운송계약이 특정운송구간에서 체결되어 있는 경우 이에 적용되는 국제조약 또는 강행적인 국내법이 다른 책임제한을 규정하고 있을 때는 그러한 멸실 또는 손상에 대한 포워더의 책임한도는 그 국제조약 또는 강행적인 국내법을 참조하여 결정한다.

b) 송하인이 화물의 성질과 가액을 신고하여 복합운송선하증권에 기재되고 종가운임이 지불되면 미국해상화물운송법하에서 포워더의 책임은 포장당 또는 비포장으로 선적된 경우에는 관습상의 운임단위당 US$500을 초과하지 않는다.

8.7 포워더가 인도지연으로 인한 멸실 또는 화물의 멸실 또는 손상 이외의 멸실 또는 손상에 대해서 책임을 져야 되는 경우, 포워더의 책임은 본 복합운송선하증권에 의한 복합운송계약상의 운임의 2배를 초과하지 않는다.

8.8 포워더의 총책임은 화물의 총손실에 대한 책임한도를 초과하지 않는다.

8.9 포워더는 멸실, 손상 또는 인도지연을 할 의도를 갖고 또는 무모하게 그리고 멸실, 손상 또는 인도지연이 발생할 것을 알고 행한 포워더 자신의 작위 또는 부작위로 인해

멸실, 손상 또는 인도지연이 발생하였음이 입증된 경우 책임제한의 혜택을 누릴 수 없다.

10) 불법행위에 대한 소송(Applicability of Action in Tort)

These conditions apply to all claims against the Freight Forwarder relating to the performance of the contract evidenced by this FBL, whether the claim be founded in contract or in tort.

해석

본 약관은 클레임이 계약위반 또는 불법행위에 기인한 것인지 불문하고 본 복합운송선하증권에 의거 입증된 복합운송계약을 이행하는 과정에서 발생된 모든 클레임에 적용된다.

11) 사용인 및 기타인의 책임(Liability of Servants and Other Person)

10.1 These conditions apply whenever claims relating to the performance of the contract evidenced by this FBL are made against any servant, agent or other person (including any independent contractor) whose services have been used in order to perform the contract, whether such claims are founded in contract or in tort, and the aggregate liability of the Freight Forwarder and of such servants, agents or other persons shall not exceed the limits in clause 8.

10.2 In entering into this contract as evidenced by this FBL, the Freight Forwarder, to the extent of these provisions, does not only act on his own behalf, but also as agent or trustee for such persons, and such persons shall to this extent be or be deemed to be parties to this contract.

10.3 However, if it is proved that the loss of or such loss or damage to the goods resulted from a personal act or omission of such a person referred to in Clause 10.1, done with intent to cause damage, or recklessly and with knowledge that damage would probably result, such person shall not be entitled to benefit of limitation of liability provided for in Clause 8.

10.4 The aggregate of the amounts recoverable from the Freight Forwarder and the persons referred to in Clauses 2.2 and 10.1 shall not exceed the limits provided for in these conditions.

해석

10.1 본 약관은 본 복합운송선하증권에 의거 입증된 복합운송계약을 이행하는 과정에서 발생한 클레임이 본 복합운송계약을 이행하기 위해 고용한 사용인, 대리인, 기타인(독립계약자 포함)에 제기된 경우에도 적용되며, 포워더, 사용인, 대리인 또는 기타인들의 총책임은 제8조의 책임한도를 초과할 수 없다.

10.2 본 복합운송선하증권에 의거 증명된 복합운송계약을 체결함에 있어서 포워더는 본 약관의 범위 내에서 자신을 위해서뿐만 아니라 대리인 또는 수탁인으로서 업무를 수행하며 이들은 본 복합운송계약의 범위 내에서 당사자가 되거나 당사자로 간주한다.

10.3 그러나 화물의 멸실 또는 손상이 제10조 1항에 열거된 자가 손상을 야기시킬 의도를 가지고 또는 무모하게 그리고 손실이 발생될 것을 알면서 행한 개인적인 작위 또는 부작위로 발생되었음이 증명된 경우 그 자는 제8조에 규정된 책임제한을 주장할 수 없다.

12) 운송방법 및 경로(Method and Route of Transportation)

Without notice to the Merchant, the Freight Forwarder has the liberty to carry the goods on or under deck and to choose or substitute the means, route and procedure to be followed in the handling, stowage, storage and transportation of the goods.

해석

포워더는 화주에게 통지하지 않고 갑판적 또는 선창 내에 화물을 적재하여 운송할 수 있는 또는 화물을 취급, 적입, 저장 그리고 운송에 따른 운송수단, 경로, 절차를 선택하거나 대체할 수 있는 재량권을 가진다.

13) 인도(Delivery)

12.1 Goods shall be deemed to be delivered when they have been handed over or placed at the disposal of the Consignee or his agent in accordance with this FBL, or when the goods have been handed over to any authority or other party to whom, pursuant to the law or regulation applicable at the place of delivery, the goods must be handed over, or such other place at which the Freight Forwarder is entitled to call upon the Merchant to take delivery.

12.2 The Freight Forwarder shall also be entitled to store the goods at the sole risk of the Merchant, and the Freight Forwarder's liability shall cease, and the cost of such storage shall be paid, upon demand, by the Merchant to the Freight Forwarder.

12.3 If at any time the carriage under this FBL is or is likely to be affected by any hindrance or risk of any kind (including the condition of the goods) not arising from any fault or neglect of the Freight Forwarder or a person referred to in Clause 2.2 and which cannot be avoided by the exercise of reasonable endeavors the Freight Forwarder may abandon the carriage of the goods under this FBL and, where reasonably possible, pace the goods or any part of them at the Merchant's disposal at any place which the Freight Forwarder may deem safe and convenient, whereupon delivery shall be deemed to have been made, and the responsibility of the Freight Forwarder in respect of such goods shall cease.

In any event, the Freight Forwarder shall be entitled to full freight under this FBL and the Merchant shall pay any additional costs resulting from the above mentioned circumstances.

해석

12.1 화물이 본 복합운송선하증권에 따라 수하인 또는 그의 대리인에게 인도되거나 처분할 수 있는 장소에 두면 또는 화물이 화물을 인수해야만 하는 인도장소 또는 포워더가 화주에게 화물을 인수하라고 요청하는 기타 장소에서 적용되는 법과 제도에 따라 당국 또는 기타의 자에게 인도되면 화물은 인도된 것으로 간주한다.

12.2 포워더는 화주의 단독위험으로 화물을 보관할 수 있는 권리를 가지고 있다. 포워더의 책임은 끝나고 포워더가 화주에게 보관비용을 요구하면 즉시 지불되어야 한다.

12.3 본 복합운송선하증권하에서 이루어진 운송이 포워더 또는 제2조 2항에서 열거된 자의 과실 또는 부주의가 아닌 장애 또는 (화물의 상태를 포함해서) 어떤 위험에 의해 영향을 받았거나 받을 것 같고 합리적인 노력을 다했음에도 불구하고 피할 수 없는 경우, 포워더는 언제든지 본 복합운송선하증권하에서의 화물운송을 포기하고 가능한 한 합리적인 방법으로 포워더가 안전하고 편리하다고 간주한 장소에서 화주의 임의 처분상태로 화물의 전부 또는 일부를 둘 수 있다. 화물은 인도된 것으로 간주하며 포워더의 책임은 끝난다. 어떠한 경우에도 포워더는 본 복합운송선하증권에 의거 운임 전액을 받을 수 있고 화주는 상기 언급된 상황에서 발생한 추가비용을 지불해야 한다.

14) 운임 및 요금(Freight and Charges)

13.1 Freight shall be paid in cash, without any reduction or deferment on account of any claim, counterclaim or set-off, whether prepaid or payable at destination.

Freight shall be considered as earned by the Freight Forwarder at the moment when the goods have been taken in his charge, and not to be returned in any event.

13.2 Freight and all other amounts mentioned in this FBL are to be paid in the currency named in this FBL or, at the Freight Forwarder's option, in the currency of the country of dispatch or destination at the highest rate of exchange for bankers sight bills current for prepaid freight on the day of dispatch and for freight payable at destination on the day when the Merchant is notified on arrival of the goods there or on the date of withdrawal of the delivery order, whichever rate is the higher, or at the option of the Freight Forwarder on the date of this FBL.

13.3 All dues, taxes and charges or other expenses in connection with the goods shall be paid by the Merchant.
Where equipment is supplied by the Freight Forwarder, the Merchant shall pay all demurrage and charges which are not due to a fault or neglect of the Freight Forwarder.

13.4 The Merchant shall reimburse the Freight Forwarder in proportion to the amount of freight for any costs for deviation or delay or any other increase of costs of whatever nature caused by war, warlike operations, epidemics, strikes, government directions or force majeure.

13.5 The Merchant warrants the correctness of the declaration of contents, insurance, weight, measurements or value of the goods but the Freight Forwarder has the liberty to have the contents inspected and the weight, measurements or value verified. If on such inspection it is fund that the declaration is not correct it is agreed that a sum equal either to five times the difference between the correct figure and the freight charged, or to double the correct freight less the freight charged, whichever sum is the smaller, shall be payable as liquidated damages to the Freight Forwarder for his inspection costs and losses of freight on other goods notwithstanding any other sum having been stated on this FBL as freight payable.

13.6 Despite the acceptance by the Freight Forwarder of instructions to collect freight, charges or other expenses from any other person in respect of the transport under this FBL, the Merchant shall remain responsible for such monies on receipt of evidence of demand and the absence of payment for whatever reason.

해석

13.1 운임은 선불 또는 후불에 관계없이 클레임, 반대클레임, 상계를 이유로 감액 또는 연기될 수 없으며 화물을 인수한 순간에 포워더가 운임을 받은 것으로 간주하며 어떠한 경우에도 환불될 수 없다.

13.2 운임과 본 복합운송선하증권에 기재된 기타 모든 요금은 본 복합운송선하증권에 기재된 화폐 또는 포워더의 선택에 따라 발송지 또는 목적지 국가의 화폐로 지불되어야 하고 환율은 선불운임의 경우에는 발송지 또는 목적지의 은행일람불당좌어음에 적용하는 환율을 적용하며, 후불운임의 경우는 화주의 화물도착통지를 접수한 날 또는 화물인도지시서 회수일 중에서 더 높은 환율을 적용하거나, 포워더의 선택에 따라 본 복합운송선하증권 발행일의 환율을 적용한다.

13.3 화물에 관련된 모든 부과금, 세금 및 요금 또는 기타 비용은 화주가 지불해야 한다. 포워더가 장비를 제공한 경우 화주는 포워더의 과실 또는 부주의가 아닌 모든 지체료와 요금을 지불해야 한다.

13.4 화주는 포워더에게 전쟁, 군사훈련, 전염병, 파업, 정부의 지시 또는 불가항력으로 이로 또는 지연에 의한 일체의 비용 또는 어떤 사유로 인한 모든 기타 비용증가는 운임에 비례하여 포워더에게 보상해야 한다.

13.5 화주는 화물의 내용, 보험, 중량, 용적 또는 가액을 정확하게 신고했음을 보증한다. 그러나 포워더는 화물의 내용을 검사하고 중량, 용적 또는 가액을 확인할 수 있는 재량권을 가진다. 검사한 경우에 신고내용이 다르면 본 복합운송선하증권에 기타 금액을 운임으로 기재되어 있음에도 불구하고 정확한 운임과 부과운임 간의 차액 5배에 해당하는 금액 또는 정확한 운임의 2배에서 부과된 운임을 차감한 금액 중에서 더 적은 금액을 포워더에게 검사비용과 기타 화물의 운임손실에 대한 확정손해배상으

로 지불해야 한다.

13.6 포워더가 본 복합운송선하증권에 따른 복합운송과 관련하여 어떤 자로부터 후불운임, 요금 또는 기타 비용을 받는다고 수락했음에도 불구하고 화주는 포워더가 지급청구와 어떤 사유로 지급되지 않았음을 증거로 제시하면 그에 대한 책임을 진다.

15) 유치권(Lien)

The Freight Forwarder shall have a lien on the goods and any documents relating thereto for any amount due at any time to the Freight Forwarder from the Merchant including storage fees and the cost of recovering same, and may enforce such lien in any reasonable manner which he may think fit.

해석

포워더는 보관료와 회수비용이 포함된 일체의 비용에 대해 화물과 관련서류에 유치권을 언제든지 행사할 수 있고 포워더가 적합하다고 보는 합리적인 방법에 의해서 유치권을 행사할 수 있다.

16) 공동해손(General Average)

The Merchant shall indemnify the Freight Forwarder in respect of any claims of a General Average nature which may be made on him and shall provide such security as may be required by the Freight Forwarder in this connection.

해석

화주는 포워더에게 제기한 공동해손의 성격에 따른 청구에 관련하여 보상을 해야 하고 이와 관련하여 포워더가 요구하는 담보를 제공해야 한다.

17) 통지(Notice)

16.1 Unless notice of loss of or damage to the goods, specifying the general nature of such loss or damage, is given in writing by the consignee to the Freight Forwarder when the goods are delivered to the consignee in accordance with clause12, such handing over is prima facie evidence of the delivery by the Freight Forwarder of the goods as described in this FBL.

16.2 Where the loss or damage is not apparent, the same prima facie effect shall apply if notice in writing is not given within 6 consecutive days after the day when the goods were delivered to the consignee in accordance with clause 12.

해석

16.1 제12조에 따라 화물이 수하인에게 인도될 때 수하인이 화물의 멸실 또는 손상의 전반적인 특성을 구체적으로 명시한 멸실 또는 손상의 통지서를 문서로 포워더에게 전달하지 않는 한 이러한 화물인도는 본 복합운송선하증권에 기재된 바와 같이 포워더가 인도했다는 명백한 증거가 된다.

16.2 멸실 또는 손상이 분명하지 않으면 문서로 통지를 제12조에 따라 화물이 수하인에게 인도된 날로부터 연속해서 6일 내에 하지 않으면 명백한 증거와 같은 효력을 부여한다.

18) 소멸시효(Time Bar)

The Freight Forwarder shall, unless otherwise expressly agreed, be discharged of all liability under these conditions unless suit is brought within 9 months after the delivery of the goods, or the date when the goods should have been delivered, or the date when in accordance with clause 6.4 failure to deliver the goods would give the consignee the right to treat the goods as lost.

해석

달리 명시된 약정이 없는 한 포워더는 화물을 인도한 후 또는 화물이 인도되어야 할 날 또는 화물을 인도하지 못해 제6조 4항에 따라 수하인에게 화물이 멸실된 것으로 간주하는 권리를 부여한 날로부터 9개월 이내에 소송이 제기되지 않으면 포워더는 본 약관에서 부여한 모든 책임으로부터 면제된다.

19) 일부무효(Partial Invalidity)

If any clause or a part thereof is held to be invalid, the validity of this FBL and the remaining clauses or a part thereof shall not be affected.

해석

어떤 조항 또는 조항의 일부가 무효로 판정되더라도 본 복합운송선하증권의 효력과 나머지 조항 또는 나머지 조항의 일부는 하등의 영향을 받지 않는다.

20) 재판관할 및 준거법(Jurisdiction and Application Law)

Actions against the Freight Forwarder may be instituted only in the place where the Freight Forwarder has his place of business as stated on the reverse of this FBL and shall be decided according to the law of the country in which that place of business is situated.

해석

포워더에 대한 소송은 본 복합운송선하증권의 전면에 명시된 포워더의 본사가 있는 소재지에서만 제기될 수 있고 본사가 있는 국가의 법에 따라 결정한다.

CHAPTER 13

국제물류주선인

학습목표

국제물류주선인의 개념과 주요업무 및 처리절차에 관해서 살펴본다.

제1절 국제물류주선인의 개념 및 의의

1. 국제물류주선인의 개념

Forwarding Agent는 유럽에서 생성된 것으로 소량화물을 집화하여 철도화차단위로 만들어 운송하는 역할에서 시작하여 화주의 대리인으로서 선박소유자와 운송계약을 체결하지만 운송에 대한 책임은 부담하지 않고 화주를 운송인, 세관, 터미널운영업자 등을 소개하는 중개인으로서의 역할로 변모하였다. Forwarding Agent의 역할이 운송부분으로 늘어남에 따라 Freight Forwarder라는 용어로 바뀌고 역할도 운송인의 기능까지 수행하는 것으로 확대되었다.

Freight Forwarder는 운송을 위탁한 고객을 대리하여 화주의 화물을 통관, 입출고, 집화, 환적 또는 배달 등의 서비스를 제공하여 화주가 요구하는 목적지까지 안전하고 신속하게 운송하는 자로 사전에서 정의하였다. 국제운송주선인협회(FIATA)는 Freight Forwarder를 국제화물을 출발지에서 도착지까지 운송하는 데 있어서 정확한 장소에 정확한 시간에 인수한 상태로 기장 경제적인 비용으로 도착시킬 것을 보증하는 자로 정의하였다.

우리나라는 (구)해운법에서 해상화물운송주선업을 항공화물운송주선업은 (구)항공법에서 항공화물운송주선업으로 규정하였다. 해상화물운송주선업과 항공화물운송주선업이 복합운송주선업으로 확대됨에 따라 1993년 (구)해운법에 복합운송주선업으로 통합화였다. (구)해운법에서 복합운송주선업을 2가지 이상의 운송수단을 이용하여 화물의 운송을 주선하는 사업으로 규정하였고 화물유통촉진법에서는 복합운송주선업은 타인의 수요에 응하여 자기의 명의와 계산으로 타인의 선박·항공기·철도차량 또는 자동차 등 2가지 이상의 운송수단을 이용하여 화물의 운송을 주선하는 사업을 말한다라고 규정하였다.

복합운송주선업이 수출입업체에게 국제물류서비스를 제공하고 물류와 관련된 통관, 금융, 보험, 컨설팅까지 담당하는 종합물류기업으로 성장함에 따라 2008년에 화물유통촉진법을 물류정책기본법으로 변경하여 국제물류주선업은 타인의 수요에 따라 자기의 명의와 계산으로 타인의 물류시설, 장비를 이용하여 수출입화물의 물류를 주선하는 사업이라고 정의하였다. 물류는 재화가 공급자로부터 조달, 생산되어 수요자에게 전달되기까지 소비자로부터 회수되어 폐기될 때까지 운송, 보관, 보관, 하역 등과 이에 부가되어 가치를 창출하는 가공, 조립, 분류, 수리, 포장, 상표부착, 판매, 정보통신 등을 말한다.

따라서 국제물류주선인은 화주를 위하여 적합한 운송인, 실제운송인, 하청운송인을 선택하고 저렴한 운송비로 안전하고 신속하게 운송할 수 있는 운송방식과 운송경로 및 시기를 정하여 운송을 주선하고 포장, 하역, 보관, 통관 등도 주선하는 역할을 하면서 대리인 또는 중개인으로서 운송을 주선하는 운송주선인에서 운송, 포장, 하역, 보관, 정보의 국제물류의 기능을 수행하는 업자를 말한다.

2. 국제물류주선인의 의의

국제운송은 운송인과 하역업자, 보관업자, 검역업자, 터미널운영업자, 통관업자 등 여러 당사자가 관여하여 이루어진다. 국제물류주선인이 없다면 화주가 직접 여러 당사자를 찾아서 업무를 수행하여야 하기 때문에 시간과 비용이 많이 소요되어 본래의 업무를 수행하는 데 지장을 받을 수 있다. 따라서 화주는 국제운송에 관련된 업무를 국제물류주선인을 이용함으로써 비용과 인력 및 시간을 절감시킬 수 있고 최소의 국제운송을 담당하는 인력을 두고 국제운송에 관련된 모든 업무를 국제물류주선인을 통하여 해결함으로써 무역에 매진할 수 있다.

국제물류주선인은 다수의 화주로부터 화물을 집하하여 국제운송업무를 수행하기 때문에 실제운송인과 협상에서 화주보다 유리한 운임을 받을 수 있고 저렴한 운임 중 일부를 화주에게 주기 때문에 화주에게도 이익이 된다.

국제운송주선인이 없다면 실제운송인은 운송물량을 확보하기 위하여 수많은 화주를 대상으로 마케팅활동을 수행하고 협상을 진행하여야 하기 때문에 비용이 과

다하게 발생하고 많은 인력이 투입되어 경영상에 어려움이 발생할 수 있다.

실제운송인은 국제운송인과 협력하여 국제운송을 수행함으로써 저렴한 비용으로 안정적인 물량을 확보하여 수익을 극대화시킬 수 있게 되었다. 오늘날 국제운송주선인은 이와 같은 국제운송에서 중추적인 역할을 수행하고 있다.

제2절 주요국의 국제물류주선업제도

1. 미국

1) 내륙운송주선인, 해상운송주선인, 무선박운송주선인의 개념

미국은 국제물류주선업을 내륙운송주선업(Domestic Freight Forwarder : DFF), 해상운송주선업(Ocean Freight Forwarder : OFF), 무선박운송(Non Vessel Operating Common Carrier : NVOCC)으로 구분하여 법제화시켰다. 내륙운송주선업은 교통부(Department of Transportation)가 주관하는 미국의 주간운송관계법(United States Code Title 49: Transportation, Subtitle Ⅳ: Interstate Transportation) 13102 8항(Chapter 131, §13102. Definition, (8))에서 파이프라인, 철도, 자동차 또는 해상운송인이 아니면서 보수를 받고 화물을 운송하겠다는 것을 일반인에게 공표하는 사람을 말한다고 정의하였다. 동법에서 내륙운송주선인은 화물을 집하, 혼재, 배송하고, 화물을 인수한 장소에서 목적지까지 책임지고 타운송인의 운송수단을 이용하여 미국의 주에서 다른 주로 화물을 운송하거나 운송을 주선하는 일을 업으로 한다고 규정하였다. 내륙운송주선인은 다수의 화주로부터 소량화물을 집하하여 한 차분의 화물로 만들어 철도운송회사에 철도운송을 의뢰함으로써 운임의 차익을 얻는다.

해상운송주선업은 1916년과 1984년 해운법(Shipping Act 1916)에 의해 법제화되어 연방해사위원회(Federal Maritime Commission)의 통제를 받으며 화주를 위해 공중운송인(common carrier)과 선적계약을 체결하여 화물을 발송하고 또는 선적을 준비하여 선적에 필요한 서류를 작성하고 선적과 관련된 부수적인 업무를 수행하는 업을 말한다.

해상운송주선인은 소량화물을 집하하여 혼재작업을 하지 않으며 육로운송과 하역, 배송 작업에는 관여하지 않도록 하여 내륙운송주선업과 업을 구분하였다. 해상운송주선인은 공중운송인으로서의 책임을 지지 않고 선하증권을 발행하지 않는다.

무선박운송인은 선박은 운항하지 않고 해상운송을 수행하는 공중운송인을 말하며 무선박운송인은 선박을 운항하는 운송인과 화주의 관계에 있다. 무선박운송인은 자신이 선박을 소유하지 않으면서 해상운송인이 제공하는 운송서비스를 이용하여 운송을 하는 운송인이며 운송책임을 지는 공중운송인이다. 화주와는 공중운송인으로서 관계를, 그가 이용하는 운송인과는 화주의 관계를 가지고 있어 두 가지 지위를 가지고 있다.

미국은 1998년에 따로 규정되어 있던 해상운송주선인 무선박운송인을 미국 외항해운개혁법(Ocean Shipping Reform Act of 1998)에서 통합하여 해상운송중개업인(Ocean Transportation Intermediary)의 개념을 규정하였다. Code of Federal Regulations, Title 46: Shipping 제515.2조 정의 (o)항에서 해상운송주선인은 미국에서 송하인을 대신하여 미국에서 수출물품을 선박회사를 통해 선적하기 위해 선복을 예약하는 일을 수행하고 해상운송과 관련된 서류를 작성하고 업무를 수행하는 자로 정의하였고 무선박운송인은 선박은 운항하지 않고 선박회사와 운송계약을 체결하여 화물운송서비스를 제공하는 운송인이라고 정의하였다.

해상운송주선인은 항만으로 화물을 운송하고, 수출신고 준비 및 절차 수행, 선복예약, 화물인도지시서 및 부두수취증, 선하증권, 영사서류의 작성 및 처리, 창고주선, 적하보험 부보 대행, 미국 수출규정에 따른 통관업무, 운임 또는 화주가 선급할 비용대납, 필요 시 은행, 송하인에게 선적정보 또는 선적서류 작성과 송부, 출발지에서 선적항까지 화물운송주선, 수출에 대한 전문적인 상담 등으로 업무범위를 명시하였다.

무선박운송인은 선박을 소유하여 해상운송을 수행하는 운송인의 운송서비스를 사서 타인에게 판매, 항만에서 항만사용료 또는 복합운송비 지급, 송하인과 화물운송계약 체결, 선하증권 발행, 내륙운송 수배와 내륙운송비 지급, 해상운송주선인에게 합법적인 보상금 지급, 컨테이너 임차, 선적지와 목적지 대리점 주선 등으로 정의하였다.

2) 면허조건

해상운송주선업과 무선박운송주선업이 해상운송중계업에 통합됨에 따라 미국에서 해상운송주선업과 무선박운송주선업을 하려면 연방해사위원회로부터 운송사업면허를 취득해야 한다.[1]

무선박운송인은 수출입화물에 대하여 운송인으로서 자기 책임하에 자신의 선하증권을 발행하여 화물의 운임과 부과되는 비용을 받을 수 있는데 이러한 운임과 비용은 연방해사위원회의 운임요율표에 등록되어 있어야 하고 해상운송인으로부터 주선수수료를 받을 수 없도록 하였다.

외국의 무선박운송인이 미국에서 영업을 하지 않고 미국에서 수출입을 하는 화주에게 해상운송중계업체로 운송서비스를 제공하는 경우에는 운송사업면허 없이 연방해사위원회에 등록하고 운임요율표와 보증금을 지불하면 되며 미국에서 자사의 대리점을 개설하여 해상운송서비스를 제공하는 경우에는 연방해사위원회에 등록하여야 하고 운임요율표와 보증금을 지불하고 운송사업면허도 받아야 한다.

미국의 국제물류주선업은 연방해사위원회로부터 허가를 받아 운송사업면허를 취득해야만 되고 해상운송중계업체로서 3년간의 경력이 있어야 하며 재정책임보증금 150,000달러를 요구하여 조건을 규정하여 진입장벽을 두었다. 미국은 자국의 물류주선업자를 보호하기 위해서 외국의 물류주선업자에 대한 진입장벽을 높게 두었다.

1 운송사업면허를 취득할 자격요건은 CFR 46 제515.11조와 515.21조에 상세하게 명시하였다.

2. 독일

독일은 상법 407조 1항에서 운송주선인을 자기의 명의와 타인의 계산으로 육상운송 또는 해상운송인에게 화물운송을 주선하는 인수를 업으로 하는 사람을 말한다고 정의하였다. 따라서 운송주선인과 수하인, 송하인과 운송인, 운송주선인과 화주(송하인이 소유자가 아닌 경우) 간에는 계약관계가 없다고 보았다.

운송주선인은 자기의 관리하에 있는 화물이 보통 상인이 주의를 다했음에도 불구하고 불가피한 사정에 따라 멸실 또는 훼손된 경우 책임을 지지 않으며 화물운송을 직접 하겠다고 화주와 약정한 것이 아니라서 운송인의 관리하에서 화물에 생긴 손해에 대해서도 책임을 지지 않는다고 규정하였다.

운송주선인은 다른 특약이 없는 한 화물운송을 이행할 권한이 있으며 송하인과 운송계약을 체결한 경우와 소량화물을 집하하여 혼재운송계약을 체결한 경우 전적으로 운송인으로서의 권리와 의무를 가진다고 규정하였다.

독일은 국제물류주선업에 대한 법적 요건을 두지 않고 주무관청에 등록만 하면 누구나 할 수 있도록 했다. 국제물류주선인을 양성하는 공공직업기관을 운영하고 있으며 동 기관을 통하여 인력이 양성되고 있다.

3. 일본

일본은 국제복합운송 및 화물운송주선업에 대한 법규를 1990년 이전에는 도로운송법, 해상운송법, 내항운송법, 항공법, 통운사업법으로 각각 제정하였고 1990년 이후에는 화물운송취급사업법으로 통합하였다. 동법은 화물취급사업법과 화물이용운송사업으로 구분하였다. 화물취급사업은 운송사업자에 대한 취급 또는 운송사업자로부터 운송된 화물을 받아 취급하는 사업으로 정의하여 운송책임을 부담하지 않도록 했다. 해상운송법에서 해상운송주선업은 자기 명의로 해상에서 선박으로 화물을 취급하는 사업으로 규정하였다.

2003년 이후에는 화물이용운송사업으로 통합하였는데 국제물류주선인에 대한 법적인 정의가 분명하지 않다. 동법에서는 국제물류주선업을 1종과 2종으로 구분하였는데 해상과 항공은 항구에서 항구까지 철도는 역에서 역까지 도로는 문전에서 문전까지로 구분하여 Mode별 국제복합운송과 화물운송주선이 1종에 포함시켰고 등록제로 사업을 할 수 있도록 했다. 2종에는 운송경로의 구분 없이 문전에서 문전까지로 주요 Mode를 이용한 국제복합운송 및 복합운송과 연계한 집배송이 포함되며 2종에 포함된 사업을 하기 위해서는 관청으로부터 허가를 취득하도록 하였다.

4. 중국

중국은 국제복합운송업을 국제화물운송대리업과 무선박운송업으로 구분하였는데 전자는 국제화물운송대리기업 관리규정에 명시하였다. 동 규정에 따라 국제화물운송 및 관련 업무에서 위탁자 명의로 또는 자신의 명으로 사업을 할 수 있으며 운송서류는 운송주선인 선하증권을 발행하도록 했고 국제복합운송을 하려면 대외무역경제합작부에 등록된 운송주선인 선하증권을 사용하도록 했다.

후자는 국제해운조례에 규정하였고 무선박운송인은 국제해상운송에서 실제운송인의 신분으로 운송책임을 지며 운송서류는 선하증권을 발행하도록 했다. 국제복합운송을 하는 경우에는 상무부에 등록된 운송주선인 선하증권을 사용하도록 했다.

중국은 2006년부터 외국기업이 100%로 단독 출자하여 국제화물운송대리업을 할 수 있도록 하였다.

제3절 국제물류주선인의 업무

1. 국제물류주선인 업무의 의의

국제물류주선인의 업무는 국제물류에 대한 전문적인 지식을 가지고 화주의 국제물류업무를 대행하여 국가 간에 거래되는 화물을 수출상의 생산공장에서부터 수입상의 창고까지 여러 단계의 운송과정과 모든 절차를 신속하게 처리하여 여러 단계의 운송과정을 하나로 통합시켜 일관운송서비스를 제공하는 업무를 말한다.

국제물류주선인의 업무는 수출국에서 이루어지는 제반업무와 국제운송, 수입국에서 이루어지는 제반업무로 구분할 수 있다. 국제물류주선인은 수입국에서 이루어지는 제반업무를 수행하기 위해서 수입국에 현지 자회사를 설립하여 운영하기도 하고 현지의 국제물류주선인과 대리인계약을 통해 대리인 또는 협력관계를 통해 협력사가 업무를 수행하도록 하고 있다.

국제물류주선인의 업무는 단순업무와 복합운송업무로 구분되는데 전자는 국제물류주선인이 선적지와 도착지 및 화물의 특성을 고려하여 가장 적합한 운송수단을 선택하여 운송을 주선하는 서비스만을 제공하는 업무를 말하며 운임차액과 취급비용이 수입이 된다. 후자는 국제물류에 대한 전문적인 지식을 소유한 국제물류주선인이 운송인 자격으로 독자적인 운임요율표에 따라 화주로부터 운임을 받고 타인의 선박이나 운송수단을 이용하여 자기가 구축한 국제물류시스템으로 전구간의 일관운송을 책임지고 운송서비스를 제공하는 업무를 말한다.

2. 국제물류주선인 업무형태

1) 혼재업무

혼재업무(consolation service)는 소량의 컨테이너화물(less than container load)을 모아서 컨테이너단위화물(full container load)로 단위화하는 업무(groupage)를 말하며 도착항만이 같은 소량화물을 혼재하여 도착항까지만 운송하는 업무(port consolation)와 도착항에서 화물의 최종목적지가 같은 화물을 혼재하여 최종목적지까지 혼재하여 운송하는 업무(multi consolation)로 구분된다. Port Consolation은 Forwarder Consolation과 Buyer Consolation, Shipper Consolation으로 구분할 수 있는데 Forwarder Consolation은 선적항 Container Freight Station에서 소량컨테이너화물을 모아서 한 컨테이너에 적입하여 운송하고 이 컨테이너를 도착항 Container Freight Station에서 개봉하여 화주별로 화물을 분류한 후 화주에게 인도하는 것을 말한다. Buyer Consolation은 수입상이 수출국에서 다수의 수출상으로부터 상품을 수입하는 경우에 수입상의 위탁을 받아 다수의 수출상으로부터 화물을 받아 선적항 Container Freight Station에서 한 컨테이너에 적입하여 운송한 후에 도착항에서 컨테이너를 수입상에게 인도하는 것을 말한다.

국제물류주선인은 다수의 수출상으로부터 화물을 인수한 수에 각각의 화주에게 화물인수증(forwarder's cargo receipt or forwarder's certificate receipt)을 발행하고 이것이 운송서류로 인정되지만 신용장거래의 경우에는 신용장에 동 서류를 수리한다는 문언이 기재되어 있어야만이 유효한 운송서류로 인정된다.

Shipper Consolation은 다수의 수입상이 한 수출상으로부터 상품을 수입하는 경우에 수출상이 수출국에서 다수의 매도인으로부터 상품을 매입하여 한 컨테이너에 적입하여 운송한 후 도착지 Container Freight Station에서 컨테이너를 개봉하여 화물을 분류해서 여러 수입상에게 인도하는 것을 말한다.

국제물류주선인은 수출상이 수출상품을 생산하는 일정을 정확히 파악하여 혼재계획을 세워야 한다. 컨테이너적입서(container load plan)는 혼재화물의 내용, 혼재순위 및 위치를 컨테이너별로 기재한 서류로 컨테이너가 수입항에 도착하면 컨테이너에서 화물을 꺼내(stripping)서 분류(resorting)할 때 이런 업무를 용이하게 할 수 있도록 해준다. 화물운송에 적합한 선박회사를 물색하여 선복을 확보한 후 선적요청서를 작성하여 선박회사에 통지하고 House B/L이나 화물인수증 또는 해상화물운송장을 화주에게 발행하고 커버링 레터, 상업송장, Master B/L 원본 또는 사본, House B/L 사본, 포장명세서, 컨테이너적입서, 화물명세목록(cargo manifest) 등을 구비하여 선적통지서와 전문을 함께 발송한다.

2) Co-Loading 업무

국제물류주선업자가 소량화물을 모았는데 이 화물이 한 컨테이너화물량보다 적은 경우 도착지가 동일한 화물을 가지고 있는 다른 국제물류주선업자에 위탁하여 한 컨테이너단위화물로 단위화하는 업무를 말한다. 국제물류주선업자는 자기가 다수의 화주로부터 모은 화물을 선적이 예정된 선박의 Close Time 1~2일 전에 도착지가 같은 화물을 가지고 있는 국제물류주선인에게 공동혼재를 의뢰하고 화물을 같이 혼재할 국제물류주선인이 운영하는 Container Freight Station으로 운송하여 공동혼재한 후 그로부터 House B/L을 발급받아 선적서류를 작성하여 업무를 처리한다.

3) Project Cargo Handling 업무

수입상이 수출상으로부터 대규모 생산설비 및 건설기자재를 공사계획에 따라 특정기간 동안 주기적으로 수입하는 경우에 수입상의 위탁을 받아 국제물류주선인이 제반 운송업무를 수행하는 업무를 의미하며 수입상은 복잡한 제반 운송업무를 국제물류주선인에게 위탁함으로써 적기에 화물을 수입하여 시간과 경비를 절감할 수 있다.

국제물류주선인은 부보(insuring), 해체(dismantling), 단위별 분류(sorting), 산

화 및 부식방지조치(greasing), 이동방지 작업(bracing), 포장, 내륙운송, 하차(off truck), 보관, 하역 및 선적, 양하, 분류 및 보관 상차(on truck), 해체 및 장착 등의 업무를 수행한다.

4) Hanging Garment Handling 업무

가죽과 모피 같은 고가 의류는 박스로 포장하여 운송할 경우에 손상이 발생할 가능성이 많아 컨테이너에 옷을 걸어서 운반할 수 있도록 Rope String 또는 Bar를 설치하여 의류가 손상되지 않고 그대로 판매할 수 있는 상태로 운송하는 업무를 말한다.

Rope String은 컨테이너 천장에 나무나 철재 빔을 고정시켜 끈을 매고 거기에 옷걸이를 걸어 컨테이너 내부에 최대한 많은 옷을 적재할 수 있도록 되어 있지만 의류의 원형상태가 변형될 수 있는 단점이 있어 고급 블라우스, 셔츠 등 가벼운 의류운송에 적합하다.

Bar System은 의류의 길이에 맞게 컨테이너 상하로 2~3개의 바를 고정하여 옷을 장착하는 방식으로 의류의 원형상태를 유지하여 운송할 수 있다는 장점이 있지만 운송량이 Rope String에 비해 적다.

5) 전시회나 박람회화물 취급업무

수출상이 수입상을 발굴하기 위해서 전시회나 박람회에 참가하는 경우에는 수출상품을 전시회나 박람회에 설치하여 수입상에게 상품을 설명하고 홍보하게 된다. 상기 화물의 출발지에서 최종도착지인 전시회나 박람회까지 운송하기 위해서 포장, 내륙운송, 보험, 수출입통관 등의 제반절차를 수행하는 업무를 말한다.

6) 해상운송과 항공운송을 이용한 복합운송

(1) 복합운송경로

해상운송의 저렴성과 항공운송의 신속성을 결합한 운송이 해상항공복합운송이다. 해상운송을 할 경우 운송기간이 너무 길고 항공운송으로만 하는 경우에는 항공운임이 너무 커서 운송기간과 운임을 결합하여 두 운송방식의 단점을 극복함으로써 효율성을 극대화시키는 운송방식이다. 부산항에서 유럽까지 운송하는 화물의 경우 부산항에서 미국 LA항, 시애틀항까지는 해상운송으로 하고 그곳에서 캐나다 토론토와 밴쿠버까지는 철도운송이나 육로운송으로, 토론토나 밴쿠버에서 유럽의 목적지까지는 항공운송으로 하는 복합운송경로가 활성화되었다.

중국 청도항, 심천항 등 중국항에서 인천항까지는 해상운송으로, 인천항에서 인천공항까지는 육로운송으로, 인천항에서 최종목적지까지는 항공운송으로 이루어지는 복합운송경로도 활성화되고 있다.

(2) 업무절차

이러한 해상운송과 항공운송이 결합된 복합운송의 경우 국제물류주선인이 화물의 출발지에서 최종목적지까지 책임지는 복합운송증권을 화주에게 발행하고 내부적으로는 해상운송회사가 국제물류주선인에게 선하증권을 발행하며 항공기에 화물이 환적될 경우에는 항공사가 국제물류주선인에게 항공화물운송장을 발행하고 화물이 목적지 공항에 도착하면 항공화물운송장으로 화물이 항공운송인에서 수하인에게 인도된다. 따라서 국제물류주선인은 환적지점과 도착지점에 관련 업무를 수행할 대리인이나 협력사를 두고 그들 간의 업무범위를 명확하게 설정하여야 한다. 인천공항에서 화물이 환적되는 경우 인천공항에 있는 국제물류주선인은 EDI로 인천공항세관에 일시양륙 및 이적허가신청 전자문서를 제출하고 적하목록 전자신고서에는 T로 기재하여 화물이 선박으로부터 양륙되는 즉시 제출하여 허가를 득한 후에 해당 화물을 이적하여 인천공항 화물터미널에 이적허가신청서를 제출하고 반입한다. 화물을 항공기에 선적하고 수출적하목록을 인천공항세관에 제출하면 환적지에서의 업무는 끝난다. 국내로 입항되어 환적화물로 신고받은 관할세관이 이선완료 보고요청을 하는 경우에는 선적신고된 수출적하목록 사본을 제출하면 된다.

국제물류주선인은 선적지에서 선사에게 선적요청서(shipping request)를 작성하여 선적요청을 하고 환적대리점에 선적일정을 통보하고 화물종류, 포장상태, 단위포장, 장폭고(크기) 등을 기재하여 항공예약을 요청한다. 국제물류주선인은 화주에게 복합선하증권을 발행하고 상업송장과 포장명세서, 선사가 발행한 해상운송인선하증권(ocean carrier's B/L)을 도착지 대리점으로 발송한 후 항공편을 확인하고 도착지 대리점에 Shipping Advice를 통지하고 항공화물운송장과 도착지에서 통관에 필요한 제반서류를 도착지 대리점으로 발송하든지 화물과 함께 환적지 대리점으로 보낸다.

7) 환적화물 취급업무

(1) 환적화물 취급업무

환적화물 처리절차에 관한 관세청 특례고시에서 환적을 환적, 복합환적, 내국환적운송, 복합일관운송화물로 구분하여 정의하였다. 환적은 동일한 세관관할구역 안에서 입항하는 운송수단에서 출항하는 운송수단으로 화물을 옮겨 싣는 것을 말하며 복합환적은 입항하는 운송수단의 물품을 다른 세관의 관할구역으로 운송하여 출항하는 운송수단으로 옮겨 싣는 것을 말한다. 내국환적운송은 최초입항지에서 운송수단을 변경하여 외국무역선(기)에 의해 국내 개항항 간에 보세화물을 운송하는 것을 말하고 복합일관운송화물은 자동차에 적재한 상태로 해상 및 육로를 일관하여 운송하는 물품을 말한다.

따라서 환적화물 취급업무는 국제물류주선인이 국내무역업자 또는 해외수출업자를 대신하여 제3국에서 생산되고 선적된 화물이 우리나라를 거쳐 제3국으로 운송되는 화물을 취급하는 업무를 말한다.

(2) 업무절차

가) 입항 및 하선절차

환적화물의 일시양륙신고는 별도로 하지 않고 「보세화물 입출항 하선 하기 및 적재에 관한 고시」에 따라 하선 및 하기신고로 갈음하도록 했다. 환적화물을 하역하여 장치할 수 있는 장소는 「보세화물 입출항 하선 하기 및 적재에 관한 고시」에 따라 세관장이 하선장소로 지정한 보세구역이나 「관세법」 제151조 제1항에 따른 물품[2]의 경우에는 해당 통관장 또는 통관역을 관할하는 세관장이 하역장소로 지정한 보세구역, 보세화물의 형상, 반입자의 신용도 등을 감안하여 세관장이 필요하다고 인정하는 경우에는 하선 보세구역이 아닌 보세구역(법 제156조에 따라 보세구역외 장치허가를 받은 장소를 포함한다)으로 지정하였다. 후자의 경우 반입자는 반입장소 및 반입사유 등을 세관장에게 신고하도록 하였다.

나) 컨테이너 적출입 작업

국제물류주선업자가 컨테이너 환적화물에 대해서 컨테이너를 개봉하여 화물을 더 넣거나 하는 경우에는 세관장에게 컨테이너 적출입 작업신고서를 제출해야 한다. 세관장은 자체 대장관리를 통해 적출입관리를 잘 수행하여 감시단속에 지장이 없다고 판단되는 업체에게는 상기 서류제출을 생략하도록 하였다. 적출입 작업은 Container Yard 또는 Container Freight Station에서 해야 되지만 냉동화물과 위험화물과 같은 특수화물을 다른 장소에서 할 수 있도록 하였다.

다) 보세운송

환적화물은 입항지에서 환적지로 보세운송을 해야 한다. 보세운송신고는 입항선박 또는 항공기의 House B/L단위로 신고해야 한다. 다만 입항지까지 선박으로

---

2 관세법 제151조 물품의 하역 제1항 통관역이나 통관장에서 외국물품을 차량에 하역하려는 자는 세관장에게 신고를 하고 현장에서 세관공무원의 확인을 받아야 한다. 다만, 세관공무원이 확인할 필요가 없다고 인정할 때는 그러하지 아니하다.

운송하고 보세운송을 거쳐 공항에서 비행기로 외국으로 반출하는 환적화물의 경우(보세운송목적지가 공항항역 내 1개 이상인 경우를 포함)에는 모선단위 1건으로 신고할 수 있고 단일화주의 FCL화물이나 LCL화물이 컨테이너에서 적출입하지 않고 그대로 보세운송(보세목적지가 동일한 경우에 한함)을 하는 경우에는 Master B/L 단위로 신고할 수 있다.

라) 해상항공운송 환적화물 일관운송절차

항까지 해상운송을 하고 항에서 인천공항까지 보세운송으로 이루어지는 환적화물의 경우에는 보세운송서류에 보세운송인과 목적지를 기재하면 보세운송신고를 한 것으로 처리하도록 하였다. 보세운송을 하려는 화주나 국제물류주선인은 최초 입항지 세관장에게 운송업체와 기적예정지(인천공항 내 보세구역)를 House B/L단위별로 적하목록에 기재하여 신고하도록 하였고 국제물류주선인은 적하목록 사본을 보세구역 운영인에게 제시한 후에 화물을 인수인계하고 운영인은 화물의 이상 여부를 확인한 후에 세관장에게 반출입신고를 하여야 한다.

환적화물을 일관운송으로 신청한 화물은 하선신고일로부터 3일 이내에 운송해야 하고 그렇게 하지 못할 경우 신청인은 입항지 세관장에게 해상항공 연계 환적화물 신고 취하신청을 해야 하며 취하신청은 선사가 화물의 하선장소를 최초 입항지 보세구역으로 변경하면 충족된다. 컨테이너화물의 하선기간은 3일이고 원목, 곡물, 원유 등 산물은 10일이며 본 일정을 지키지 못할 경우 하선장소반입기간연장신청서를 작성하여 세관장에게 제출하고 승인을 득해야 한다.

마) 출항 및 적재절차

외국으로 반출하기 위해 환적화물을 출항지에서 항공기에 적재하고자 하는 경우 선사 또는 항공사는 입항 시 제출된 화물정보와 비교하고 컨테이너 봉인번호가 상이하거나 이상이 있는 경우 적재결과이상보고서를 선박 출항 전까지 세관장에게 제출하여야 한다. 검수업자가 선사와 계약에 따라 화물을 검수 또는 검정한 경우에는 동 업자가 세관장에게 검수 또는 검정보고서를 제출할 수 있다.

8) 보세창고 인도거래업무

보세창고 인도거래(Bonded Warehouse Transaction)는 수출상이 수입지역에 자기의 위험과 비용으로 지점이나 출장소 또는 대리점을 설치하고 수입국으로부터 허가받은 보세창고에 상품을 수출통관과 국제운송 및 수입통관절차를 득하고 무상으로 반입하여 판매하는 것으로 수입상은 국내에서 상품을 사는 것과 같다. 반면에 수출상은 판매하지 못한 상품은 다시 수출국으로 가져가야 한다. 보세창고 인도거래업무는 수출국에서 수입국 보세창고까지 화물을 운송하고 수출입통관과 제반 운송절차를 수행하는 것을 말한다.

제4절 국제물류주선인의 해상화물 업무처리절차

1. 수출 해상화물 업무처리절차

1) 화주의 선적의뢰

화주는 국제물류주선인에게 선적의뢰를 한다. 국제물류주선인이 제시한 선박일정을 고려하여 운송예약(booking)하고 선적신청서를 작성하여 운송에 필요한 서류를 국제물류주선인에게 제출한다.

2) 국제물류주선인은 선사에 선복을 예약

화주로부터 선복예약을 받은 국제물류주선인은 운송에 필요한 서류를 접수하고 운송선박을 수배하여 적합한 선사의 선복을 예약한 후 선적요청서를 작성하고 운송에 필요한 서류를 선사에 제출한다.

3) 선적물품의 통관

국제물류주선인이 통관사를 선정하고 통관사가 수출통관절차를 이행하고 선적물품을 통관한다.

4) 국내운송 및 화물수령

국제물류주선인이 입항지에서 인천공항까지 보세운송업자를 선정하고 국제물류주선인의 지정터미널에서 화물을 인수한다. LCL화물은 국제물류주선인이 지정한 CFS에서 화물을 인수하고 FCL화물은 국제물류주선인이 운영하는 Off-Dock CY에서 화물을 인수한다. 선박의 출항허가를 받기 위해서 적하목록을 세관에 전자문서로 전송한다.

5) 화물선적 및 House B/L 발행

국제물류주선인이 선정한 선사가 선박화물적부계획서를 작성하여 터미널운영업자에게 제출하면 터미널운영업자는 동 계획서에 따라 화물을 선박에 선적하고 화주가 제출한 선정요청서를 근거로 House B/L을 발행하여 화주에게 준다.

6) Master B/L 발행 및 화물인도

국제물류주선인은 선사에게 운임을 지불하고 Master B/L을 발급받고 화물이 본선에 선적되면 도착지에 있는 지사 또는 대리인에게 선적정보를 제공하고 Master B/L 원본을 대리인에게 송부하여 대리인이 선사로부터 화물을 인수할 수 있도록 한다. 화물의 본선적재가 끝나면 선박의 선장은 적하목록과 출항신청서를 관할 세관장에게 제출하여 허가를 받고 출항한다.

2. 수입 해상화물 업무처리절차

1) 도착지 지사 또는 대리인의 화물도착예정통지서 수령

도착지 지사 또는 대리인은 선적지에서 국제물류주선인이 보낸 선적정보와 Master B/L을 인수하고 도착지에 있는 선사의 지사 또는 대리인으로부터 화물도착예정통지서를 받는다.

2) 수하인에게 화물도착예정통지서 발송 및 하선장소신고

도착지 지사 또는 대리인은 House B/L에 기재된 수하인에게 화물도착예정통지서를 발송하고 도착지에 있는 선사의 지사 또는 대리인은 목적지 세관장에게 양륙할 화물의 적하목록과 하선신고서를 전자문서로 제출한다.

3) 하선장소로 화물반입 및 수입통관

도착지 지사 또는 대리인은 세관규정이 정한 기간 내에 선박에서 양륙된 화물을 신고한 하선장소에 반입시키고 관할 관세사를 선정하여 수수료를 지급하면 관세사는 수입통관절차를 수행한다. 관세사 명의로 양륙된 외국화물은 관할 세관에 수입신고를 하고 세관이 수입신고를 수리하면 국내화물이 되어 수입상이 반출할 수 있다.

4) 화물인도지시서(Delivery Order) 발행과 화물인도

도착지에 있는 선사의 지사 또는 대리인은 House B/L 원본 소지인 또는 은행이 연대 보증한 화물선취보증장을 제출하는 자로부터 운임 및 부대비용을 받고 화물인도지시서를 발행한다. 도착지에 있는 선사의 지사 또는 대리인이 발행한 화물인도지시서를 소지한 수하인은 화물장치장의 운영인에게 화물인도지시서를 제출하고 화물을 인수한다.

제5절 국제물류주선인의 항공화물 업무처리절차

1. 수출 항공화물 업무처리절차

1) 항공화물 집하

화주는 국제물류주선인에게 항공화물운송의뢰서(shipper's letter of instruction)를 작성하여 항공운송을 요청하고 화물내역을 알리거나 상업송장 혹은 신용장 사본을 팩스나 이메일로 송부한다.

국제물류주선인은 화주로부터 받은 화물 및 취급주의를 확인하고 항공사를 대신하여 항공사의 운임요율표에 의한 운임과 서비스약관에 따라 화주로부터 화물을 집하하고 항공사로부터 항공운임의 5%의 수수료를 받는다.

2) 화물인수 및 운송준비

국제물류주선인은 화주의 화물을 창고까지 운송하여 창고운영업자에게 인도하면 창고운영업자는 서류와 비교하여 화물을 인수하고 국제물류주선인에게 화물인수증(화물반입계)을 발급한다. 창고운영업자는 화물을 항공운송에 적합하도록 포장하고, 마킹, 라벨링을 하고 살아있는 동식물, 특수화물은 신고나 검역 등 법규정을 충족시켜 항공기에 언제든지 적재될 수 있도록 준비한다.

3) 항공운송예약 및 항공화물운송장 발행

국제물류주선인은 화주의 화물인도기간을 고려하여 항공기 스케줄을 확인하고 그 스케줄에 맞춰 항공사에 항공운송을 예약하고 화주에게 필요한 사항을 기재하여 항공화물운송장을 발행한다.

4) 항공사 지정 공항터미널에 화물반입 및 수출통관

국제물류주선인은 항공운송 준비가 끝난 화물을 필요한 서류와 함께 항공사의 화물터미널에 반입시켜 인천공항 세관장에게 수출신고하고 수리를 받아 화물을 항공기에 적재할 수 있도록 한다.

5) Master AWB 수령 및 적하목록 제출 및 항공기에 화물 탑재

국제물류주선인은 항공사로부터 항공사가 서명한 화주용 Master AWB를 발급받고 항공사는 적하목록을 작성하여 인천공항 세관장에게 제출하고 작업이 완료된 화물을 항공기의 계획된 탑재위치에 적재한다.

6) 출항허가 및 수하인화물인수

항공기의 기장은 인천공항 세관장으로부터 출항허가를 받은 후에 항공기를 이륙시킨다. 인천공항에 있는 항공사는 Master AWB에 기재된 수하인에게 화물도착통지서를 발송하고 국제물류주선인은 도착지 공항에 있는 지사 또는 대리인이 화물을 적기에 인수하도록 하고 House AWB에 기재된 수하인에게 화물도착통지서를 발송하고 항공기에 적재된 화물정보 항공화물운송장 사본을 발송한다.

2. 수입 항공화물 업무처리절차

1) 수하인에게 화물도착통지

도착지에 있는 항공사 지사 또는 대리인은 Master AWB에 기재된 수하인에게 화물도착통지를 하고 도착지에 있는 국제물류주선인의 지사 또는 대리인에게 전자문서로 항공기에 적재된 화물의 정보를 전송한다. 국제물류주선인의 지사 또는 대리인은 House AWB에 기재된 수하인에게 화물도착통지를 한다.

2) 하기장소신고 및 도착지 공항터미널에 하기

도착지 항공사는 항공기가 인천공항에 입항하기 전에 적하목록을 전자문서로 인천공항 세관장에게 전송하고 하기장소를 신고하고 신고된 공항화물터미널에 있는 하기장소에서 화물을 항공기에서 내린다.

3) 장치장소로 화물반입 및 수입통관

항공사는 항공기가 인천공항에 입항한 후 24시간 이내에 하기 신고 시에 배정한 장치장(보세창고)에 화물을 반입시켜야 한다. 보세구역 운영인은 화물을 인수하여 반입하면 즉시 House AWB 또는 Master AWB단위로 인천공항 세관장에게 전자문서로 화물반입보고를 한다. 도착지에 있는 수하인은 항공운임이 후불이면 도착지에 있는 국제물류주선인의 지사 또는 대리인에게 운임 및 기타 요금을 지불한다. 도착지에 있는 국제물류주선인의 지사 또는 대리인은 항공사로부터 Master AWB를 인수하고 House AWB에 기재된 수하인에게 동 서류를 발송하고 수하인은 수입통관을 하고 화물이 장치되어 있는 보세창고 운영인에게 보관료 및 창고료 등을 납부하고 화물을 인수한다.

CHAPTER 14

국제물류보안

학습목표

국제물류보안의 주요내용을 살펴본다.

제1절 국제기구의 국제물류보안제도

1. 국제물류보안의 정의

2001년에 미국에서 일어난 9 · 11 항공기 테러는 전세계를 경악시켰다. 무고한 대량인명살상이 언제 어디서든지 발생할 수 있다는 것을 본 테러를 통해 알게 되었고 미국을 비롯한 다른 국가에서 테러에 의한 대량인명살상을 방지하기 위해서 국제물류보안에 관심을 갖게 되었다. 국제물류에서 테러가 발생하면 그 피해가 막대하여 사전에 테러를 방지하기 위한 법과 제도를 적극적으로 도입하였다.

국제물류보안은 공항 · 항만과 물류시설에 폭발물, 무기류 등 위해물품을 은닉 · 반입하는 행위와 물류에 필요한 시설 · 장비 · 인력 · 조직 · 정보망 및 화물 등에 위해를 가할 목적으로 행하여지는 불법행위를 사전에 방지하기 위한 조치를 말한다.

국제물류보안제도는 국가 간 상거래에서 수출입화물의 보안을 확보하고 위험을 확인하는 것으로 국가 간 무역방벽으로 작용할 가능성이 있으며 무역거래당사자들이 국제물류보안제도를 수행함에 있어서 추가적인 비용을 부담하여야 한다.

국제물류보안제도는 물류 전 구간에 보안을 확보함으로써 테러를 차단하고 화물운송의 가시성을 높여 컨테이너화물의 신속한 처리로 물류비용을 절감시킬 수 있다는 장점도 가지고 있다.

2. 국제기구의 국제물류보안제도

1) 국제해사기구

(1) 솔라스협약[1] 개정

국제해사기구(International Maritime Organization)는 유엔산하기구로 1959년 1월에 국제해운 및 조선관련 국제기준 제정 및 개정, 국제해상 안전확보 및 해양오염방지관련 국제기준 제정 및 개정, 국제해운의 차별조치 및 불필요한 제한철폐, 해사분야 기술협력 증진 및 정보교환 등을 목적으로 설립되었으며 우리나라는 1962년 4월에 가입하였다.

동 기구는 1974년에 선박의 구조(선박의 설계와 건조, 구획 및 복원성, 핵심추진설비와 전기설비 및 조종설비를 포함), 선박의 설비 및 선박의 인적요소를 규제함으로써 해상안전과 해양환경보호를 확보하기 위하여 해상에서의 인명의 안전을 위한 국제협약(SOLAS Convention 74)을 채택하였다.

본 협약은 선박 및 항만시설 종사자의 상호협조로 해안보안을 위협하는 행위를 사전에 감지하여 저지시킬 목적으로 해상보안에 대한 새로운 규정을 두었다. 협약 5장에서 여객선 및 유조선 이외의 총톤수 300톤 이상 5만 톤 미만 선박에 자동식별장치(automatic identification system)를 의무적으로 부착하도록 하였다. 제1장 1에서 총톤수 100톤 이상의 모든 여객선과 총톤수 300톤 이상의 화물선에 대해 선박식별번호(ship identification number) 표시를 의무화했다. 주관청은 총톤수 500톤 이상의 화물선에 대해서 선박이력기록부(continuous synopsis record)를 발행하도록 했다. 선박이력기록부에는 기국명, 기국등록일자, 선박식별번호, 선박명, 선적항, 선박소유자 이름 및 주소, 나용선자 이름 및 주소, 회사명과 주소, 안전관리회사명, 선급명을 기재하도록 하였다.

협약 제6조 2에서 해상테러방지를 위한 해안보안규정을 신설하였다. 여객선(고

---

1 정식명칭은 International Conference on Safety of Life a Sea이다.

속여객선 포함), 총톤수 500톤 이상의 화물선(고속화물선 포함), 이동식 해양구조물, 국제항해에 종사하는 선박과 관련된 항만시설이 대상이며 자국선박, 자국영토 내 항만시설, 자국에 입항하는 선박에 대한 보안과 관련하여 체약국의 의무와 선사 및 선박의 준수사항을 규정하였다. 선박은 ISPS Code 준수여부를 심사받고 그 증서를 소지하고 체약국이 선박을 점검하는 경우에 선사는 선박소유권과 선박에 관련한 정보를 비치하고 있도록 하였다.

제6규칙에서는 선박의 해상보안이 위협당할 경우 가까운 연안국에 도움을 요청하는 선박보안경보시스템(ship security alert system)을 설치하도록 하였다. 제7규칙과 8규칙에서는 체약국은 자국의 영해를 운항하는 선박에 대한 보안수준을 설정하고 보안수준에 대한 정보 및 관련보안당국의 연락처 제공 등 의무를 부과하고, 선장은 선박안전과 보안이 상충될 경우 안전유지를 우선하여 조치를 취할 수 있도록 재량권을 부여하였다. 제9규칙에서 타 체약국 항만에 입항하는 선박은 항만국의 통제를 받아 통제관이 선박의 보안과 관련한 정보제공을 요구할 수 있도록 하였고 선박이 관련규정을 위반하면 선박의 지체 및 억류, 항만 내 이동을 포함한 운항제한, 추방 등의 조치를 취할 수 있고 이런 경우 국제해사기구에 통보하도록 하였다.

제10규칙에서는 체약국은 항만시설이 준수할 요건을 규정하고, 항만보안평가 수행 및 검토, 승인, 항만보안계획서 개발, 검토 및 승인과 이행을 하도록 하였다.

(2) ISPS Code

선박 및 항만시설의 보안에 대한 규칙(International Code for the Security of Ship and of Port Facilities)은 강제이행사항 Part A와 임의이행사항 Part B로 구성되어 있다. 여객선(고속여객선 포함), 총톤수 500톤 이상의 화물선(고속화물선 포함), 이동식 해양구조물, 국제항해에 종사하는 선박과 관련된 항만시설이 대상이며 관공선, 군함, 비상업용 목적의 정부소유 선박은 적용에서 제외시켰다.

제4조는 당사국 정부의 책임에 관한 규정으로 당사국 정부는 보안등급을 설정하

고, 보안선언서, 보안관계 연락처 선정 및 관련선박에 제공, 항만 내의 선박 또는 입항하는 선박에 대한 통제, 항만시설 보안평가, 보안계획서 승인 및 선박보안심사, 국제해사기구에 필요한 사항 통보, 타 당사국과 상호 보안협정문을 체결하도록 하였다.

선박에 관련한 규정은 보안선언서, 회사의 의무, 선박보안, 선박보안평가, 선박보안계획서, 기록, 회사보안책임자, 선박보안책임자, 선박보안의 교육, 훈련 및 연습, 선박의 심사 및 증서발급으로 구성되어 있다.

항만시설에 관련한 규정은 항만시설보안, 항만시설보안평가, 항만시설보안계획서, 항만시설보안책임자, 항만시설보안에 관한 교육, 훈련 및 연습으로 구성되어 있다.

(3) 해상불법행위억지협약

해상불법행위억지협약(Convention for the suppression of unlawful acts against the safety of maritime navigation)은 1988년 로마에서 항해 중인 선박의 안전을 위협하는 선박납치 등 해상테러를 규제하기 위해서 국제해사기구가 채택하였다.

범죄구성요건	• 불법적 · 고의적으로 무역 또는 협박에 의해 선박을 납치 또는 점거하는 행위 • 선박의 안전운항을 위해 선박이나 화물훼손행위 • 선박파괴 또는 선박이나 화물의 훼손가능성이 있는 물건을 그 선박 또는 해상구조물에 설치하거나 탑재하는 행위 • 선박의 안전을 위험하게 할 목적으로 그 선박운항과 관련된 기기, 시설을 파괴하거나 중대한 손상을 입히거나 기능장애를 초래하는 행위 • 항해시설을 파과하거나 손상 또는 허위정보를 교환하는 행위 • 상기의 규정에 관련된 모든 범죄행위 또는 그 미수와 관련하여 사람을 상해하거나 살해하는 행위 • 범죄의 미수행위, 공범행위, 교사행위, 위협행위

국제해사기구는 2005년에 테러행위를 자행한 범죄인을 어떻게 처벌할 것인가에 목적을 둔 절차적 성격이 강한 규정을 두었다. 본 협약에서 선박을 테러수단으로 사용하거나 대량살상무기를 운송하는 행위, 협약에 규정된 범죄인을 선박으로 도피시키는 행위는 모두 범죄행위에 속한다고 규정하였다. 협약이 적용되는 범죄는 대량살상무기의 사용과 운송에 관련된 범죄, 범죄인을 선박으로 탈출, 도피, 방조행위, 협약에 정한 범죄의 음모, 교사 방조죄로 확대하였다.

본 협약은 범죄예방을 위한 협력, 범죄관련정보의 통보, 선박의 승선 및 검색 요청, 승선 검색결과의 조치 등에 관한 규정을 두었다.

2) 세계관세기구

(1) 물류보안과 무역 간소화에 관한 국제기준의 제정목적

세계관세기구는 2005년 6월에 166개국 대표가 참석한 회의에서 물류보안과 무역 간소화에 관한 국제기준(WCO Framework of Standards to Secure and Facility Global Trade)을 채택하였다.

동 기구는 무역의 안전을 확보함과 동시에 화물의 국가 간 이동을 가속화시키는 안전과 원활화라는 목표를 달성하려고 국제기준 제정을 논의하기 시작하였고 이는 세관절차 간소화 및 조화에 관한 개정교통협약을 바탕으로 하였다.

물류보안과 무역 간소화에 관한 국제기준은 서문, 혜택, 세관과 세관의 협력, 세관과 기업의 협력, 국제물류보안인증조건 및 자격조건과 혜택으로 구성되어 있으며 이 기준은 미국의 컨테이너보안협정(Container Security Initiative)과 반테러 민관파트너십제도를 결합시킨 것이다.

각국의 세관당국은 자국에 또는 자국으로 수출입되는 화물의 정보를 국제적으로 통일된 방식에 따라 사전에 전자방식으로 신고를 받을 수 있도록 하였다. 수입국이 수입화물에 대한 정보를 요청하는 경우 수출국은 항만에서 수출화물에 위험물이 적재되었는지 여부를 검색하여야 한다.

제정목적은 첫째, 국제물류상의 보안 및 무역을 촉진하고 확실성과 예측성을 보장할 수 있는 국제적인 수준에서의 국제표준을 제정하는 데 있다. 둘째, 모든 운송수단을 포함한 통합된 공급체인관리를 실현시키는 데 있다. 셋째, 21세기의 도전과 기회에 당면하여 관세의 역할, 기능, 능력을 향상시키는 데 있다. 넷째, 위험한 위탁화물을 검색하고 세관의 역할을 향상시키고자 각국의 세관들이 공조하는 체제를 강화시키는 데 있다. 다섯째, 세관과 기업의 협력체제를 강화시키는 데 있다. 여섯째, 공급체인의 보안확보를 통한 화물의 이동을 가속화시키는 데 있다.

(2) 물류보안과 무역 간소화에 관한 국제기준의 핵심사항

본 기준의 주요목적은 국제물류 전반에 있어서 보안을 확립하고 무역활동을 원활하게 하기 위하여 각국의 세관과 기업들과의 공조체제를 구축하는 표준안을 제정하는 데 있다. 주요핵심사항은 첫째, 수출, 수입, 환적화물에 대한 전자적 화물정보 요구사항을 통합시키는 데 있다. 둘째, 본 국제기준에 합의한 각 국가는 보안위협에 대해 일관된 위험관리방식을 채택하여야 한다. 셋째, 수입국이 위험관리방안으로 합당하게 요구한 사항에 대하여 수출국의 세관은 위험가능성이 많은 수출컨테이너화물을 비파괴검사인 X-ray장비나 방사선 감지기를 이용한 검사를 수행할 의무를 둔다. 넷째, 기업이 공급망보안에 대한 기준을 이행하면 그에 대한 혜택을 규정하고 있다.

(3) 구성 및 혜택

물류보안과 무역 간소화에 관한 국제기준의 표준안은 세관 등 간의 협정과 세관과 기업들 간의 협력으로 구성되어 있고 국가와 정부는 정부 간 협정을 통하여 국경관리에 필요한 시설의 현대화관리의 현대화를 통해 국경관리와 통제를 확고히 할 수 있다. 세관과 세관의 협정을 통해 화물정보를 공유하여 세관통제를 강화시키고 불확실한 환경에서 세관 간의 신뢰를 증진시킨다. 기업은 세관에서 제시한 요건을 충족시켜 인증을 획득하면 통관절차의 간소화의 혜택을 받게 된다.

(4) 물류보안과 무역 간소화에 관한 국제기준의 표준안

가) 세관과 세관

세관은 표준안에 따라 협조적으로 세관업무를 수행하도록 했다. 화물이 도착지에 도착하기 전에 선적지에서 위험도가 높은 화물이나 컨테이너를 검색하기 위해 첨단전자정보를 활용하고 대형 X-ray, Gamma-ray장비, Radiation장비와 같은 최첨단장비를 사용하도록 했다. 세관통제, 위험평가, 출발지통제, 봉인, 고유화물인식번호, 데이터전송, 인증공급망에 대한 표준안과 화물의 검사권한, 검사장비의 현대화, 위험관리시스템, 위험도가 높은 화물이나 컨테이너, 최신전자정보, 타깃팅과 의사교통, 성과측정, 보안평가, 종업원의 무결점, 수출보안검사 표준안을 두었다.

구성 1의 표준 1에서는 세관은 통합 공급망관리에 대한 세계관세기구 관세지침에 의거 통합 통관절차를 준수하도록 하였다. 일반통제조치로 세관통제, 위험평가, 출발지통제, 봉인, 고유화물인식번호로 구성되어 있다.

데이터전송에는 화주 또는 화주의 대리인은 화물을 컨테이너에 적입하거나 운송수단에 선적하기 전에 화물에 대한 정보를 수출지 세관에 전자적으로 수출신고서를 제출하도록 하였다. 수출신고서에는 화주, 운송인, 운송인번호, 수입업자, 화물인수인, 목적지, 경유국가, 대리인, 관세코드, 위험화물코드, 화물종류, 컨테이너번호, 봉인번호, 송장총액, 화물의 고유식별번호 등을 기재한다.

운송인 또는 운송인 대리인은 화물 또는 컨테이너가 선박에 선적되기 전에 수출입장소에서 세관에 적하목록을 제출하여야 한다. 적하목록에는 선적장소, 운송인번호, 컨테이너의 크기, 형태, 식별번호, 봉인번호, 운송수단국적, 경유국가, 운송수단 식별번호, 운송수수료정산방법, 최초도착지, 경유국가, 최초도착지 도착시간, 화물형태, 화물의 고유식별번호 등을 기재한다.

수입업자 또는 그의 대리인은 운송수단이 최초도착지에 도착하기 전에 수입지 세관에 물품수입신고를 하도록 하였다. 위험화물의 경우 세관과 세관 간에 화물정보를 교환하도록 하였고, 선적불가 및 양륙불가화물을 확인할 수 있는 시스템을 구축하도록 하였다. 적하목록과 물품수입신고서의 제출시간을 명시하여 그 이전에 서류제출을 요구하지 못하도록 하였다.

운송수단	서류제출시간
해운	• 컨테이너화물은 출발지 항만에서 선적 24시간 전 • 벌크화물은 목적지 국가에 최초의 항만에 도착하기 24시간 전
항공	• 단거리운송은 항공기가 이륙할 때 • 장거리운송은 목적지 국가에 최초의 공항에 도착하기 24시간 전
철도	• 목적지 국가에 최초의 역에 도착하기 24시간 전
도로	• 목적지 국가에 최초의 정류장에 도착하기 1시간 전

세계관세기구의 데이터 모델(WCO Data Model)을 사용하여 데이터를 단일창구(single window)로 송수신하도록 하였다.

공인인증제도를 도입하여 수출입업자 및 운송인 등 공급망에 있는 업자들이 인증을 취득하면 그에 대한 혜택을 부여하도록 하였다.

표준 2에서 세관은 세관의 영역 내로의 반입, 반출, 환적화물을 검사할 수 있는 권한을 부여하도록 하였다. 표준 3에서는 검사장비의 현대화 내용을 두고 있고, 표준 4에서는 위험관리시스템에 관한 규정을, 표준 5에서는 위험도가 높은 화물이나 컨테이너에 대한 규정을, 표준 6에서는 최신 전자정보에 대한 규정을, 표준 7에서는 위험화물평가, 표준 8에서는 상과측정, 표준 9에서는 보안평가, 표준 10에서는 종사자의 신원확인, 표준 11에서는 수출보안검사에 대한 규정을 두고 있다.

나) 세관과 기업

세관에서 요구하는 국제물류보안을 수행하는 기업에게는 인증(authorized economic operator)을 부여하여 수출입화물의 통관과 이동을 촉진하도록 하고 있다. 기업들이 인증받을 수 있는 기준을 규정하였다. 이 기준은 위험평가, 보안위험에 대한 보안계획, 통신계획, 설비보안, 컨테이너보안, 운송수단, 정보시스템보안에 관하여 명시되어 있다.

다) 구성(Pillar) 2

구성 2는 세관과 기업 간의 협력에 대하여 공인인증제도를 운영하고 있으며 세관과 기업의 협력은 문서화시키도록 했다. 표준 2에서는 보안, 표준 3에서는 인증, 표준 4에서는 장비, 표준 5에서는 통신, 표준 6에서는 원활화로 구성되어 있다.

3) 국제표준화기구

국제표준화기구(International Organization for Standardization)는 표준화를 담당하고 있는 각국의 대표들로 구성되어 있는 국제기구이다. 본 기구는 비정부기구이지만 본 기구에서 제정한 규격은 국제협약이나 국가표준제정을 거쳐 제도화되기 때문에 다른 비정부기구보다 크게 영향을 행사하고 있다.

동 기구는 제조업, 육상운송, 해상운송 및 항만하역 등 국제물류 전반에 걸쳐 각종 물류보안규정에 적합한 물류보안체제를 구축하는 것을 지원하기 위해 ISO 28000이라는 물류보안인증제도를 2007년 9월 15일에 컨테이너보안표준과 기업의 보안관리표준을 제정하였다.

컨테이너보안표준은 컨테이너관련 보안장치인 기계적 잠금장치(mechanical seal)에 대한 기준과 RFID에 기반을 둔 전자식 봉인장치(e-seal)의 규격으로 구분하였다. ISO 28000은 공급망에 참여하고 있는 제조, 서비스, 보관, 운송 등 전분야에 참여한 모든 조직에 적용할 수 있도록 한 보안경영시스템이며 계획(plan)-실시(do)-점검(check)-조치(act)를 근간으로 하였고 다음과 같은 목적을 달성하는 것으로 하고 있다. 첫째, 보안관리시스템의 구축, 실행, 유지 및 개선, 둘째, 보안관리정책과의 적합성 증명, 셋째, 타 기관에게 적합성 증명, 넷째, 공인된 3자인증기관으로부터 보안관리시스템의 인증, ISO/PAS 28000에 의한 자가 진단 등이다.

ISO 28000은 28000, 28001, 28003, 28004로 구성되어 있다. 28000은 공급사슬보안경영시스템에 대한 규정이며, 28001은 공급사슬보안, 평가 및 계획의 실행을 위한 최상의 실행에 대한 규정이고, 28003은 공급사슬보안경영시스템 심사 및 인증을 제공하는 기관에 대한 요구사항으로 28004는 ISO 28000 실행지침에 대해 규정하였다.

ISO 28000은 기업이 보안을 이행하는 수준과 강제적 요구사항을 준수했는지를 심사하여 보안위험을 식별하고 평가하는 과정을 심사하여 인증여부를 판정한다. 제조업자, 창고보관업자, 운송업자, 서비스업자 등 공급사슬에 참여하는 모든 조직이 일반사항, 보안경영방침, 보안위험평가 및 기획, 실행 및 운영, 점검 및 시정조치, 경영검토 및 지속적인 개선 등 6가지에 대한 요구사항을 준수했는지를 심사하여 인증여부를 결정하게 된다.

ISO의 보안관리시스템은 보안위험평가 및 기획에 보안위험평가, 법률 및 보안규정, 보안관리목적, 보안관리대상, 보안관리프로그램으로 구성하였고, 실행 및 운영에는 보안관리를 위한 조직구조, 권한, 책임, 자격, 교육훈련, 인식도, 의사소통, 문서화, 문서와 데이터통제, 운영통제, 긴급사태 준비, 대처방안, 보안 회복으로 구성하였다. 검사와 시정조치에는 보안성과와 감시, 시스템평가, 보안관련 실패, 사고, 시정, 예방조치, 기록 자료의 관리, 감시 등으로 구성하였다.

4) 국제민간항공기구

국제민간항공기구는 1963년 9월 4일에 항공기 내에서 범한 범죄 및 기타 행위에 관한(Convention on the Offence and Certain Other Acts Committed on Board Aircraft) 동경협약에 서명하였고 이를 통해 동경협약은 1969년 12월에 발효되었다. 동경협약은 관할권에 대한 규칙을 통일시키고, 관할권의 공백을 메우는 문제, 기내의 법과 질서의 유지, 협약에 따라 행동하는 사람의 보호, 하기된 사람의 이익 보호, 항공기 하이재킹 문제 등에 목적을 두었다. 동 협약은 체약국이 기내 범죄자를 처벌하는 의무와 승객, 승무원의 안전을 보장하고 피랍된 항공기의 안전귀환을 보장하기 위한 최소한의 의무, 항공기가 등록된 국가의 공해 문제, 영토가 어느 국가에도 속하지 않는 지역에서 비행 중에 발생한 범죄의 재판 관할권에 대한 규정을 두었다.

그러나 동 협약은 항공기가 납치되는 것을 예방하는 데 큰 기여를 하였지만 소추와 처벌에 관한 규정이 없고 기내에서 발생된 범죄자에만 초점을 맞추어 지상에서 발생하는 범죄에 대해서는 규정을 두지 않았다.

국제민간항공기구는 정치적 목적을 가지고 발생하는 비인간적이고 무차별적인 테러를 동경협약으로만 대처할 수 없어 동경협약을 보완하고 항공기 납치범을 처벌하기 위해서 1970년 12월에 항공기의 불법납치 억제를 위한 헤이그협약(Convention for the Suppression of Unlawful Seizure of Aircraft)이 1971년 10월에 발효되었다. 동 협약은 국제항공과 국내항공 모두에 적용하도록 하였고 범인을 반드시 처벌하도록 하였다. 범인을 처벌하지 않으려면 범인을 처벌할 다른 나라에 인도하도록 하여 범죄인의 인도의무를 강화시켰다. 동 협약은 범죄인의 처벌규정을 명시하고 있지만 어디까지 처벌하여야 하는지에 대한 규정이 없어서 가벼운 형량으로 처벌할 수 있다는 문제가 발생하였다.

1970년에 아랍 테러리스트들의 항공기 폭파사건이 연이어 발생하자 국제민간항공기구는 1971년에 민간항공의 안전에 대한 불법적 행위의 억제를 위한 몬트리올협약에 서명하였고 1973년에 발효되었다. 본 협약은 항공기 납치범에 대한 처벌과 지상에서의 항공기 및 항공시설에 대한 공격행위를 엄하게 처벌하는 규정을 두었다. 동 협약은 항공기 파괴자에 대한 체포, 기소, 추방에 대하여 명시하였고, 서명국이 파괴자를 위한 대책을 수립하도록 하는 규정을 두도록 하였으며, 파괴자의 행위로 피해를 입을 관련국가에게 통보하도록 명시하였다. 동 협약에는 공항 및 항공티켓 발매 카운터에서 발생하는 불법방해행위에 대한 규정은 없다.

국제민간항공기 취항공항에서 불법폭력행위 억제 의정서가 1989년 8월 6일에 발효되었다. 동 협약은 공항 및 항공티켓 발매 카운터에서 발생하는 불법방해행위를 포함하여 국제공항에서의 불법행위에 대한 처벌을 위해 제정되었다. 국제공항에서 불법적이고 의도적으로 인명을 살상하게 하는 폭력행위와 공항시설 및 운항대기 중에 있는 항공기에 위해를 가하여 공항의 안전을 위협하는 파괴행위를 처벌하기 위해서 동 협약은 제정되었다.

탐지목적의 플라스틱 폭발물 표시에 관한 협약이 1991년 3월 1일 몬트리올에서 승인됨에 따라 발효되었다. 동 협약은 각국이 무분별하게 폭발물을 제조하여 사용함에 따라 공항에서 탐지가 어려워졌고 이를 해결하기 위해서 폭발물을 제조할 때 공항검색에서 쉽게 발견할 수 있도록 하기 위해 제정되었다. 폭발물을 제조할 때 쉽게 탐지할 수 있도록 특수약품을 첨가하도록 하였고, 폭발물 소유와 운송을 엄격하게 통제하도록 하였으며, 알 수 없는 폭발물은 전량 파기하도록 하였다.

국제민간항공협약 부속서 17 항공보안규정은 1974년에 제정되어 1975년 2월 27일부터 적용되었고 여러 차례 개정되었다. 각 체약국은 자국의 민간항공보안계획을 국제수준에 맞게 불법행위로부터 민간항공을 보호하는 규정, 세칙, 절차를 수립하여 국제민간항공의 효율성과 안정성을 확보하도록 하였다. 공항과 관련하여 항공보안관련 각 담당기관별 명확한 책임분장, 공안보안위원회 설치, 보안관련 정보 및 연락체계 마련, 공항경비 보안대책, 불법방해행위에 대한 대응, 보안교육훈련, 기타 공항조직도, 에어사이드와 랜드사이드를 구분한 요도(要圖), 터미널지역도 배치, 보안구역별로 표시한 배치도, 관련법규 등을 포함하도록 명시하였다.

제2절 주요국의 국제물류보안제도

1. 미국

1) 국토안보부 신설

미국은 테러를 사전에 감지하여 미국 국민의 안전과 국토를 보호하기 위해서 22개 정부부처에 분산되었던 것을 2003년에 국토안보부(Department of Homeland Security)를 신설하여 통합하였다. 국토안보부는 국경 및 운송수단의 보안조치, 비상사태에 대한 대응조치 강구, 화학무기 및 핵무기 사용 대응조치, 정보분석 및 기간시설 보호 등의 업무를 수행하고 있다.

2) 컨테이너 보안협정

컨테이너 보안협정(Container Security Initiative)은 대량살상무기(weapons of mass destruction)가 미국으로 반입되는 것을 차단하기 위해서 2002년 2월에 시행되었다. 위험한 화물이 미국에 도착하기 전에 선적항에서 화물을 검사하고 이상이 없으면 선박에 선적하고 화물과 선박의 정보를 선박이 미국항에 입항하기 전에 전자방식으로 미국 세관에 제공하여야 한다.

외국 항만에서 미국 관세청 검사관과 관련국가의 기관이 미국으로 수출되는 컨테이너화물을 대상으로 그 화물이 선박에 적재되기 전에 위험성이 있는지를 방사능 탐지기나 화물투시기와 같은 기계적 장비로 검사하여 위험화물로 판단되면 미국 입항을 금지시키는 조치를 하도록 되어 있다.

미국은 미국 보안협정을 적용하기 위하여 독일, 네덜란드, 프랑스, 영국, 중국, 일본, 싱가포르, 홍콩, 한국 등이 포함된 20대 항만을 선정하였다. 부산항에는 미국 관세청 직원 3명이 상주하여 미국행 수출 컨테이너화물을 검사하고 있다.

3) 화물정보 선적 24시간 전 신고제도

미국 세관 · 국경보호국은 컨테이너보안협정을 보완하기 위하여 24시간 규칙을 도입하여 시행하고 있다. 이 제도는 미국으로 컨테이너화물을 운송하는 모든 운송인은 화물을 선박에 적재하기 24시간 전에 적하목록을 미국 관세청의 자동적하목록시스템(automated manifest system)에 신고하도록 하고 있다. 이 제도는 외국 항만에 파견된 미국 세관직원에게 검사대상화물의 정보를 즉시 제공하는 효과와 별도로 외국 항만에서 적발하지 못한 위험화물을 미국 항만에서 다시 검사하여 적발할 수 있도록 이중검색수단으로 활용하는 데 목적이 있다.

[표 14-1] 화물정보 선적 24시간 전 신고제도의 주요내용

구분	주요내용
화주의무	• 선사에게 정확한 화물정보 15개 항목 제공
선사의무	• 화물 선적 24시간 전에 화물정보 미국 관세청에 신고 • 미국 항만에 양륙하지 않은 화물정보도 동시에 신고
위반 시 책임	• 당해 화물의 미국항만 양륙 허가 불허 • 위반 시 건당 5,000달러 벌금 • 대량살상무기가 선적된 경우 선박 억류 및 몰수
선 · 화주 대책	• 화주 : 선적 72시간 전에 화물정보를 선사에 제공 출항 24시간 전에 해당 화물을 항만에 반입 • 선사 : 화물선적 24시간 전에 미국 관세청에 신고 선적마감시간을 고려하여 화물 선적계획서 작성
신고 시 주의사항	• 화물정보, 화물명세서, 수량, 숫자 등을 정확히 기재

자료 : 최재선 · 목진용 · 고현정 · 황진회, "국가 물류보안 체제 확립방안 연구(I)", 한국해양수산개발원, 2006, p.100.

4) 민 · 관 협력 반테러보안제도

미국은 2002년 4월에 반테러 세관-무역업자 간 파트너십제도를 도입하여 운영하고 있다. 이 제도는 미국으로 화물을 수출하는 모든 제조업자, 화주, 선사 등이 화물의 공급사슬 전반에 걸쳐 보안성을 확보하도록 하는 것으로 관세청과 민간기업의 협정을 통하여 시행되고 있다. 화주 등은 미국 관세청이 만든 보안지침에 따라 시설, 인원 등에 대한 보안성을 평가한 후에 가입신청서를 미국 관세청에 제출하고 미국이 이를 평가하면 회원으로 가입된다. 이 프로그램에 가입할 수 있는 자는 미국의 수입업자, 선사, 항공사, 항만터미널 운영업자, 육로운송업자, 혼재업자, 화물운송주선업자, 통관중개인 등이다.

미국 관세청은 물류보안기준을 업종별로 설정하여 시행하고 있으며 상기 업자가 이러한 기준을 이행하여 미국 관세청으로부터 승인을 받으면 화물유통과정에서 안전한 공급사슬을 보장받을 수 있고 세관의 통관검사가 감소되어 통관이 빨리 진행됨에 따라 고객서비스를 향상시킬 수 있다.

미국 관세청은 신청서를 평가하여 3단계로 분류하여 운영하고 있다. 1단계는 프로그램 참여를 허용하고 화물검사 횟수를 축소, 2단계에는 미국 관세청이 평가를 완료한 업체에게 1단계 혜택과 더불어 화물검사에 우선권을 부여, 3단계는 미국 수출화물을 검사하지 않고 신속한 통관혜택을 부여하여 화물의 신속한 처리를 보장한다.

5) 해운보안법 제정 및 시행

미국은 미국 항만 및 선박의 보안을 강화시키고 외국 항만이 테러를 방지하는 데 필요한 보안조치를 시행하고 있는지를 평가하고 시정을 권고하는 해운보안법을 제정하여 시행하고 있다. 본 법은 첫째, 항만과 선박의 보안취약성을 의무적으로 평가하도록 하는 규정을 도입하였다, 둘째, 해운보안계획을 의무적으로 수립하도록 하였다. 본 법에 따라 정부는 정부 차원에서 국가해운보안계획을 수립하여야 하고 이를 토대로 지역보안계획을 수립하도록 하였다. 각 선박과 항만시설은 개별적인 보안계획을 수립하도록 했다. 작성된 보안계획은 국토안보부 장관의 사전승인을 받아야만 시행할 수 있도록 하였다. 중요한 사항을 변경할 때도 국토안보부 장관의 사전 승인을 받도록 하였다.

본 법은 해운보안사고에 대한 대응방안을 수립하도록 하였고 보안구역으로 지정된 장소를 출입하는 것을 통제하는 운송보안카드제도를 도입하도록 하였다. 선박에 선박자동식별장치를 의무적으로 설치하고 위성통신기술이나 조난선박구호 및 해상안전시스템을 이용하여 선박위치를 추적하는 시스템을 개발하도록 하였으며, 입항선박에 대하여 화물정보를 사전에 미국 항만당국에 제공하도록 하였다.

미국은 본 법에 따라 미국으로 수출하는 외국 항만의 보안상태를 다음과 같은 여섯 가지 기준에 따라 시행하도록 하였다. 첫째, 컨테이너화물과 기타 일반화물, 수하물에 대한 검색이 정확하게 이루어지고 있는지 여부, 둘째, 화물 · 선박, 부두지역의 출입통제지역에 대한 보안조치가 엄격하게 이루어지고 있는지 여부, 셋째, 선박에 대한 적합한 보안조치가 시행되고 있는지 여부, 넷째, 적합한 보안기준이 이행되었음을 확인할 수 있는 증서나 서류 등을 구비하고 있는지 여부, 다섯째, 외국 항만의 보안관리프로그램의 실효성여부, 여섯째, 미국에 대한 테러를 억제시키는 데 필요한 적절한 조치를 취하고 있는지 여부 등이다. 미국은 외국 항만의 보안조치를 평가하고 미흡한 경우 적절한 조치를 취하도록 외국 항만당국에게 권고할 수 있고 외국 항만당국이 이러한 권고조치를 소홀히 한 경우에는 일정한 조건을 전제로 입항허가, 일정한 조건을 전제로 할 수 없는 경우에는 입항금지, 이와 같은 사항을 대외적으로 공표할 수 있도록 하였다.

6) 연안경비대 등의 운수근로자 신분통제

선박 및 항만보안업무를 담당하고 있는 해안경비대는 미국 361개 항만과 연안해안을 입항하는 선박과 선원, 항만근로자에 대한 통제를 대폭 강화시켰다. 선원, 여객, 적하목록을 엄격하게 검사하기 위해서 외국 선박의 입항예정시간통보를 24시간 전에서 96시간 전으로 변경하였다. 주요항만, 해역에 124개소의 보안지역을 설정하고 선박이 이 규정을 준수하도록 하였으며 위반 시 6년 이하의 징역, 25만 달러의 벌금, 선박몰수를 할 수 있도록 하였다. 항만과 터미널에 종사하는 근로자와 운수근로자, 인부 등의 신분을 확인하는 제도를 시행하여 신분확인증을 발급하고 있으며 신분확인증을 받지 못하면 근무를 할 수 없도록 하고 있다.

7) 항만보안법 제정 및 시행

미국은 2006년에 항만보안법(SAFE Port Act)을 공포했다. 본 법 201조에 따라 국토안보부장관은 외국정부와 국제기구의 기준과 시행조치를 고려하여 국제물류공급사슬에서 컨테이너화물의 보안을 강화시키는 기준을 제정하도록 법률로 명문화시켰다. 본 법은 235조로 구성되어 있으며 물류보안을 강화시키는 데 필요한 국가계획을 수립하고 테러가 발생하면 신속하게 복구시키고 무역을 재개시키는 방안을 수립하도록 하는 내용을 담고 있다.

2. EU 물류보안제도

1) 민간항공법률

유럽연합은 2002년에 민간항공기에 대한 불법적인 방해행위를 방지하기 위하여 민간항공보안규정(Regulation(EC) No. 2320/2002)을 특별법으로 제정하였다. 본 법안은 공통의 기초적인 보안기준을 설정하고 있고, 일반적으로 수용가능한 감시조직을 만들고, 시카고협약에 관련된 조항들을 해석하는 보편적 기준을 담고 있다.

본 법안에 따라 100ml를 넘는 용기에 담긴 모든 액체, 젤류, 페이스트류, 에어졸을 소지하고 기내에 탑승할 수 없다.

2) 해상 및 항만시설보안

유럽연합은 해상 및 항만분야의 국제기준을 지지하며, 유럽 항만과 유럽 항만에 기항하는 선박들은 이러한 국제적인 기준을 이행하도록 요구하고 있고 이에 따라 2004년 해상인명안전에 관한 국제협약 ISPS Code의 내용을 수용하여 유럽연합의 해운 및 항만시설보안규정(Regulation(EC) No. 725/2004)을 제정하였다. ISPS Code Part B의 특정조항이 해상인명안전에 관한 국제협약에서는 권고사항이지만 본 규정에서는 강제사항으로 규정하였다.

3) 항만보안 강화지침

유럽연합은 2005년에 항만보안을 강화하는 지침서(Directive 2005/65/EC)를 채택하였다. 유럽연합의 모든 가입국은 2007년 6월부터 이 지침서에 따라 보안조치를 취하고 있다. 이 지침서는 항만보안조직 및 관련당사자들과 의사소통체계의 효율성을 항만보안을 평가하는 요인에 포함시켰다. 이를 통해 항만의 보안계획은 지정된 항만보안당국에 의해서 수립되고 보증되도록 했고 해안보안규정을 받은 화물을 국제운송하거나 취급하는 모든 항만은 본 지침서를 이행하도록 하였다.

4) 유럽연합의 공급망보안 강화규정

유럽연합은 2006년에 공급망보안을 강화시키기 위하여 공급망보안 강화규정을 채택하였다. 본 규정은 보안사고의 위험에 직면한 육상운송사슬의 보안을 강화시켰다. 규정 제1조에서 회원국이 인증받은 업자의 지위부여에 대한 계획 수립, 인증받은 업자의 지위부여를 위한 필요요건 준비, 적정한 감시체계 구축을 통해 보안목적을 달성하겠다고 천명하였다.

본 규정은 공급망보안, 화물 및 운송보안, 유럽연합 영토 내의 공급망과 관련된 기반시설에 적용되도록 했다. 화물의 선적 준비와 생산지에서의 화물선적, 화물의 운송, 화물의 주선, 창고, 보관 또는 내륙터미널 운영 등을 운영하는 자는 본 규정을 이행하도록 하였다.

본 규정은 민간항공보안분야에 관한 유럽연합규정, 선박 및 항만시설보안 강화에 관한 유럽연합규정, 항만보안에 관한 유럽연합규정, 위험화물 및 핵물질 수송에 관한 유럽연합 국제규정, 유럽연합 관세규정 등을 배제하지 않고 적용하고 있다.

유럽연합은 물류보안에 인증제도를 운영하고 있다. 화물의 선적 준비와 생산지에서의 화물선적, 화물의 운송, 화물의 주선, 창고, 보관 또는 내륙터미널 운영 등에 종사하고 있는 자는 인증제도를 통하여 인증을 취득할 수 있으며 인증을 취득하면 수출입 통관과정에서 혜택을 부여하고 있다.

3. 우리나라 물류보안제도

물류보안과 관련하여 국토교통부, 해양수산부, 산업자원부, 관세청, 국가정보원이 관여하고 있다. 국토교통부는 도로운송, 철도운송, 항공운송의 보안업무를 담당하고 있으며, 해양수산부는 항만과 해상운송의 보안업무, 산업자원부는 전략물자관리와 ISO 28000의 활성화, 관세청은 검역 및 검색과 연관된 통관업무와 AEO인증관리, 국가정보원은 국제범죄와 기밀산업정보 등과 관련된 보안업무를 수행하고 있다.

물류보안에 관하여 국제항해선박 및 항만시설보안에 관한 법률, 항공보안법, 철도안전법이 제정되어 운영되고 있고 통관에 관하여는 「관세법」 제225조와 「관세법 시행령」 제259조에 신설되었다. 「국제항해선박 및 항만시설보안에 관한 법률」은 국제해사기구의 내용을, 「항공보안법」은 국제민간항공기구의 내용을, 「관세법」은 세계관세기구의 내용을 수용하였다.

■ 찾아보기 ■

[국문]

[영문]

[저자약력]

이제현(李濟鉉)

〈학력〉
한남대학교 경상대학 졸업(경영학사)
서강대학교 대학원 졸업(경영학석사)
서강대학교 대학원 졸업(경영학박사)

〈경력〉
한국능률협회 상임교수 · 비상임교수
관세청 관세평가분류원 관세평가위원
관세청 평택세관 보세창고 평가위원
한국무역학회, 한국해운물류학회 이사
Western Carolina University Visiting Professor
(현재) 한남대학교 경상대학 무역학과 교수

〈저서〉
신용장실무론(공저), 박영사, 2002.
전자무역, 도서출판 두남, 2006.
무역학원론, 교우사, 2006.
무역결제론(공저), 박영사, 2007.
무역실무연습, 교우사, 2009.
전자무역실무, 박영사, 2010.

〈연구논문〉
"신용장거래의 무역사기유형분석과 예방에 관한 연구"(2002), "양도가능신용장거래의 물품하자담보책임에 관한 연구"(2002), "e-물류가 국제물류의 협력관계에 미치는 영향에 관한 실증연구"(2003), "전자신용장거래 당사자 간의 법률관계에 관한 연구"(2004), "연지급신용장 거래당사자 간의 법률관계에 관한 연구"(2004), "선하증권의 부지문언이 송하인, 수하인, 운송인에게 미치는 영향에 관한 연구"(2005), "금융비용의 관세평가에 관한 연구"(2010), "항해용선계약상 선하증권의 편입문구에 관한 법리적 해석에 관한 연구"(2010), "우리나라 P & I 클럽의 새 역할"(2010), "보세창고업자의 화물 불법인도에 대한 해상운송인, 해상운송 대리인의 불법행위책임과 채무불이행책임에 관한 연구"(2012), "해상운송인의 책임제한을 원용할 수 있는 당사자에 관한 연구"(2012), "국제항공화물운송계약 당사자 간의 법률관계에 관한 연구"(2012), "화물식별번호(Unique Consignment Reference)를 이용한 국가간 통관자료 교환의 활용방안에 관한 연구"(2012), "해상운송 관련 비용의 관세평가에 관한 연구"(2013), "신용장 사본의 통지와 매입의 법률적 효력에 관한 연구"(2013), "백투백신용장의 비서류적 조건의 법적효력에 관한 연구"(2014), "국가 간 통관자료 교환 대상국가 선정기준에 관한 연구"(2015), "선박보험에서 담보(warranty)의 법리적 해석에 관한 연구"(2016) 외 다수

국제운송론

2018년 8월 10일 1판 1쇄 인쇄
2018년 8월 15일 1판 1쇄 발행

저　　자 | 이제현
발 행 인 | 이수영
발 행 처 | 도서출판 청람
서울시 마포구 독막로 288(대흥동, 세양상가 109호)
전　　화 | 02)3272-2601~2
팩　　스 | 02)3272-2603
이 메 일 | crbooks@daum.net
홈페이지 | www.crbooks.co.kr
등　　록 | 2000년 8월 26일 제6-0509호

ISBN 978-89-5972-647-9　93320　[정가 25,000원]